August-Wilhelm Scheer (Hrsg.)

E-Business –
Wer geht? Wer bleibt?
Wer kommt?

21. Saarbrücker Arbeitstagung 2000
für Industrie, Dienstleistung und Verwaltung
10. und 11. Oktober 2000
Universität des Saarlandes, Saarbrücken

Schriftleitung:
Daniel Wagner

Mit 118 Abbildungen und 3 Tabellen

Physica-Verlag

Ein Unternehmen
des Springer-Verlags

Professor Dr. Dr. h.c. August-Wilhelm Scheer
information multimedia communication GmbH
Altenkesseler Straße 17/B2
D-66115 Saarbrücken

ISBN-13: 978-3-642-99814-0   e-ISBN-13: 978-3-642-99813-3
DOI: 10.1007/978-3-642-99813-3

Die Deutsche Bibliothek – CIP-Einheitsaufnahme
E-Business – wer geht? Wer bleibt? Wer kommt? / 21. Saarbrücker Arbeitstagung 2000 für Industrie,
Dienstleistung und Verwaltung. Hrsg.: August-Wilhelm Scheer. – Heidelberg: Physica-Verl., 2000

Physica-Verlag Heidelberg
ein Unternehmen der BertelsmannSpringer Science+Business Media GmbH

© Physica-Verlag Heidelberg 2000
Softcover reprint of the hardcover 1st edition 2000

Umschlaggestaltung: Erich Kirchner, Heidelberg

SPIN 10784038   88/2202-5 4 3 2 1 0 – Gedruckt auf säurefreiem Papier

Vorwort

Das E-Business-Zeitalter hat längst begonnen. Die Veränderungen, die durch die Etablierung des elektronischen Geschäftsverkehrs hervorgerufen werden, sind für die Gesellschaft, Wissenschaft und Unternehmungen deutlich spürbar. Die größte Herausforderung für die Unternehmungen stellt dabei die Umsetzung dieser Veränderungen dar. Die Zeit gewinnt als kritischer Erfolgsfaktor zunehmend an Bedeutung. Es ist heutzutage äußerst wichtig, frühzeitig neue Entwicklungen bewerten zu können und erfolgreiche Geschäftsmodelle zu adaptieren. Nicht mehr nur die Größe der Unternehmungen, sondern vielmehr deren Flexibilität und Geschwindigkeit, in der diese auf die rasanten Entwicklungen des Marktes reagieren, entscheiden über Erfolg und Misserfolg im Electronic Business.

Bereits auf unserer letztjährigen Saarbrücker Arbeitstagung wurden die technischen Möglichkeiten des Electronic Business in Bezug auf eine inter- und intraorganisationale Zusammenarbeit globaler Standorte vorgestellt und diskutiert. Mit dem Thema *„E-Business – Wer geht? Wer bleibt? Wer kommt?"* baut die 21. Saarbrücker Arbeitstagung auf den Erkenntnissen des letzten Jahres auf. Die Auswirkungen der Potenziale des E-Business auf die Unternehmungsstrategie und die wirksame Umsetzung erfolgversprechender Geschäftsmodelle stehen im Mittelpunkt dieser Tagung.

In dem einführenden Teil *Strategien zur Realisierung von E-Business-Lösungen* des vorliegenden Tagungsbandes werden die unternehmungsinternen Voraussetzungen für E-Business-Aktivitäten beschrieben und die Bedeutung strategischer Entscheidungen im Zusammenhang mit E-Business aufgezeigt. Hierzu gehören sowohl die Konsequenzen, welche aus dem Scheitern von innovativen Internet-Start-ups oder auch traditioneller Unternehmungen der Old Economy ableitbar sind, als auch die bereits umgesetzten Strategien erfolgreicher Unternehmungen. Dabei steht nicht nur die Gestaltung der Geschäftsprozesse der eigenen Unternehmung im Mittelpunkt des Interesses, sondern auch die Optimierung der gesamten Versorgungskette über Unternehmungsgrenzen hinweg. Diese Thematik wird aus Sicht der Forschung analysiert und durch die Erkenntnisse erfahrener Berater und Unternehmer angereichert.

Teil II *Anwendung und Umsetzung von E-Business-Lösungen* liefert kritische Erfolgsfaktoren, deren Überwachung ein mögliches Scheitern von E-Business-Projekten frühzeitig erkennen lässt. Vorgehensmodelle zum Aufbau virtueller Marktplätze für verschiedene Branchen, die damit gewonnenen Erfahrungen und die Rückwirkungen auf die Unternehmungsziele bilden den Hauptgegenstand der Beiträge dieses Kapitels.

Gesellschaftliche Auswirkungen von E-Business-Lösungen werden im dritten Teil behandelt. Der sich bereits deutlich abzeichnende Wertewandel und die Auswirkungen auf die Humanressourcen sind ebenso zentrale Fragestellungen wie die strikte Unterteilung der Gesellschaft in Nutzer des Internet und solche, die diesem Medium keine Aufmerksamkeit widmen. Neben diesen allgemeinen Ausführungen werden die Veränderungen in der Verwaltung sowie in der Aus- und Weiterbildung betrachtet. Der Aufbau virtueller Lernwelten wird die aktuelle Bildungslandschaft und die Möglichkeiten der beruflichen Weiterbildung grundlegend verändern.

Mit der diesjährigen Saarbrücker Arbeitstagung wird Ihnen bereits zum 21. Mal ein Forum geboten, gemeinsam mit namhaften Wissenschaftlern und Praktikern über aktuelle Lösungsansätze zu diskutieren. Auch die ausgewogene Mischung der teilnehmenden Unternehmungsvertreter trägt dazu bei, dass Sie hilfreiche Anregungen von dieser Tagung in Ihren betrieblichen Alltag übernehmen können.

Ich danke allen Referenten, die ihre Beiträge rechtzeitig in schriftlicher Form zur Verfügung gestellt haben und damit das pünktliche Erscheinen des Tagungsbandes ermöglicht haben. Darüber hinaus danke ich meinen Mitarbeitern Herrn Dipl.-Kfm. Malte Beinhauer, Herrn Dr. Wolfgang Kraemer und Herrn Dipl.-Kfm. Daniel Wagner für ihre Unterstützung.

Saarbrücken, im August 2000

Prof. Dr. Dr. h.c. A.-W. Scheer

Inhaltsverzeichnis

I   Strategien zur Realisierung von E-Business-Lösungen

E-Business – Wer geht? Wer bleibt? Wer kommt?
Prof. Dr. Dr. h.c. August-Wilhelm Scheer, Dipl.-Kfm. Fabian Erbach,
Dipl.-Kfm. Oliver Thomas

E-Business und Wettbewerbsstrategie
Dr. Alexander Pohl

E-Business Support Center als Katalysatoren des Wandels
Dr. Petra Hirschmann,
BASF Aktiengesellschaft, Ludwigshafen
Prof. Dr. Hans-Gerd Servatius

Collaborative Business Scenarios – Wertschöpfung in der Internetökonomie
Stefan Hack

E-sourcing: 21st Century Purchasing
Hugh Baker, Jim Roth, J. Scott Cade, Detlef Schwarting,
Monique Oudijk, Stefan Stroh, C.V. Ramachandran, John van Leeuwen,

New Economy in Old Europe?
Prof. Dr. Norbert Walter

II   Anwendung und Umsetzung von E-Business-Lösungen

III   Gesellschaftliche Auswirkungen von E-Business-Lösungen

Autorenverzeichnis

Dr. Thomas Allweyer
IDS Scheer AG, Saarbrücken

Hugh Baker
Booz·Allen & Hamilton, München

Arnd Baur
eCircle Multimedia GmbH, München

Dipl.-Kfm. Malte Beinhauer
Institut für Wirtschaftsinformatik, Universität des Saarlandes, Saarbrücken

J. Scott Cade
Booz·Allen & Hamilton, München

Dipl.-Kfm. Fabian Erbach
Institut für Wirtschaftsinformatik, Universität des Saarlandes, Saarbrücken

Dipl.-Inform. Thomas Feld
JET Online GmbH, Saarbrücken

Prof. Dr. Jo Groebel
Europäisches Medieninstitut, Düsseldorf/Paris

Stefan Hack
SAP AG, Walldorf

Dr. Petra Hirschmann
BASF Aktiengesellschaft, Ludwigshafen

Dipl.-Hdl. Michael Hoffmann
JET Online GmbH, Saarbrücken

Prof. Dr. Dr. h.c. Ulrich Immenga
Georg-August-Universität, Göttingen

Henrik Kajüter, Ph. D.
McKinsey&Company, Inc., München

Dr. Wolfgang Kraemer
imc information multimedia communication GmbH, Saarbrücken

Dr. Hans S. Kraus
e-Financial Solutions GmbH, Saarbrücken

Reinhard Kreft
Andate GmbH, Eschborn

Dr. Frank Kusterer
mg trade services ag, Frankfurt a. Main

John van Leeuwen
Booz·Allen & Hamilton, München

Prof. Klaus Lenk
Universität Oldenburg

Ursula Markus
Institut für Wirtschaftsinformatik, Universität des Saarlandes, Saarbrücken

Christian Müller
eCircle Multimedia GmbH, München

Monique Oudijk
Booz·Allen & Hamilton, München

Dr. Alexander Pohl
SIMON, KUCHER & PARTNERS, Bonn

Dr. Detlef Purschke
EDS Informationstechnologie und Service GmbH, Rüsselsheim

C.V. Ramachandran
Booz·Allen & Hamilton, München

Sebastian Röhrich
eCircle Multimedia GmbH, München

Jim Roth
Booz·Allen & Hamilton, München

Dr. Dr. Detlev Ruland
McKinsey&Company, Inc., München

Prof. Dr. Dr. h.c. August-Wilhelm Scheer
Institut für Wirtschaftsinformatik, Universität des Saarlandes, Saarbrücken

Detlef Schwarting
Booz·Allen & Hamilton, München

Dipl.-Kfm. Jürgen Schwarz
IDS Scheer AG, Düsseldorf

Prof. Dr. Hans-Gerd Servatius
PricewaterhouseCoopers Unternehmensberatung GmbH, Düsseldorf

Stefan Stroh
Booz·Allen & Hamilton, München

Dipl.-Kfm. Oliver Thomas
Institut für Wirtschaftsinformatik, Universität des Saarlandes, Saarbrücken

Prof. Dr. Norbert Walter
Deutsche Bank Research, Frankfurt am Main

Thomas Wilke
eCircle Multimedia GmbH, München

Alexander Wurdack
EDS Informationstechnologie und Service GmbH, Rüsselsheim

I. Strategien zur Realisierung von E-Business-Lösungen

E-Business – Wer geht? Wer bleibt? Wer kommt?

Prof. Dr. Dr. h.c. August-Wilhelm Scheer,
Dipl.-Kfm. Fabian Erbach,
Dipl.-Kfm. Oliver Thomas
Institut für Wirtschaftsinformatik, Universität des Saarlandes,
Saarbrücken

Inhalt

1 Die Informationstechnologie als Enabler

Der reibungslose Ablauf unternehmungsübergreifender Geschäftsprozesse gewinnt durch die Globalisierung der Märkte permanent an Bedeutung. Das Management dieser Geschäftsprozesse hat sich durch die zunehmende Verzahnung von Produkten, Dienstleistung und Wissen zu einer zentralen Herausforderung für die Unternehmungen etabliert. Die Gestaltung und Optimierung der Prozesse an den Schnittstellen zwischen den Unternehmungen (Business-to-Business) als auch zwischen den Unternehmungen und ihren Kunden (Business-to-Consumer) rücken dabei immer mehr in den Mittelpunkt. Das geeignete Medium zur Unterstützung dieser Geschäftsprozesse ist das Internet.

Electronic Business fasst allgemein die Abwicklung dieser Geschäftsprozesse über öffentliche und private Netze zusammen und fokussiert dabei alle computergestützten Prozesse zwischen Wirtschaftssubjekten, mit dem Ziel, durch neue Medien einen Mehrwert zu erzielen. Electronic Commerce hingegen bezieht sich traditionell lediglich auf den elektronischen Datenaustausch in der Business-to-Business-Kommunikation. In der heutigen Bedeutung werden jedoch auch die Business-to-Consumer-Geschäftsbeziehungen mit einbezogen.

Die Dynamik und das Wachstumspotenzial des Internet veranlassen viele zu der Annahme, die Idee des E-Business als völlig neuartig zu bewerten. Für die Mehrzahl der Unternehmungen ist der Grundgedanke jedoch schon seit mehr als zwei Jahrzehnten Realität. Die ersten Ansätze zum elektronischen Austausch von Geschäftsdaten, Electronic Data Interchange (EDI), reichen zurück bis in die 70er Jahre. Der Begriff EDI umschreibt den Plattform-unabhängigen Austausch kommerzieller und technischer Daten, wie Bestellungen, Rechnungen, Überweisungen und Warenerklärungen, zwischen Computern bzw. Applikationen verschiedener Geschäftspartner. In den USA gibt es EDI seit 1974. Erste Anwender waren die Handelskette Super Value Stores und der Jeanshersteller Levi Strauss.[1] Die Daten werden in Form von strukturierten und nach vereinbarten Regeln formatierten Nachrichten übertragen. Der Einsatz von EDI in einer Unternehmung erlaubt die Modellierung vollautomatischer Geschäftsprozesse, die dem traditionellen Geschäftsdatenaustausch auf Papier in Bezug auf Geschwindigkeit, Kosten und Fehleranfälligkeit überlegen sind. So können durch EDI beispielsweise Just-in-Time-Bestandssysteme realisiert werden, die eine Reduktion der Lagerbestände erlauben.

Vorreiter für den EDI-Einsatz in Deutschland waren die Automobilindustrie und die Konsumgüterbranche, jedoch mit eigenen Standards, die nur für eine Nutzung innerhalb dieser Branchen geeignet waren. Die verschiedenen existenten Übertragungsprotokolle stellten neben den geringen Leitungskapazitäten der Telekommunikationsnetze eine Barriere für den branchenübergreifenden EDI-Erfolg dar. Obwohl EDI bereits seit mehr als 20 Jahren existiert, hat es seinen Siegeszug in Deutschland erst in den letzten Jahren angetreten. Erst mit der Entwicklung branchenübergreifender und allgemein anerkannter Standards wie Electronic Data Interchange For Administration, Commerce and Transport (EDIFACT), konnte sich EDI erfolgreich verbreiten.

Doch Electronic Business wird keine derart lange Entwicklungszeit durchleben. EDI selbst kann nicht die letzte Antwort auf den elektronischen Datenaustausch sein – dies wird zumindest mit der Entwicklung des World Wide Web deutlich. EDI orientiert sich immer noch zu sehr an der Zeit der Großrechner und an urheberrechtlicher Hard- und Software. Anders als EDI vor 20 Jahren trifft heute Electronic Business kaum auf technologische Barrieren, sondern eher auf die Informationstechnologie als „Enabler". Das Zusammenwirken der heute zur Verfügung stehenden Internet-Technologien und die Standardisierung der grundlegenden Internet-Protokolle, wie TCP/IP, HTTP oder FTP, ermöglichen die Neugestaltung der Geschäftsbeziehungen zwischen unabhängigen Partnern genauso wie zwischen verbundenen Unternehmungen. Komplexe Netzwerke entstehen und die Entwicklung neuer Produkte und Marktstrukturen wird gefördert. Die elektronische Abwicklung von Geschäftsprozessen wird damit zunehmend zur Realität.

Die Informationstechnologie hat durch das World Wide Web die Weichen gestellt. Doch was sind die entscheidenden Erfolgsfaktoren im E-Business? Wie müssen Unternehmungen sich strategisch ausrichten? Wie lassen sich die Potenziale des E-Business analysieren und gewinnbringend nutzen? Die Chancen scheinen vielversprechend. Kaum eine Veröffentlichung, kein Artikel und keine Pressemitteilung verzichtet auf Vorhersagen, Trendanalysen und Statistiken zum Thema E-Business. Die meisten der dabei prognostizierten Marktvolumina weisen nicht selten einen exponentiellen Verlauf aus. Sie differieren jedoch sehr stark und werden häufig nachträglich korrigiert.

Die Umsätze des europäischen Web-Handels beispielsweise lagen 1998 bei 1,29 Mrd. €, werden nach einer Schätzung für das laufende Jahr auf 23,1 Mrd. € beziffert und in 2001 auf 69,2 Mrd. € ansteigen. Weitere Studien schätzen das Volumen der Business-to-Business- und Business-to-Consumer-Umsätze insgesamt in Europa im Jahre 2004 auf 1,55 Billionen € (gegenüber lediglich 36 Mrd. € in 1999) und im Business-to-Business-Sektor in Deutschland auf 550 Mrd. €.[2] Obwohl sich die Ergebnisse der Untersuchungen zum Teil deutlich unterscheiden, so weisen sie doch eine Gemeinsamkeit auf: Der europäische Web-Handel soll – nach den ersten spürbaren Erfolgen im „Vorreiterland" USA – in Europa jährlich um mehr als 100 % wachsen.

Die Frage nach der Seriosität und Verlässlichkeit dieser Studien drängt sich unmittelbar auf. Es ist kaum möglich, im E-Business konkrete Aussagen über die erforderliche Größe der empirischen Datenbestände zu machen, um zu zuverlässigen Hypothesen zu gelangen. Viele der noch heute zitierten Wachstumsprognosen gehen zurück auf das Jahr 1996 und gründen ihre Aussagen auf Beobachtungszeiträume von lediglich zwei oder drei Jahren. Aus den Entwicklungen solch kurzer Zeitspannen auf 12- oder 13-stellige Marktvolumina in Euro zu schließen, muss kritisch hinterfragt werden. Ferner geht aus den Untersuchungen nicht immer eindeutig hervor, welche Technologien und Anwendungen den statistischen Ergebnissen zugrunde gelegt werden. Zudem weist das Internet eine solch immanente Dynamik auf und neue Electronic-Commerce-Technologien und E-Business-Modelle setzen sich mit einer solchen Geschwindigkeit durch, dass Analysten kaum in der Lage sein können, technische oder ökonomische Entwicklungen mehrere Jahre zuvor exakt zu prognostizieren. Aber sind aus diesen Gründen die E-Business-Marktprognosen zu ignorieren?

Den Erwartungen, die an E-Business-Strategien geknüpft werden, steht sicherlich die Tatsache gegenüber, dass Unternehmungen im E-Business kaum finanzielle Erfolge erzielen. Viele der E-Commerce-Firmen, die über das Internet Waren anbieten, produzieren vor allem eines: Verluste. Das Vertrauen, das vielen Internet-Start-ups in Form einer hohen Börsenkapitalisierung ausgesprochen wurde, scheint Skepsis und Argwohn zu weichen. Selbst Amazon, Marktführer des Internet-Handels, sehen einige Investmentbanker und Spekulanten mittlerweile in Gefahr. Fonds-Manager reduzieren ihre Aktien-Positionen und erste starke Kurseinbrüche sind zu verzeichnen. Die noch zu Beginn diesen Jahres spürbare Internet-Euphorie wurde getrübt, doch die strategische Ausrichtung der Unternehmungen auf das neue Paradigma E-Business wird dadurch nicht in Frage gestellt.

Vielmehr wird das Electronic Business in eine zweite Phase des Wachstums eintreten. Der Einfluss des Internet auf die Ökonomie bleibt bestehen. Die Mehrzahl der etablierten Unternehmungen, vornehmlich aus der Telekommunikations-, IT- und Medienbranche, üben nach eigenen Angaben E-Business-Aktivitäten aus. Neue Internet-Start-up-Unternehmungen werden nach wie vor mit innovativen Geschäftsmodellen auf den Markt drängen, um sich als „First Mover" in kürzester Zeit zu etablieren. Deren Vorsprung als „Fast Adaptor" aufzuholen wird auch für die bisherigen Big Player, die sich dem Thema E-Business widmen wollen, mit jedem Tag schwerer. Neue Modelle der Geschäftsabwicklung sowie der strategischen Ausrichtung, wie z. B. durch die Ausgründung von Internet-Unternehmungen oder die Gestaltung von Partnerkonzepten, sind daher erforderlich.

2 Economy goes E-Business

Forschungs- und Entwicklungstätigkeiten widmen sich seit Jahrzehnten intensiv dem Gebiet der Informations- und Kommunikationstechnologie. Obwohl der weltweite Wandel der Industrienationen zu Informations- und Wissensgesellschaften längst vollzogen ist, vergeht kaum ein Monat, in dem nicht neue Technologien auf den Markt drängen, die Wirtschaft, Wissenschaft, Politik und Gesellschaft entscheidend beeinflussen und vor neue Herausforderungen stellen. Das Zusammenwachsen von Telekommunikation und elektronischen Massenmedien bedingt durch technologische Innovationen ist sowohl in quantitativer als auch in qualitativer Hinsicht zu einem zentralen Thema der heutigen „E-conomy" geworden. So hat beispielsweise die Leistungsfähigkeit aktueller Übertragungs- und Computer-Technologie dem Internet neben seiner von Unternehmungsseite betonten Bedeutung als „Vertriebsweg der Zukunft" zusätzlich zu einer neuen gesellschaftlich bedeutenden Rolle verholfen.

Die wirtschaftlichen und technischen Umwälzungen der letzten Jahre sind so grundlegend, dass sie ihrer Bedeutung nach lediglich mit der industriellen Revolution vergleichbar sind. Ähnlich wie die Industrialisierung im 19. Jahrhundert Wirtschaft und Gesellschaft umwandelte, so wird auch die heutige Gesellschaft verändert. Tayloristische und hierarchische Organisationsleitbilder der Industriegesellschaft haben sich längst überlebt. Dienstleistungen sind zu den entscheidenden Erfolgsfaktoren der Ökonomie geworden. Galt der Boden als wichtigste Betriebsmasse des Sektors der Landwirtschaft, so war das Kapital der Motor der Industrie. Investitionen wurden vorrangig in „Hardware" im Sinne von Maschinen, Anlagen und Bauten getätigt. Seit sich jedoch die Finanzströme von den Warenströmen entkoppelten, sind nicht greifbare Werte zu den fundamentalen Rohstoffen des neuen Sektors der Informations- und Wissensgesellschaft herangewachsen. Investiert wird an erster Stelle in „Software-Kapital" wie informationstechnische Systeme und Anwendungen, Infrastruktur sowie Aus- und Weiterbildung.

2.1 Organisationstrends

Gleichwohl lässt sich der strukturelle Wandel von der Industrie- zur Informationsgesellschaft anhand der technologischen und ökonomischen Evolution nur unzureichend beschreiben und analysieren. Zwar bilden die Veränderungen der Telekommunikations-, Medien- und Informationstechnik, die Globalisierung des Wettbewerbs und die sich auch in Zukunft abzeichnenden wirtschaftlichen und gesellschaftlichen Veränderungen für Unternehmungen zahlreiche neue Handlungsoptionen und -anforderungen heraus. Die Komplexität und Dynamik dieser Entwicklung jedoch lässt die Orientierung strategischer Entscheidungen an vordefinierten Entwicklungslinien immer seltener zu. Die zunehmende Verbreitung des World Wide Web trägt zu einem digitalen Epochenwandel bei und ersetzt etablierte Geschäftspraktiken durch ein neues wirtschaftliches Paradigma.

Viele Unternehmungen haben daher in den letzten Jahren starke strukturelle und strategische Veränderungsprozesse erlebt. Nicht zuletzt für kleine und mittelständische Unternehmungen (KMU) erforderte die zunehmende Globalisierung der Märkte eine Neuausrichtung vom regional oder national agierenden Anbieter von Produkten hin zu einem global arbeitenden System- und Dienstleistungsanbieter. Der Wettbewerb beschränkt sich längst nicht mehr ausschließlich auf lokale Märkte. Eine globale Präsenz ist heutzutage unabdingbar. Die informationstechnische Vernetzung über Unternehmungsgrenzen hinweg sowie die gestiegenen Anforderungen an ein Geschäftsprozessmanagement werden zur unverzichtbaren Basis für Unternehmungen, die sich im Spannungsfeld zwischen Technologie und Wettbewerb bewegen. Die Bedeutung der Informationen über die Entwicklungen und Anforderungen von IT-

8

Strukturen zusammen mit den Anforderungen an eine Geschäftsprozessbeschreibung gewinnen durch die Vernetzung von Organisationen, Leistungen und Prozessen permanent an Bedeutung.[3] Abb. 1 veranschaulicht die organisatorische Entwicklung der Unternehmungen in den letzten beiden Dekaden hin zum E-Business sowie die daraus resultierenden Anforderungen an die Unternehmungskooperation und -kommunikation.

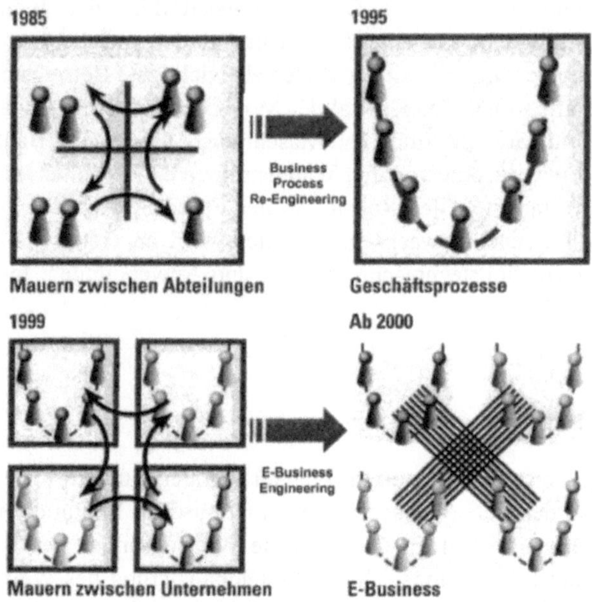

Abb. 1: Organisationstrends

Die Organisationslehre betonte lange die Aufbauorganisation. Diese Betrachtung lediglich zeitlich unabhängiger, statischer Regelungen, wie Hierarchien und Unternehmungstopologien, erfasst die Kommunikationsbeziehungen zwischen den Unternehmungsteilen.[4] Bis in die 90er Jahre gestaltete sich jedoch das Organisieren über künstlich erzeugte Abteilungsmauern hinweg als äußerst schwierig. Das persönliche Engagement und die Kommunikation der Mitarbeiter einer Unternehmung untereinander konnten die auf diesem Wege erzeugte Sichtweise isolierter betrieblicher Aktivitäten und Funktionen ausgleichen. Die Automatisierung interner Verfahren, in dem Informationen nicht mehr schriftlich, sondern elektronisch übermittelt wurden, blieb einziges Verbesserungspotenzial. Die Reduktion der Dokumentenflut oder die Erhöhung der Anzahl durchgeführter Transaktionen pro Zeiteinheit waren typische Erfolgskriterien.

Erst gegen Mitte der letzten Dekade veränderten die Begriffe des „Business Process Reengineering" (BPR) [5] oder der „Geschäftsprozessorganisation" [6] die Sichtweise vieler Unternehmungsverantwortlicher. Die Ablauforganisation, d. h. das zeitlichlogische, dynamische Verhalten von Vorgängen, die der Aufgabenerfüllung der Unternehmung dienen, rückte in den Vordergrund. Man versuchte, in der gesamten Unternehmung effiziente Automationsmodelle zu implementieren. Die Kommunikation der Abteilungen und damit die Orientierung an der Logik von Geschäftsprozessketten wurde zunehmend betont. Konzepte wie effizientes Reagieren auf Kundenwünsche (ECR, Efficient Consumer Response) oder Just-in-Time-Lagerhaltung bauen auf diesem Organisationsmodell auf. Die mit dem Schlagwort Business Process Reengineering angesprochenen Geschäftsprozessorganisationen waren jedoch zum Teil schon Bestandteil vorhergehender Organisationskonzepte. So stellt das Y-CIM-Modell [7] (CIM, Computer Integrated Manufacturing) ein Konzept zur Beschreibung der Zusammenhänge zwischen den logistischen Teilsystemen und dem Prozess der Produktentwicklung in einem Industriebetrieb dar. Es ist damit auf die Organisation von Geschäftsprozessen ausgerichtet.

Das von vielen Managern betonte ganzheitliche Management von Geschäftsprozessen endete jedoch in den meisten Fällen dort, wo Unternehmungsgrenzen begannen. Die Abkehr von der Funktionsorientierung und die Herausforderung der Prozessorientierung ließen kaum Spielraum für effiziente Verbesserungsvorschläge der Kommunikation und der Kooperation von Unternehmungen über ihre Grenzen hinaus. Im Rahmen eines E-Business Engineering sollten daher durch die Ausrichtung der Prozesse und Ressourcen auf die neuen Anforderungen die Weichen für eine weltweite Kommunikation über Unternehmungsgrenzen hinweg gestellt werden (siehe Abb. 1). Verstärkt wird dieser Trend durch die Abnahme der Wertschöpfungstiefe in Unternehmungen. Wertschöpfungs- und Innovationsprozesse erstrecken sich über mehrere Unternehmungen, sodass die Wettbewerbsfähigkeit von Organisationen nur noch teilweise von deren interner Leistungsbereitschaft abhängt. Die vermehrte Bildung strategischer Partnerschaften und Unternehmungszusammenschlüsse wird daher auch in Zukunft zu beobachten sein. Dies betrifft vor allem kleine und mittelständische Unternehmungen, die zunehmend als Teil komplexer Logistik- und Produktionsnetzwerke auftreten. Durch Allianzen mit Geschäftspartnern und den Aufbau virtueller Kooperationen definieren sich Unternehmungen völlig neu.

Doch auch die Ausrichtung und Anpassung interner Abläufe an unternehmungsübergreifende Kooperationsmodelle bleibt ein wichtiger Erfolgsfaktor. Die Schaffung individueller Beziehungen zum Kunden im Sinne eines Customer Relationship Management (CRM), beispielsweise durch eine kundenindividuelle Massenproduktion (Mass Customization) [8], und das Ermöglichen Web-basierter Auskünfte über die Lieferfähigkeit einzelner Artikel oder eine Auftragsverfolgung (Tracking & Tracing), implizieren einen gekonnten Internet-Auftritt als wichtigen Umsetzungsfaktor. Darüber hinaus muss die Unternehmung jedoch in der Lage sein, aktuell auf integriert gehaltene Daten zugreifen zu können. Die ist jedoch nur dann möglich, wenn auch die internen Prozesse entsprechend transparent angepasst werden.

2.2 *Going public*

Varianten der Kapitalbeschaffung gibt es für Unternehmungen viele und daher sicherlich keine zwingenden Gründe für einen Börsengang. Das „Going Public" ist allerdings dann eine bewährte Alternative, wenn die Eigenmittel der Unternehmung gestärkt oder Veränderungen im Gesellschafter- und Kapitalgeberumfeld ermöglicht werden sollen. Die Umwandlung von Unternehmungen in börsenfähige Gesellschaften mit abschließendem Börsengang bietet eine interessante Alternative. Dies gilt vornehmlich für expansiv ausgerichtete Branchenführer sowie für Marktführer, die erheblichen Investitions- und Kapitalbedarf besitzen.

Doch die Anforderungen an die ökonomische Größe der Unternehmungen beim Börsengang sind in jüngster Zeit zunehmend ins Wanken geraten. Aktiengesellschaften, die kaum Umsatz oder sogar Verluste erzielen, wagen den Schritt an die Börse. Es genügt, den Anlegern ein entsprechendes zukünftiges Wachstum darzustellen. Sowohl etablierte als auch neu gegründete kleine und mittelständische Unternehmungen denken immer häufiger über einen Börsengang nach. Trotz des erheblichen Arbeitsaufwandes und der enormen Kosten zur Schaffung einer börsenfähigen Aktiengesellschaft sowie einer Emission, scheinen die Vorteile für sich zu sprechen: die Aufnahme von Kapital für Investitionen, die vorteilhafte Handelbarkeit von Aktien für Kooperationen, Fusionen oder Mitarbeiterbeteiligungen, die Publicity und das gestiegene Renommee in der Öffentlichkeit. Die starke Welle der Neuzulassungen von Unternehmungen an deutsche Börsen und die Traumkurse riskanter Unternehmungen wurden auch in der Gesellschaft in jüngster Zeit heftig diskutiert.

Die Etablierung des Neuen Marktes in Frankfurt hat bei vielen Bundesbürgern eine Euphorie ausgelöst. Mit der Gründung dieses neuen Handelssegmentes im März 1997 nach zweijähriger Vorbereitungszeit durch die Deutsche Börse AG, Frankfurt, wurde ein Spekulationsfieber entfacht. Zwar stand der Neue Markt als deutsches Nasdaq-Pendant aufgrund starker Kursschwankungen häufig in der Kritik, doch die erste Hochstimmung wurde kaum getrübt. Egal welche Start-up-Unternehmungen in die Bookbuilding-Phase übergingen, wenige Stunden später waren die Papiere meist hoffnungslos überzeichnet. Zuteilungen per Losentscheid an Privatinvestoren sind seither am Neuen Markt ebenso üblich wie schnelle Kursgewinne für Erstzeichner und Erlöse für die entsprechenden Unternehmungen. Die Hochstimmung der Anleger und die durchweg gewinnbringenden Emissionen am Neuen Markt erweckten auch bei weiteren Unternehmungen Risikofreude. Börsengänge ließen sich in der Anfangszeit des Neuen Marktes fast im Wochentakt verzeichnen.

Die Emittenten selbst sind ungeachtet der beträchtlichen Kosten, die das Going Public mit sich bringt, größtenteils zufrieden. Denn neben dem leicht verdienten Kapital, das den Börsengang erstrebenswert macht, tritt zunehmend die Unterstützung der Beschäftigtenentwicklung durch einen leistungsfähigen Kapitalmarkt in den Vordergrund. Entgegen der häufig verbreiteten Meinung, dass die steigende Bedeutung der Börse mit einem Hoch an Arbeitslosigkeit einhergeht, kann meist ein positiver

Zusammenhang zwischen einem Börsengang und der Entwicklung der Mitarbeiterzahlen von Unternehmungen festgestellt werden. Die Wertschaffung für die Aktionäre und der Aufbau neuer Arbeitsplätze bedingen einander.

2.3 Dot-com oder Dot-gone?

Viele junge E-Business-Unternehmungen haben die Potenziale des Internet bereits erkannt und sind in kürzester Zeit zu Global Playern herangewachsen – nicht zuletzt bedingt durch die atemberaubenden Kursentwicklungen am Aktienmarkt der zurückliegenden Jahre. Das World Wide Web prämierte in den letzten Jahren vor allem Unternehmer, die Risiken eingingen und sich scheinbar über die Regeln der Old Economy hinweg setzten. Dennoch drängt sich die Frage auf, ob die Kurse vieler Internet-Firmen durch ihre Gewinn-Verlust-Profile gerechtfertigt sind.

Das Internet-Portal Yahoo! wurde am 27.01.2000 mit einem Aktienwert von 90 Mrd. € an der Börse höher gehandelt als Volkswagen, Veba, BASF, Metro und Lufthansa zusammen mit einem summierten Aktienwert von 89 Mrd. €. Die fünf zuletzt genannten Konzerne beschäftigten gemeinsam zu diesem Zeitpunkt 563.000 Mitarbeiter und erwirtschafteten 1998 einen Gewinn von 4,59 Mrd. €. Dem gegenüber standen zum gleichen Zeitpunkt lediglich 1200 Yahoo!-Mitarbeiter und ein im Jahre 1999 erzielter Gewinn von 0,05 Mrd. €.[9] In einer von der Unternehmungsberatung Interbrand, London, veröffentlichten Rangliste der weltweit größten Marken konnte die Portal-Marke Yahoo! sich um 258 Prozent im Vergleich zum Vorjahr auf 4,96 Mrd. € verbessern.[10]

Der Online-Einzelhändler Amazon erhöhte 1999 seinen Umsatz gegenüber 1998 um 169 Prozent auf 1,64 Mrd. US-Dollar. Allerdings verbuchte die Gesellschaft einen Gesamtverlust von 720 Mio. US-Dollar, verglichen mit 74 Mio. im Vorjahr. Die US-Unternehmung beziffert ihren Verlust im ersten Quartal 2000 auf 122 Mio. US-Dollar. Im Vorjahr waren es „nur" rund 36 Millionen. Börsenanalysten hatten mit größeren Verlusten gerechnet. Der Umsatz stieg von 294 Millionen auf 574 Millionen US-Dollar und die Anzahl der Kunden erhöhte Amazon um 167 Prozent auf mehr als 17 Millionen und im ersten Quartal 2000 sogar auf 20 Millionen.[11]

Die Tatsache, dass die Bewertung einer Unternehmung und die Bewertung der Unternehmung an der Börse sich in der heutigen Zeit vermischen, ist sicherlich keine neue Erkenntnis. Wer hätte jedoch gegen Mitte der neunziger Jahre gedacht, dass dies solche Ausmaße annehmen würde? Nicht der Gewinn, sondern die Fähigkeit einer Unternehmung zu expandieren, werden heute belohnt. Bemessen wird diese Fähigkeit allzu oft an einer wirtschaftlichen Kategorie, die durch das Internet eine neue Bedeutung erlangte: Abonnenten und Besucher einer Internet-Seite, d. h. potenzielle Kunden. Den Unternehmungen der Internet-Branche werden enorm hohe Verluste an der Börse verziehen, wenn sie einen genügend großen Kundenstamm vorweisen können. Der Wert von Web-Unternehmungen orientiert sich kaum an gesteigerten Umsätzen, sondern vielmehr an einem verbesserten Kundenservice oder einem hohen Wiedererkennungswert einer Marke.

Eine Mitte letzten Jahres von der Krannert School of Management (Purdue University, Indiana) veröffentlichte Studie zeigte auf, dass allein die Änderung eines Firmennamens durch Anhängen des Kürzels „.com", „.net" oder der Zusatz „Internet", den Aktienwert einer Unternehmung steigen lässt. Die Studie legte dar, dass die Aktienwerte von Firmen, die ihren Namen änderten, innerhalb von zehn Tagen um durchschnittlich 125 Prozent stiegen. Noch gravierender war dieser so genannte „Dot-com-Effekt" bei Unternehmungen, die bisher nicht im Internet engagiert waren und mit der Namensänderung ihre Zuwendung zu dem neuen Medium ausdrücken wollten. Deren Werte stiegen um durchschnittlich 189 Prozent in 30 Tagen. Die Studie untersuchte die Kursentwicklungen von 52 Firmen, die seit Juni 1998 ihren Namen geändert hatten.[12]

Die Erfolge der frühen E-Commerce-Anbieter verleiten zu der Vermutung, dass in der neuen Cyberwirtschaft das „Bits & Bytes"-Prinzip im Allgemeinen dem des „Brick & Mortar" [13] überlegen sei. Die Tage der Unternehmungen, welche die Gültigkeit der Kennzahlen der Old Economy wie Umsatz und Ertrag betonen, seien gezählt. Erste Misserfolge zeigen jedoch, dass es sich hierbei um einen Mythos handelt, der zunehmend an Glaubwürdigkeit verliert. Für First Mover wie Yahoo! und Amazon hat er sich zwar bewahrheitet, dennoch widerlegt gerade deren Beispiel die neue Theorie. So ist der reine Online-Buchhändler Amazon, anfänglich ohne eigene Lagerhaltung, zum virtuellen Versandhaus mit eigener Warenlogistik herangewachsen.[14]

Mitte diesen Jahres zeigten sich auch gegenläufige Tendenzen. Einer jungen, von der Internet-Euphorie beflügelten Start-up-Unternehmung wurden millionenschwere Werbekampagnen zur Planung der Refinanzierung an der Börse zum Verhängnis. Der Designermode-Online-Shop Boo.com brach sechs Monate nach seinem Start aufgrund fehlender Liquidität zusammen. Problem der britischen Unternehmung war die Deckung der hohen Anlaufkosten – der „lange Atem" fehlte. Potenzielle Investoren zogen sich zurück. Gerade zwei Wochen nachdem das Online-Modehaus Konkurs anmelden musste, wurde es von einer Internet-Service-Firma aufgekauft. Die Boo.com-Technik soll an andere Firmen, die im Business-to-Business-Sektor tätig sind, vermietet werden.[15]

Die Kurse der Internet-Unternehmungen geraten entgegen ihren Anstiegen zu Beginn des Jahres seitdem zunehmend unter Druck und sinken. Viele Analysten befürchten eine Pleitewelle der Internet-Branche. Das Vertrauen in die entsprechenden Werte sinkt und Stimmen mehren sich, dass nur jede vierte oder fünfte am Markt vertretene Internet-Gesellschaft überleben wird.[16] Der First-Mover-Vorsprung vieler Internet-Firmen scheint erloschen. Aus „Dot-coms" werden „Dot-gones". Auch wenn die Geschehnisse zum Teil überinterpretiert werden, so zeigt der Zusammenbruch von

Boo.com dennoch, dass die Regeln und Gesetze der Old Economy nach wie vor Gültigkeit besitzen.

Dem Management des Online-Modehauses fehlte es an Professionalität. Aufgrund technischer Probleme musste schon der Start der Unternehmung um fünf Monate bis zum November 1999 verschoben werden. Die enorm grafiklastige Web-Seite führte zu langen Ladezeiten. Internet-Kunden meiden jedoch nichts mehr als umständliche Oberflächen und Wartezeiten. Wer im Online-Handel erfolgreich sein möchte, der muss seinen Kunden eine „Good Customer Experience" bieten. Die Umsätze blieben aus und das Marketing der Unternehmung verschlang Unsummen. Die Mitarbeiter bezogen hohe Gehälter und allein für die Reisekosten fielen pro Monat mehrere hunderttausend US-Dollar an. Der in Venture-Capital-Kreisen häufig als „Burn Rate" bezeichnete monatliche Liquiditätsverbrauch war zuletzt auf vier Millionen US-Dollar pro Monat gestiegen.[17]

Große E-Business-Unternehmungen sichern ihre geschäftliche Zukunft, indem sie mit klassischen, umsatzstarken Unternehmungen durch Aufkauf oder Fusion verschmelzen – eine Präventionsmaßnahme für die Zeit nach der Börsen-Euphorie? Untermauert wird diese Überlegung zumindest durch den zu Beginn des Jahres verkündeten Zusammenschluss des Online-Dienstes America Online (AOL) mit dem weltgrößten Medienkonzern Time Warner. Mit der bislang gigantischsten Fusion im Bereich Online und Medien verschmolzen bekannte Medien- und Internet-Marken in einer Firmengruppe. Das Volumen des Aktientauschs betrug 551 Milliarden US-Dollar.[18]

In den Führungsetagen internationaler Unternehmungen wird zunehmend erkannt, dass der Online-Handel eine wichtige Herausforderung darstellt. Durch das Internet verändern sich die Geschäftsabläufe grundlegend. Viele Spitzenmanager forcieren Bemühungen um Business-to-Business-Strategien für ihre Unternehmungen. Doch nur wenige beabsichtigen E-Business in ihre gesamte Geschäftsstrategie einzubetten. Die E-Business-Potenziale im Business-to-Business aber auch im Konsumentenhandel werden nach wie vor unterschätzt. Internet-Aktivitäten werden auf Marktwachstum statt auf Effizienzsteigerungen ausgerichtet – ein Hauptgrund für das Scheitern vieler Internet-Companies im Business-to-Consumer-Umfeld. Über das Internet sind erst dann Gewinne zu erwirtschaften, wenn Effizienzsteigerungen durch integrierte Prozessabläufe im Back-Office erreicht werden. Die Kennzahlen der Old Economy besitzen auch im Internet Gültigkeit. Die Hauptstrategie lediglich auf eine Umsatzsteigerung auszurichten wird mittel- und langfristig nicht zum Erfolg führen.

Aufgrund der Schwierigkeiten, die sich durch die Integration des Internet in das Offline-Geschäft ergeben, werden E-Commerce-Aktivitäten jedoch auch in Zukunft kurzfristig kaum zu messbaren Erfolgen führen. Oberste Ziele sollten daher die Verbesserung der Geschäftsprozesse, der Logistik, des Service sowie die Reduzierung der Kosten sein. Die Unternehmungen müssen ihre gesamte Firmenkultur und -struktur auf das neue Paradigma E-Business und damit auf das Internet ausrichten.

3 E-Business der ersten Generation

E-Business-Lösungen werden in den unterschiedlichsten Bereichen einer Unternehmung eingesetzt. Abhängig von den beteiligten Partnern und Anwendungsgebieten lassen sich vielfältige E-Business-Potenziale identifizieren, welche die bestehenden Geschäftsaktivitäten unterstützen und verbessern können. Das Internet bietet eine Grundlage, auf der traditionelle Geschäftsprozesse neu definiert werden. Entscheidend ist dabei die effiziente Verbindung von Online- und Offline-Aktivitäten. Doch die Anzahl möglicher IT-Lösungen und damit die Anzahl der Geschäftsmodelle des ECommerce ist groß. Es lassen sich kaum allgemeingültige Erfolgsfaktoren formulieren. Im Folgenden wird daher anhand konkreter E-Business-Modelle erläutert, wie in einer „ersten Welle" Unternehmungen und Märkte revolutioniert wurden, und welche Konzepte sich bisher in Abhängigkeit der jeweiligen Geschäftsbeziehungen als erfolgreich erwiesen.

3.1 *Von der realen zur virtuellen Wertkette*

Als Strukturierungshilfe für eine umfassende Untersuchung der E-Business-Fähigkeiten einer Unternehmung kann der Wertkettenansatz von Porter [19] dienen. Dieser Ansatz definiert grundsätzlich die spezifischen Ausprägungen einzelner Elemente einer Wertkette und stellt einen Bezugsrahmen für die Bedeutung von Funktionen dar. Als primäre Aktivitäten gelten dabei Funktionen, welche direkt an der Erstellung und Verwertung der Leistungen einer Unternehmung beteiligt sind. Die sekundären Aktivitäten unterstützen diese Funktionen durch Infrastruktur und Steuerungsmaßnahmen. Die Betrachtung der primären Aktivitäten in ihrem Wertschöpfungszusammenhang liefert eine grobe Prozessstruktur, die als Einstieg in die Prozessorganisation verfolgt werden kann.[20] Unternehmungen, die sich mit dem Einstieg in das E-Business beschäftigen, haben die Wahl, welchen Teil ihrer Prozessstruktur sie durch das Internet unterstützen oder umsetzen wollen.

In Abhängigkeit von unternehmungsrelevanten Einflussfaktoren, wie Produkt, Kunden oder Marktlage, ergeben sich unterschiedliche Erfolgs- und Expansionschancen für das Internet Business. Zu den wichtigsten Faktoren gehört dabei die benutzte Informationstechnologie, welche die gesamte reale Wertkette durchdringt. Jede Wertaktivität besitzt eine physische und eine Informationskomponente, die es erlaubt, sowohl operative Abläufe zu optimieren als auch strategische Wettbewerbsvorteile durch Information zu erlangen.[21]

Das Internet als Basismedium des E-Business liefert darüber hinaus noch weitere Charakteristiken. Es eröffnet die Möglichkeit, sich unternehmungsintern oder nach außen hin zu vernetzen und liefert die Faktoren der Zeit- und Ortsunabhängigkeit. Vernetzung und Zusatznutzen gehören damit zu den weiteren Faktoren, die für einen effektiven und angepassten Einstieg in das E-Business zu betrachten sind. Die

Umsetzung des elektronischen Geschäftsverkehrs muss sich dabei nicht auf den Vertriebsbereich beschränken, sondern kann sich auf die komplette reale Wertkette einer Unternehmung beziehen. Die Informationstechnologie erlaubt die Spiegelung der gesamten wertschöpfenden Aktivitäten einer Unternehmung und so den Übergang von einer realen zu einer virtuellen Wertkette (siehe Abb. 2).[22]

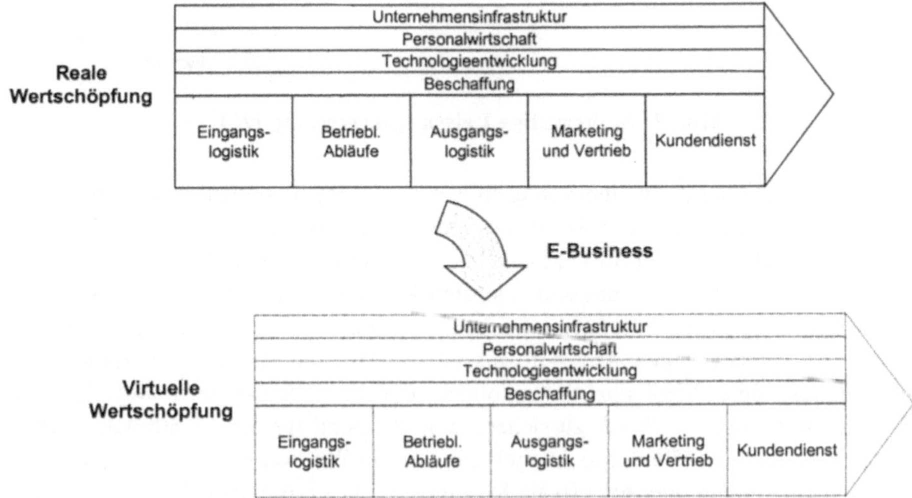

Abb. 2: Erweiterung der realen Wertschöpfung durch E-Business

Aber nicht nur die innerbetrieblichen Abläufe können durch neue Internet-basierte Informationssysteme unterstützt werden, sondern auch die nach außen gerichtete Kommunikation und Interaktion einer Unternehmung bieten Ansatzpunkte für eine Optimierung durch E-Business. Einzelne Partner verbinden sich mittels E-Business zu Logistikketten oder -netzwerken. Die durch die zunehmende Virtualisierung der Unternehmungen entstehenden Geschäftsprozesse stellen keine Zerlegung traditioneller Abläufe entlang der Wertschöpfungskette dar. Die entsprechenden Prozesse sind zum Teil auf mehrere Ebenen verteilt.

Eine Einheit umfasst z. B. prozessvorbereitende Aufgaben. Die Konstruktion beschreibt aus einer speziellen Sicht die spätere virtuelle Unternehmung. Zur Verbesserung der unternehmungsübergreifenden Koordination tragen Broker bei, welche die technologischen und organisatorischen Rahmenbedingungen bereitstellen. Deren Dienstleistungen sind nicht der eigentlichen Leistungserstellung zuzuordnen. Eine weitere Ebene kann von einem Vertrieb gebildet werden, der ebenfalls unabhängig von der virtuellen Unternehmung agiert. Die Vertriebseinheit übernimmt in diesem Fall die Rolle eines Kunden (siehe Abb. 3).

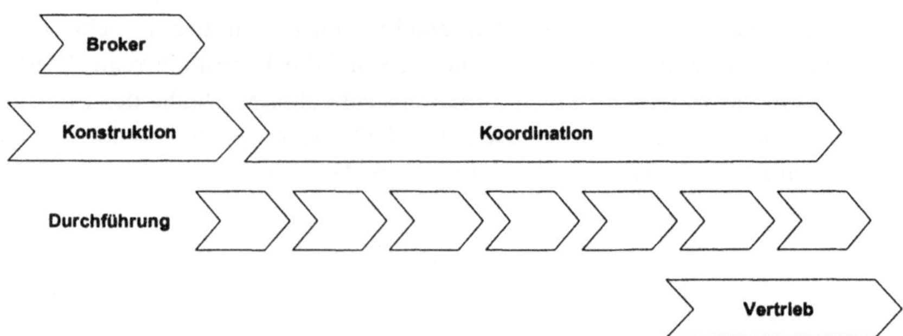

Abb. 3: Mehrstufige Leistungserstellung [23]

Je größer die Zahl der an in einem solchen Netzwerk beteiligten Kunden, Lieferanten, Transporteuren und Herstellern ist, desto unübersichtlicher werden die Geschäftsabläufe. Eine Vielzahl von Informationen muss gesammelt, erfasst und ausgewertet werden. Dabei werden die unterschiedlichsten Rechner- und Netzwerkwelten sowie verschiedene E-Business-Lösungen miteinander verbunden. Dies sollte jedoch von der Prüfung der gegenwärtigen Angebote bis zur Konzeption für die Deportation des Endproduktes ohne Medienbrüche erfolgen, um die Wettbewerbsfähigkeit aller Beteiligten der „Supply Chain" zu sichern. Entscheidend für die Effektivität solcher vernetzter Systeme ist allein ihre Ausrichtung auf die Wünsche des Verbrauchers, sei es eine Unternehmung oder der private Konsument. Dies erfordert jedoch ein adäquates Design des Netzwerkes, das insbesondere die Komplexität des Netzwerkes und damit die Anzahl der Partner reduzieren sollte.

Die Dell Computer Corporation liefert für dieses Konzept ein eindrucksvolles Praxisbeispiel. Die Unternehmung ist Anbieter Web-basierter Internet-Infrastruktur und betreibt unter der URL www.dell.com eine der weltweit größten E-Commerce-Web-Seiten, über welche die Unternehmung täglich 40 Millionen US-Dollar umsetzt. Dell entwickelt, produziert und konfiguriert seine Systeme nach individuellen Kundenanforderungen. Die Produktpalette reicht von Desktop-Systemen über Notebooks, Workstations und Server bis hin zu Massenspeicher-Systemen. Das direkte Geschäftsmodell hat Dell zu einem der erfolgreichsten Unternehmungen der Neunziger Jahre gemacht. „Direkt" bezieht sich auf das Verhältnis der Unternehmung zu seinen Kunden – von Privatanwendern bis zu den größten Unternehmungen der Welt. Keine Händler oder sonstige Wiederverkäufer verzögern die Markteinführung der Produkte oder erhöhen die Kosten. Kostspielige Zwischenschritte über Wiederverkäufer oder Einzelhändler werden vermieden und ein effektives Beschaffungs-, Produktions- und Vertriebssystem vereinfacht das logistische Netzwerk.[24]

Mit der Weiterentwicklung des Internet sind eine Reihe neuer Technologien entstanden, die als Realisierungswerkzeuge für neue Strategien geeignet sind. Neben neuen Basistechnologien, wie beispielsweise der Extended Markup Language (XML) für die Datenverwaltung oder Digital Subscriber Line (DSL) zur organisatorischen Vernetzung, sind es gerade die ausgereiften Internet-Informationssysteme, welche mittels intelligenter Bedienkonzepte die technologische Eintrittsbarriere für eine große Anzahl von Unternehmungen senken.

Ein Beispiel hierfür ist die Entwicklung im Bereich der Erstellung von Internet-Seiten, ein Kernbereich des World Wide Web. In der Anfangsphase des Internet wurden die Seiten mit einfachen Texteditoren generiert, danach kamen die ersten Editoren mit Syntaxhilfen, im Anschluss daran layoutorientierte Designerwerkzeuge. Heute kommen komplexe Content-Management-Systeme zum Einsatz (siehe Abb. 4). Solche Datenbank-basierte Systeme erlauben den Autoren eine Fokussierung der inhaltlichen Gestaltung von Internet-basierten Angeboten, ohne auf technologische Aspekte Rücksicht nehmen zu müssen.

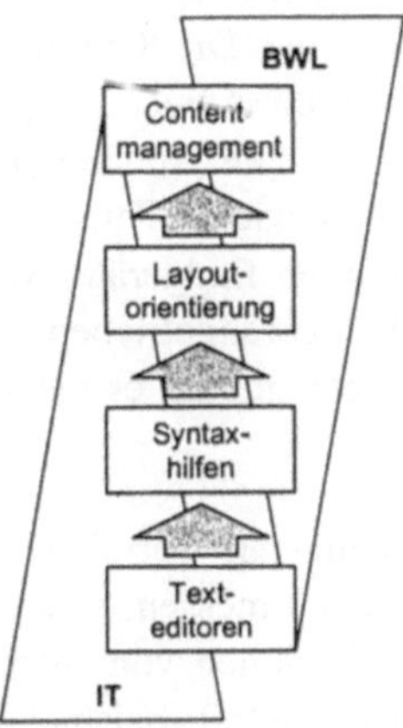

Abb. 4: Entwicklungsstufen von HTML-Werkzeugen

Viele Technologien verlieren in ähnlicher Weise ihre „Kinderkrankheiten" und können einfacher beherrscht werden als dies früher möglich war, sodass eine große Zahl von Unternehmungen in den neuen Marktbereich eintreten kann. Mit dem vermehrten Einstieg von Unternehmungen in die New Economy – nicht nur junger Start-ups sondern auch etablierter Unternehmungen – verlieren die bisherigen First-Mover ihren technologischen Vorsprung. In der Internet-Economy ist – für viele der neuen Unternehmungen überraschend – die Beherrschung der Technologie nicht mehr ein Wettbewerbsvorteil, sondern nur noch ein Werkzeug, das zur Erlangung von Wettbewerbsvorteilen eingesetzt werden muss. Während die Kapitalmärkte sensibel auf die strategische Positionierung der Unternehmungen reagieren, ist die Euphorie der Internet-Unternehmungen scheinbar ungebrochen. Dies äußert sich in der steigenden Anzahl neuer Internet-Auftritte. Die Veränderung in der New Economy hat dabei nicht nur Auswirkungen auf die weitverbreiteten E-Shops, sondern auf eine Fülle von Internet-Angeboten, von denen einige nachfolgend erläutert werden.

3.2 E-Shop

E-Shops gehören zu den bekanntesten Vertretern des E-Business. Der Handel über das Internet, oft Synonym für den E-Commerce, wird von vielen Firmen als einfach zu realisierende Ergänzung ihrer bestehenden Vertriebskanäle oder gar als vollständig neuer Vertriebskanal gesehen. Das Spektrum reicht dabei von statischen Informationsseiten mit Bestellmöglichkeit über E-Mail bis hin zu an Warenwirtschaftssysteme angebundenen Shops mit umfangreichen Profiling-Komponenten.

Die dem Internet zugrunde liegende Technologie gewährleistet eine einfache Datensammlung über die Besucher eines Shops, die als Basis für das Internet-basierte Customer Relationship Management dient. Höhere Übertragungsstandards und der multimediale Fortschritt bei den Präsentationstechniken von Web-Seiten rücken das Internet immer mehr in Richtung Fernsehen. Parallel dazu entstehen die ersten Fernsehgeräte mit Internet-Funktionalität. Die Konzeption des „on demand" durch das Internet findet auch im Fernsehbereich Anwendung, sodass es langfristig zu einer Fusion beider Medien kommen wird. Die Annäherung von Fernsehen und Internet führt auch zu einer Vergrößerung potenzieller Kundenkreise. Diese Entwicklung wird durch die Internet-Anbindung mobiler Endgeräte, wie Personal Digital Assistants (PDA), und neue Mobilfunkgeräte vorangetrieben. Trotz dieser für die Internet-Unternehmungen positiven Tendenzen gelingt es bisher nur den Wenigsten, messbar erfolgreich zu sein.

Der Erfolg der Pioniere und momentanen Vorreiter des Electronic Commerce lässt sich nicht an Gewinnen oder Umsätzen messen, sondern vielmehr an der Vision und technologischen Innovation. Viele Visionen von Internet-Unternehmungen sind eng mit technologischen Innovationen verknüpft, beispielsweise der Verkauf von Gütern mit Mengenrabatt oder die Personalisierung von Informationen. Je mehr diese technologischen Neuerungen ihren Innovationsgrad verlieren, desto stärker verliert auch die Vision der Unternehmungen an Bedeutung. Da viele technologische Entwicklungen stark von der Ressource Information und nicht mehr vom Kapital oder anderen technologischen Ressourcen abhängen, ist die Gefahr groß, dass innovative Wettbewerber die Kerntechnologien kopieren oder verbessern. Es gibt zwar in vielen Branchen und Anwendungsbereichen, in denen Shop-Systeme zum Einsatz kommen, noch ausreichend technologisches Verbesserungspotenzial. Dieses ist jedoch langfristig nicht als Wettbewerbsvorteil nutzbar.

3.3 Elektronische Marktplätze

Elektronische Marktplätze werden, ähnlich den E-Shops in der Anfangsphase des E-Business, als das neue Mittel für den Erfolg im Internet angepriesen. Sie entstehen branchenübergreifend, branchenbezogen, mit regionalem, nationalem oder internationalem Bezug. Erfolgversprechend scheint in allen Fällen die Verbindung einzelner E-Shops und Dienstleistungen, die in Kombination mit marktplatzbezogenen

Shops und Dienstleistungen, die in Kombination mit marktplatzbezogenen Dienstleistungen einen Mehrwert bieten sollen, der über das Leistungsangebot einzelner Shops hinausgeht. Der Kunde hat den Vorteil, dass er vertrauensvoll bei einem Anbieter des Marktplatzes einkaufen kann. Die Garantie dafür übernimmt ein Dienstleister. Alle Geschäfte befinden sich unter einer Adresse. Die Suche nach versteckten Anbietern im Netz entfällt damit.

Der von Marktplätzen versprochene Vorteil, viele Einkaufsaspekte unter einem Dach zu integrieren, ist dennoch das größte technologische und betriebswirtschaftliche Hindernis. Die zur Erreichung eines Mehrwerts erforderliche Integration, die nicht bei allen Kombinationen von Shop-Betreibern sinnvoll ist, erfordert eine genaue Analyse der Geschäftsprozesse, um die marktplatzinternen Abläufe effizient gestalten zu können. Die Ablaufoptimierung der elektronischen Marktplätze ist Voraussetzung für die ergänzenden Dienstleistungen, zu denen beispielsweise elektronische Einkaufsberater in Form intelligenter Agenten oder Versicherungen für ausliefernde Waren gehören. Die Vernetzung unterschiedlicher Logistikketten, mit der sich das Supply Chain Management beschäftigt, wird in Marktplätzen auf die Vernetzung von Logistiknetzwerken ausgedehnt. Neben den technologischen Anforderungen existiert für Viele eine weitere Herausforderung in Form anderer Marktplätze. Voraussetzung für erfolgreiche Konzepte sind hohe Besucherzahlen, um so als Intermediär attraktiv für Shop-Betreiber und Dienstleister innerhalb des Marktplatzes zu sein. Das geplante Angebot an Marktplätzen übersteigt jedoch die Nachfrage der Kunden, sodass nach einer Verdrängungsphase nur die besten Anbieter langfristig überleben werden.

3.4 Information Broker

Die Basis des Internet bildet der Informationsaustausch. Informationsdienstleister haben im Medium Internet einen Vorteil gegenüber dem klassischen Handel, da sie besser an die Gegebenheiten des Netzes angepasst sind. Zu den bekanntesten Anbietern im Internet gehören die Informations-Broker, die Informationen bereitstellen (Community of Interest) oder Hilfestellung bei der Suche danach liefern (Suchmaschinen). Die Broker finanzieren sich über Werbung und sind daher auf eine große Besucheranzahl angewiesen. Ziel solcher Anbieter ist es, für möglichst viele Internet-Surfer als Startpunkt zu dienen, also die Funktion eines Portals zu übernehmen.

Internet-Angebote mit einer eindeutigen Ausrichtung auf den Informationsaustausch sind gut an die technologischen Anforderungen des elektronischen Geschäftsverkehrs angepasst. Allerdings sind die Markteintrittsbarrieren für potenzielle Konkurrenten sehr niedrig. Die große Zahl möglicher Akteure kann einerseits zu einer extremen Spezialisierung führen. Es entstehen viele anwendungs- und branchenspezifische Angebote. Sie führt andererseits dazu, dass sich die Broker mit anderen Akteuren wie Marktplatz- oder Shop-Betreibern verbünden, um wettbewerbsfähig zu bleiben.

20

3.5 E-Logistik

Supply-Chain-Management-Konzepte der letzten Jahre waren primär auf die Analyse und Optimierung unternehmungsinterner Prozesse ausgerichtet. Heute jedoch wird die unternehmungsübergreifende Integration der Geschäftsprozesse über die gesamte Wertschöpfungskette erforderlich. Internet-Technologien machen diese Integration von der Beschaffung über die Produktion bis hin zum Absatz möglich.

E-Shops, elektronische Lernsysteme oder Informationsdienstleister sind Anbieter im Internet, die primär eigene Leistungen in Richtung eines Endkunden oder einer Unternehmungen vertreiben. Die Vernetzung ermöglicht dabei die Adressierung großer Nutzerkreise und gestattet darüber hinaus die Kooperation mit anderen Unternehmungen. Diese Zusammenschlüsse resultieren einerseits aus der Notwendigkeit, neuen Wettbewerbern in der Internet-Economy gestärkt durch Kooperationen entgegenzutreten. Andererseits bietet die Vernetzung auch das Potenzial, Mehrwert im Vergleich zu einzelnen Lösungen zu generieren. Dieser Gedanke, der vor allem den Marktplätzen zugrunde liegt, betont die neue Rolle der Logistikanbieter.

Viele der neu gegründeten Marktplätze werben mit einer großen Anzahl von Online-Shops und Internet-basierten Dienstleistungen. Die Wenigsten verfügen aber über ausgefeilte Konzepte, um Kunden ein umfassendes Gesamtpaket anzubieten. Die Schwierigkeit liegt weniger darin, die passenden Partner auszusuchen. Sie besteht vielmehr in der Integration interner und nach außen gerichteter Abläufe der einzelnen Partner, sodass mögliche Kunden, seien es Privatpersonen oder Unternehmungen, den Eindruck erlangen, alles „aus einer Hand" zu bekommen. Lediglich Information Broker können kurzfristig Metadienste anbieten, die auf unterschiedlichste Informations- und Leistungsquellen zurückgreifen.

Es gibt bereits eine Reihe von Metasuchmaschinen, die den Großteil der Leistungen anderer Suchmaschinen abdecken, indem sie direkt deren Suchergebnisse integrieren. Die einzelnen Suchmaschinen müssen daher weitere Dienste anbieten, um für die Besucher attraktiv zu bleiben, z. B. durch das Angebot personalisierbarer Börsenkurse, Nachrichten oder Wetterdaten. Die Wertgenerierung der Anbieter besteht gegenüber der Bereitstellung der Suchmöglichkeit vielmehr aus der Integration einzelner Dienstleistungen (siehe Abb. 5).

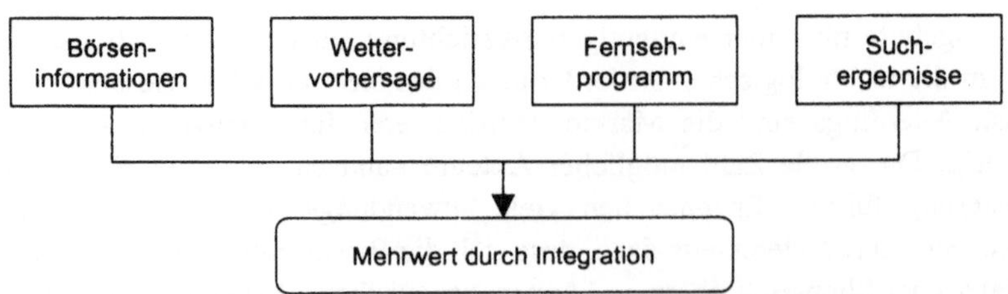

Abb. 5: Mehrwert durch Leistungsintegration

Während die Integration von reinen Informationsleistungen fast medienbruchfrei ablaufen kann, wird bei der Abwicklung von Online-Handelssystemen ein Intermediär als integratives Element benötigt. Ein regional ausgerichteter Händler muss beispielsweise in der Lage sein, seine Güter über die ursprüngliche Region hinaus auszuliefern, also auch in ein anderes Land, wenn er alle möglichen Anfragen bedienen will. Dabei muss er nicht nur für Transportmöglichkeiten sorgen, sondern rechtliche Rahmenbedingungen und Konsumentenverhaltensweisen kalkulieren. Die dadurch entstehenden Risiken und Unsicherheitsfaktoren für den einzelnen Händler können auf virtuellen Marktplätzen durch Logistikanbieter aufgefangen werden. Den Logistikanbietern fällt dann die Aufgabe zu, die Gesamtverantwortung für den Workflow zwischen Anbieter und Nachfrager zu übernehmen und eine flüssige Abwicklung zu garantieren.

4 Anforderungen an E-Business der nächsten Generation

Die Innovationszyklen der Informationstechnologie werden zunehmend kürzer. Software-Wellen lösen sich in kurzen Folgen ab und versuchen vorhergehende Wellen häufig als veraltet abzuqualifizieren. IT-Analysten schätzen, dass Unternehmungen ihre IT-Investitionen von betriebswirtschaftlicher Standard-Software (ERP-Systeme) hin zu E-Business-Software verlagern werden. Hintergrund dieser Tendenz ist die zunehmende Bedeutung unternehmungsübergreifender Geschäftsprozesse gegenüber der entsprechenden innerbetrieblichen Gestaltung. Im Rahmen des E-Business werden jedoch interne Strukturen transparent. Sind die internen Geschäftsprozesse schlecht organisiert und implementiert eine Unternehmung im Rahmen ihrer E-Business-Aktivitäten einen Internet-Zugang zu ihrem Auftragsbearbeitungssystem, so erfahren Kunden möglicherweise von langen Durchlaufzeiten. Diese gläserne Sicht auf die internen Prozesse kann vielen zum Verhängnis werden und entscheidende Nachteile im Kampf um Marktanteile bedingen.

Optimierte interne Geschäftsprozesse und gut funktionierende ERP-Systeme sind daher eine entscheidende Voraussetzung für den Erfolg im E-Business. Zukünftige Erfolgswellen im E-Business werden auch die interne Geschäftsprozessorganisation der Unternehmungen betreffen und deren Neugestaltung verlangen – eine große Herausforderung für die ERP-Anbieter sowie für das Geschäftsprozessmanagement im Electronic Business. Daher werden im Folgenden die besonderen Anforderungen an ein Geschäftsprozessmanagement im E-Business dargelegt. Darauf aufbauend werden ein Rahmenkonzept (Framework) für das E-Business sowie beispielhafte Werkzeuge für das Management von E-Business-Projekten vorgestellt.

4.1 Geschäftsprozessmanagement im Electronic Business

Aufgabe des Geschäftsprozessmanagements ist die Planung, Modellierung, Installation, ständige Beobachtung und gegebenenfalls die Reorganisation von Prozessen mit dem Ziel, jederzeit zielkonform und effizient zu arbeiten. Die zur Erstellung von Produkten und Dienstleistungen ablaufenden Prozesse können in Modellen beschrieben werden, anhand derer untersucht werden kann, inwiefern sich Effizienzsteigerungspotenziale durch eine Reorganisation der bestehenden Prozesse ergeben. Prozessmodelle bilden reale Prozesse durch die Beschreibung der beteiligten Funktionen und Vorgänge mit ihren gegenseitigen Abhängigkeiten ab. Modelle abstrahieren zwar von den Eigenschaften des realen Untersuchungsgegenstandes, dessen wesentlichen Strukturen und Verhaltensweisen sollten aber erhalten bleiben. Am ausgeprägtesten ist das Arbeiten mit Prozessmodellen in der industriellen Fertigung. In Form von Arbeitsplänen bestehen genaue Beschreibungen der auszuführenden Funktionen und ihren Verrichtern.

Im letzten Jahrzehnt forderte jedoch der Trend zur immer stärkeren Einbindung von Dienstleistungen in das Produktangebot der Unternehmungen auch zunehmend die Modellierung von Prozessen wie Finanzierung oder Versicherung, um den Geschäftsprozessverantwortlichen (Business Process Owner) die Kontrolle über die Leistungserstellung zu erleichtern. Darüber hinaus zeigt sich im Electronic Business die verstärkte Kopplung von Produkten, Dienstleistungen und Wissen, welche die Komplexität des Geschäftsprozessmanagements und damit die Anforderungen an die Geschäftsprozessbeschreibung deutlich erhöht. Zur Bewältigung dieser Komplexität wird ein Framework zum Geschäftsprozessmanagement vorgestellt.

Die Veränderungen und Innovationen betriebswirtschaftlicher Informationssysteme sind durch den Einfluss des E-Business deutlich spürbar. Unternehmungen, welche die Beschränkungen intra-organisatorischer Prozessverbesserungen minimieren und aktiv am E-Business teilnehmen wollen, müssen mit Software-Systemen arbeiten, die nicht auf veraltete organisatorische Grenzen aufbauen. Nicht zuletzt die Hersteller der betrieblichen Anwendungssoftware werden damit gezwungen, „Fat-Client-Konzepte" zu überdenken und Anwendungen in „Thin-Client-Architekturen" zu integrieren.[4] Dieser technologische Wandel stellt auch die Anbieter betriebswirtschaftlicher Standardsoftware wie SAP, Oracle oder Baan vor große Herausforderungen. Die Anforderungen, die an diese Enterprise Resource Planning (ERP)-Systeme als integrierte Informations- und Transaktionssysteme zur Planung und Steuerung aller Unternehmungsprozesse und -ressourcen gestellt werden, sind ohnehin im Automobil- oder Maschinenbau und insbesondere in der Prozessindustrie (Chemie, Pharma, Lebensmittel) enorm hoch.

Dennoch ergeben sich auf konzeptioneller Seite weitaus größere Anforderungen. Neue E-Business-Modelle, wie Portale, Shops, Auktionen, Marktplätze oder Virtual Communities, lassen die Vernetzung und Virtualisierung der Unternehmungen ansteigen. Die sich daraus ergebenden neuen Kommunikationsbeziehungen müssen jedoch informationstechnisch unterstützt werden. E-Business ist neben dieser technischen Komponente vielmehr als eine organisatorische Herausforderung anzusehen. Zentraler Punkt ist dabei die Neugestaltung und Integration der internen und externen Geschäftsprozesse auf Basis der zur Verfügung stehenden Technologie. Werkzeuge, Methoden und Inhalte für die Gestaltung, die Umsetzung sowie die kontinuierliche Verbesserung von Electronic-Business-Strategien sind in diesem Zusammenhang ein Garant für eine erfolgreiche Partizipation.

4.2 E-Business-Geschäftsprozessmodellierung

Unternehmungsübergreifende Geschäftsprozesse weisen im Gegensatz zu unternehmungsinternen Prozessen Schnittstellen auf, die durch Unternehmungsgrenzen entstehen. Um dabei auftretende Reibungsverluste möglichst gering zu halten und einen effizienten Ablauf der Prozesse zu gewährleisten, bedarf es der Abstimmung zwischen den beteiligten Unternehmungen, d. h. zwischen mehreren Business Process Ownern, die jeweils für einen Teil des gesamten unternehmungsübergreifenden Geschäftsprozesses verantwortlich sind.[25]

Ein weiteres Charakteristikum unternehmungsübergreifender Geschäftsprozesse ist das Aufeinandertreffen unterschiedlicher Unternehmungskulturen und -philosophien. Für Unternehmungen erhöht sich im E-Business die Anzahl an internationalen und interkulturellen Geschäftsbeziehungen. Diese lassen verschiedenartige Managementkonzepte, gesetzliche Regelungen, kulturelle und gesellschaftliche Besonderheiten aufeinander treffen. Kommunikations- und Verständigungsprobleme entstehen, die sich nicht nur auf die sprachliche Ebene beschränken. Sie verdeutlichen auch den zukünftigen Bedarf an eindeutig definierten Geschäftsprozessen und Modellierungssprachen, die diese Probleme bewältigen.

Ein weiterer Aspekt in diesem Zusammenhang ist die Transparenz von Geschäftsprozessen. Mitarbeiter werden an einem Verbesserungsprojekt nicht partizipieren, wenn sie die Notwendigkeit und den Nutzen der damit verbundenen strukturellen Veränderungen nicht erkennen. Die persönliche Betroffenheit der Mitarbeiter, die aus einer Umstrukturierung resultiert, kann zum Aufbau von Barrieren im Projekt führen. Gerade im Falle geografisch verteilter Kooperationen und virtueller Organisationen sind die Prozesse der Partner häufig nicht bekannt. Doch die detaillierte Kenntnis der geschäftlichen und organisatorischen Abläufe der Partner ist Grundvoraussetzung zur Ausnutzung der Potenziale von Kooperationen.[3] Durch die Zuhilfenahme von Geschäftprozessmodellen können jedoch Kooperationsziele, Schnittstellen von Geschäftsprozessen und Verantwortungsbereiche unternehmungsübergreifender Kooperationen klar definiert und erforderliche Abstimmungsbedarfe reduziert werden.[26]

Die Erschließung eines neuen Marktsegmentes erfordert häufig eine Veränderung der Informationslandschaft der Unternehmungen. Dies zeigt sich gerade in Business-to-Business-Konzepten wie Supply Chain Management und betrifft im Besonderen betriebswirtschaftliche Standardsoftware. Die zum Teil unterschiedlichen ERP-Systeme, wie z. B. SAP R/3, Oracle Applications oder PeopleSoft, müssen sich nicht mehr nur an dem Unternehmungsführungsmodell einer Unternehmung orientieren, sondern miteinander verbunden werden. Hierbei treffen verschiedene Kernkompetenzen, unternehmerische Ziele sowie Ablauf- und Aufbauorganisationen aufeinander. Eine Schwierigkeit besteht insbesondere darin, dass zur Gestaltung der erforderlichen unternehmungsübergreifenden Zusammenhänge das Fachwissen verschiedener Organisationen mit unterschiedlichen betriebswirtschaftlichen und technischen Kenntnissen transparent gemacht werden muss. Die verständliche Darstellung der wesentlichen Organisationsstrukturen, der Business-Objekte und der Geschäftsprozesse durch Modellierungsmethoden definiert die Abläufe und kann somit zur Lösung der Problemstellung beitragen.

Für die im E-Business anfallenden unternehmungsübergreifenden Geschäftsprozesse ist kennzeichnend, dass sie in unterschiedlichen Unternehmungen ausgeführt werden, d. h. verteilt stattfinden. Die Prozesse werden damit auch häufig verteilt modelliert. Jede Partnerunternehmung modelliert getrennt den in ihren Zuständigkeitsbereich fallenden Teilprozess. Zur Gestaltung müssen unternehmungsübergreifende Prozesse jedoch als Einheit betrachtet werden. Die verteilt modellierten Prozessteile müssen zu einem Ganzen zusammengefügt werden. Daher müssen sich die Unternehmungen auf die Verwendung der gleichen Modellierungsmethode bzw. zumindest kompatibler Methoden einigen. Weiterhin ist darauf zu achten, dass die Partner auf einem einheitlichen Abstraktionsniveau modellieren und bei der Modellerstellung in ähnlicher Weise vorgehen, um den Koordinationsaufwand der Modellierungsaktivitäten so weit wie möglich zu minimieren.[25]

Ausgangspunkt der Geschäftsprozessgestaltung ist die strategische Unternehmungsplanung. Hier werden Fragen der Vision, der Unternehmungsphilosophie, -kultur und -politik, der Geschäftsfeld-, Funktionsbereichs- und Regionalstrategieplanung, der Organisationsplanung sowie der Führungssystemplanung erörtert. Somit werden die Kernprozesse der Unternehmungen frühzeitig determiniert. In Industrieunternehmungen bestehen genaue Prozessbeschreibungen häufig nur im Zusammenhang mit materiellen Gütern. Die Dienstleistungsfunktion gewinnt jedoch auch in der Industrie immer mehr an Bedeutung. Darüber hinaus wird entsprechend dem Information-Resource-Management-Konzept die Information als ein eigener Produktionsfaktor angesehen.[26] So haben viele Unternehmungen heute ihre Support- und Service-Abteilung als Profit-Center etabliert und bieten zusätzliche Leistungen an, die weit über den „Standard-Support" hinaus gehen. Beispielhaft seien nur die Möglichkeit zur elektronischen Zahlungsabwicklung, die Erteilung Web-basierter Auskünfte über die Lieferfähigkeit von Produkten oder die Auftragsverfolgung genannt. Der sich in dieser Integration von Produkt, Dienstleistung und Information widerspiegelnde Trend wird durch Electronic Business verstärkt. E-Business-Prozessmodelle müssen dieser Integration gerecht werden.

Der Einsatz semi-formaler Geschäftsprozessmodelle erscheint gerade unter Berücksichtigung der genannten Anforderungen von Nutzen. Diese Modelle verknüpfen die grafische und damit verständliche Darstellung für den Benutzer mit den Eigenschaften der Formalisierung. Sie haben sich schon für ein unternehmungsinternes Geschäftsprozessmanagement sowie bei der Einführung von ERP-Systemen bewährt. Zwar unterscheiden sich E-Business-Prozessmodelle nicht wesentlich von unternehmungsinternen Prozessmodellen, dennoch besitzen sie eine höhere Komplexität. Modellierungsmethoden sollten daher umso mehr einfach zu erlernen und geeignet sein, speziell auszudrückende Fachinhalte abzubilden. Aber auch die Anwendungsneutralität und die Unabhängigkeit der Methode von zukünftigen Entwicklungen der Informations- und Kommunikationstechnik sind von enormer Bedeutung.

4.3 Beständigkeit durch Frameworks

Betriebswirtschaftliche Anwendungssoftware umfasst Software für Vertrieb, Produktion, Beschaffung, Personal, Finanz- oder Rechnungswesen. Betriebswirtschaftliche computergestützte Informationssysteme sind durch einen hohen Komplexitätsgrad gekennzeichnet. Die integrierte Datenverarbeitung fordert die Unterstützung der gemeinsamen Nutzung von Daten durch verschiedene Anwendungen. Unternehmungen realisieren umfassende DV-orientierte Gesamtkonzepte, wie Computer Integrated Manufacturing (CIM) für Industriebetriebe, DV-gestützte Warenwirtschaftssysteme für Handelsbetriebe und Electronic Banking für Bankbetriebe.[27] Daher sind an komplexen Entwicklungsprojekten, wie der Einführung eines Informationssystems, in der Regel mehrere interne und externe Partner beteiligt. Sie setzen unterschiedliche Entwicklungsmethoden ein und ihre Arbeitsergebnisse überlappen sich zum Teil. Ein Framework, in das sich die Methoden einordnen lassen und das die Gemeinsamkeiten und Unterschiede der Methoden aufzeigt, kann zum gegenseitigen Verständnis beitragen. Zudem können Modellierungs-Frameworks eine integrierte Verbesserung und eine Vereinheitlichung des Methodeneinsatzes herbeiführen.

Ziel jeder Entwicklungsmethode sollte es sein, den Entwicklungsprozess zu beschleunigen sowie Software-Komponenten zu liefern, die den qualitativ höchsten Ansprüchen genügen. In der Realität sieht dies jedoch meist anders aus. Viele Softwareentwicklungsprojekte sind durch einen hohen Erstellungs- und Wartungsaufwand, geringe Wiederverwendbarkeit und geringe Flexibilität bzw. Erweiterbarkeit gekennzeichnet. Frameworks geben den Entwicklern in diesem Zusammenhang die Struktur und die Komponenten ihrer Zielanwendung in gewissem Umfang vor. Sie legen die Rollen der einzelnen Objekte sowie ihr Zusammenspiel fest und steuern den Ablauf und den Kontrollfluss der Entwicklung. Die Entwickler können sich somit vollends auf die Lösung des Kernproblems konzentrieren.

26

Ein weiterer Vorteil ergibt sich durch schnelle Reaktionszeiten auf neue Anforderungen und Weiterentwicklungen, die das Geschäftsfeld der Unternehmung oder seine Kunden betreffen. Gerade innerhalb von Branchen, aber auch zum Teil branchenübergreifend, sind Unternehmungsprozesse häufig standardisierbar. Für diese Abläufe existieren bereits getestete Lösungen und Komponenten. Neu- oder Weiterentwicklungen sind dabei nur für bestimmte Komponenten erforderlich, die gemäß den Spezifikationen der Anwender flexibel reagieren müssen. Ein Framework, das die Wiederverwendbarkeit von bereits entwickelten und getesteten Software-Komponenten bei der Erstellung und Anpassung von Informationssystemen berücksichtigt, ist dabei zielgerecht einsetzbar.[28]

Die Bedeutung von Frameworks bemisst sich jedoch nicht nur in der Konzeption betriebswirtschaftlicher computergestützter Informationssysteme. Auch das Zusammenwirken von betriebswirtschaftlichen und organisatorischen Abläufen muss durch zweckmäßige Rahmenwerke anschaulich und durchgängig von der ersten Konzeption bis zur Implementierung beschrieben werden. Nur so ergibt sich für Organisationen ein geeigneter Ansatzpunkt zum stabilen und beständigen Management ihrer Geschäftsprozesse.

4.4 ARIS – Electronic Business Framework

Die Architektur integrierter Informationssyteme (ARIS) [29] bildet ein branchen- und anwendungsübergreifendes Rahmenwerk, in dem integrierte Anwendungssysteme konzeptionell gestaltet, optimiert und technisch umgesetzt werden können. Im Zusammenhang mit ARIS werden im Wesentlichen die folgenden Anwendungsaspekte unterschieden. Das ARIS-Konzept dient als Bezugsrahmen zur Geschäftsprozessbeschreibung und stellt als Architektur eine Vielzahl kompatibler Modellierungsmethoden bereit, deren Meta-Strukturen in einem Informationsmodell zusammen gestellt sind. Es stellt zudem die Basis des Software-Systems ARIS-Toolset zur Unterstützung der Modellierung dar. Mit dem ARIS House of Business Engineering wird ein Ansatz zum integrierten sowie informationstechnisch unterstützen Geschäftsprozessmanagement bereitgestellt. Diese Aspekte werden im Folgenden erläutert.

Das ARIS-Konzept dient zur Reduktion der Komplexität der Geschäftsprozessbeschreibung. Die Architektur beschreibt zum einen die einzelnen Komponenten eines Geschäftsprozesses und deren Zusammenwirken. Zum anderen strukturiert sie den gezielten Einsatz von Modellierungsmethoden, z. B. für die Reorganisation von Geschäftsprozessen und die Entwicklung von Anwendungssystemen. Die ARIS-Methodologie wird durch das ARIS-Haus dargestellt (siehe Abb. 6). Es besteht aus fünf verschiedenen Sichten – Daten-, Funktions-, Organisations-, Leistungs- und Steuerungssicht – und einem Phasenmodell zur Entwicklung von computergestützten betriebswirtschaftlichen Informationssystemen, welche die Ebenen generieren. Die Modellierungsmethoden werden den Sichten und Ebenen zugeordnet.

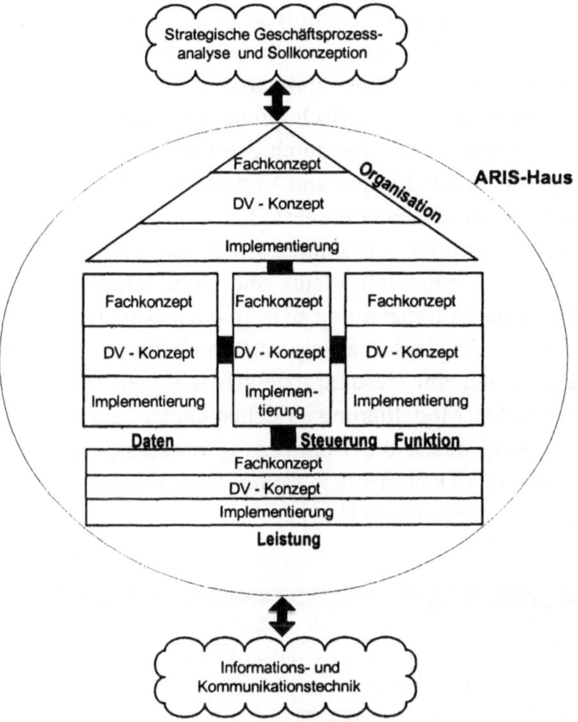

Abb. 6: ARIS-Haus mit Phasenkonzept

Das ARIS-Toolset ist ein Software-System zur modellbasierten Beschreibung, Analyse und Navigation von Geschäftsprozessen. Es basiert auf ARIS und geht auf eine langjährige Forschungsarbeit des Instituts für Wirtschaftsinformatik (IWi), Universität des Saarlandes, zurück. Das System wurde 1994 von der IDS Scheer GmbH – jetzt IDS Scheer AG – für den Vertrieb frei gegeben.[30] Die ursprüngliche Konzeption wurde in der weiteren Produktentwicklung um vielfältige Modellierungs- methoden erweitert, z. B. für Business Process Reengineering, Wissensmanagement und Electronic Business. Mit weltweit über 16.000 verkauften Lizenzen ist das ARIS-Toolset heute Marktführer bei den Werkzeugen zur Unternehmungsmodellierung.[31] Im System dient das ARIS-Haus zur Navigation der bereit gestellten Methoden und Modelle. Ein Benutzer, welcher z. B. dynamische Geschäftsprozesse beschreiben möchte, kann in der Steuerungssicht zwischen Methoden wie Input/Output- Diagrammen, Programmablaufplänen, Wertkettendiagrammen und Ereignisgesteuer- ten Prozessketten (EPK) wählen.

Das ARIS-Toolset bietet zahlreiche Werkzeuge, die erstellte Modelle auf semantische und syntaktische Korrektheit überprüfen, oder Berichtsarten, die Hinweise auf Fehler und Korrekturmöglichkeiten geben. Die Angabe von Zeiten und Kosten von Ge- schäftsprozessen kann so zum Beispiel als Anhaltspunkt für Prozessverbesserungen dienen.[32]

Zur Unterstützung reibungsloser Abfolgen von unternehmungsübergreifenden Geschäftsprozessen des E-Business wurde das E-Business-Szenario-Diagramm entwickelt. Durch die ganzheitliche Betrachtung der Wertschöpfungskette vom Endkunden bis zu allen an der Wertschöpfung beteiligten Unternehmungen wird Optimierungspotenzial entwickelt. Die durch Ziele wie die Verbesserung der Supply Chain, die Senkung von Beschaffungs- und Vertriebskosten oder die Optimierung der Architektur der Informationssysteme dargestellten Inhalte werden durch die Methode modellierbar. In Abb. 7 wird das Zusammenwirken eines Herstellers (OEM, Original Equipment Manufacturer), eines Importeurs und eines Händlers der Automobilbranche dargestellt. Alle eine Unternehmung betreffenden Abläufe werden im Modell in der Spalte unterhalb der „Business Participants" modelliert. Die Spaltenränder bilden abstrakte Schnittstellen der am Gesamtprozess beteiligten Einzelprozesse der Wirtschaftssubjekte, die unter Modellierungsgesichtspunkten das Hauptoptimierungspotenzial besitzen. Sie sind durch die Übertragung prozessspezifischer Informationen charakterisiert, in Business Documents zusammengefasst und können z. B. die Form von XML-Dokumenten annehmen.[33]

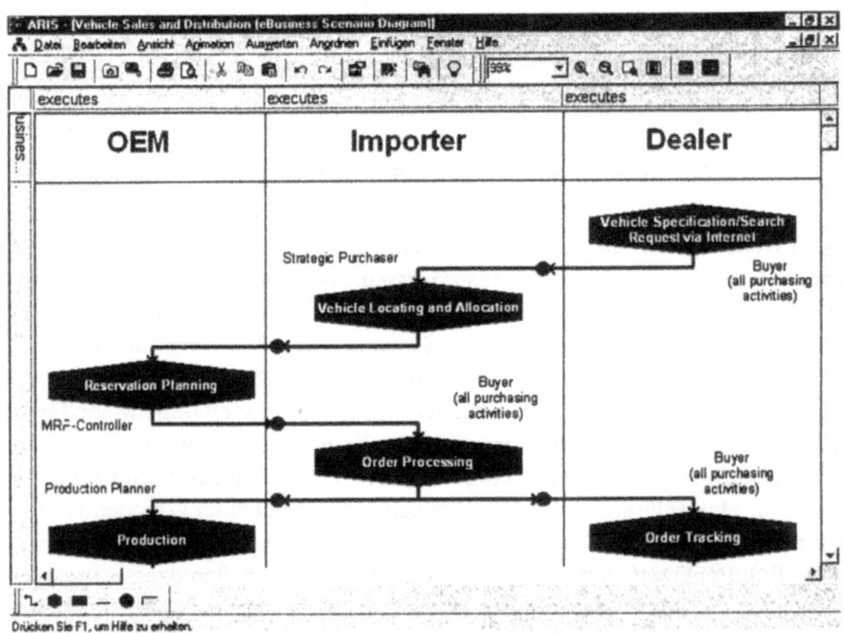

Abb. 7: Modellierung von E-Business-Szenarien mit dem ARIS-Toolset

Das ARIS House of Business Engineering (HOBE) (siehe Abb. 8) stellt einen Ansatz für ein ganzheitliches und computergestütztes Prozessmanagement dar und bettet die ARIS-Architektur in das gesamte Geschäftsprozessmanagement ein. HOBE zeigt sowohl die Konzeption als auch die Unterstützung des Geschäftsprozessmanagement durch ARIS-konforme Software-Werkzeuge auf. Es fokussiert damit auf ein Management von Geschäftsprozessen von der organisatorischen Gestaltung bis zur DV-technischen Implementierung und der kontinuierlichen Verbesserung. Denn gerade die ständige Planung und Steuerung der aktuellen Abläufe sowie deren kontinuierliche Verbesserung (CPI, Continuous Process Improvement) sind neben ihrer einmaligen Konzeption für den Business Process Owner von erheblicher Bedeutung.

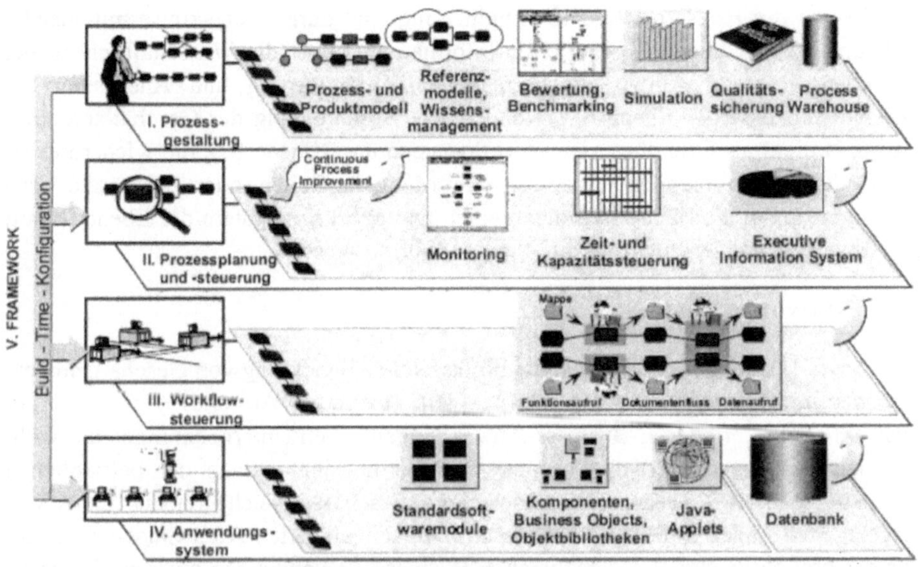

Abb. 8: ARIS House of Business Engineering

Auf der ersten Ebene, der Prozessgestaltung, sind Methoden zur fachlichen Gestaltung des E-Business, wie Referenzmodelle und wertorientierte Ansätze, sowie die Pro-zessmodellierung angesiedelt. Mit dem ARIS-Konzept wird ein Methodenangebot bereitgestellt, das alle Aspekte von Geschäftsprozessen abdeckt. Ebenso werden Verfahren zur Optimierung und Qualitätssicherung der Abläufe angeboten. In der zweiten Ebene, Prozessplanung und -steuerung, werden aus der Sicht des Business Process Owner die laufenden Geschäftsprozesse geplant und aktuell verfolgt. Verfah-ren der Zeit- und Kapazitätsplanung sowie der Kostenanalyse unterstützen diese Planungstätigkeit. Über ein Prozess-Monitoring kann sich der Prozessmanager über die aktuellen Zustände der Prozesse informieren. Durch eine Rückkopplung von der zweiten zur ersten Ebene werden Feedback-Informationen über realisierte Prozesse an die erste Ebene übertragen, um somit ein Continuous Process Improvement zu ermöglichen.

Gegenstand der dritten Ebene ist der Transport der zu bearbeitenden Objekte von Arbeitsplatz zu Arbeitsplatz. Die Dokumente werden durch den Begriff „Mappe" gekennzeichnet. Bei elektronisch gespeicherten Dokumenten übernehmen Informati-onssysteme zur automatisierten Ablaufsteuerung, so genannte Workflow-Systeme, den Transport. Diese Ebene wird daher als Workflowsteuerung bezeichnet. Die Ausführung der Funktionen des Geschäftsprozesses, d. h. die Bearbeitung der zu den Arbeitsplätzen transportierten Dokumente durch Informations- und Kommunikationssysteme, erfolgt in der vierten Ebene, Anwendungssystem. Hierbei kommen Textverarbeitungsprogramme, Standardsoftwaremodule oder Internet-Applets zum Einsatz.

Die Ebenen des House of Business Engineering sind durch Regelkreise miteinander verknüpft. Die in Ebene II generierten Informationen über die Wirtschaftlichkeit der laufenden Prozesse werden zur permanenten Verbesserung und Anpassung der Geschäftsprozesse der Ebene I verwendet. Die Beschreibung der Geschäftsprozesse (Ebene I) dient als Grundlage der Workflowsteuerung (Ebene III), die wiederum Ist-Daten der auszuführenden Prozesse, wie Mengen, Zeiten oder organisatorische Zuordnungen, an die Ebene II zurückmeldet. Das Workflowsystem der Ebene III ruft die Anwendungen der Ebene IV auf und konfiguriert diese.

4.5 E-Business planen

E-Business-Lösungen ermöglichen die umfassende Abwicklung von Geschäftsprozessen über neue Kanäle, wie das Internet, auf innovative Art und Weise. Bei der Auswahl der präferierten E-Business-Anwendungen haben Unternehmungen die Wahl aus mehreren unterschiedlichen Möglichkeiten, die sich entlang der betrieblichen Wertkette realisieren lassen. Die umsetzbaren Geschäftsbereiche reichen dabei von vorgelagerten Lagerbestellsystemen bis hin zu nachgelagerten After-Sales-Lösungen. Aus der breiten Palette aller denkbaren E-Business-Anwendungen müssen Unternehmungen diejenigen aussuchen, die sich optimal in die bestehenden Abläufe integrieren lassen und an die Erfordernisse des Internet angepasst sind.

Junge Unternehmungen, die reine Internet-Firmen sind und sich schwerpunktmäßig mit dem neuen Medium beschäftigen, haben den Vorteil, dass sie problemlos ihre Geschäftsprozesse an die E-Business-Abläufe anpassen können. Unternehmungsgründung und Internet-Ausrichtung sind oftmals so eng miteinander verbunden, dass der Integrationsaspekt und die Anpassung an die New Economy selbstverständlich sind. Im Gegensatz zu den jungen Internet-Firmen müssen etablierte Unternehmungen der Old Economy genau überlegen, welche Bereiche ihrer bisherigen Wertschöpfung durch E-Business-Abläufe ergänzt oder ersetzt werden können, um eine vollständige Integration zu gewährleisten. Vorteilhaft wirkt sich bei diesen Organisationen aus, dass der Schwerpunkt der Wertschöpfung, der zum „Überleben" beiträgt, noch in der Old Economy erwirtschaftet werden kann; die Internet-Aktivitäten haben meist nur einen geringen Anteil am Gesamtunternehmungserfolg und oftmals explorativen Charakter.

Junge Internet-Firmen sind dagegen auf den Erfolg ihrer E-Business-Strategie angewiesen, da ihr Überleben von der eigenen Stärke im Internet abhängt. Je mehr nun Internet-Technologie Einzug in gesellschaftliche, organisatorische und betriebliche Abläufe erhält, desto wichtiger wird eine genaue Planung der E-Business-

Aktivitäten – sei es für Unternehmungen der Old Economy oder Internet-Firmen der New Economy. Der Trend geht weg von einer technologiegetriebenen Ad-hoc-Entwicklung hin zu einer strategischen und integrierten Sichtweise auf den E-Business-Bereich. Der durch reinen Technologievorsprung erreichbare strategische Vorteil wird zunehmend kleiner, sodass der ursprüngliche Treiber Internet-Technologie zugunsten von strategischen Ansätzen in den Hintergrund rückt. E-Business und Internet-Technologie werden zum Werkzeug der Unternehmungsstrategie und müssen sinnvoll eingesetzt werden.

Zur Bewertung der neuen Wertschöpfungspotenziale kann das Produktspektrum einer Unternehmung herangezogen werden. Digitalisierbare Produkte (z. B. Software) können über das Internet beworben, versendet und verkauft werden, während bei nicht digitalisierten Produkten (z. B. Hardware) die elektronische Versandmöglichkeit entfällt. Abb. 9 veranschaulicht die Digitalisierungsmöglichkeiten von Verkaufsobjekten in Abhängigkeit des vorhandenen physischen und informationsbasierten Anteils. Bei digitalisierten Produkten können aufgrund der geringen bzw. zum Teil nicht vorhandenen Produktions-, Verpackungs- und Transportkosten die Verkaufspreise gesenkt werden. Demzufolge besteht sowohl die Möglichkeit zur Erhöhung der Gewinnspannen als auch zur Erhöhung des Wertschöpfungspotenzials für die Anbieter.[34]

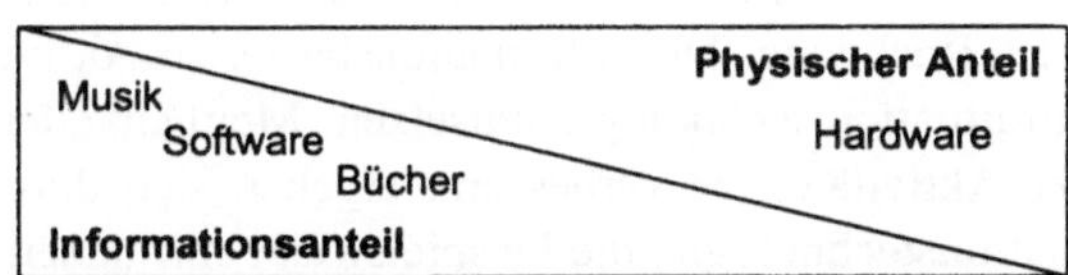

Abb. 9: Digitalisiermöglichkeiten von Verkaufsobjekten

Die Trennung der Geschäftsabläufe in Informations-, Vereinbarungs- und Abwicklungsphase erweitert den Fokus des Produktspektrums auf vorgelagerte wertschöpfende Aktivitäten wie Kundenakquise und Preisverhandlung. Die Digitalisierbarkeit des Produkts oder der Dienstleistung spielt dann nur noch in der Abwicklungsphase eine entscheidende Rolle. In den Phasen Information und Vereinbarung tritt sie in den Hintergrund. Hier ist eine stärkere Beachtung der beteiligten Akteure, d. h. der Kunden und Unternehmungen, sinnvoll.

Beispielsweise können anspruchsvolle Produkte, die einen hohen Erklärungsbedarf besitzen oder bei denen emotionale Aspekte im Vordergrund stehen, durch eine gelungene Präsentation in multimedialer Form besseren Absatz finden. Ähnliches gilt für Kunden, die eine große Verbundenheit und Erfahrung mit dem Medium Internet aufweisen. Im Vergleich zu unerfahrenen und eher skeptischen Internet-Surfern sind diese einfacher für Internet-Geschäftsideen zu begeistern. Best-Practice-Beispiele aus dem Business-to-Consumer-Bereich sind die Hardware-Angebote einiger IT-Händler (z. B. Avitos [35]), die eine technologieinteressierte Kundengruppe ansprechen,

Produkte anbieten, die sich informationstechnisch vollständig darstellen lassen und eine Shop-Lösung besitzen, die den Anforderungen der Produkte genügt. Obwohl sich Hardware nicht vollständig digitalisieren lässt, verfügt die Unternehmung über ein erfolgreiches Angebot, da der Schwerpunkt der Wertschöpfung auf den Phasen Information und Vereinbarung liegt. Die Abwicklung wird auf externe Logistikdienstleister verlagert und spielt bei solchen Angeboten nur eine sekundäre Rolle.

Bei Aktivitäten, die sich mehr auf interne Abläufe beziehen oder innovative Abläufe zum Gegenstand haben, ist eine allgemeinere Betrachtung zur Untersuchung der E-Business-Tauglichkeit praktikabel. Anhand der drei Dimensionen Informationsgehalt, Vernetzung und Mehrwert kann eine Analyse auf strategischer Ebene vorgenommen werden. Diese kann zur Detaillierung durch operative Bewertungsmethoden, z. B. aus durch Kosten-Nutzen-Analysen, ergänzt werden. Die Untersuchung der drei Dimensionen bezieht sich auf die gesamten Prozesse entlang der betrieblichen Wertschöpfung. Sie liefert die Eignung eines Geschäftsbereichs, wie beispielsweise des Vertriebs, durch eine E-Shop-Lösung ergänzt zu werden.

Die Dimension Informationsgehalt basiert auf der Grundidee eines wissenschaftlichen Internet, das ursprünglich zum Ziel hatte, wissenschaftliche Erkenntnisse auszutauschen. Jeder Geschäftsbereich besitzt dabei einen physischen und einen informationsbasierten Anteil (siehe Abb. 10). Physische Bereiche können im Vertriebsbereich bei einem Versandhändler das eigentliche Paket sein, der informationsbasierte Teil die Lieferanschrift mit der Rechnung. Die informationsbasierten Aktivitäten lassen sich nun mit Hilfe der Informationstechnologie umsetzen. Möglichkeiten, den Informationsgehalt bestimmter Aktivitäten zu verbessern, ergeben sich durch die Weiterentwicklung der Informationstechnologie, die beispielsweise mit neuen Formen der 3D-Visualisierung oder Datenaufbereitung mehr Informationen besser darstellen kann. Auf Unternehmungsseite kann eine Optimierung der Geschäftsprozesse helfen, Informationsschwerpunkte zu identifizieren oder entstehen zu lassen.

Physischer Anteil	Eingangs-logistik	Betriebl. Abläufe	Ausgangs-logistik	Marketing und Vertrieb	Kundendienst
Informationsanteil	i	i	i	i	i

Abb. 10: Informationsgehalt der primären Aktivitäten

Ein weiteres Charakteristikum des Internet stellt die Vernetzung der verfügbaren Informationen dar. Während die Informationstechnologie in der Anfangszeit der technologischen Entwicklung nur einen geringen Anteil an betrieblichen Informationen einem ausgewählten Benutzerkreis zur Verfügung stellte, bietet das Internet durch seine Dienste ein Potenzial zur Öffnung der Unternehmungen nach außen hin an. Die anfängliche unternehmungsinterne Integration, die durch große ERP-Systeme wie das SAP R/3-System in Unternehmungen Einzug fand, wird durch das Internet zu einer unternehmungsübergreifenden Integration, die dazu führt, dass sich der unternehmungsinterne Schwerpunkt zu den Unternehmungsgrenzen hin bewegt. Ziel dieser Bewegung ist die Gestaltung einer Kommunikation und Integration über Unternehmungsgrenzen hinweg, um so die Vorteile des Internet für die unternehmerischen Ziele auszunutzen. Die Untersuchung auf den Grad der Vernetzung hin bewertet also, inwieweit bestimmte Unternehmungsprozesse ein Verbesserungspotenzial durch Vernetzung besitzen. Die Vernetzung kann dabei neben der offenen Internet-Vernetzung auch in einer abgeschlossenen Form, wie einem unternehmungsinternen Intranet oder einem unternehmungsübergreifenden Extranet, geschehen. Neue Entwicklungen, wie qualitativ bessere und günstigere Übertragungswege (z. B. GPRS oder UMTS), neue Endgeräte, die permanent vernetzt sind, und neue Formen von hybriden Geräten, die eine Mischung aus Handy und Organizer darstellen, erweitern die Vernetzungsmöglichkeiten enorm, sodass dem mobilen E-Business eine wichtige Rolle zukommt.

Bei der Betrachtung der enormen Potenziale des E-Business wird häufig vernachlässigt, dass die New Economy keinen Selbstzweck darstellt und ihre Wurzeln tief in der Old Economy verankert sind. Viele Angebote im Internet sind technologiegetrieben und vernachlässigen bestehende Regeln, in der Annahme, dass die Neuartigkeit ihrer Idee die mangelnde Qualität des Angebots ausgleicht. Die Dimension Mehrwert fokussiert das Verhältnis zwischen realer und neuer, virtueller Wertschöpfung. Erfolgreiche E-Business-Lösungen sollten für alle Beteiligten, sei es unternehmungsintern oder über Unternehmungsgrenzen hinweg, einen Mehrwert bieten, der den Sprung vom realen Marketplace hin zum Cyberspace rechtfertigt.

Das Internet bietet einige neue, inhärente Vorteile, wie zeitliche und örtliche Unabhängigkeit, die sich abhängig vom untersuchten Unternehmungsbereich unterschiedlich stark auswirken. Diese Vorteile müssen mit bestehenden Regeln und Rahmenbedingungen, die durch die neue Lösung in einer bestimmten Qualität umgesetzt sind, verglichen werden. Ein Internet-Vertriebshändler, der sich durch schlechte Lieferzeiten, einen unseriösen Auftritt und hohe Preise auszeichnet, hat kaum Zukunftsperspektiven. Er bietet keinen Mehrwert im Vergleich zu einem leistungsfähigen Katalogversender, trotz des zeit- und ortsunabhängigen Angebotes.

Der untersuchte Mehrwert kann aber nicht nur im Vergleich mit Angeboten aus dem konventionellen Geschäftsverkehr erreicht werden, sondern auch mit Angeboten aus der New Economy. Je mehr sich Unternehmungen dem elektronischen Geschäftsverkehr zuwenden, desto stärker verschiebt sich der Mehrwertvergleich in die virtuelle Geschäftswelt. Der Integrationsaspekt, welcher die Grundlage virtueller Marktplätze darstellt, spielt beim Vergleich virtueller Anbieter eine wichtige Rolle. Abb. 11 fasst die Bewertungsfaktoren für die E-Business-Tauglichkeit von Geschäftsprozessen zusammen.

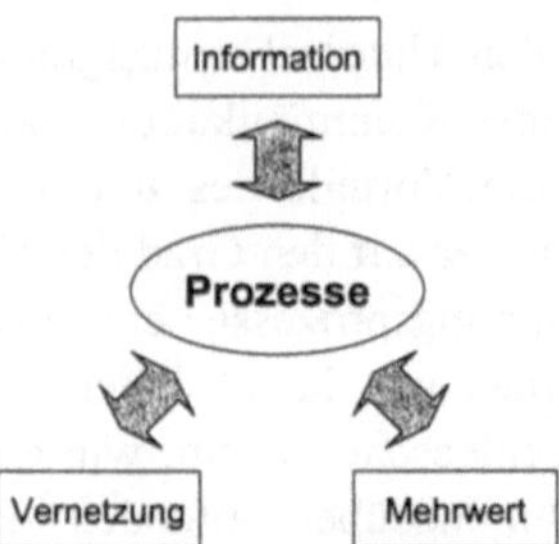

Abb. 11: Einflussfaktoren auf die E-Business-Tauglichkeit von Prozessen

Die Untersuchung der E-Business-Tauglichkeit von Geschäftsprozessen liefert eine Reihe von umsetzbaren Segmenten der Wertkette. Wichtig ist auch die Bewertung von Synergieeffekten zwischen einzelnen Segmenten, die gerade in unternehmungsübergreifenden Abläufen eine wichtige Rolle spielen. Im Rahmen einer E-Business-Strategie sollten von Unternehmungen zu Beginn die Segmente mit der höchsten Eignung umgesetzt und dann schrittweise vor dem Hintergrund einer integrierten E-Business-Lösung um weitere Segmente ergänzt werden.[36]

Die kurzen Entwicklungszyklen der Informationstechnologie lassen es für Unternehmungen komplizierter werden, sich sowohl in Bezug auf Mitarbeiterqualifikation als auch in Hinblick auf benötigte technologische Ressourcen wie Hard- und Software auf dem aktuellen Stand zu halten. Entwicklungen wie Outsourcing, Application Service Providing oder Process Service Providing spiegeln diesen Trend wider. Bei der E-Business-Planung ist es daher auch notwendig, zu beachten, ob die präferierten Lösungen selbst umgesetzt oder mit externen Dienstleistern realisiert werden. Intermediäre, deren Leistungsspektrum von einzelnen Shop-Angeboten bis hin zur Abwicklung kompletter Prozesse reicht, unterstützen Unternehmungen beim Einstieg. Virtuelle Marktplätze bieten dabei die Möglichkeit – in Kombination mit verschiedenen Partnern und Dienstleistern – Kunden eine breite Palette von Leistungen „aus einer Hand" anzubieten, die sich aus verschiedenen Einzelleistungen zusammensetzen. Zur Bewertung der Outsourcing-Notwendigkeit im E-Business ist es daher sinnvoll, die Prozessbetrachtung um eine Bewertung der vorhandenen Technologien und Qualifikationen zu ergänzen (siehe Abb. 12).

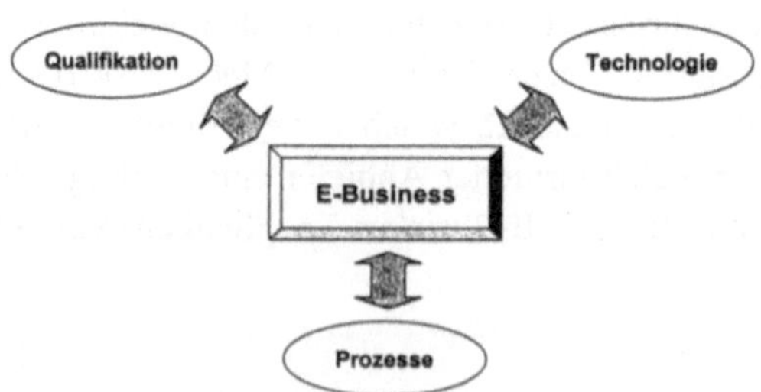

Abb. 12: Einflussfaktoren auf die E-Business-Fähigkeit einer Unternehmungen

Ein Werkzeug, das auf der vorgestellten Systematik aufbaut, stellt die vom Institut für Wirtschaftsinformatik (IWi), Universität des Saarlandes, entwickelte Software „EC-Cockpit" dar.[37] Im Auftrag des BMWi wurde ein Werkzeug konzipiert und implementiert, das Unternehmungsberater aus dem Netzwerk der Fördermaßnahme „Kompetenzzentren elektronischer Geschäftsverkehr" unterstützt. EC-Cockpit kann sowohl während einer Beratung als auch davor und danach eingesetzt werden. Der Berater eines der ebenfalls vom BMWi geförderten 24 Kompetenzzentren für elektronischen Geschäftsverkehr, die bundesweit verteilt sind, kann systematisch eine Erhebung des Istzustandes einer Unternehmung vornehmen. EC-Cockpit liefert auf Basis dieser Daten eine Empfehlung, welche EC-Anwendungen sich zur Umsetzung in Unternehmungen eignen. Neben der Beratungskomponente existiert ein Leitfadenmodul, das beschreibt, welche Schritte zur Einführung der gewünschten EC-Anwendungen vorzunehmen sind. Abb. 13 illustriert ein beispielhaftes Beratungsergebnis, das in Form einer Liste alle in Frage kommenden E-Business-Anwendungen mit ihren unternehmungsspezifischen Eignungen enthält.

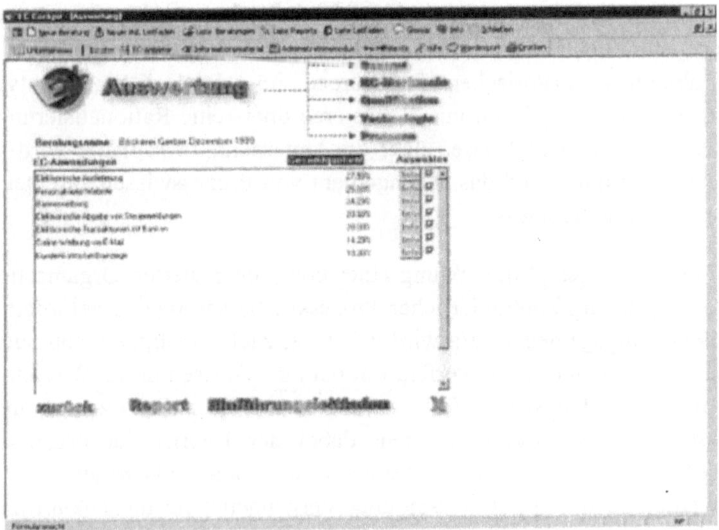

Abb. 13: Beratungs- und Informationswerkzeug EC-Cockpit

4.6 E-Business steuern

Geschäftsprozesse haben sich als Gegenstand organisatorischer Gestaltungsmaßnahmen etabliert.[38] Dies galt schon für Management-Konzepte der jüngeren Vergangenheit wie Business Process Engineering oder Total Quality Management. Aktuelle Geschäftskonzepte wie Electronic Business, Customer Relationship Management oder

Supply Chain Management rücken die Geschäftsprozesse weiter in den Mittelpunkt der Organisationsbemühungen.

Unternehmungen haben in den zurück liegenden Jahren sehr große Investitionen in den Ausbau ihrer IT-Infrastruktur getätigt. Doch Innovationen im Bereich der Informations- und Kommunikationstechnologie allein führen nicht zwangsläufig zu einer Verbesserung der Geschäftsprozesse. Insbesondere in der Verwaltungs- und Dienstleistungsbranche sowie in nicht produzierenden Bereichen von Industriebetrieben konnte lange kein positiver Zusammenhang zwischen IT-Investitionen und Unternehmungserfolg festgestellt werden. Die Erwartungen an IT-Investitionen werden häufig nicht erfüllt. Manager führen dies im Wesentlichen auf einen Mangel an Methoden und Werkzeugen im IT-Management zurück. Entscheidender als die vielfach schon vorhandene oder kostengünstig zu beschaffende Technik ist heute jedoch das Wissen um die betriebswirtschaftlichen Potenziale und ablauforganisatorischen Auswirkungen des Technologieeinsatzes.

So reicht es für den E-Commerce-Bereich beispielsweise nicht aus, den Kunden ein Online-Bestellformular per Internet zugänglich zu machen. Erst wenn auch die Prozesse der materiellen Güterströme gemäß den neuen Anforderungen verändert und die neuen ablauforganisatorischen Ressourcen im „Back Office" entsprechend reorganisiert werden, kann Electronic Commerce über reine Rationalisierungseffekte hinaus erfolgreich sein. Das Wissen über die Unternehmungsabläufe wird somit zu einer kritischen Ressource und das Management von Prozesswissen zu einer zentrale Herausforderung im E-Business.

Im Rahmen des Projektes „Entwicklung eines computerbasierten Organisationshandbuchs zur Unterstützung kontinuierlicher Prozessverbesserungen", gefördert von der Deutschen Forschungsgemeinschaft, wird daher das Ziel verfolgt, ein computerbasiertes Organisationshandbuch zu entwerfen, mit dem das Wissen im IT-Bereich effizient organisiert und die IT-basierte Verbesserung von Geschäftsprozessen unterstützt werden kann. Als Lösungskonzept dient dabei der Begriff der organisationalen Wissensbasis (OM, Organizational Memory), der pragmatisch als ein Medium angesehen werden kann, um aus Wissen über Vergangenes für die Zukunft zu lernen. Dabei werden als Kernfunktionen eines OM die Wissenserfassung, die Wissensintegration sowie die Wissensverwendung herausgestellt (siehe Abb. 14).

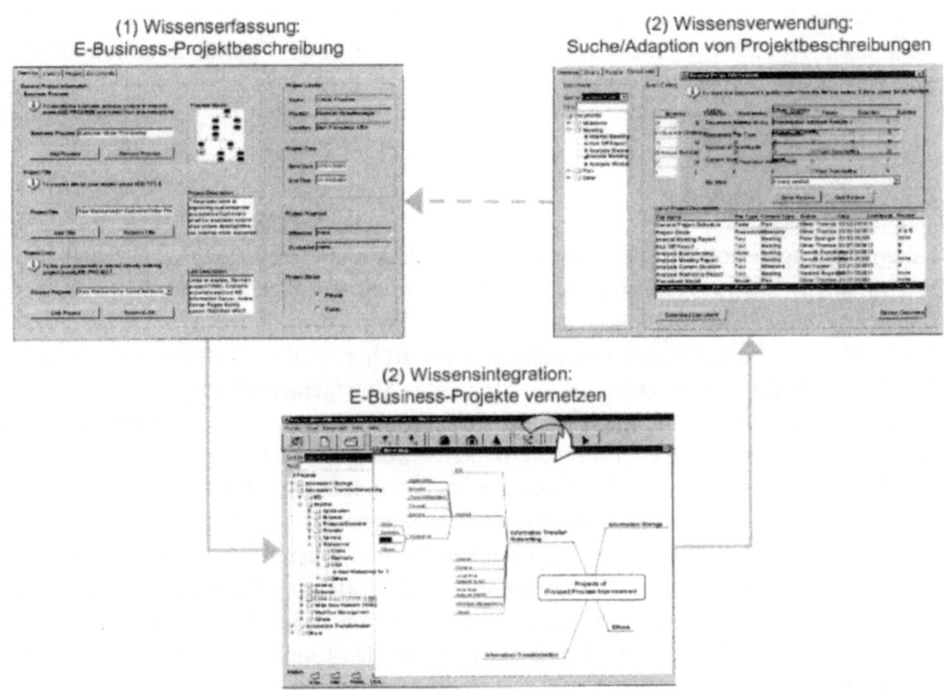

Abb. 14: Elemente der OMS-Konzeption [39]

Der am Institut für Wirtschaftsinformatik (IWi), Universität des Saarlandes, entwickelte Prototyp des Organizational-Memory-Systems (OMS) kann als ein Bündel von Basistechnologien, wie Modellierungs-, Datenbank- und Retrieval-Technologien, verstanden werden, die eingesetzt werden, um die Funktionen des OM zu unterstützen. Durch diese Technologie sollen das relevante Wissen des Anwendungsfeldes, d. h. alle Wissensarten, -formen und -inhalte, kontinuierlich erfasst, integriert und für zukünftige Unternehmungsentscheidungen verwendbar gemacht werden.

In der Unternehmungspraxis gibt es zahlreiche Anlässe, welche die Aufzeichnung organisatorischer Maßnahmen erfordern. Daher soll das computerbasierte Organisationshandbuch zunächst ein effizientes Werkzeug zur Lösung bestehender Dokumentationsaufgaben in einer Unternehmung sein (Wissensdokumentation). Zu diesem Zweck wird ein modellgestützter, Intranet-basierter und multimedialer Ansatz verfolgt. Eine weitere Funktion betrifft die Vernetzung der im „organisatorischen Wissensspeicher" dokumentierten Maßnahmen. Sie können nach verschiedenen Kriterien zu einer „organisatorischen Wissenslandkarte" verbunden werden. Sinnvolle Vernetzungskriterien sind z. B. Ziele, Ursachen und zeitliche Aspekte von Prozessverbesserungen (Wissensintegration). Die organisatorische Wissenslandkarte soll durchsucht werden können und navigierbar sein. Suche und Navigation sind wesentliche Voraussetzungen dafür, dass die dokumentierten und vernetzten Inhalte des computerbasierten Organisationshandbuchs als Ausgangspunkt für die Gestaltung neuer Maßnahmen zur Prozessverbesserung verwendet werden können (Wissensver-wendung). Abb. 14 veranschaulicht den entsprechenden Zyklus kontinuierlicher Prozessverbesserungen.

4.7 Lifelong learning

Unternehmungen sind auf die schnelle Disponibilität und Vermittlung von aktuellstem Wissen angewiesen – zeit- und ortsunabhängig. Mehr als die Hälfte der Gesamtwert-schöpfung einer Unternehmung baut auf dem Produktionsfaktor Wissen auf. [40] Doch Wissen veraltet heute viel schneller als früher – die „Halbwertzeit" beträgt derzeit gerade fünf Jahre. Daher ist ein effizientes Management der Ressource Wissen und des Lernprozesses eine Basis für das E-Business. Wissen und Lernen können aber auch durch E-Business weiter vorangetrieben werden. Das Internet gestattet es nicht nur, Wissen zeit- und ortsunabhängig anzubieten, sondern auch die Wissenserlangung, das Lernen, von zeitlichen und räumlichen Restriktionen zu befreien. Berufstätige, die in der Wissensgesellschaft nicht zurück fallen wollen, müssen ihr Wissen permanent aktualisieren und sich der Herausforderung des Lifelong Learning stellen. Der bisherige Bruch im lebenslangen Lernzyklus, wie er nach Schul- oder Hochschulaus-bildung und dem Einstieg ins Berufsleben auftrat, lässt sich durch den Einsatz des Internet vermeiden.

Auch für Unternehmungen stellt sich die Frage, wie sie den richtigen Mitarbeiter mit der passenden Qualifikation zur richtigen Zeit als Wettbewerbsvorteil nutzen können. Der Arbeitsmarkt bietet selten die gewünschte Anzahl qualifizierter potenzieller Mitarbeiter. Noch zu Beginn des Jahres warnte das Marktforschungsinstitut IDC davor, dass Deutschland unter dem Fachkräftemangel in der Computerbranche besonders leiden wird. Laut Studie können im Jahr 2002 hierzulande 200.000 Stellen nicht besetzt werden. Gerade angesichts dieser Zahlen müssen Unternehmungen sich selbst der Herausforderung einer kontinuierlichen Weiterbildung ihres Personals stellen: Neues Wissen muss in die Köpfe der schon vorhandenen Mitarbeiter und deren Wissen muss ständig aktualisiert werden.

Die Möglichkeiten des Telelearning scheinen hier einen Ausweg zu bahnen. Es erlaubt den Mitarbeitern bei Bedarf sofort von einem Arbeitsschritt auf Lernen umzuschalten. Lernen wird damit zu einem Just-in-Time-Thema. Viele Unternehmun-gen haben sich diesem Thema durch die Gründung von firmeneigenen Universitäten, so genannter „Corporate Universities" angenommen. An einer Corporate University wird betriebliches Lernen systematisiert. Sie dient dazu, das in einer Unternehmung vorhandene Wissen zu pflegen und weiter zu entwickeln. Darüber hinaus bietet sich die Möglichkeit, Weiterbildung mit der Unternehmungsstrategie zu verknüpfen. In Corporate Universities wird darauf verzichtet, Wissen „auf Vorrat" zu vermitteln.

In den USA tagte die erste Corporate University, das General Electric's Management Development Institute, bereits 1955. Wie weit dort das Konzept der Corporate University mittlerweile verbreitet ist, zeigt sich daran, dass 1999 erstmalig mit den „Corporate University Excellence Awards" eine Prämierung erfolgte: Gesponsert von der „Financial Times" verlieh die Beratungs-Firma „Corporate University Exchange" Preise in fünf Kategorien für herausragende Leistungen und Angebote unternehmungseigener Universitäten. Aber auch in deutschen Unternehmungen wird die Gründung firmeneigener Universitäten zu einem immer wichtigeren Thema. Die Daimler-Benz AG machte noch vor der Fusionierung mit Chrysler im August 1998 als erste deutsche Unternehmung den Schritt und rief ihre eigene Corporate University ins Leben. Bertelsmann hat den Schritt ebenfalls im September des gleichen Jahres getätigt, und weitere werden folgen.

Doch gerade in Deutschland zeigte sich in den letzten Jahren, dass auch das Image der Dienstleister, welche die Planung, Konzeption und Realisierung von (virtuellen) Corporate Universities, Online Akademien und Learning Communities/Portals, übernehmen, von Bedeutung ist. Viele Top-Manager wollen sich kaum mit dem Thema Weiterbildung befassen – weder als Lernende noch als Lehrende. Doch der neue Name „Corporate University" für ein altes Thema trägt wesentlich dazu bei, die unternehmerische Weiterbildung aufzuwerten. Ob Web-basiert oder in der Kombination mediengestützter Elemente mit Präsenzunterricht, der Aufschwung der Firmen-Universitäten hat erst begonnen. Sie nehmen eine Schlüsselrolle im E-Business-Zeitalter einschneidender Unternehmungsveränderungen ein. Ein effektives Wissensmanagement und das ständige Lernen der Mitarbeiter sind für das Überleben der Unternehmungen wichtig – insbesondere seit das Internet Firmen fast täglich dazu zwingt, sich neu zu definieren. Auch aus Marketing- und Imagegründen scheint dieser Trend nicht mehr zu stoppen. Dies wird jedoch nicht das Ende der Universitäten bedeuten. Sie werden zusammen mit Corporate Universities auch weiterhin im Wettbewerb stehen und müssen vielmehr dazu übergehen, ihre Kernkompetenz zu nutzen, um die Weiterbildung Berufstätiger voran zu treiben. Einige wenige haben sich bereits dieser beruflichen Weiterbildung verpflichtet. Darüber hinaus müssen sich die öffentlichen Universitäten in Deutschland in Zukunft ihrer Potenziale als Outsourcing-Partner für Unternehmungen bewusst werden.

Erfolgversprechende Ansätze sind bereits zu verzeichnen. Einige Hochschulen haben erkannt, dass das im Rahmen der Aus- und Weiterbildung vermittelte Fachwissen immer schnelleren Veränderungen und Erweiterungen unterliegt und Lernen nicht mehr nur als abgeschlossene Lebensphase, sondern vielmehr als kontinuierlicher Prozess zu betrachten ist. Sie bieten ihre Lerninhalte teilweise ergänzend im Internet an. Das traditionelle Vollzeitstudium entspricht nur noch teilweise den Bedürfnissen der Gesellschaft. Forderungen nach verkürzten Studienzeiten, mehr Kundennähe und Ressourcenökonomie sind zu vernehmen. Die computergestützte Aus- und Weiterbildung durch virtuelle Universitäten wird als Chance angesehen, die Bildungs- und Qualifizierungsprobleme zu lösen.

Mit „WINFO*Line*" entwickelten im Rahmen einer interdisziplinären Bildungsallianz die Universitäten Saarbrücken, Göttingen, Leipzig und Kassel 1997 eine virtuelle Lernwelt für das Studienfach Wirtschaftsinformatik im World Wide Web. Der Zugriff auf Lerninhalte wird für Studierende mit Hilfe neuer Medien flexibilisiert. Die Informations- und Kommunikationstechnologien ersetzen dabei die typischen Attribute einer Präsenzuniversität wie Hörsäle, Lehrkörper oder universitäre Gremien. Multimediale Bildungsangebote werden ergänzend bzw. unterstützend zu realen Lehrveranstaltungen angeboten und vormalige Präsenzveranstaltungen können örtlich und zeitlich entkoppelt werden. Seit Sommer 1999 ist mit WINFO*Line* ein standortübergreifendes, virtuelles Studium möglich.[41]

Der Bildungsmarkt scheint groß genug für beide genannte Konzepte. Jede Einrichtung sollte sich mehr auf ihre Kernkompetenzen spezialisieren. Corporate Universities, gebunden an Unternehmungen, werden weiterhin in erster Linie Wissen mit unmittelbarem beruflichem Nutzen vermitteln. Die Grenzen von täglicher Arbeit und abgekoppeltem Lernen werden zunehmend verschwimmen. Wissensvermittlung wird mittels Internet-Technologien von den Unternehmungen in die tägliche Arbeit eingebunden. Sie werden auch in Zukunft vielmehr auf die Vermittlung spezieller Wissenselemente für den Aufbau von Problemlösungsstrategien fokussieren. Nicht das Wissen selbst, sondern die Fähigkeit, sich das Wissen schnell, effizient und situationsbezogen aneignen zu können, wird immer mehr an Bedeutung gewinnen. Hier sind die Universitäten gefragt. Sie sollten nicht nur die Vermittlung langfristig nutzbarem Wissen in den Vordergrund stellen, sondern auch Methoden vermitteln, wie man „Lernen lernt": der Umgang mit neuem Wissen, die Erschließung neuer Informationsquellen oder deren Sortierung, Gewichtung und Bewertung zusammen mit der dafür erforderlichen Kompetenz neuer Medien. Dieses Konzept des Lifelong learning muss in den Köpfen der neuen Generation von Unternehmern verankert und der bisherige Bruch des Lernens nach Verlassen der Hochschule durch Corporate Universities aufgefangen werden.

5 Die neuen Player

Electronic Business hat sowohl unternehmensintern als auch -übergreifend das Potenzial, Geschäftsprozesse auf innovative Art und Weise zu beeinflussen und zu ergänzen. Aus der anfänglich euphorisch bejubelten und mit vielen Vorschusslorbeeren bedachten Technologie entwickelt sich zunehmend eine neue organisatorische Ausrichtung, die schrittweise ihre anfänglichen Schwächen verliert und von immer mehr Unternehmungen bewusst konzeptionalisiert wird.

Diese Konzeptionalisierung, die von vielen großen Unternehmungen als Second-Mover durchgeführt wird, hat auch zur Folge, dass sich die Pioniere des E-Business zunehmend Konkurrenz gegenüber sehen. Geschäftsideen und Unternehmenskennzahlen werden kritischer hinterfragt. Die auf technologischen Innovationen basierenden

Wettbewerbsvorteile der First-Mover treten zugunsten von Strategien, die sich an die New Economy anpassen, in den Hintergrund. Diese Strategien nutzen die Charakteristiken des Internet konsequent aus. Dabei entstehende Wettbewerbsvorteile werden nicht nur nach den bestehenden Marktgesetzen verglichen. Das permanente Wachstum der New Economy führt auch dazu, dass Old und New Economy enger zusammenwachsen und sich die Märkte und ihre Gesetze vermischen.

Das Medium Internet als Träger des E-Business wird durch mobile Endgeräte sowie durch günstige und hochwertige Zugangsmöglichkeiten Einzug in gesellschaftliche Bereiche erhalten, die vielen zurückliegenden technologischen Konzepten verborgen blieben. Das „Netz der Netze" wandelt sich vom Experimentierfeld der Technologiejünger zum Gebrauchsgegenstand der Allgemeinheit. Mit zunehmender Akzeptanz werden auch die Hindernisse für einen Einstieg von Konsumenten und Unternehmungen in den E-Business-Bereich verschwinden, E-Business wird langfristig zu einem beständigen Paradigma der heutigen Ökonomie.

Ähnlich, wie Lösungen der New Economy Ergänzungen oder Alternativen zu bestehenden Geschäftsprozessen darstellen, basieren die Regeln, nach denen sich die neuen Player herausbilden, auf bestehenden Marktgesetzen, erweitert um die spezifischen Eigenheiten der neuen Internet-Wirtschaft. Das World Wide Web bietet die Chance, sich umfassend mit relevanten Interessensgruppen, wie Kunden, Mitarbeitern oder Partnern, zu vernetzen. Die Vernetzung der Unternehmungen wandelt sich von einer innovativen Erweiterung der Geschäftsprozesse zu einer notwendigen Ergänzung der eigenen Wertkette.

Die kommende Verbindung unternehmungsübergreifender Geschäftsprozesse erfordert auch eine Neuausrichtung von ERP-Systemen. Die bisherige Schnittstelle wird aus dem unternehmungsinternen Bereich nach außen verschoben. Der Outsourcing-Gedanke, bei dem bestimmte unternehmungsinterne Abläufe an externe Dienstleister übergeben werden, erfährt durch das Internet eine neue, stärkere Bedeutung. Das Internet gestattet als Transportmedium die Auslagerung einzelner Anwendungen (Application Service Providing) oder ganzer Unternehmungsprozesse (Process Service Providing). Um diese Auslagerung zu gewährleisten, ist es aber nötig, den externen Dienstleistern den Zugang zu allen benötigten Informationssystemen zu gestatten. Die bisher nur intern stattgefundene Integration muss daher über die Unternehmungsgrenzen hinaus erfolgen. Was bisher in den Visionen der Unternehmungen als technologische Anforderung existierte – die Integration nach außen ohne Medien- und Organisationsbrüche – wird zu einer Neuausrichtung der Unternehmung führen, mit dem Ziel, Offenheit als einen bedeutenden Grundwert zu etablieren.

Durch die enge Interaktion mit anderen haben Unternehmungen die Möglichkeit, sich auf dem globalen Markt der New Economy als Big Player zu positionieren. Die oftmals als Vorteil angesehene geringe Größe von Start-ups ist nur zu Beginn einer Wachstumsphase von Vorteil, d. h. wenn es um die Orientierung am Markt und die Positionierung der Unternehmung geht. Danach gelten die Wachstumsgesetze der

Globalisierung. Kleine Unternehmungen mit Spezialwissen und regionalen Vorteilen können sich in Marktnischen etablieren, sind aber dadurch in ihrem Wachstum eingeschränkt. Die Integration in unternehmungsübergreifende Prozessketten bietet die Chance, auch als kleiner Player unter den Großen zu bestehen. Historische Grenzen werden auf internationaler Ebene von geringerer Bedeutung. Eigenes Wachstum oder Wachstum durch Kooperation wird zur langfristigen Erfolgsbedingung in der New Economy. Die bekannten Internet-Unternehmungen wie Amazon oder eBay sind nur punktuelle Serviceanbieter, die oft stellvertretend für den gesamten E-Business-Bereich zitiert werden. Deren bisherige Stärke, zur richtigen Zeit mit der neuen E-Business-Technologie am Markt gewesen zu sein, wird verdrängt von der Frage, in welcher Form die ehemals kleinen Unternehmungen groß werden können.

Wichtig ist ferner die Gesamtserviceleistung, die eine Unternehmung benötigt, d. h., es müssen integrative Internet-Angebote, die vollständig die wertschöpfenden Prozesse einer Unternehmung und seiner Partner abdecken, in den Blickpunkt gerückt werden. Die Bewegung geht weg von den kleinen Leistungsanbietern hin zu einer elek-tronischen globalen Integration. Die bisherigen großen Player der Old Economy, die oftmals als Verlierer im Wettrennen um die besten Plätze im E-Business angesehen wurden, müssen versuchen, bestehende Kernkompetenzen in die Internet-Wirtschaft einzubringen.

Viele branchenspezifische und branchenübergreifende Netzwerke, die bisher in der Old Economy über lange Zeiträume hin erarbeitet wurden, bieten sich zur Übernahme in die Internet-Wirtschaft an. Im Rahmen wechselnder Geschäftsbeziehungen und unterschiedlicher Geschäftspartner ist es wichtig, dass Funktionen wie Trustmanagement von Unternehmungen ausgeführt werden, die aufgrund ihrer Größe und Seriosität Vertrauen als integratives Element garantieren können. Nicht nur die technischen Geschäftsabläufe müssen optimiert, sondern auch die kommerziellen Abwicklungen gesichert werden.

Doch E-Business stellt neben der Chance zur Expansion für viele Anwendungsbereiche auch eine Bedrohung der Geschäftsaktivitäten dar. Die Technologie des Internet ermöglicht nicht nur im positiven Umfang Informationsaustausch, Transparenz oder Kollaboration, sondern bedroht auch bestehende Geschäftsmodelle wie den Verkauf von Software und Büchern. Zwar meist außerhalb bestehender gesetzlicher Regelungen, aber doch weit verbreitet, ist beispielsweise das Kopieren von Medien, die unter das Urheberrechtsgesetz fallen. Software, Bücher oder Musik, also Objekte mit einem hohen Digitalisierungspotenzial, werden über das Internet zunehmend ausgetauscht. Die bestehenden Geschäftsmodelle, die meist auf dem Verkauf der Medien basieren, versuchen zwar kurzfristig mit technologischen Gegenlösungen, wie neuen Kopierschutzmechanismen, den Austausch zu unterbinden. Langfristig jedoch ist es nötig, über eine Änderung der betriebswirtschaftlichen Konzepte nachzudenken. Neue Lösungsansätze tendieren zu Dienstleistungen. Nicht mehr nur der Erwerb des Objektes selbst, sondern dessen Erstellung oder Nutzung gewinnen an Bedeutung. Beispiele hierfür sind Software-Angebote, bei denen der Benutzer über das Internet die Möglichkeit erhält, Zusatzleistungen wie Netzwerkspiele zu bekommen, oder Bücher, die pro Kapitel erworben werden und bei denen die Mehrheit der registrierten Leser die Weiterentwicklung eines Romans mitbestimmen kann.

In welcher Weise Unternehmungen sich auch immer dem Thema E-Business widmen werden, die Vertrautheit mit der Technologie bleibt unverzichtbare Voraussetzung in einer vollkommen vernetzten Welt zu überleben. Die Aussage von Steve Case, Gründer von AOL, „In 10, vielleicht auch erst in 20 Jahren wird fraglos die Mehrheit der Menschen ans Netz angeschlossen sein. Das Internet wird überall präsent sein."[42] wird sicherlich nicht an Gültigkeit verlieren. Aber gerade diese vorhersehbare Entwicklung wird durch die Gesellschaft und durch das Feld unternehmerischer Aktivitäten einen tiefen Graben ziehen: Einerseits wissende Experten, die sich permanent mit den neuesten technologischen Weiterentwicklungen befassen, und andererseits die Unwissenden, die nicht die Möglichkeit oder die Motivation besitzen, sich weiterzubilden. Die Welt wird zunehmend „Netizens" und „Netwits" unterscheiden.[43]

Literaturverzeichnis

[1]   Vgl. Hansen, H.R.: Wirtschaftsinformatik I, 7. Aufl., Stuttgart 1996, S. 437 ff.

[2]   Quelle: Forrester Research, Inc., 1999 und FORIT Internet Business Research (Hrsg.): Business-to-Business in Deutschland – Hyperwachstum durch Electronic Commerce und virtuelle Marktplätze, Februar 2000.

[3]   Vgl. Scheer, A.-W.; Beinhauer, M.; Habermann, F.: Integrierte E-Prozeßmodellierung, in: Industrie Management 16 (2000) 3, S. 19-22.

[4]   Vgl. Scheer, A.-W.: ARIS – Vom Geschäftsprozeß zum Anwendungssystem, 3. Aufl., Berlin et al. 1998, S. 2-3.

[5]   Donovan, J.J.: Business Re-engineering with Information Technology, Englewood Cliffs 1994.

[6]   Nippa, M.; Picot, A. (Hrsg.): Prozeßmanagement und Reengineering: Die Praxis im deutschsprachigen Raum, 2. Aufl., Frankfurt 1996.

[7]   Scheer, A.-W.: Wirtschaftsinformatik – Referenzmodelle für industrielle Geschäftsprozesse, 7. Aufl., Berlin et al. 1997.

[8]   Piller, F.T.: Kundenindividuelle Massenproduktion. Die Wettbewerbsstrategie der Zukunft, München 1998.

[9]   Quelle: Der Spiegel 5/2000.

[10] Vgl. o.V.: Microsoft holt auf, in : Spiegel online 29/2000, URL: http://www.spiegel.de/wirtschaft/maerkte/0,1518,85896,00.html, 18.07.2000.

[11] Vgl. o.V.: Amazon macht weniger Verlust als erwartet, in: Computer Channel, URL: http://www.computerchannel.de/news/ticker/business/2186.phtml und o.V.: Amazon.com mit

hohem Verlust, in: BerlinOnline, URL: http://www.berlinonline.de/wissen/computer/wirtschaft/ .html/200002/wirt03107.html, 23.07.2000.

[12] Campbell, K.K.: Net's "dot com effect" in full bloom – The domain naming game, in: The Toronto Star, September 16, 1999 und Cooper, M.J.; Dimitrov, O.; Rau, P.R.: A rose.com by any other name, Department of Finance, Purdue University, June 2000.

[13] Dt.: „Stein und Mörtel".

[14] Vgl. Patalong, F.: Die Stunde von „click & mortar"?, in: Spiegel online 24/2000, URL: http://www.spiegel.de/netzwelt/ebusiness/0,1518,81479,00.html, 23.07.2000.

[15] Vgl. ZDNet (Hrsg.): Bankrottes Online-Modehaus geht an Bright Station, URL: http://www.zdnet.de/news/artikel/2000/05/29005-ac.html und High Text Verlag (Hrsg.): Erster großer Onlineshop pleite, URL: http://multimedia.hightext.de/aktuell/db/958668986.html, 23. 07.2000.

[16] Vgl. Focus Online GmbH (Hrsg.): Vom Traum zur Realität, URL: http://finanzen.focus.de/D/DA/DAA/DAA19/daa19.htm, 23.07.2000.

[17] Gertz, W.: E-Commerce in Turbulenzen, in: Computerwoche Nr. 29, 21.07.2000, S. 41-42.

[18] Vgl. o.V.: Steve Case: Der Mann, den nichts aus der Ruhe bringt, in: Die Welt, 12.01.2000 und o.V.: Time Warner ist drin, Bertelsmann ist draußen, in: VDI-Nachrichten, 14.01.2000.

[19] Porter, M.E.: Wettbewerbsvorteile, 3. Aufl., Frankfurt am Main 1992.

[20] Vgl. Scheer, A.-W.: ARIS – Modellierungsmethoden, Metamodelle, Anwendungen, 3. Aufl., Berlin et al. 1998, S. 10.

[21] Vgl. Porter, M.E.; Millar, V.E.: Wettbewerbsvorteile durch Information, in: Porter, M.E.: Wettbewerb und Strategie, München 1999, S. 88.

[22] Rayport, J.F.; Sviokla, J.J.: Exploiting the Virtual Value Chain, in: Harvard Business Review, November-December 1995, S. 75-85.

[23] Quelle: Scheer, A.-W.; Odendahl, C.: Virtualisierung als strategische Option der Logistik, in: Baumgarten, H; Wiendahl, H.-P.; Zentes, J. (Hrsg.): Logistik-Management: Strategien – Konzepte – Praxisbeispiele, Berlin et al. 2000, Kapitel 4/04/02.

[24] Vgl. Dell, M.: Direct from DELL – Strategies that revolutionized an industry, Petersen, Hamburg; Harpercollins 1999 und Dell Computer Corporation (Hrsg.): Press Releases, URL: http://www.dell.com/us/en/gen/corporate/media.htm, 31.07.2000.

[25] Vgl. Hirschmann, P.: Kooperative Gestaltung unternehmensübergreifender Geschäftsprozesse, Wiesbaden 1998, S. 37 ff.

[26] Vgl. Scheer, A.-W.: ARIS – Vom Geschäftsprozeß zum Anwendungssystem, 3. Auflage, Berlin et al. 1998, S. 20.

[27] Vgl. Scheer, A.-W.: ARIS – Vom Geschäftsprozeß zum Anwendungssystem, 3. Auflage, Berlin et al. 1998, S. 6.

[28] Vgl. Scheer, A.-W.; Borowsky, R.; Markus, U.: Neue Märkte – neue Medien – neue Methoden: Roadmap zur agilen Organisation, in: Scheer, A.-W. (Hrsg.): 19. Saarbrücker Arbeitstagung für Industrie, Dienstleistung und Verwaltung, 5.-7. Oktober 1998, Universität des Saarlandes, Saarbrücken.

[29] Scheer, A.-W.: ARIS – Modellierungsmethoden, Metamodelle, Anwendungen, 3. Aufl., Berlin et al. 1998.

[30] Vgl. Scheer, A.-W.: ARIS-Toolset: Von Forschungs-Prototypen zum Produkt, in: Informatik Spektrum 19 (1996) 2, S. 71-78.

[31] Vgl. Gartner Group, Inc. (Hrsg.): Merging Business Process Reengineering and Applications Development: Life in the Gap, Stamford CA 1997 und Reuters AG (Hrsg.): IDS Scheer AG erfolgreich mit Geschäftsprozessgestaltung und E-Business, Frankfurt am Main, 04.11.1999.

[32]   Vgl. IDS Scheer AG (Hrsg.): ARIS-Toolset: Produktinformation, Saarbrücken 1999.

[33]   Vgl. IDS Scheer AG (Hrsg.): ARIS Methode, Version 5, Stand Mai 2000, S. 4/131 ff.

[34]   Vgl. Kurbel, K.; Szulim, D.; Teuteberg, F.: Internet-Unterstützung entlang der Porterschen Wertschöpfungskette – innovative Anwendungen und empirische Befunde, in: HDM 207/1999, S. 78-94.

[35]   Siehe URL: http://www.avitos.de.

[36]   Erbach, F.; Köppen, A.: Electronic Business Potenziale analysieren und nutzen, in: Scheer, A.-W.; Köppen, A. (Hrsg.): Consulting: Wissen für die Strategie-, Prozess- und IT-Beratung, Berlin et al. 2000.

[37]   Quelle: URL: http://www.iwi.uni-sb.de/ec-cockpit, 05.08.2000.

[38]   Vgl. Scheer, A.-W.: Die Geschäftsprozesse einheitlich steuern, in: Harvard Business Manager 19 (1997) 1, S. 115-122.

[39]   Quelle: Habermann, F.: Organisational-Memory-Systeme für das Management von Geschäfts-prozesswissen, Dissertation, Universität des Saarlandes, unveröffentlichtes Manuskript, Saar-brücken 2000, S. 107.

[40]   Vgl. Bullinger, H.-J.; Ilg, R.; Ohlhausen, P.; Wagner, K.: Mit Wissensmanagement neue Potentiale erschließen, in: Scheer, A.-W. (Hrsg.): Electronic Business und Knowledge Manage-ment – Neue Dimensionen für den Unternehmungserfolg, Heidelberg 1999, S. 53-67.

[41]   Quelle: URL: www.winfoline.de, 29.07.00.

[42]   Quelle: Der Spiegel, 23.03.1998.

[43]   Wortspiel aus „Net", „Citizen" (dt.: Bürger) und „Nitwit" (dt.: Schwachkopf), entnommen aus: Siebel, T.; House, P.: Cyber Rules – Die neuen Regeln für Spitzenerfolg im E-Business, Lands-berg/Lech 2000.

E-Business und Wettbewerbsstrategie

Dr. Alexander Pohl
Simon, Kucher & Partners, Bonn

Inhalt

1 Bedeutung des E-Business für die Wettbewerbsstrategie

Der Vorstandsvorsitzende von Intel Andy Grove vertritt die These: „Innerhalb von fünf Jahren werden alle Unternehmen im Internet vertreten oder nicht mehr am Markt vorhanden sein". Einige Erfolgs-Stories sprechen für diese These, inwieweit dies allerdings für sämtliche Unternehmen zutrifft, gilt abzuwarten. Folgende Entwicklungen können schon heute festgehalten werden: Der Einfluss des Internets auf das Wirtschaftsgeschehen ist unübersehbar. Permanent treten Internet-Start-ups mit immer neuen Geschäftsmodellen auf den Markt. Aber auch die Big Player der „Old Economy" wenden sich zunehmend dem E-Business zu. Dies reicht von der eigenen Gründung von Internetunternehmen bis hin zu Partnerschaften oder Aufkäufen. Schätzungen gehen davon aus, dass ca. drei Viertel aller etablierten Unternehmen mittlerweile E-Business-Aktivitäten ausüben.

E-Business beeinflusst damit nachhaltig die Beziehungen zwischen Unternehmen und insbesondere die damit einhergehenden Geschäftsprozesse (vgl. Yoffie/Cusumano 1999). So beantwortet zum Beispiel Cisco 70 Prozent der Kundenanfragen, die früher telefonisch bearbeitet wurden, nun per Internet. Auch der Vertrieb der Software erfolgt nun via Internet, was zu Kosteneinsparungen von 250 Millionen US$ pro Jahr bei Produktion und Versand führt. Die Suche nach neuen Mitarbeitern wird ebenfalls über das Internet abgewickelt. Die Kosteneinsparung beträgt hier 8 Millionen US$ pro Jahr. Aufgrund der tiefgreifenden Auswirkungen des E-Business auf unsere Wirtschaft und damit auch auf unsere Verhaltens- und Lebensweisen wird teilweise auch schon von e-life gesprochen.

Ein wesentliches Merkmal der „New Economy" ist die hohe Beachtung durch die Börse. Die großen Wachstumspotenziale werden sogar höher als Gewinne bewertet. So erreichte der Internetbuchhändler Amazon.com 1999 einen Umsatz von 1,6 Mrd. US$ und eine Börsenkapitalisierung von 21,8 Mrd. US$. Der Verlust des Unternehmens betrug in 1999 720 Mill. US$ (Wall Street Journal Europe v. 6.4.2000). Die hohe Marktkapitalisierung ermöglicht den Internet-Unternehmen den Kauf traditioneller Großkonzerne mittels Aktien. Bekanntes Beispiel ist die Übernahme von Time Warner durch AOL. Aufgrund der Zukunftsperspektive orientiert sich die Unternehmensbewertung häufig an der Kundenanzahl. Daher gewinnen innovative Möglichkeiten der Neukundenakquisition und der Kundenbindung im Rahmen der Wettbewerbsstrategie einen bedeutenden Stellenwert.

Für Unternehmen der Old- und der New-Economy stellt das Internet eine Herausforderung dar - es existieren Chancen, aber auch Risiken. Durch den elektronischen Handel, d.h. den E-Commerce, können zusätzliche Umsatzpotenziale erzielt werden. E-Commerce ist dabei jede Art geschäftlicher Transaktion, bei der die Beteiligten auf elektronischem Weg Geschäfte anbahnen, abwickeln oder elektronischen Handel mit Gütern und Dienstleistungen betreiben. Das Internet steht für die Vernetzung der verschiedensten Wirtschaftsbereiche, was letztlich den Handel oder das Zustande-kommen von rechtlich bindenden Transaktionen über diese Handelsplattform ermöglicht.

Für Unternehmen der Old Economy wird das Internet im einfachen Fall als zusätzlicher Vertriebskanal zu den bereits bestehenden angesehen (vgl. auch Albers/Clement/Skiera 1999). Die Ansprache neuer Kundengruppen ist dabei ein Hauptmotiv, wodurch neue Umsätze generiert werden. Gleichzeitig muss aber eine mögliche Kannibalisierung bestehender Vertriebskanäle einkalkuliert werden. Auch weisen Studien darauf hin, dass viele Firmen die Chancen des Internets überschätzen und sich reale Geschäfte langfristig nicht allein in einer virtuellen Welt abwickeln lassen (vgl. Stetter/Hoff 2000, S. 39). Das Risiko besteht in diesem Fall in Investitionen, die sich nicht amortisieren. Die hier angerissenen Chancen und Risiken zeigen, dass die Ausrichtung auf E-Commerce nicht per se vorteilhaft ist, sondern Vor- und Nachteile abgewogen werden sollten.

E-Business geht noch weiter und steht für die konsequente Ausrichtung und kontinuierliche Verbesserung der Geschäftsprozesse an die Erfordernisse des elektronischen Handels unter Einsatz digitaler Technologien und des Internets. Entscheidend für den Erfolg einer E-Business-Strategie ist ihre Integration in den Kontext des Gesamtgeschäfts (vgl. Weiber 2000, S. 11).

Welche Implikationen ergeben sich aus dem E-Commerce und dem E-Business auf die Wettbewerbsstrategie von Unternehmen? Zur Beantwortung dieser zentralen Frage wird ein Blick in die zeitliche oder historische Entwicklung von Strategiekonzepten geworfen (vgl. Tabelle 1).

Zeitraum	50/60er Jahre	70/frühe 80er Jahre	späte 80/frühe 90er Jahre	2000+
Fokus	Langfristige Planung	Externe Chancen "Industry" "Market"	Interne Ressourcen "Firm"	Wertorientierung, Integration, Externe Chancen, Interne Ressourcen, Business Models
Inhalte	Antizipation des Wachstums	Attraktive Märkte, Wettbewerbsvorteile, Diversifikation (Boston, Porter)	Fähigkeiten, Kernkompetenzen, Ressourcen (Hamel-Prahalad)	Kapitalmarkt, Konzentration auf Kerngebiete, E-Business
Annahmen	Trends lassen sich fortschreiben.	"Wir können alles." Die Zukunft ist prognostizierbar.	"Innen fällt die Entscheidung."	"Werte schaffen durch Konzentration und Integration"
Zentralisierung	mittel	hoch	hoch-gering	hoch-gering
Planungsrhythmus	ca. 10 Jahre	5 Jahre	3 Jahre	Permanent, nach Bedarf/Schnelligkeit

Tab. 1: Entwicklung von Strategiesystemen

50

Während in den 50er und 60er Jahren der Strategiefokus in der langfristigen Planung zu sehen war, verschob sich dieser Fokus in den 70er und Anfang der 80er Jahre auf die Ausrichtung externer Chancen. Managementkonzepte orientierten sich an der Suche nach attraktiven Märkten, an Wettbewerbsvorteilen und Möglichkeiten zur Diversifikation (Porter 1980). In den späteren 80ern und Anfang der 90er Jahre richtete sich das Augenmerk auf interne Unternehmensressourcen. Kernkompetenzen waren der Ausgangspunkt bei der strategischen Planung (Prahalad/Hamel 1990).

Gegenwärtige Strategiesysteme führen die Betrachtungen zusammen. Die Gleichzeitige Analyse von externen Chancen und internen Ressourcen ist die Basis für die Strategieentwicklung (vgl. Abb. 1). Dies gilt ebenfalls für den Entwurf von Business-Modellen für den Einstieg in das E-Business.

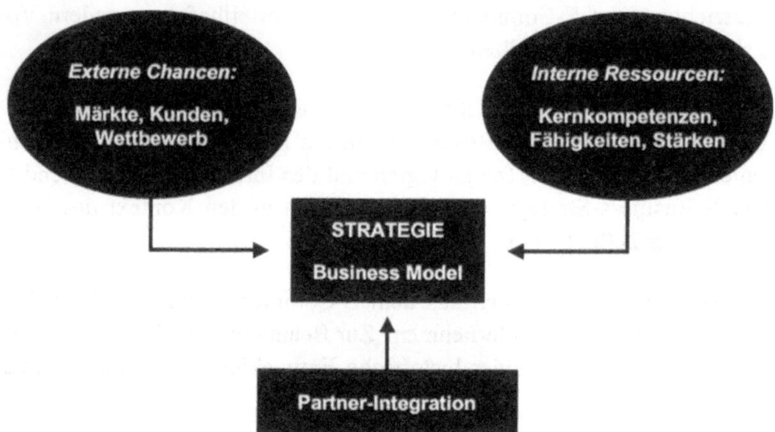

Abb. 1: Zwei Strategieansätze: Externe Chancen und interne Ressourcen

Im Rahmen der Wettbewerbsstrategie wird die Frage adressiert, wie es einem Unternehmen gelingt, das langfristige profitable Agieren am Markt durch die Schaffung von Wettbewerbsvorteilen zu sichern. Bezogen auf das E-Business resultieren hieraus verschiedene Fragen:

- Welches sind die zentralen Charakteristika von E-Business?

- Welche Vorteilspotenziale können durch E-Business erreicht bzw. ausgeschöpft werden?

- Wie gestaltet sich das Business- und das Revenue-Modell?

- Welches sind die Werttreiber von Business-Modellen?

- Welche zentralen strategischen Einsichten können festgehalten werden?

2 Charakteristika der New Economy

Zur Beantwortung dieser Fragen erfolgt zunächst eine Analyse der Charakteristika des E-Business. Folgende Besonderheiten sind festzuhalten:

- **Aufhebung von Ort, Zeit und Kosten der Information:** Informationen sind global, zu jeder Zeit und vielfach kostenlos verfügbar. Dies führt zu einer bisher nicht gekannten Markttransparenz, an der sich Anbieter und Nachfrager ausrichten müssen. Damit gehen verbesserte Kommunikationsmöglichkeiten einher. Basis für diese Entwicklung ist die Digitalisierung von Leistungsprozessen und Produkten, die Standardisierung und Miniaturisierung von Mikroprozessoren, Betriebssystemen und Anwendungssoftware sowie die einhergehende zunehmende Kompatibilität.

- **Demonopolisierung:** Über das Internet entsteht zusätzlicher Wettbewerb. Angestammte Anbieter bekommen Konkurrenz durch völlig neue Unternehmen. Markteintrittsbarrieren sind deutlich niedriger als vormals üblich, was häufig zu einem Wettbewerb zwischen Unternehmen unterschiedlicher Größen führt.

- **Economies of Scale und Scope:** Nach der Ersterstellung der Infrastruktur ist die zusätzliche Nutzung mit geringen Kosten verbunden. Daraus resultieren Größenvorteile. Sie kommen dann voll zum Tragen, wenn hohe Umsätze erreicht werden, was die starke Wachstumsorientierung von Internet-Firmen begründet. Economies of Scope oder Verbundvorteile ergeben sich aus Partnerschaften, durch die neue Potenziale erschlossen werden können.

- **Dis-Intermediation oder Re-Intermediation:** E-Business in seinen Ausprägungen B-to-B, B-to-C oder C-to-C eröffnet den direkten Kontakt zwischen Anbieter und Nachfrager. Die verschiedenen Stufen innerhalb einzelner Geschäftstransaktionen, wie Kontaktaufbau/Akquisition, Information, „Einigung", Abwicklung der Produkt-/Dienstleistungsdistribution und der monetäre Zahlungsstrom, können zum großen Teil direkt zwischen Anbieter und Nachfrager abgewickelt werden. Zwischengeschaltete Handelsstufen fallen dadurch weg (Dis-Intermediation). Gleichzeitig entstehen neue Zwischenhändler, wie elektronische Marktplätze, Portale, Broker etc. (Re-Intermediation).

- **Reverse Economy, Reverse Marketing:** Im Internet entstehen neuartige Geschäftsmodelle, die einzelne Elemente der klassischen Funktionsweise in der Ökonomie umkehren. So werden üblicherweise durch das anbietende Unternehmen die Preise für Produkte oder Dienstleistungen festgeschrieben. Der Kunde kann zu diesen Preisen kaufen oder in einen Verhandlungsprozess eintreten. Beim Anbieter Priceline.com geben umgekehrt Kunden feste Preisangebote ab, zu denen sie verbindlich kaufen würden. Anbieter können entscheiden, ob sie zu diesem Preis verkaufen oder das Geschäft nicht zustande kommt.

- **Individualisierung:** Schließlich bietet das Internet besondere Möglichkeiten der individuellen Kundenansprache. So können zum Beispiel durch Beobachtung des bisherigen Kaufverhaltens individuelle Angebotshinweise gegeben werden. Bei Amazon.com erhält zum Beispiel der Käufer eines Buches den Hinweis, welche zusätzlichen Bücher andere Käufer dieses Buches noch gekauft haben. Neben der Kommunikation bestehen weiterhin Möglichkeiten der kundenspezifischen Produkt- und Preisgestaltung.

Die Tragweite dieser Merkmale wird durch einen Blick auf die Wachstumszahlen offenkundig. Sie liegen in Europa bezogen auf die Online-Umsätze im Business-to-Customer-Bereich zwischen 100 und 400 Prozent pro Jahr. Der Anteil der europäischen Bevölkerung mit Zugang zum Internet lag 1999 bei ca. 25 Prozent - ebenfalls mit deutlichen Wachstumsraten. Dieses starke Wachstum ist unter anderem auch der Grund dafür, warum von der neuen Internet-Ökonomie oder der Informationsgesellschaft gesprochen wird.

Zentrale Aufgabe der Unternehmensstrategie ist es, die Vorteilspotenziale für das eigene Unternehmen zu analysieren.

3 Strategische Potenziale von E-Business

3.1 Business- und Revenue-Modelle

Für junge Internet-Unternehmen nimmt die Beurteilung ihrer Geschäftsaktivitäten durch die Aktionäre und Analysten einen besonderen Stellenwert ein. In den letzten Jahren wurde die Entwicklung so positiv aufgenommen, dass sich daraus ein Internetboom entwickelte. Nach kurzer Zeit wurden Internetunternehmen an der Börse mit astronomischen Ausmaßen bewertet. Das Internetportal Yahoo! erreichte im Jahr 1999 mit einem Umsatz von 589 Mio. US$ eine Börsenkapitalisierung von 89 Mrd. US$ im April 2000. Das Internetauktionshaus eBay erzielte einen Umsatz von 225 Mio. US$ und wurde an der Börse mit 22 Mrd. US$ bewertet. Im Vergleich zu Amazon.com führte der mehr als 75-fach höhere Umsatz von DaimlerChrysler nur zu einer dreimal höheren Börsenkapitalisierung, und dies obwohl DaimlerChrysler einen bereinigten Konzern-Jahresüberschuss von über 6 Mrd. US$ erzielte, während Amazon.com in der gleichen Zeit einen Verlust von 720 Mio. US$ machte.

Die hohe Bewertung der Internetunternehmen liegt an den starken Wachstumspotenzialen und innovativen Geschäftsmodellen. Die Unternehmensbewertung orientiert sich - wie eingangs erwähnt - auch an der Anzahl gewonnener Kunden. Die hohe Börsenbewertung führte teilweise dazu, dass einzelne Kunden ca. 300 Jahre Kunden bleiben müssen, um die hohe Bewertung über Umsätze in dieser Zeit zu rechtfertigen. Solche Entwicklungen machten wiederum den Neueinstieg äußerst attraktiv, mit der Folge, dass zahlreiche neue Internet-Start-ups an die Börse drängten und dies mit immer neuen Geschäftsideen.

Mittlerweile setzt sich zunehmend die Erkenntnis durch, dass auch Internetunternehmen „irgendwann Geld verdienen müssen" (Evans/Wurster 1999, S. 82f.). Besonders deutlich wurde dies während des Crashs von Internetwerten im April 2000. Zahlreiche Unternehmen kämpfen seitdem ums Überleben bzw. sind nicht mehr am Markt aktiv (Bulkeley/Carlton 2000). Dies gilt sowohl für neue Internet-Start-ups als auch für Unternehmen der Old-Economy, die über das Internet ein profitables Zusatzgeschäft erwarten oder sich komplett auf den elektronischen Handel ausrichten. Hierbei stellt sich die Frage nach dem Business- und dem Revenue-Modell.

Das Business-Modell ist die Konfiguration eines Austauschprozesses, mit dem Ziel, (neue) Geschäftsmöglichkeiten zu erschließen. Gegenstand des Business-Modells ist die Geschäftsidee und ein detaillierter Geschäftsplan. Den E-Business-Unternehmen liegt eine Vielzahl von Business-Modellen zugrunde: Portale, Such- und Metaindizes, e-Hubs, Shopping Robots, Auktionen/Reverse Auctions oder Marktplätze. Teilweise sind die Geschäftsmodelle aus der Old Economy übernommen und an die Besonderheiten des E-Business angepasst. Es existieren aber auch echte Innovationen, wie beispielsweise die Gründung und der Betrieb von e-Hubs. Dies sind Online-Handelsplattformen vor allem im Business-to-Business-Bereich, an denen mehrere Anbieter und Käufer einer Branche teilnehmen. Sie sind durch eine Mitgliedschaft zum Kauf oder Verkauf der angebotenen Waren berechtigt. Derartige Marktplätze im Internet haben inzwischen in nahezu allen Branchen Einzug gehalten. Die bekannteste Handelsplattform im Beschaffungsbereich wurde von DaimlerChrysler, GeneralMotors und Ford geschaffen und soll den Unternehmen Kostenreduzierungen in Milliardenhöhe ermöglichen.

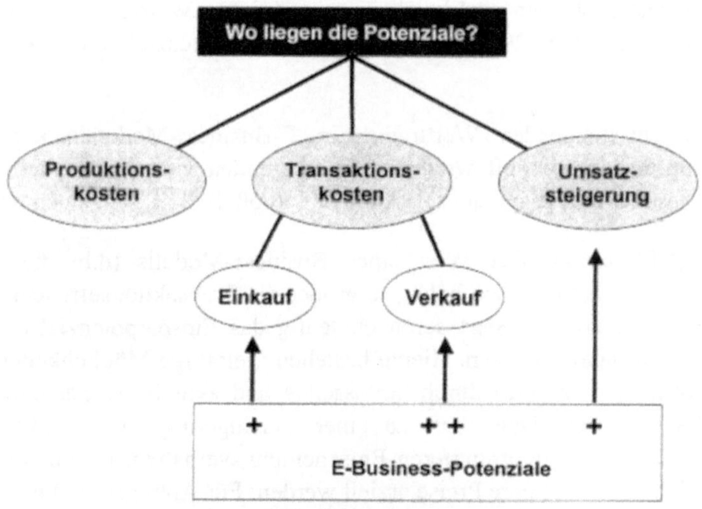

Abb. 2: Potenziale im E-Business

Das Revenue-Modell setzt darauf auf und definiert den Weg, wie durch ein Business-Modell Umsätze und Erträge generiert werden. Während der Blick der Börse lange Zeit primär auf dem Business-Modell lag, verschiebt sich die Perspektive zunehmend auf das Revenue-Modell. Unternehmen müssen ihre Gewinnstrategien klar darlegen. Ein Revenue-Modell erzielt tendenziell dann einen positiven Kapitalwert, wenn die spezifischen Potenziale von E-Business bezogen auf Umsatz und Kosten ausgeschöpft werden (vgl. Abb. 2). Hier muss auch das komplexe Thema des Pricing mit besonderer Sorgfalt angewandt werden. Neue Preisgestaltungsmöglichkeiten dürfen nicht das eigentliche Geschäftsziel verdrängen, nämlich Gewinne zu erwirtschaften. In der Tat führen Eingangsinvestitionen und Marketingausgaben zu hohen Anfangsverlusten, die aber strukturell nicht von dauerhafter Natur sein dürfen. Das beste Business-Modell ist nur dann erfolgreich, wenn langfristig ein Überschuss erzielt wird. Insofern ist es bedeutsam, dass Gewinnmargen erzielt, Neukunden akquiriert und diese an das Unternehmen gebunden werden. Hierzu zählt auch die Bildung einer hohen Markenbekanntheit und ein intensives One-to-One-Marketing.

3.2 *Werttreiber im E-Business*

Die Hauptpotenziale liegen in einer Umsatzsteigerung und in der Reduktion der Transaktionskosten. Zusätzliche Umsätze resultieren aus der Erschließung neuer Zielgruppen in neuen Märkten, der Demonopolisierung und aus dem Anreiz der Reverse Economy. Transaktionskosten können sinken aufgrund der hohen Markttransparanz, bei Ausschöpfung von Economies of Scale und Scope sowie aufgrund von Dis-Intermediation. Heute liegt der Anteil der zwischen- und innerbetrieblichen Transaktionskosten an der volkswirtschaftlichen Wertschöpfung bei ca. 60 Prozent (vgl. Picot 2000, S. 29), was die hohen Einsparpotenziale durch E-Business verdeutlicht.

Durch welche entscheidenden Werttreiber in E-Business-Modellen können die Potenziale optimal ausgeschöpft werden? Den folgenden vier Werttreibern kommt dabei eine besondere Bedeutung zu (vgl. Amit/Zott 2000, S. 21ff., vgl. auch Abb. 3):

- **Effizienz (Efficiency):** Der Wert eines Business-Modells (d.h. die Chance, Gewinne zu erzielen) ist umso höher, je größer die Transaktionseffizienz ist. Der Werttreiber Effizienz adressiert damit eindeutig das Einsparpotenzial durch Reduktion der Transaktionskosten. Hierzu bestehen vielfältige Möglichkeiten. Informationsasymmetrien können durch umfassende und aktuelle Kundeninformationen abgebaut werden. Dies führt zu einer Verringerung der Suchkosten der Kunden und zu einem informierteren Entscheidungsverhalten. Durch Nachfragebündelung können günstigere Preise erzielt werden. Für Anbieter ist dies ebenfalls vorteilhaft, denn sie profitieren von optimierten Transaktionsprozessen und niedrigen Beschwerderaten. Beim Anbieter Autobytel.com erhalten Kunden umfassende Informationen und werden zu einer geeigneten Produktentscheidung hingeführt.

Hat sich ein Kunde für eine Marke und ein Modell entschieden, wird diese Information an den nächstgelegenen Händler weitergeleitet, der dann zeitnah ein Angebot unterbreiten kann. Transaktionskosten werden dadurch auf Käufer- und Verkäuferseite reduziert.

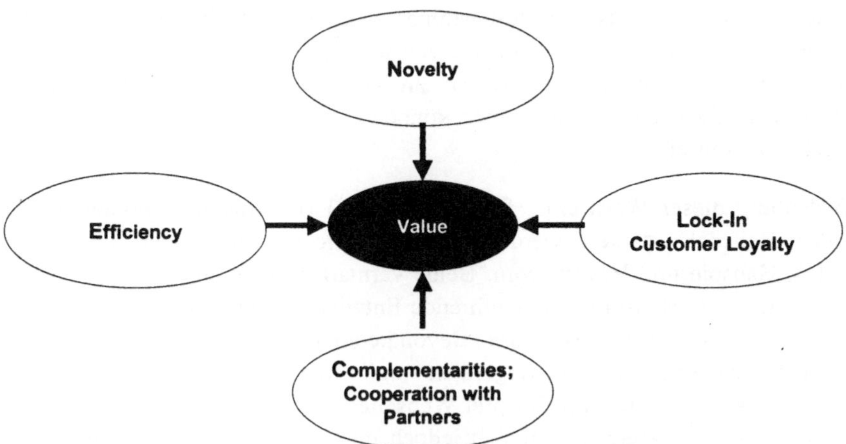

Abb. 3: Werttreiber von E-Business Modellen

- **Angebot von Komplementärprodukten (Complementarities):** Vielfach bewerten Kunden ein Produktangebot höher, wenn sie gleichzeitig ein Produkt eines anderen Anbieters erhalten. So bietet zum Beispiel E-bookers, ein europäischer Reiseveranstalter, neben dem originären Geschäft der Reisevermittlung zusätzlich zahlreiche Services, wie Wetterinformationen, Wechselkursinformationen sowie die Möglichkeit des Erwerbs spezieller Produkte, wie Mosquitonetze oder Sonnencreme über Travelcamel.com oder Informationen über verspätete Flüge per SMS. Das Angebot dieser Komplementärprodukte wird in der Regel über Partnermodelle realisiert. Teilweise werden auch Online-Angebote durch Offline-Services, wie After-Sales-Service oder Umtauschmöglichkeit in realen Niederlassungen ergänzt.

- **Kundenbindung (Lock-In):** Ein weiterer Werttreiber von Business-Modellen ist das Ausmaß an Kundenbindung, das potenziell erzielt werden kann. Der Wert eines Business-Modells steigt dabei mit der Wahrscheinlichkeit, dass Kunden zu einer hohen Wiederkaufrate motiviert werden können. Diese ist dann hoch, wenn Kunden Vertrauen zu einem Anbieter entwickeln, die Internetseite individualisiert wurde und einen hohen Bekanntheitsgrad erzielt, eine kritische Masse an Nutzern erreicht wurde und sich das Produkt oder die Dienstleistung zum Wiederkauf eignet. So steigt zum Beispiel in der virtuellen Community Fortunecity der Nutzen der Teilnehmer mit der Gesamtzahl an Teilnehmern, mit denen sie interagieren können.

- **Neuartigkeit (Novelty):** Business-Modelle, die selbst innovativ sind, eliminieren oft Ineffizienzen in Austauschbeziehungen, so dass sie häufig werthaltig sind. Innovative Business-Modelle haben daher eine größere Chance erfolgreich zu sein, als die reine Übertragung von Ideen aus der Old-Economy in die virtuelle Welt. Beispiele für innovative Modelle sind eBay und Priceline.com. EBay führte als erstes Unternehmen customer-to-customer-Auktionen ein, in denen auch geringwertige Güter zwischen Kunden gehandelt werden können. Priceline.com steht für Reverse-market-Auktionen, bei denen ein Kunde ein verbindliches Preisangebot für ein Produkt macht. Unternehmen können entscheiden, ob sie für dieses Preisangebot verkaufen.

Die Bedeutung dieser Werttreiber für das Potenzial von Business-Modellen soll an folgenden Beispiel erläutert werden. Wir vergleichen die beiden Unternehmen Lernout & Hauspie und Beyond.com. Beide vermarkten Computersoftware über das Internet. Lernout & Hauspie ist der führende Entwickler und Anbieter von Spracherkennungs- und Übersetzungssoftware. Beyond.com ist spezialisiert auf den Handel mit Software, Computerperipheriegeräten und -literatur, Geschenken sowie E-Commerce-Lösungen, wie zum Beispiel Webseiten-Erstellung. Die Geschäftsmodelle der beiden Anbieter unterscheiden sich jedoch maßgeblich, was zu der in Tabelle 2 dargestellten Bewertung führt.

Werttreiber	Lernout & Hauspie´s Business-Modell	Beyond.com´s Business-Modell
1. Effizienz	Mittel	Hoch
2. Komplementärprodukte	Wenig	Viel
3. Kundenbindung	Gering	Mittel bis hoch
4. Neuartigkeit	Gering bis mittel	Hoch
Gesamtbewertung	**=> Geringes Potenzial zur Werterzielung**	**=> Hohes Potenzial zur Werterzielung**

**Tab. 2: Werterzielungspotenzial von zwei E-Commerce Business-Modellen
Quelle: In Anlehnung an Amit/Zott 2000, S. 50.**

Zu Lernout & Hauspie´s Kunden zählen Privatpersonen, Firmenkunden und Weiterbildungsinstitutionen. Sie treffen ihre Kaufentscheidung auf der L&H-Internetseite. Der Auftrag wird von dort direkt an eine Firma namens Digital River weitergeleitet, die dann die Softwarelieferung (per Download oder auf Datenträger) und das Inkasso übernimmt. Das Ausmaß an Neuartigkeit dieses Business-Modells ist relativ gering, da sich Lernout & Hauspie auf seine Kernkompetenzen der Produktentwicklung konzentriert und die Distribution über einen anderen Anbieter abwickelt. Kundenbindung wird ausschließlich über das Produkt selbst, nicht jedoch über das Business-Modell an sich generiert. Des Weiteren werden nur wenig Komplementärprodukte angeboten. Es wird deutlich, dass lediglich die konventionelle Wertschöpfungskette in ein E-Commerce-Business-Modell überführt wurde. Dennoch ist das Modell effizienter als das konventionelle Verkaufsmodell, denn Downloadzeiten werden verkürzt und Kunden können weltweit angesprochen werden.

Beyond.com ist ein reiner Internet-Softwarehändler und positioniert sich als unabhängiger Mittler zwischen Anbieter und Kunde. Das Business-Modell ermöglicht Kunden ein einfaches Downloaden der gewünschten Software. Hierzu wurden Lizenzabkommen mit über 350 Softwareanbietern geschlossen. Beyond.com wurde 1994 gegründet und war damals der First Mover mit der Idee des Internet-Softwarehändlers. Das Ausmaß an Neuartigkeit des Business-Modells war somit hoch. Eine hohe Kundenbindung bzw. Wiederkaufrate wird durch das Modell über spezielle Features, wie Produktbeurteilungen aus Kundensicht und individualisierbare Internetseiten unterstützt. Die hohe Markenbekanntheit und der Unabhängigkeitsstatus bilden zusätzlich Vertrauen und stärken die Kundenbindung. Zusätzlich gehört eine Vielzahl an Komplementärprodukten und Services wie Handbücher, Web page-Management, Software maintenance und Updates etc. zum Angebot. Schließlich erreicht das Business-Modell eine hohe Effizienz, da Lagerhaltung nicht erforderlich ist, wenige Vermögensgegenstände vorhanden sind und der Online-Versand keine Transportkosten verursacht. Zusätzlich erlangen Kunden Vorteile durch schnellen Erhalt der Software, einen einfachen Kaufprozess, umfassende Produktinformationen und effiziente Suchhilfen. Softwareanbieter versprechen sich ebenso Vorteile, da Beyond.com für sie ein zusätzlicher Vertriebskanal ist. Außerdem erhalten sie Kundeninformationen, die sie für gezielte Direktmarketingaktionen einsetzen können.

Diese Analyse bedeutet nicht, dass Lernout & Hauspie ein wenig erfolgreiches Unternehmen ist. Die Marktkapitalisierung betrug Ende 1999 immerhin ca. 2,3 Mrd. US$. Es werden aber Hinweise gegeben, dass die Wertschöpfung hauptsächlich auf gute Produkte und weniger auf die Konstruktion des Business-Modells zurückgeführt werden kann (Amit/Zott 2000, S. 37). Das Business-Modell von Beyond.com verfügt über ein höheres Werterzielungspotenzial als Lernout & Hauspie.

4 Aktionsfelder in der Wettbewerbsstrategie und strategische Einsichten

Aus den dargestellten Überlegungen können verschiedene strategische Aktionsfelder und Einsichten abgeleitet werden. Diese sind im Folgenden thesenartig zusammengefasst:

1. Die Bedeutung gewinnorientierter Revenue-Modelle steigt

Der Erfolg von Unternehmen, die im E-Business agieren, hängt maßgeblich von dem Business-Modell ab. Wichtiger als ein innovatives Business-Modell ist allerdings ein

58

gewinnorientiertes Revenue-Modell. Nur die Unternehmen, bei denen der Business-Plan auch Gewinnaussichten verspricht, können langfristig erfolgreich sein. Entscheidend ist, dass entweder zusätzliche Umsätze generiert werden oder Kosten, insbesondere Transaktionskosten, eingespart werden. Zentrale Werttreiber sind hier die Effizienz, das Angebot von Komplementärprodukten, eine hohe Kundenbindung und der Grad an Neuartigkeit des Business-Modells.

2. Die Zeit ist in der New Economy eine bedeutendere Erfolgsdeterminante als in der Old-Economy

Manager von Internetfirmen weisen immer wieder auf den Erfolgsfaktor Schnelligkeit oder Zeit hin. Dabei kommt es auf die Schnelligkeit neuer Ideen, Schnelligkeit bei der Umsetzung dieser Ideen, Schnelligkeit bei der Anpassung auf Wettbewerberaktionen und Schnelligkeit bei der Anpassung an neue Kundenanforderungen an. Die Dynamik der Internetbranche führt zu einem harten Zeitwettbewerb. Intensiv ausgearbeitete Strategiekonzepte werden zunehmend abgelöst durch sogenannte „Launch & Learn"-Ansätze, bei denen die Strategie einem dynamischen Erstellungsprozess unterworfen ist und im Zuge der Implementierung permanent erweitert, angepasst und verfeinert wird. Die „Richtigkeit" oder Zweckmäßigkeit einer Strategie muss daher permanent hinterfragt werden. Langfristige Strategien rücken in den Hintergrund, da neue Ereignisse möglicherweise ein komplettes Umdenken erfordern. Wettbewerbsstrategie wird damit zu einer Aufgabe, die die Manager täglich begleitet. Daher gilt: „Strategy follows E-Business" statt „E-Business follows Strategy".

3. First Mover haben Vorteile gegenüber Imitatoren. Grund: hoher Bekanntheitsgrad

In der Old Economy kann nicht belegt werden, dass First Mover oder Imitatoren erfolgreicher agieren. Viele Beispiele zeigen die Vorteile des einen oder des anderen Modells. Dies wird auch durch wissenschaftliche Studien belegt. Umgekehrt deuten zahlreiche Beispiele in der New Economy auf den Erfolg von Marktpionieren hin. Gründe liegen in der hohen Aufmerksamkeit von potenziellen Kunden, Marktpartnern und Investoren bezüglich neuer Geschäftsideen im Internet, was letztlich zu einer hohen Markenbekanntheit führt. Amazon.com, der Marktpionier im Bücherhandel über das Internet, hat mit Abstand den größten weltweiten Bekanntheitsgrad.

Die Markenbekanntheit ist im Internet wahrscheinlich noch bedeutsamer als in der realen Welt. Nur wenn ein Kunde ein E-Business-Unternehmen kennt, wird er entsprechende Produkte und Dienstleistungen in Anspruch nehmen. Gegenwärtig ist festzustellen, dass – abgesehen von wenigen Ausnahmen - keine echten innovativen Business-Modelle mehr auf den Markt kommen. Die meisten Ideen, wie Portale, Auktionen, Suchmaschinen und Marktplätze scheinen bereits am Markt realisiert zu sein.

Auch die aufgeführten Werttreiber Effizienz, Angebot von Komplementärprodukten, hohe Kundenbindung und Grad an Neuartigkeit des Business-Modells, können wesentlich leichter durch Marktpioniere positiv ausgeschöpft werden. Neue Anbieter gehen in Marktnischen oder kopieren bereits vorhandene Modelle. Den großen Erfolg erzielen aber nur die Pioniere.

4. Kooperationspartner werden zum Engpass

Wir haben das Angebot von Komplementärprodukten als einen Werttreiber von Business-Modellen identifiziert. Diese Komplementärprodukte, aber auch andere Dienstleistungen, werden häufig von Kooperationspartnern erbracht. Allerdings erhalten zum Beispiel Unternehmen im Verkehrs- und Dienstleistungsbereich täglich mehrere Anfragen von Start-ups bezüglich Lieferung und Kooperation. Das führt dazu, dass diese Unternehmen die einzelnen Angebote nur noch einer Schnellprüfung unterziehen und häufig für eine Kooperation nicht zur Verfügung stehen, da bereits Verträge mit anderen Start-ups geschlossen wurden (vgl. Simon 2000). Für neue Unternehmen wird es daher immer schwerer, geeignete Kooperationspartner zu finden.

5. Unternehmen der Old-Economy treffen häufig eine Entscheidung zum Einstieg in das E-Business

Natürlich sehen etablierte Unternehmen die Chancen und Potenziale des E-Business und treffen häufig eine Entscheidung zum Einstieg in das E-Business (vgl. Pohl/Litfin/Wilger, 2000). Es besteht die Tendenz, keine neuen Intermediates in bestehende Wertketten einsteigen zu lassen (vgl. Simon 2000). So eröffnen beispielsweise verschiedene Handelsriese wie Carrefour oder Wal-Mart eigene E-Stores im Internet mit breitem Produktsortiment und zahlreichen Services, wie Umtauschmöglichkeit im realen Geschäft, persönliche Einkaufsliste sowie Erinnerungskalender.

6. Die traditionelle Wertschöpfungskette geht in eine virtuelle über

E-Business ermöglicht Unternehmen eine stärkere Konzentration auf ihre Kernkompetenzen. Geschäftsprozesse können unternehmensübergreifend durch IuK-Technologien optimiert werden. Außerdem erfolgt eine stärkere Verknüpfung mit Lieferanten, Handel und Kunden, d.h. externe Transaktionspartner werden zunehmend in die Aktivitäten eines Unternehmens integriert (vgl. Weiber/McLachlan 2000, Weiber/Kollmann 1998). Beispiele hierfür sind On-demand-Beschaffung, Koordination mit der F&E von externen Partnern, Produktion-on-demand sowie sämtliche Formen des Vertriebs und des Marketings.

7. Die Individualisierung der Angebote wird zunehmen

Das Internet eröffnet zahlreiche Möglichkeiten des One-to-One-Marketing. Mit relativ geringem Aufwand können Angebote auf die individuellen Kundenbedürfnisse ausgerichtet werden. Basis hierfür sind die Möglichkeiten des Informationsaustausches zwischen Anbieter und Kunde, verbesserte Möglichkeiten der Marktsegmentierung und deutlich geringere Transaktionskosten im E-Commerce (Simon/Schumann 2000). Dies wird besonders bei der Produkt- und Preisgestaltung deutlich. Produkte wie PCs, Bücher, CDs etc. werden kundenindividuell erstellt. Über verschiedene Preisformen wie Auktionen, Preisangebote der Kunden etc. wird eine maximale Individualisierung erreicht, womit die Konsumentenrente stärker als in der realen Welt ausgeschöpft wird.

8. Wettbewerbsstrategien müssen zunehmend den Trend zum M-Commerce berücksichtigen

Bislang ist die mobile Datenübertragung nur eingeschränkt möglich. Die mobilen Datenübertragungsraten sind deutlich langsamer als über den festnetzgebundenen ISDN- oder Modemanschluss. SMS und WAP erlauben zwar einfache Formen der Datenkommunikation und der Nutzung von speziellen Angeboten im Internet, aber der Kundennutzen ist noch relativ gering. Grund sind die langsamen Datenübertragungsraten, das beschränkte Angebot von WAP-fähigen Internetseiten und die schlechte Lesbarkeit über kleine Displays.

Diese zentralen Schwächen werden jedoch in naher Zukunft ausgeräumt werden. Über neue Übertragungstechnologien wie GPRS (General Packet Radio Service) oder den neuen Mobilfunkstandard UMTS werden die Datenübertragungsraten deutlich erhöht, im Falle von UMTS sogar über die heutigen ISDN-Übertragungsgeschwindigkeiten hinaus. Des Weiteren entwickeln die Endgerätehersteller Handys, die sich komplett auf die mobile Internetnutzung ausrichten. Durch die Möglichkeit der Kundenlokalisierung in Mobilfunknetzen wird es möglich sein, standortrelevante Services und damit personalisierte E-Commerce-Dienstleistungen anzubieten.

Aufgrund der permanent ansteigenden Marktpenetration von Mobilfunkgeräten, wird der Trend zum sogenannten M-Commerce anhalten. Anbieter müssen im Rahmen der Wettbewerbsstrategie diesen Trend und das damit verbundene Marktpotenzial berücksichtigen. Insbesondere ist zu klären, inwieweit der Besonderheit der mobilen Nutzung seitens des Kunden Rechnung getragen werden kann. Sicherlich werden die Anbieter Wettbewerbsvorteile erzielen, die Angebote mit einem „echten, mobilitätsorientierten" Mehrwert liefern können. So hat sicherlich ein Anbieter Vorteile, dem es zum Beispiel gelingt, einem Handynutzer das aktuelle Mittagsmenu eines Restaurants in der Nähe seines aktuellen Aufenthaltsortes zuzusenden.

9. Das Unternehmen sollte auch bei der Zielgruppe der Investoren positioniert werden: Börsenmarketing gewinnt an Wichtigkeit!

Neben der in diesem Beitrag diskutierten Wettbewerbsstrategie, die die Marktpartner Unternehmen, Lieferanten, Kunden und Zwischenhändler berücksichtigt, gewinnt die Zielgruppe der Investoren an Wichtigkeit. Diese werden im Rahmen des Börsenmarketing angesprochen. Hintergrund ist die Tatsache, dass erfolgreiche E-Business-Unternehmen sowohl in ihrem originären Geschäft als auch an der Börse erfolgreich agieren müssen. Dies gilt insbesondere für den IPO. Hauptsächlich sind institutionelle und private Investoren sowie Börsenanalysten von Kreditinstituten und Investmentbanken zu berücksichtigen. Neben Investoren und Analysten, der sog. financial community sind aber auch Kunden, Geschäfts- oder Kooperationspartner, Kreditgeber sowie die eigenen Mitarbeiter zu informieren. Auch die Medien bilden eine eigene Zielgruppe.

Das Börsenmarketing beinhaltet die aus dem klassischen Marketing-Mix bekannten Instrumente; im Rahmen der Produktpolitik werden z. B. die Aktiengattung und die Anzahl der zu emittierenden Anteile festgelegt, während die Vertriebspolitik vor allem die Bestimmung des Börsensegmentes umfasst. Die Preispolitik besteht im Kern aus der Ermittlung der Bookbuilding-Spanne, aber es kommen auch Instrumente der Preisdifferenzierung, wie z. B. personenbezogene (private vs. institutionelle Anleger) oder zeitbezogene Differenzierung (Frühzeichnerrabatte, Treueprämien zur Kundenbindung) zur Anwendung. Die Kommunikationspolitik beinhaltet die Definition der Kommunikationsinhalte und die Bestimmung der Kommunikationsmedien (vgl. Simon/Pohl/Tesch 2000).

10. „Wissen" wird zur entscheidenden Ressource der virtuellen Wertschöpfung

Wissen unterscheidet sich von klassischen Produktionsfaktoren wie Arbeit, Rohstoffe und Kapital. Während diese im Prozess verbraucht werden, ist Wissen eine Ressource, die sich nicht erschöpft, sondern durch ihren Verbrauch sogar noch vermehrt wird. (vgl. Klotz 2000). Dies wirft die Frage auf, inwieweit klassische Gesetzmäßigkeiten der Produktion noch Gültigkeit haben. Betrachtet man Softwareprodukte, so ist die Erstellung durch immensen Wissensinput gekennzeichnet. Allerdings erreichen kleine Entwicklungsteams häufig eine höhere Arbeitseffizienz als große Teams. Es wird sogar gesagt, wenn ein Softwareentwicklungsprojekt in Verzug gerät, führt der Einsatz von weiteren Mitarbeitern zu noch größerer Verspätung. Es besteht also nicht notwendigerweise ein positiver Zusammenhang zwischen Produktionsinput und Output. Ein weiteres Beispiel ist der Service „Books on Demand". Hierbei werden Bücher nicht in hohen Stückzahlen auf Lager produziert, sondern erst nach der Kundenbestellung als individuelles Einzelexemplar gedruckt. Diese Vorgehensweise führt in der Produktion nicht zu höheren Kosten. Umgekehrt werden sogar Kosten in Lagerhaltung und Logistik eingespart. Das klassische Gesetz sinkender Stückkosten bei steigender Produktionsmenge oder der Erfahrungskurveneffekt verlieren in der Wissensgesellschaft daher teilweise ihre Gültigkeit.

Auch der Preis für ein Wissensprodukt, also einer Information, der am Markt erzielt wird, hängt nicht von der aufgewendeten Arbeitszeit ab, sondern von der Exklusivität, die sie für eine bestimmte Zeit besitzt. Hier schließt sich wieder der Kreis zum Zeitwettbewerb, denn es ist entscheidend, über Content zu verfügen, für den die Kunden bereit sind, etwas zu bezahlen und den es nicht woanders bereits kostenlos gibt. Dieses Problem wird zum Beispiel in der Verkehrstelematik offenkundig. Die Qualität der Stauinformationen von Tegaron, Mannesmann Passo oder OnStar übertreffen in Deutschland nur wenig die kostenlosen Verkehrsinformationen über den Traffic Message Channel im Rundfunk. Insofern gibt es nur wenig Kunden, die bereit sind, für diesen Dienst etwas zu bezahlen.

Die hohe Bedeutung des Faktors Wissen führt daher zu einem Wettbewerb um Mitarbeiter. Sie werden zum wichtigsten Gut eines Unternehmens. Methoden der Mitarbeiterbindung werden damit Bestandteil der Unternehmensstrategie. Die Unternehmen, die auch die Top-Manager in ihren Reihen haben, werden die zukünftigen Herausforderungen erfolgreich angehen.

Literaturverzeichnis

Albers, S./Clement, M./Skiera, B. (1999): Entwicklung des Distributionsmediums: Wie sollen die Produkte vertrieben werden? – Distributionspolitik, in: Albers, S./Clement, M./Peters, K./Skiera, B. (Hrsg.): eCommerce: Einstieg, Strategie und Umsetzung im Unternehmen, Frankfurt am Main 1999.

Amit, R./Zott, C. (2000): Value Drivers of E-Commerce Business Models, Working Paper, The Wharton School/University of Pennsylvania und INSEAD.

Bulkeley, W. M./Carlton, J. (2000): E-Tail Gets Derailed: Foibles of Online Selling, in: The Wall Street Journal Europe vom 6. April 2000.

Evans, P./Wurster, T. S. (2000): E-Commerce: Jetzt geht es ums Geld verdienen, in: Harvard Business manager, 3/2000, S. 82-94.

Klotz, U. (2000): Die Neue Ökonomie, in: Frankfurter Allgemeine Zeitung vom 25.4.2000, S. 31.

Prahalad, C.K./Hamel, G. (1990): The core competence of the corporation, in: Harvard Business Review, Vol. 68, S. 68-79.

Picot, A. (2000): Die Transformation der Wirtschaft in der Informationsgesellschaft, in: Frankfurter Allgemeine Zeitung vom 24.2.2000, S. 29.

Pohl, A./Litfin, T./Wilger, G. (2000): Marktauftritt Internet, in: Weiber, R. (Hrsg.): Herausforderung Electronic Business, Wiesbaden 2000, S. 170ff. (im Druck)

Porter, M. E. (1980): Competitive Strategy, New York 1980.

Simon, H. (2000): E-Business: Skepsis für Start-ups, Boom der Großen, Thesenpapier, Simon ♦ Kucher & Partners 2000.

Simon, H./Pohl, A./Tesch, A. (2000): Börse: Die neue Marketingfront, in: Frankfurter Allgemeine Zeitung (im Druck).

Simon, H./Schumann, H. (2000): Pricing Opportunities In the Digital Age, in: The Journal of Professional Pricing, Vol. 9 (2000), No. 2, S. 7-14.

Stetter, F./von den Hoff, Klaus (2000): Viele Firmen überschätzen die Chancen des Internets. in: Financial Times Deutschland, Ausg. v. 23.02.2000, S. 39.

Weiber, R. (2000): Herausforderung Electronic Business: Mit dem Informations-Dreisprung zu Wettbewerbsvorteilen auf den Märkten der Zukunft, in: Weiber, R. (Hrsg.): Herausforderung Electronic Business, Wiesbaden 2000, S. 1-35. (im Druck)

Weiber, R./Kollmann, T. (1998): Competitive Advantages in Virtual Markets – Perspectives of Informations-based Marketing in Cyberspace, in: European Journal of Marketing, Vol. 32 (1998), No. 7/8, S. 603-615.

Weiber, R./McLachlan, C. (2000): Wettbewerbsvorteile im Electronic Business, in: Weiber, R. (Hrsg.): Herausforderung Electronic Business, Wiesbaden 2000. (im Druck)

Yoffie, D. E./Cusumano, M. A. (1999): Judo Strategy: The competitive dynamics of internet time, in: Harvard Business Review, Vol. 77 (1999), S. 70-81.

E-Business Support Center als Katalysatoren des Wandels

Dr. Petra Hirschmann,
BASF Aktiengesellschaft, Ludwigshafen
Prof. Dr. Hans-Gerd Servatius,
PricewaterhouseCoopers Unternehmensberatung GmbH,
Düsseldorf

Inhalt

1 Einleitung

Wir erläutern zunächst die Entwicklungsstufen des Electronic Business und gehen dann der Frage nach, wie sich traditionelle Unternehmen für die New Economy fit machen können. Auf dieser Grundlage skizzieren wir die E-Business-Aktivitäten der BASF.

Zur Koordination dieser Aktivitäten entsteht dort ein E-Business Support Center, das sich als Katalysator des Wandels versteht. Wir beschreiben die von Pricewaterhouse-Coopers entwickelte E-Speed-Methodik als konzeptionellen Rahmen für diese Koordinationstätigkeit. Eine zentrale Herausforderung bei dieser Tätigkeit ist es, im Rahmen einer gelenkten Selbstorganisation die richtige Balance zwischen Ordnung und Chaos zu finden. Wichtige Impulse gehen dabei von der **neuen Theorie komplexer adaptiver Systeme** aus.[1, 2, 3, 4]

2 Entwicklungsstufen des E-Business

Das **Electronic Business** wird in den nächsten Jahren die Wirtschaft ähnlich nachhaltig verändern wie es die industrielle Revolution getan hat, allerdings mit dem Unterschied, daß der gegenwärtige Wandel in E-Speed abläuft. Die **schnelle Evolution** der Old Economy zur New Economy erfolgt in vielen Unternehmen und Branchen in vier idealtypischen **Entwicklungsstufen**.[5] Diese „Momentaufnahmen des Wandels", die in **Abb. 1** dargestellt sind, überlappen sich häufig, manche Unternehmen agieren auf mehreren Stufen gleichzeitig oder überspringen sogar eine einzelne Stufe. Wir bezeichnen die Entwicklungsstufen als

- Erweiterung der Absatz- und Beschaffungskanäle (Channel Enhancement)
- Integration der Wertschöpfung (Value Chain Integration)
- Transformation der Branche (Industry Transformation) und
- Branchen-Konvergenz (Convergence)

Diese Stufen wirken als Auslöser und Treiber von strategisch-organisatorischen Veränderungen. Von Stufe zu Stufe nehmen die **Hebelwirkung** des E-Business und damit das **Potenzial zur Wertsteigerung** der beteiligten Unternehmen zu.

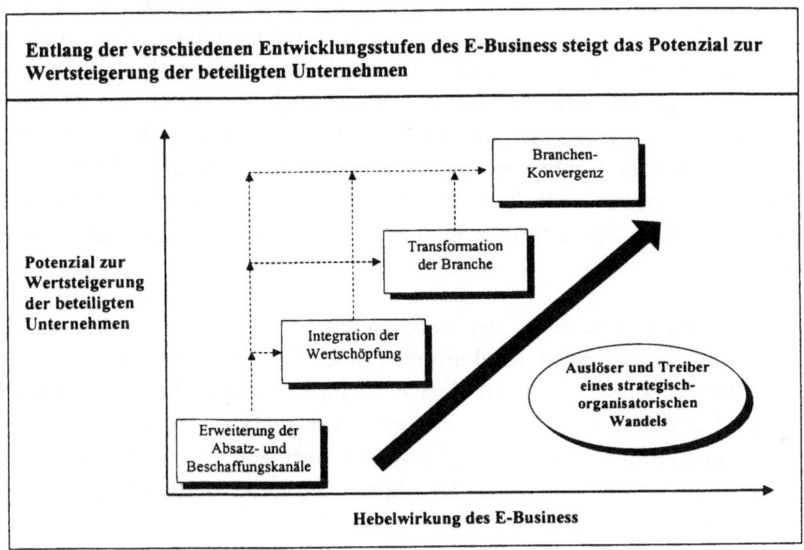

Abb. 1: Entwicklungsstufen des E-Business

Im Rahmen des **Channel Enhancements** nutzt das Unternehmen E-Commerce und E-Procurement zur Erweiterung seiner Absatz- und Beschaffungskanäle. Die **Value Chain Integration** führt zu einer elektronischen Vernetzung mit den Wertschöpfungspartnern. Neue Geschäftsmodelle ermöglichen eine **Industry Transformation** im Sinne einer grundlegenden Neugestaltung der Spielregeln und Erfolgsfaktoren innerhalb einer Branche. Und schließlich können, wie z. B. in der Telekommunikations- und Medienbranche, die traditionellen Grenzen verschwinden und verschiedene Industrien zusammenwachsen (**Convergence**).

Im Zuge einer schnellen Evolution entsteht eine große Vielzahl von **E-Markets** oder **Value Added Communities (VACs)**, auf denen die Akteure Güter und zunehmend auch Wissen austauschen. Bei diesen Communities unterscheidet man zwischen

- branchenspezifischen, **vertikalen Marktplätzen**, auf denen die Zusammenarbeit zwischen Unternehmen einer Branche neu gestaltet wird und

- branchenübergreifenden, **horizontalen Marktplätzen**, auf denen Unternehmen aus verschiedenen Branchen ihre Transaktionen abwickeln.

Durch Konsolidierung können aus den VACs **Meta Markets** entstehen, auf denen eine Integration verschiedener Marktplatz-Aktivitäten stattfindet. Umgekehrt werden sich einige der schnell entstandenen heterogenen Marktplätze ausdifferenzieren und **Nischen** bilden. Insgesamt entwickelt sich so ein lebendiges **elektronisches Ökosystem** mit neuen Regeln und Verhaltensweisen.

PricewaterhouseCoopers prognostiziert, daß der Gesamtwert der **globalen Marktka-pitalisierung** in den nächsten Jahren dramatisch zunehmen wird. Der wichtigste Auslöser sind dabei die Business to Business-Aktivitäten von traditionellen Unternehmen. Trotz der gegenwärtig ablaufenden Wertkorrekturen wird die „Größe des Kuchens" demnach stark zunehmen und gerade die Old Economy-Akteure haben die Chance, sich von diesem Kuchen ein großes Stück abzuschneiden. Wir bezeichnen dieses Phänomen als **MetaCapitalism** [6] und arbeiten in einem projektbegleitenden Forschungsprogramm an den theoretischen Grundlagen dieses zentralen Elements der New Economy.

Spannend ist die Frage, wie neben der Kooperation auf vertikalen Marktplätzen die Partner, die ja gleichzeitig auch Konkurrenten sind, ihre Wettbewerbsstrategie neu definieren werden. Was sind die Hebel einer **E-Business Coopetition,**[7, 8] also einer gleichzeitigen „Cooperation and Competition", oder anders gefragt: Auf welcher Ebene läuft Kooperation ab, und wo findet Wettbewerb statt? Bei der Beantwortung dieser Fragen helfen Simulationen nach dem **Agent-Based Modeling-Prinzip**, die auf einer Folge von What-if-Analysen aufbauen.[9, 10, 11]

Eines ist sehr wahrscheinlich: Die genaue Kenntnis der Geschäftskunden und End-verbraucher, die guten individuellen Beziehungen zu ihnen und die Gestaltung eines leistungsfähigen **Customer Relationship Managements (CRM)** sind Elemente, die jeder Wettbewerber für sich neben seinen Kooperationsaktivitäten vorantreiben wird.

Am Ende gilt also auch für Meta Markets das Erfolgsrezept, das früher den Krämer um die Ecke auszeichnete: Soziale Kompetenz schlägt den anonymen Verkäufer.

3   E-Change – Fitness-Programme für die New Economy

Für traditionelle Unternehmen stellt sich die Frage, ob sie fit für die New Economy sind [12, 13]. Die Gestaltung eines entsprechenden **Fitness-Programms** gleicht in der Regel einem Mehrkampf-Training, in dem das Unternehmen und seine Mitarbeiter ihre Fähigkeiten weiterentwickeln.[14, 15, 16, 17] Wie in ökologischen Systemen, bei denen man von **Fitness- oder Eignungslandschaften** [18, 19] spricht, müssen Unternehmen versuchen, mit **robusten, adaptiven Strategien** erfolgreiche Evoluti-onspfade zu finden.[20] Am Anfang steht meist die Beantwortung der Fragen, wo das Unternehmen in der Fitness-Landschaft steht, und wie sich diese verändert.[21]

In der New Economy führt der hohe Grad an Vernetzung im Umfeld der Unternehmen zu zerklüfteten Fitness-Landschaften. Gleichzeitig sind in den internationalen Kon-zernen, die den Wandel zum E-Business vollziehen, die internen Einheiten ebenfalls auf vielfältige Weise vernetzt. Eine solche Situation erfordert neue Koordinationsfor-men, die ein gewisses Maß an zentraler Lenkung mit dezentraler Selbstorganisation verbinden.[22] Typisch für ein solches **E-Controlling** im Rahmen einer E-Business-

Programmplanung sind daher **Heterarchien**.[23] Dieses Organisationsprinzip verknüpft die Abhängigkeit in Hierarchien mit der Unabhängigkeit von Ideenmarktplätzen. Das Ergebnis ist Interdependenz, also wechselseitige Verbundenheit. Innovative Unternehmen vertrauen daher zum einen auf die kreative Vielfalt verschiedener Organisationseinheiten, die unterschiedliche E-Business-Modelle ausprobieren. Zum anderen entwickelt ein Steuerungszentrum „Guidelines", an die sich alle Beteiligten halten sollten und bietet Unterstützung beim weltweiten Erfahrungsaustausch. Die wichtigste Aufgabe eines solchen Steuerungszentrums ist es, die Konzeption und Umsetzung eines maßgeschneiderten **Fitness-Programms für die New Economy** voranzutreiben.

Für den Wandel traditioneller Unternehmen zu erfolgreichen E-Business-Unternehmen haben wir den Begriff **E-Change** geprägt. Hiermit beschreiben wir die grundlegenden Veränderungen, vor denen die etablierten Akteure fast aller Branchen stehen, wenn sie im Internet-Zeitalter überleben wollen. E-Change verknüpft verschiedene **Dimensionen des Wandels** [24, 25, 26, 27], wie z. B. (**Abb. 2**)

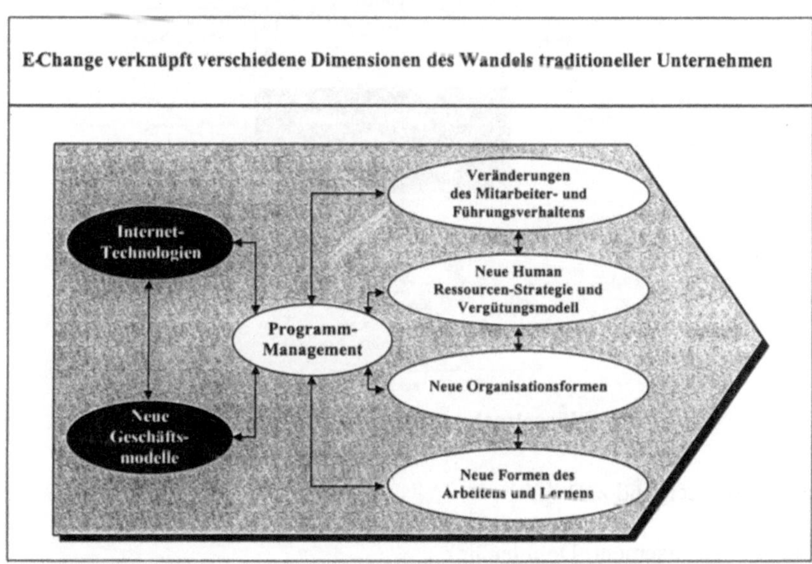

Abb. 2: E-Change

- die Internet-Technologien
- neue Geschäftsmodelle
- die Veränderungen des Mitarbeiter- und Führungsverhaltens
- neue Human Ressourcen-Strategien und Vergütungsmodelle
- neue Organisationsformen und
- neue Formen des Arbeitens und Lernens.

Ein leistungsfähiges **Programm-Management** muss sicherstellen, dass dieser organisatorische und kulturelle Wandel optimal mit dem Potenzial der neuen Geschäftsmodelle synchronisiert ist, das aus den Internet-Technologien resultiert.

Damit die elektronischen Geschäfte funktionieren, müssen eine Reihe von **Funktionen** reibungslos zusammenwirken. Für diese Funktionen haben sich **E-Business-Schlüsseltechnologien** herausgebildet, die von „Enabler Companies" vermarktet werden. Diese Unternehmen, die die Werkzeuge für das E-Business bereitstellen, sind zur Zeit (noch) die eigentlichen Gewinner des Internet-Booms. Wichtige Funktionen und Schlüsseltechnologien sind in **Abb. 3** dargestellt.

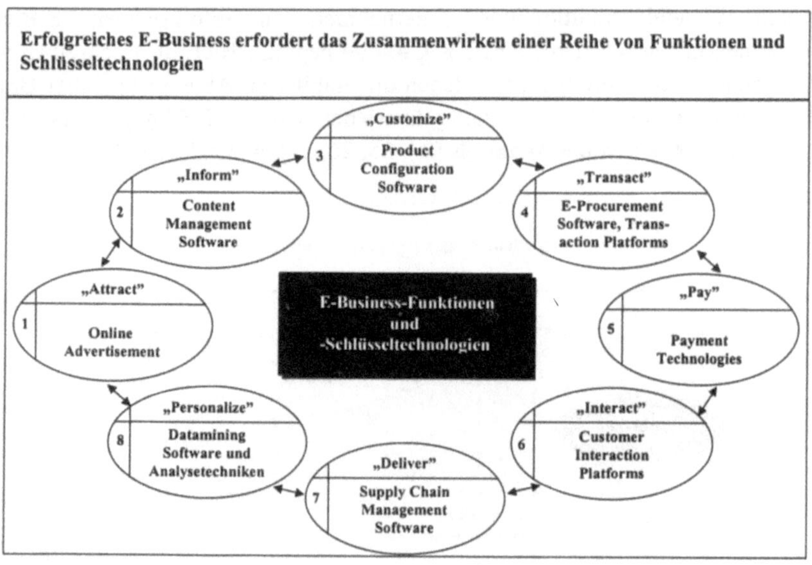

Abb. 3: Schlüsseltechnologien des Electronic Business

Führende Anbieter sind z. B. [28]

- Online Advertisement: DoubleClick

- Content Management Software: Vignette, Poet Software

- Product Configuration Software: Trilogy Software

- E-Procurement Software, Transaction Platforms: Commerce One, Ariba

- Payment Technologies: e.Credit.com

- Customer Interaction Platforms: Siebel

- Supply Chain Management Software: i2 Technologies, Manugistics

- Datamining Software und Analysetechniken: E.piphany.

Die große Herausforderung für Unternehmen beim Aufbau elektronischer Geschäfte liegt in der schnellen Integration dieser Funktionen und Technologien. Im Rahmen einer vernetzten **E-Business-Architektur** sind eine Reihe von informationstechnischen **Anwendungs-Clustern** (Application Cluster) entstanden. Typische Enterprise Applications sind z. B. (**Abb. 4**).[29]

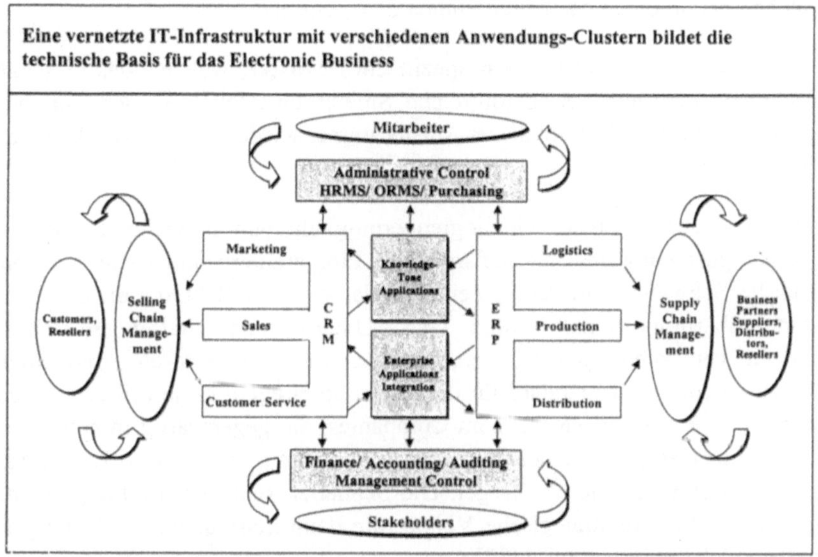

Abb. 4: Integrierte Anwendungs-Cluster

- Enterprise Resource Planning (ERP) und Supply Chain Management (SCM)
- Customer Relationship Management (CRM) und Selling Chain Management
- Operating Resource Management Systems (ORMS) zur Beschaffung über das Internet
- Knowledge Management (KM) und Human Ressource Management Systems (HRMS) sowie
- Enterprise Application Integration (EAI).

Eine solche IT-Infrastruktur bildet die technische Grundlage des Electronic Business. Sie gewährleistet, dass z. B. das zu Hause am PC bestellte Produkt auch tatsächlich nach ein bis zwei Tagen ankommt, ordentlich abgerechnet wird, und das Interessengebiet des Kunden im Gedächtnis des elektronischen Händlers gespeichert wird. Es geht also um weit mehr als die Gestaltung von Web Pages.

Das zentrale Element des Electronic Business ist die **E-Strategy**, deren Grundlage **neue Geschäftsmodelle** bilden. Im allgemeinen beschreibt das Geschäftsmodell, mit dem ein Unternehmen agiert,[30, 31]

- welche Kunden über welche Vertriebswege bedient werden,

- wie die Wertschöpfung aussieht, und wie Gewinn entsteht,

- welche Barrieren zum Schutz der Gewinne errichtet wurden,

- welche Produkte und Dienstleistungen erstellt werden und

- welche Technologien das Unternehmen dabei einsetzt.

Aus diesen Bausteinen entsteht ein spezifisches **Muster**, welches das Geschäft des Unternehmens kennzeichnet. Erfolgreiche Spieler unterscheiden sich von weniger erfolgreichen dadurch, dass sie dieses Muster immer wieder weiterentwickeln und neu gestalten.

Das Potenzial der Internet-Technologien ermöglicht nun in vielen Branchen eine kreative Neugestaltung des Geschäftsmodells. Pionierunternehmen wie Amazon.com oder Charles Schwab profitieren von einem Polarisierungseffekt, der die erfolgreichen Frühstarter überproportional belohnt. Diese Unternehmen schaffen es, sich so im Bewusstsein von potenziellen Kunden, Mitarbeitern und Investoren zu positionieren, dass sie zu einem Quasi-Standard für die neuen Spielregeln im jeweiligen Geschäftsfeld werden. Die zahlreichen Dot.com-Companies, die gegenwärtig in einer Vielzahl von Industrien entstehen, versuchen derartige Innovationsvorteile zu erzielen. Auch in der New Economy gilt die alte Regel: Die Schnellen schlagen die Langsamen. Am Anfang steht dabei die strategische Vision, die dann konsequent in ein innovatives Geschäftsmodell umgesetzt wird.[32]

Der wichtigste Erfolgsfaktor in der neuen Ökonomie ist daher **Business Model Innovation**. Die Grundformen der neuen Geschäftsmodelle des Internet-Zeitalters können wir anhand der folgenden beiden Achsen unterscheiden:

- Integrationsgrad der Wertschöpfung (gering bzw. hoch) und

- Form der wirtschaftlichen Kontrolle (selbstorganisiert bzw. hierarchisch).

Es ergeben sich die in **Abb. 5** dargestellten Geschäftsmodelle [33]:

- elektronischer Marktplatz

- Web-Aggregation

- Web-Integration

- virtuelle Allianz sowie

- verteiltes Netzwerk.

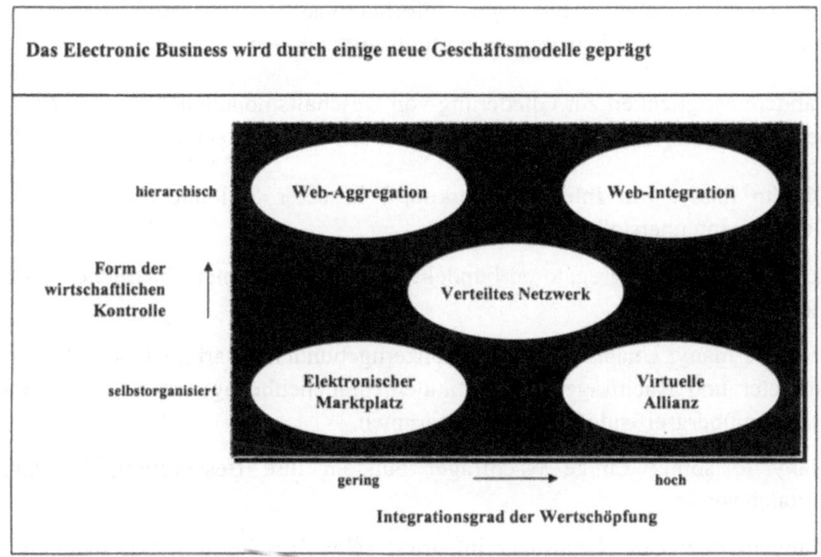

Abb. 5: E-Business-Geschäftsmodelle

Unternehmen wie eBay führen auf **elektronischen Marktplätzen** Käufer und Verkäufer z. B. in Auktionen zusammen. Im Mittelpunkt steht die dynamische Preisfindung in Form eines selbstorganisierten Prozesses, der zwischen den Partnern abläuft.

Im Unterschied hierzu hat beim Geschäftsmodell der **Web-Aggregation** ein Unternehmen, das sich als Intermediär zwischen Anbietern und Nachfragern versteht, die wirtschaftliche Kontrolle über das Leistungsprogramm und die Preise. Typische Beispiele sind der Online Broker E*Trade, der die Angebote verschiedener Finanzdienstleister bündelt, und Internet-Händler wie Amazon.

Kennzeichnend für das Geschäftsmodell der **Web-Integration** ist der hohe Integrationsgrad der Wertschöpfung, mit dem Unternehmen wie Cisco eine Vielzahl von Komponentenlieferanten koordinieren. Cisco selbst hat die dem Kunden verantwortliche Führungsrolle inne, während die Partner definierte Aufgaben innerhalb des Netzwerks übernehmen.

Das vierte Geschäftsmodell, die **virtuelle Allianz**, kommt mit einem Minimum an hierarchischer Kontrolle aus. Es findet sich häufig bei Forschungsinitiativen oder Online Communities, wie z. B. Linux, bei denen der Austausch von Wissen und die Entwicklung innovativer Lösungen im Mittelpunkt des Interesses stehen.

Ein weiteres Geschäftsmodell sind **verteilte Netzwerke**, die die logistischen Infrastrukturen des E-Business bilden. Hierzu zählen z. B. Transport-, EnergiE- oder

Telekommunikationsnetzwerke. Neue Informationssysteme ermöglichen die Transformation z. B. von Old Economy-Speditionsunternehmen.

Eine andere Möglichkeit zur Gliederung von Geschäftsmodellen geht von der **Anzahl** der beteiligten **Anbieter und Nachfrager** aus. Es wird unterschieden zwischen [34]

- One to many: Ein Integrator verknüpft in einer Sell-side die Angebote von Kompontenenherstellern zu Systemen.

- Some to many: Aggregatoren bündeln die Angebote unterschiedlicher Unternehmen in Portalen.

- Many to many: Unabhängige oder konzerngebundene Marktplatzbetreiber bringen Anbieter und Nachfrager auf vertikalen, branchenbezogenen oder horizontalen, branchenübergreifenden Märkten zusammen.

- Many to some: Einige Nachfrager bündeln ihre Beschaffungsaktivitäten in Portalen sowie

- Many to one: Ein Nachfrager integriert seine Beschaffungsaktivitäten in einer Buy-side.

In der neuen Ökonomie hänge der **Wert eines Unternehmens** – so Don Tapscott – vor allem von drei Faktoren ab: dem intellektuellen Kapital seines Geschäftsmodells, seinem Humankapital und seinem Beziehungskapital.[35]

In der gegenwärtigen Goldgräber-Stimmung, in der junge, gut ausgebildete Mitarbeiter ihre Unternehmen verlassen, um sich im E-Business selbständig zu machen, muss sich das **Führungsverhalten** ändern. Klar artikulierte Visionen und eine dynamische Unternehmenskultur können Mitarbeiter an ihre traditionellen Arbeitgeber binden. Darüber hinaus müssen die meisten Großunternehmen ihre **Human Ressourcen-Strategien** und **Vergütungsmodelle** überdenken, um den Werttreiber Mensch angemessen zu erfassen.[36, 37]

Auch die **Weiterentwicklung der Organisation** wirft interessante Fragen auf. Soll das Unternehmen elektronische Geschäfte innerhalb der „alten" Organisation aufbauen, soll man mit Start-ups zusammenarbeiten, oder ist eine Kombination dieser beiden Optionen erfolgversprechend?

Auf jeden Fall sind Schnittstellenprobleme zu bewältigen und Widerstände gegen Veränderungen abzubauen. Auch in Deutschland hat diese Entwicklung zu einer Renaissance des **Corporate Venture Managements** [38, 39, 40, 41] geführt, also eines Konzepts, bei dem sich traditionelle Unternehmen an Start-up-Firmen beteiligen. Dies erfolgt häufig mit dem Ziel, eine „Silicon Valley-Kultur" in das eigene Unternehmen hineinzuholen, um so Innovation und Wachstum zu fördern.[42]

Wenn sich das Unternehmen entscheidet, elektronische Geschäfte innerhalb der eigenen Organisation aufzubauen, so stellen sich weitere spannende Fragen: Ist die

Organisation schnell genug? Ist sie ausreichend vernetzt? Und was passiert an den traditionellen Bereichsgrenzen? Fragen, auf die nur wenige Unternehmen schon heute befriedigende Antworten gefunden haben. Insgesamt zeichnet sich jedoch ab, dass die neuen Organisationsformen **neuronalen Netzwerken** gleichen werden. Wie in einem menschlichen Körper müssen Ereignisse ein koordiniertes Handeln der relevanten Organe auslösen. Dies alles wird zu **neuen Formen des Arbeitens und Lernens** führen, die in immer stärkerem Maße auch die Privatsphäre der Menschen durchdringen.

4 Die E-Business-Aktivitäten der BASF

E-Business ist für die BASF von hoher Bedeutung, da sich die Chemische Industrie zu einem der drei größten Segmente im weltweiten E-Business entwickeln wird. Der Einkauf und Vertrieb über elektronische Medien wird in den kommenden Jahren die Chemische Industrie tiefgreifend verändern. Eine rasch zunehmende weltweite Transparenz von Produkten und Preisen wird vor allem im Bereich von Standardprodukten den Wettbewerb verschärfen. Zugleich bieten sich über elektronische Zusammenarbeit auch ganz neue Formen der Kundenbetreuung, Kundenbindung und Marktbearbeitung.

Die BASF hat die Bedeutung von E-Business frühzeitig erkannt und für sich genutzt. Bereits vor drei Jahren hat die BASF begonnen, elektronische Vertriebswege zu entwickeln und in das Vertriebskonzept zu integrieren. Damit leistet die BASF beim E-Business Pionierarbeit und zählt auf diesem Gebiet zu den führenden Unternehmen der Branche in Europa. BASF sieht E-Business nicht als Selbstzweck, sondern vielmehr als Werkzeug, das es erlaubt, die besonderen Stärken der BASF noch besser in Markterfolge umzusetzen.

BASF wird ihre E-Business Aktivitäten in den nächsten Jahren stark ausweiten und beschleunigen. Bis zum Jahr 2005 soll über die Hälfte des Gesamtumsatzes bei der BASF über E-Business abgewickelt werden. Schon heute nutzt die BASF E-Business aktiv, sowohl in der Zusammenarbeit mit unseren Kunden als auch im Einkauf von Rohstoffen, technischen Materialien und Dienstleistungen.

BASF ist mit einem jährlichen Volumen von etwa 6 bis 7 Milliarden Euro weltweit der größte Nachfrager nach Chemierohstoffen, die zunehmend über elektronische Wege beschafft werden. Dazu arbeitet die BASF unter anderem mit dem Unternehmen ChemConnect Inc. zusammen, an dem sie eine Kapitalbeteiligung besitzt. Ein Anteil des Rohstoffbedarfs der BASF wird zukünftig über den virtuellen Markt von ChemConnect, die sogenannte World Chemical Exchange bezogen.

Im Bereich des Einkaufs technischer Materialien, der ein Volumen von rund 5 Milliarden Euro jährlich umfasst, hat die BASF sowie andere Chemieunternehmen mit

SAP zusammen ein Joint Venture zur Etablierung eines elektronischen Marktplatzes gegründet. Grundlage für diesen Marktplatz bilden die entsprechenden mySAP.com-Technologien für die elektronische Geschäftsabwicklung.

Das wohl bedeutendste Feld des E-Business für die BASF ist die direkte elektronische Verbindung mit den Kunden. In diesem Bereich besitzt die BASF bereits große Erfahrungen und gestaltet maßgeschneiderte Lösungen für eine starke Kundenbeziehung. Die Angebote der BASF reichen dabei vom Informationsaustausch und interaktiven Bestellungen bis hin zum Vendor Managed Inventory.

Zur Vermarktung und dem Vertrieb von thermoplastischen Kunststoffen hat die BASF zusammen mit Bayer, Dow, DuPont und Ticona/Celanese (5 der weltweit größten Kunststoffhersteller) in einem Joint Venture den neutralen, globalen Marktplatz OmnexusTM.com gegründet. Der Schwerpunkt des Angebotes dieses Marktplatzes liegt insbesondere bei Produkten und zugeordneten Dienstleistungen für Spritzguss-Anwendungen der Kunststoff verarbeitenden Industrie. Der Zielmarkt des Joint Ventures umfasst neben den Kunststoff-Herstellern die Anbieter von Spritzguss-Maschinen, -Werkzeugen sowie eine Reihe branchenbezogener Dienstleistungen.

Mitte Mai dieses Jahres wurde von den weltweit führenden Chemieunternehmen – unter ihnen die BASF – ein neutraler Business-to-Business E-Commerce Marktplatz für Chemikalien angekündigt, der aktuell Gestalt annimmt. Das Joint Venture der 19 Gründungsmitglieder (Air Products, Ashland Distribution Company, ATOFINA, BASF, Bayer, BP Amoco, CHEMCENTRAL, Ciba Specialty Chemicals, Degussa-Hüls, Dow, DuPont, Celanese, Mitsui Chemicals, Mitsubishi Chemicals, Rhodia, Rohm and Haas, Shell Chemical Company, Sumitomo Chemical und Van Waters & Rogers) mit dem Namen ELEMICA (www.elemica.com), das den unabhängigen und neutralen elektronischen Marktplatz betreiben wird, soll noch in diesem Sommer gegründet werden und sein operatives Geschäft bis zum Jahresende aufnehmen. ELEMICA wird umfassende Services für kontraktbasierte Einkaufs- und Verkaufs-vorgänge von Grundchemikalien, Zwischenprodukten, Spezial- und Feinchemikalien anbieten und damit eine weltweit herausragende Position als elektronischer Markt-platz einnehmen. Die Größe des angepeilten Marktes wird auf etwa 800 Milliarden Euro geschätzt. Der systemintegrierte (ERP-to-ERP) Ansatz von ELEMICA ermög-licht eine sehr enge Verbindung zwischen Kunden und Lieferanten. Die dadurch erreichbaren Vorteile sind insbesondere in der Reduktion der Transaktionskosten, der besseren Nutzung von Ressourcen, der Senkung der Lagerkosten und einem besseren Service für die Kunden zu sehen.

Neben den aufgezählten Aktivitäten laufen sowohl auf der Beschaffungs- als auch auf der Vertriebsseite zahlreiche weitere E-Business Projekte bei der BASF bzw. sind bereits realisiert. Dazu gehören EDI Verbindungen zu Kunden und Lieferanten, Teilnahmen an Online Auktionen zum Kauf und Verkauf von Produkten sowie BASF eigene Extranets und Portale.

5 Gestaltung eines E-Business Support Centers (eBSC)

Das Beispiel BASF zeigt, wie vielfältig die E-Business-Aktivitäten eines großen internationalen Unternehmens sind. Dies alles ist mit einem erheblichen Koordinationsbedarf verbunden, und es gilt, die einzelnen Aktivitäten sinnvoll aufeinander abzustimmen.

Wie steuert man die schnelle Evolution eines komplexen, dynamischen Systems wie z. B. den Wandel eines Unternehmens zum E-Business? Reichen hierzu die traditionellen Planungs-, Organisations- und Controlling-Instrumente aus, und falls nein, wie sollte man diese weiterentwickeln? Das sind Fragen, die sich stellen, wenn man vor der Aufgabe steht, die E-Business-Aktivitäten eines internationalen Unternehmens zu koordinieren.

Wichtige Impulse zur Beantwortung dieser und ähnlicher Fragen gehen von der **Complex Adaptive Systems (CAS)-Theory** aus, deren Grundlagen am Santa Fe Institute (SFI) in den USA entwickelt wurden. Diese Arbeiten haben zu einem besseren Verständnis der Eigenschaften von komplexen, dynamischen Systemen geführt, und Führungskräfte beginnen zu lernen, welches Verhalten in solchen Systemen zum Erfolg führt. John Holland hat die sieben Basiselemente dieser „neuen Komplexitätstheorie" beschrieben. Diese bestehen aus vier Merkmalen und drei beeinflussbaren Mechanismen.[43] Diese **Merkmale** sind:

- **Aggregation**: Das heißt, dass aus den Wechselwirkungen der Teile neue Eigenschaften des Ganzen entstehen können. Die einzelnen Teile sind häufig lose gekoppelt und bilden ein lockeres Gerüst, das sich ständig verändert.

- **Nichtlinearität**: In nichtlinearen Systemen können kleinste Veränderungen große Auswirkungen haben. Gleichzeitig erkennen wir, dass Nichtlinearität eher die Regel darstellt als die Ausnahme.

- **Flows**: Hierunter versteht man den Wandel der Interaktionsmuster innerhalb von Netzwerken. Dabei entstehen oder verschwinden Netzknoten, und einzelne Verbindungen innerhalb des Netzwerks werden aktiviert oder deaktiviert.

- **Vielfalt**: Ein gewisses Maß an Vielfalt trägt entscheidend zur Fitness des Systems bei. Wird dieses Maß jedoch überschritten, kann das System schnell destabilisiert werden. Es kommt also auf die richtige Balance an.

Die **Mechanismen** komplexer Systeme, über die Führungskräfte das Systemverhalten beeinflussen können, sind:

- **Tagging** im Sinne von Benennen: Hierunter versteht man den Prozess der Begriffsbildung und Beschreibung, mit dem neue Elemente in die Sprache eingeführt werden. Auf diese Weise kann neuen Entwicklungen Bedeutung zugewiesen werden.

- **Interne Modelle**: Dies sind implizite oder explizit gemachte Repräsentationen von Wissen, mit denen sich der Erzeuger ein Bild von seinem Erkenntnisobjekt macht.

- **Building Blocks**: Diese kennzeichnen das Repertoire an Verhaltensweisen, das sich aus den internen Modellen und Fähigkeiten eines Akteurs ergibt, mit denen dieser die richtige Balance zwischen Ordnung und Chaos hält.

Diese Basiselemente der Complex Adaptive Systems Theory sind in **Abb. 6** dargestellt. Für Führungskräfte kommt es vor allem darauf an, die Rahmenbedingungen richtig zu gestalten und aus der Benennung der neuen Themen die entsprechenden internen Modelle und Verhaltensweisen abzuleiten [44, 45].

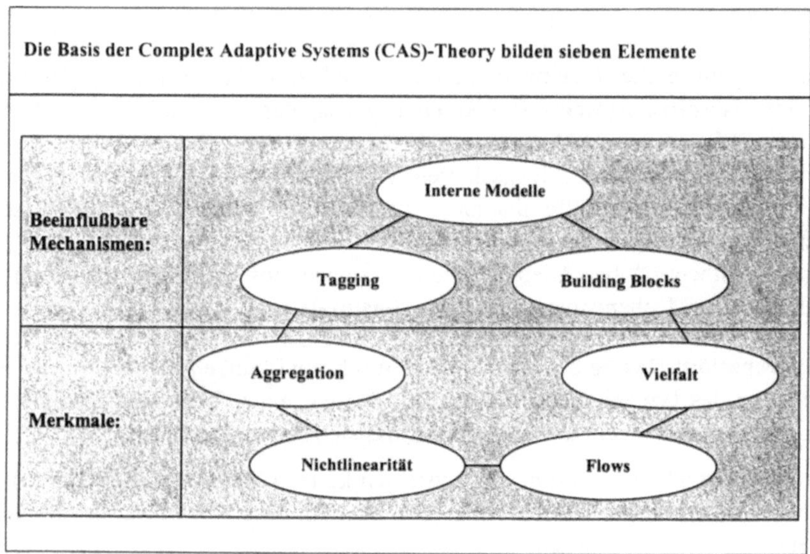

Abb. 6: CAS-Basiselemente

Eine wichtige Erkenntnis der CAS-Theorie ist, dass der Wandel am erfolgreichsten ist, wenn Unternehmen die richtige Balance zwischen Ordnung und Chaos finden. Dieser **Rand des Chaos** befindet sich irgendwo in der Mitte zwischen den Extremen, wie z. B.:[46]

- keine oder zu viele Regeln

- keine klar definierten oder rigide festgeschriebene Prozesse

- verteilte oder zentralisierte Verantwortung

- keine oder sehr strenge Prioritäten.

Übertragen auf die Koordination der E-Business-Aktivitäten bedeutet dies, dass eine **flexible, adaptive Programmplanung und -organisation** eine Steuerungsfunktion wahrnehmen sollte. Hierzu haben wir die von PricewaterhouseCoopers entwickelte **E-Speed-Methodik** an die spezifischen Bedürfnisse der BASF angepasst. Die Wahrnehmung dieser Steuerungsfunktion erfolgt durch ein neu gebildetes **E-Business Support Center (eBSC)**.

Eine erste Aufgabe bei der Gestaltung dieses E-Business Support Centers besteht darin, **Guidelines** für die Planung, Durchführung und Auswertung von E-Business-Programmen und –Projekten zu entwickeln und diese den Verantwortlichen zu vermitteln. Die Guidelines verfolgen im wesentlichen die Ziele,

- ein gemeinsames Verständnis und eine einheitliche Vorgehensweise zu gewinnen,

- Impulse und Anregungen zu geben sowie

- aus den Erfahrungen von früheren Aktivitäten Wettbewerbsvorteile abzuleiten.

Als Orientierungsrahmen für die Guidelines dient eine Gliederung des Aufgabenfeldes E-Change in verschiedene Phasen und Dimensionen. Die E-Speed-Methodik gliedert Programme und Projekte in die folgenden **Phasen**:

- Verständnis der Ausgangssituation und Entwicklung einer Vision

- Konzeption und Pilotanwendungen sowie

- Umsetzung in der Breite.

Bei den **Dimensionen** unterscheiden wir zwischen:

A. E-Business-Programmgestaltung

B. strategischer Wandel und Wertsteigerung

C. Wandel von Marketing und Kommunikation

D. informationstechnischer Wandel

E. Wandel zu Wissensnetzwerken

F. organisatorischer Wandel

G. Personalführung und kultureller Wandel sowie

H. steuerlich-rechtlicher Wandel.

Dieser konzeptionelle Rahmen der E-Speed-Methodik ist in **Abb. 7** dargestellt.

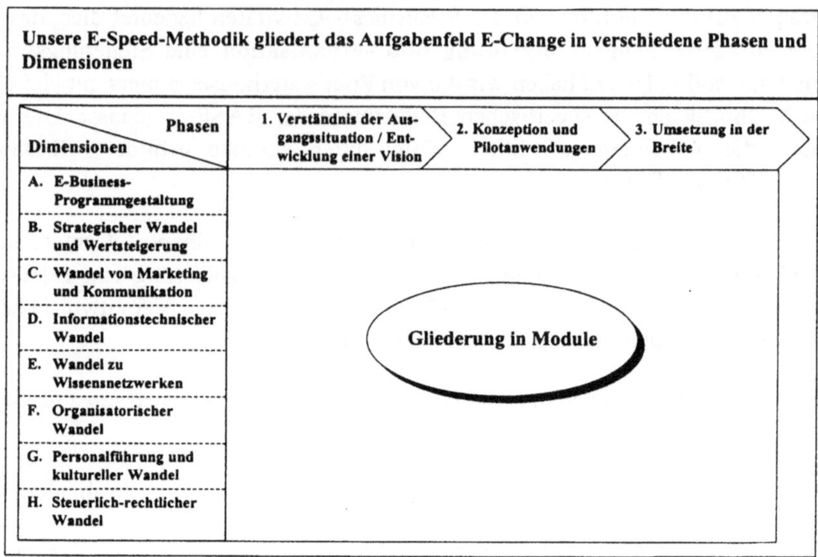

Abb. 7: E-Speed-Methodik

Jede der Dimensionen wird in Arbeitspakete oder **Module** gegliedert. Für diese Module werden Methodenbausteine und Vorgehensweisen entwickelt, an denen sich Anwender orientieren können. Auf diese Weise erreicht man, dass E-Business-Projekte nach einem gemeinsamen, flexibel anpassbaren Rahmenkonzept durchgeführt werden.

7 Zusammenfassung

Die Anpassung von Unternehmen an die New Economy läuft in typischen Entwicklungsstufen ab, die zu einer Transformation oder Konvergenz von Branchen führen. Gegenwärtig entsteht eine Vielzahl von elektronischen Marktplätzen, auf denen Wettbewerber kooperieren.

Viele Unternehmen haben das Ausmaß des Wandels erkannt und unterziehen sich umfassenden Fitness-Programmen. Im Mittelpunkt steht dabei die Ausschöpfung des Potenzials der Internet-Technologien und die Innovation der Geschäftsmodelle. Als Beispiel haben wir die E-Business-Aktivitäten der BASF erläutert.

Zur Steuerung dieser Aktivitäten liefert die Theorie komplexer, adaptiver Systeme neue Impulse. Als konzeptionellen Rahmen verwenden wir die E-Speed-Methodik, die die verschiedenen Arbeitspakete nach Phasen und Modulen gliedert. Unternehmen wie die BASF haben begonnen, zur Koordination ihrer E-Business-Aktivitäten

Support Center einzurichten. Eine wichtige Aufgabe dieser Center besteht darin, Guidelines zu formulieren, die als Orientierungshilfe für Projekte dienen. Die Kommunikation und Anwendung dieser Guidelines erfüllt eine wichtige Katalysatorfunktion beim E-Change.

Literaturverzeichnis

[1]   Holland, J. H. (1995): Hidden Order - How Adaptations build Complexity. Reading 1995

[2]   Kauffman, S. A. (1995): At Home in the Universe - The Search for the Laws of Self-Organization and Complexity. New York 1995

[3]   Arthur, W. B. / Derlauf, S. A. / Lane, D. (Hrsg.) (1997): The Economy as an Evolving Complex System. Reading 1997

[4]   Clippinger, J. H. (Hrsg.) (1999 a): The Biology of Business - Decoding the Natural Laws of Enterprise. San Francisco 1999

[5]   Deise, M. V. / Nowikow, C. / King, P. / Wright, A. (2000): Executive's Guide to e-Business - From Tactics to Strategy. New York 2000

[6]   Means, G. / Schneider, D. (2000): MetaCapitalism – The e-Business Revolution and the Design of the 21st Century Companies and Markets. New York 2000

[7]   Nalebuff, B. J. / Brandenburger, A. M. (1996 a): Coopetition – Kooperativ konkurrieren. Frankfurt / Main 1996

[8]   Brandenburger, A. M. / Nalebuff, B. J. (1996 b): Mehr Geschäftserfolg – dank der Spieltheorie. In: Harvard Business Manager, 1996, Nr. 2, S. 82 - 93

[9]   Labo, A. A. / Boyd, N. G. / Hanlon, S. C. (1997): Competition, Cooperation, and the Search for Economic Rents – A Syncretic Model. In: Academy of Management Review, 1997, Nr. 1, S. 110 - 141

[10]   Epstein, J. M. / Axtell, R. L. (1996): Growing Artificial Societies – Social Science from the Bottom up. Cambridge 1996

[11]   Axelrod, R. (1997): The Complexity of Cooperation – Agent-Based Models of Competition and Collaboration. Princeton 1997

[12]   Palass, B. (2000): Die nächste Generation. In: Manager Magazin, 2000, Nr. 6, S. 230 - 242

[13]   Gutowski, K. / Schaudwet, C. (2000): Zwischen Profit und Panik. In: Wirtschaftswoche, 8.6.2000, S. 60 - 67

[14]   Servatius, H. G. (1991): Vom strategischen Management zur evolutionären Führung - Auf dem Wege zu einem ganzheitlichen Denken und Handeln. Stuttgart 1991

[15]   Zahn, E. (1993): Fit machen für den Wettbewerb. Stuttgart 1993

[16]   Servatius, H. G. (1994): Reengineering-Programme umsetzen - Von erstarrten Strukturen zu fließenden Prozessen. Stuttgart 1994, S. 15 ff.

[17]   Withauer, K. F. (2000): Fitness der Unternehmung - Management von Dynamik und Veränderung. Wiesbaden 2000

[18] Lewin, R. (1992 / 1993): Die Komplexitätstheorie - Wissenschaft nach der Chaosforschung. Hamburg 1993, S. 78 ff.

[19] Servatius, H. G. (2000): Wachstum in Knowledge Ecosystems - In: Foschiani, S. / Habenicht, W. / Schmid, U. / Wäscher, G. (Hrsg.) (2000): Strategisches Management im Zeichen von Umbruch und Wandel – Festschrift für Professor Dr. Erich Zahn zum 60. Geburtstag. Stuttgart 2000, S. 215 – 241

[20] Beinhocker, E. D. (1999): Robust Adaptive Strategies. In: Sloan Management Review, Spring 1999, S. 95 - 106

[21] Clippinger, J. H. (1999 b): Order from the Bottom up - Complex Adaptive Systems and Their Management. In: Clippinger (Hrsg.) (1999 a), S. 1 - 30

[22] Servatius, H. G. (1991): Vom strategischen Management zur evolutionären Führung - Auf dem Wege zu einem ganzheitlichen Denken und Handeln. Stuttgart 1991, S. 177 ff.

[23] Stark, D. (1999): Heterarchy - Distributing Authority and Organizing Diversity - In: Clippinger (Hrsg.) (1999 a), S. 153 - 179

[24] Wacker, W. / Taylor, J. (2000): The Visionary's Handbook - Nine Paradoxes that will shape the Future of your Business. New York 2000

[25] Pottruck, D. S. / Pearce, T. (2000): Clicks and Mortar - Passion driven Growth in an Internet driven World. San Francisco 2000

[26] Lewis, M. (2000): Boom or Bust. In: Business 2.0, 2000, Nr. 4, S. 192 - 202

[27] Beer, M. / Hogan, K. (Hrsg.) (2000): Five get it. Five don't. In: Business 2.0, 13.6.2000, S. 204 - 242

[28] Sawhney, M. / Davis, J. (2000): How it works. In: Business 2.0, 2000, Nr. 2, S. 112 - 115

[29] Kalakota, R. / Robinson, M. (1999): e-Business - Roadmap for Success. Reading 1999, S. 90 ff.

[30] Slywotzky, A. J. / Morrison, D. J. (1997): The Profit Zone - How Strategic Business Design will lead you to Tomorrow's Profits. New York 1997

[31] Slywotzky, A. J. / Morrison, D. J. / Moser, T. / Mundt, K. A. / Quella, J. A. (1999): Profit Pattern - 30 Ways to Anticipate a Profit from Strategic Focus Reshaping Your Business. Chichester 1999

[32] Siegel, D. (1999): Futurize Your Enterprise - Business Strategy in the Age of the e-Customer. Chichester 1999

[33] Tapscott, D. / Ticoll, D. / Lowy, A. (2000): Digital Capital – Harnessing the Power of Business Webs. Boston 2000, S. 28 ff.

[34] Robinson, E. (2000): Battle to the Bitter End. In: Business 2.0 25.7.2000

[35] Daly, J. / Davis, J. (2000): Do Profits matter? In: Business 2.0, 2000, Nr. 4, S. 220 - 247

[36] Davenport, T. D. (1999): Human Capital – What it is and why People invest it. San Francisco 1999

[37] Nölting, A. (2000): Werttreiber Mensch. In: Manager Magazin, 2000 , Nr. 4, S. 154 - 165

38 Hanan, M. (1969): Corporate Growth through Venture Management. In: Harvard Business Review, 1969, Nr. 1/2, S. 43 - 61

[39] Servatius, H. G. (1988): New Venture Management - Erfolgreiche Lösung von Innovationsproblemen für Technologie-Unternehmen. Wiesbaden 1988

[40] Schween, K. (1996): Corporate Venture Capital - Risikofinanzierung deutscher Unternehmen. Wiesbaden 1996

[41] Harmon, S. (1999): Zero Gravity - Riding Venture Capital from High Tech Start-up to Breakout IPO. Princeton 1999

[42]   Hamel, G. (1999): Bringing Silicon Valley Inside. In: Harvard Business Review, 1999, Nr. 9/10, S. 70 - 84

[43]   Holland, J. H. (1995): Hidden Order - How Adaptations build Complexity. Reading 1995

[44]   Clippinger, J. H. (1999 b): Order from the Bottom up – Complex Adaptive Systems and Their Management. In: Clippinger (Hrsg.) (1999 a), S. 10 ff.

[45]   Clark, A. (1999): Leadership and Influence – The Manager as Coach, Nanny, and Artificial DNA. In: Clippinger (Hrsg.) (1999 a), S. 47 - 66

[46]   Brown, S. L. / Eisenhardt, K. M. (1998): Competing on the Edge – Strategy as Structured Chaos. Boston 1998, S. 25 ff.

Collaborative Business Scenarios – Wertschöpfung in der Internetökonomie

Stefan Hack
SAP AG, Walldorf

Inhalt

1 Die Herausforderung Internet – Zusammenarbeit in Communities

Das Internet gestaltet mit einer großen Dynamik traditionelle Geschäftsabläufe um. Unternehmen sehen in diesen Veränderungen Risiko und Chance zugleich. Standards wie HTTP, HTML, oder das XML-Format ermöglichen es Geschäftspartnern, Informationen auszutauschen, überbetrieblich zusammenzuarbeiten und auf einem elektronischen Marktplatz Geschäfte abzuwickeln. Das Internet wird darüber hinaus als personalisierbarer Vertriebskanal genutzt, um mit einem abgestimmten Produkt- und Serviceangebot die definierten Kundensegmente direkt anzusprechen. Gleichzeitig aber steigt der Wettbewerbsdruck, sind die Eintrittsbarrieren für neue Mitbewerber so niedrig wie nie, und die Standortfrage tritt in den Hintergrund. Der Mitwettbewerber ist nur einen „Mouseclick" entfernt.

Kundenloyalität kann nur durch die Identifikation mit einem starken Markennamen verbunden mit einem entsprechenden Werbeetat gesichert werden. Bleibende Wettbewerbsvorteile sind allerdings nur realisierbar, wenn das Produkt- und Serviceangebot den Kunden überzeugt und durch geeignete Geschäftspartner abgerundet wird. Langfristig können Qualität des Angebots und Kostenführerschaft nur mit Hilfe von erfolgreicher Zusammenarbeit mit Partnern (Zulieferern, Distributoren, und anderen Partnerunternehmen) erzielt werden. Um ihre Wettbewerbsfähigkeit zu erhalten, müssen die Unternehmen daher ihre Geschäftsabläufe immer enger mit denen ihrer Kunden, Lieferanten und Geschäftspartner integrieren. Die Notwendigkeit einer reibungslosen Zusammenarbeit wandelt sich von einer Integration innerhalb einer Unternehmung hin zur Integration über Unternehmensgrenzen hinweg.

Die fortschreitende Globalisierung in Verbindung mit einer internationalen Arbeitsteilung und Spezialisierung führt zu einer immer stärkeren Vernetzung und Verflechtung der Wirtschaftsbeziehungen. Dies gilt für die Organisation innerhalb eines globalen multi-nationalen Unternehmens genauso wie für ihr Beziehungsgeflecht mit und die Geschäftsabläufe zu ihren Geschäftspartnern. Darüber hinaus wollen die Unternehmen an den neugeschaffenen elektronischen Marktplätzen als Anbieter oder Nachfrager teilnehmen, um die damit verbundenen Vorteile zum Beispiel im Einkauf für sich zu nutzen. Ein Beispiel hierfür bietet der mySAP.com Marktplatz für die Chemische und Pharmazeutische Industrie, der den Handel mit Nicht-Produktions-Gütern und Dienstleistungen (MRO Procurement) zwischen den Teilnehmern ermöglicht.

Die Wirtschaftslandschaft des 21. Jahrhunderts besteht aus einem Geflecht von Netzwerken in sogenannten Communities; d.h., virtuellen Gemeinschaften, die durch elektronische Zusammenarbeit auf Basis von Internettechnologie ein gemeinsames Geschäftsziel verfolgen. Communities sind typischerweise unternehmensübergreifende Wertschöpfungsnetzwerke, die sich in einer bestimmten Branche ausgebildet haben. Beispiele hierfür liefert die High-Tech-Industrie mit deren engen Netzwerken zwischen Komponentenzulieferern, Hardware-Herstellern, Distributoren und Service-unternehmen. Ähnlich haben sich in der Luftfahrtindustrie ebenfalls Communities im Rahmen von strategischen Allianzen entwickelt, wie zum Beispiel die Star Alliance, der mittlerweile 15 Luftfahrtgesellschaften weltweit angehören. Aus diesen Beispielen wird besonders deutlich, dass Communities auch konkurrierende Unternehmen umfassen. Die Geschäftsabläufe, die innerhalb dieser Communities abgewickelt werden, und sich über die Grenzen von einzelnen legalen Geschäftseinheiten hinweg erstrecken, werden als Collaborative Business Scenarios (C-Business Scenarios) bezeichnet.

2 Collaborative Business Scenarios – verschiedene Aufgaben, aber ein Ziel

Collaborative Business Scenarios sind demnach unternehmensübergreifende Geschäftsprozesse, die unterschiedliche Teilnehmer mit ihren spezifischen Verantwortlichkeiten einbeziehen. In C-Business Scenarios erledigen Mitarbeiter verschiedener Unternehmen unterschiedliche Aufgaben und Verantwortlichkeiten mit einem gemeinsamen geschäftlichen Ziel. Um dieses Ziel zu erreichen, tauschen die teilnehmenden Unternehmen Informationen aus und definieren Zuständigkeiten für einzelne Aktivitäten. Beispiele hierfür sind u.a. Collaborative Engineering and Project Management, Collaborative Supply and Demand Planning, Vendor Managed Inventory. Die C-Business Scenarios nutzen dabei Softwareanwendungen, die typischerweise auf verschiedene Unternehmen verteilt sind, und zwischen denen über das Internet Geschäftsdaten ausgetauscht werden. Rollenbasierte Portale ermöglichen dem einzelnen Anwender im Einklang mit seinen Aufgaben und Verantwortlichkeiten personalisierten Zugriff auf die benötigten Funktionen und relevanten Informationen. Damit bieten sie den unterschiedlichsten Teilnehmern eines C-Business Scenarios individuelle Sichten auf die gemeinsamen Geschäftsabläufe.

Heute sind gerade solche unternehmensübergreifenden Geschäftsabläufe die Quelle zahlreicher Ineffizienzen. Unterschiedliche IT-Systeme in den beteiligten Firmen verhindern den Datenaustausch und erschweren das arbeitsteilige Erledigen von Geschäftsvorfällen. Der Einsatz von Internettechnologie ermöglicht den Unternehmen auf Basis gemeinsamer Standards, mit ihren Kunden und Geschäftspartnern enger zusammenzuarbeiten und damit die gesamte Wertschöpfungskette neu zu strukturieren. Gleichzeitig eröffnet dies interessante Möglichkeiten, ganz neue innovative Prozesse und Geschäftsmodelle zu entwickeln. Und schließlich schafft das Internet eine neue Art von Intermediation. Zu einem ermöglicht es den Austausch von Gütern und Dienstleistungen über elektronische Marktplätze, zum anderen zeichnet es das Geschäftsmodell des „Infomediärs" vor, welcher als Informationsvermittler den Unternehmen hilft, den Wert ihrer Daten zu maximieren (vgl. Hagel/Singer, 1999).

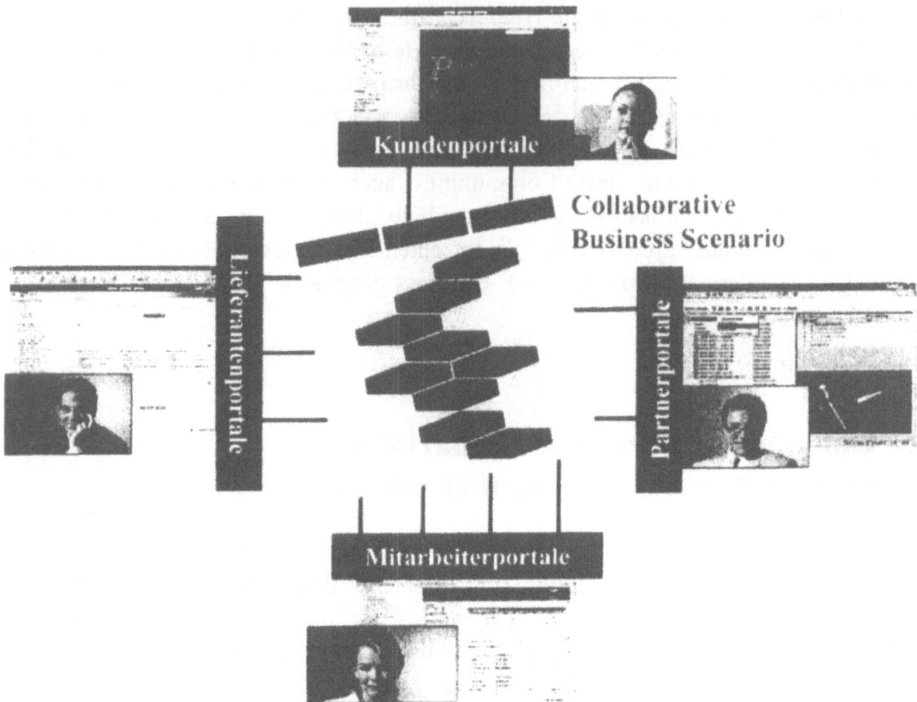

Abb. 1: Unternehmensübergreifende Zusammenarbeit über Anwenderportale im Rahmen eines Collaborative Business Scenarios.

Die im Weiteren erläuterte Methodik zur Beschreibung von Collaborative Business Scenarios dokumentiert im Detail die Möglichkeiten einer gemeinsamen Abwicklung verteilter Geschäftsprozesse in unterschiedlichen Industrien und verschiedenen Unternehmensfunktionen (Finanzen, Logistik, Personalwirtschaft). Die darin beschriebenen Inhalte umfassen sowohl die betriebswirtschaftliche Sicht und den wirtschaftlichen Nutzen als auch relevante Informationen für die konkrete Implementierung eines solchen gemeinschaftlichen Geschäftsablauf und dessen Einbindung in eine bestehende Anwendungslandschaft.

3 Strategische Bedeutung von Collaborative Business Scenarios

Derzeit verfolgen fast alle bedeutenden Unternehmen weitreichende Initiativen zum Thema Electronic Business (E-Business). Electronic business bezeichnet dabei die unternehmensweite Ausrichtung aller Prozesse und Geschäftsaktivitäten auf das Internet. Ein Unternehmen wie Dell, Hersteller von PCs, erzielen inzwischen 40% seines Umsatzes online über das Internet. Kaum ein Tag vergeht, an dem nicht

Kaum ein Tag vergeht, an dem nicht Meldungen zum e-business beispielsweise über den Aufbau von elektronischen Marktplätzen in der Wirtschaftspresse zu finden sind. Internationale Konzerne wie zum Beispiel General Electric richten mit Nachdruck ihre gesamte Unternehmensstrategie auf das Internet und Electronic Business aus. Diese Initiativen sind von großer strategischer Bedeutung für diese Unternehmen und binden gewaltige Ressourcen. Die jeweiligen strategischen Zielrichtungen und Schwerpunkte mögen sich von Unternehmen zu Unternehmen und von Branche zu Branche unterscheiden. Gemeinsam ist diesen Anstrengungen jedoch die Überzeugung, dass das Internet ein Thema von höchster geschäftsstrategischer Priorität darstellt. Neben der Nutzung des Internet als vertriebliche Plattform steht dabei das Einbinden von Geschäftspartnern entlang der gesamten Wertschöpfungskette im Zentrum der Überlegungen.

Im Zeitalter des Internet stellt die strategische Fähigkeit eines Unternehmens, sinnvolle gemeinschaftliche Geschäftsabläufe zu identifizieren, geeignete Geschäftspartner zu finden, und für sich und seine Geschäftspartner gemeinsame Wertschöpfungspotenziale aufzudecken, eine wichtige Quelle für substanzielle Wettbewerbsvorteile dar. Wo bisher Geschäftsdokumente per Post oder Fax versendet wurden, weitere Abstimmungen per Telefon notwendig waren, und zahlreiche Medienbrüche mit entsprechenden Verzögerungen in Kauf genommen werden mussten, kann durch Einsatz modernster betriebswirtschaftlicher Anwendungssoftware und unter Einsatz von Internettechnologie ein Höchstmaß an Transparenz und Integration zwischen den Geschäftspartnern erzeugt werden. Dadurch können die Abläufe der unterschiedlichen Unternehmen immer stärker verzahnt werden und die Beziehungen zwischen den Geschäftspartnern werden enger und wertvoller.

Die Neuausrichtung unternehmensübergreifender Geschäftsprozesse auf Basis von Internettechnologie ermöglicht damit die Umstrukturierung und Optimierung der Wertschöpfungkette einer Unternehmung und ganzer Industrien, was zahlreiche Studien belegen. Ein führendes Unternehmen der Elektro/Elektronikindustrie schuf bereits 1996 das sogenannte „Trading Process Network", ein System über das es mit seinen Zulieferern verbunden ist. Im Ergebnis wurden dadurch die Lieferzeiten im Durchschnitt halbiert und Lieferungen von Rohmaterialien erfolgen zu 10-15% niedrigeren Kosten. Durch eine konsequente Vernetzung seiner unabhängigen Geschäftseinheiten mit externen Zulieferern konnte ein Computerhersteller die Bestellabwicklung von 61 auf 5 Tage reduzieren. Als letztes Beispiel sei hier die Automobilbranche genannt. Bereits in den 80er Jahren wurde mittels EDI (Electronic Data Interchange) eine enge Anbindung zwischen Automobilherstellern und großen Zulieferern ermöglicht. Durch Einsatz der kostengünstigeren Internettechnologie können heute bis zu 80% aller Dokumente auch mit kleineren Zulieferern elektronisch ausgetauscht werden.

Eine Ausgangsbasis für die strategische Identifikation und Analyse von Geschäftsbereichen und Möglichkeiten zur unternehmensübergreifenden Zusammenarbeit stellt das in der Abbildung aufgezeigte Vorgehen entlang der Wertschöpfungskette innerhalb einer Industrie auf. Die Darstellung beschreibt die Kernwertschöpfungskette der Ölindustrie von der Rohölförderung bis zur Tankstelle.

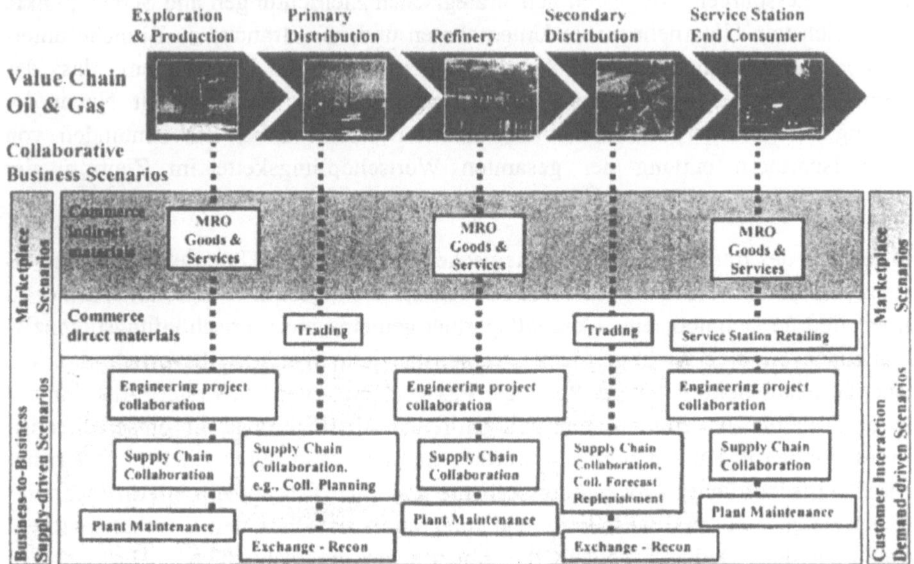

**Abb. 2: Bereiche und Möglichkeiten zur unternehmensübergreifenden Prozessgestaltung mit Geschäftspartnern in der Ölindustrie.
Ergebnis eines strategischen Workshops.**

Im Rahmen eines strategischen Workshops konnte die SAP Industry Business Unit Oil&Gas gemeinsam mit einem Kundenteam die konkreten Felder für die engere Einbindung und Zusammenarbeit mit den entsprechenden Geschäftspartnern identifizieren. Beispielsweise wurden bereits in der ersten Wertschöpfungsstufe, der Erdölförderung, zahlreiche gemeinschaftliche Geschäftsabläufe identifiziert, die eine engere Zusammenarbeit mit den relevanten Geschäftspartnern zur gegenseitigen Nutzensteigerung sinnvoll erscheinen lassen. Konkrete Beispiele hierfür sind die gemeinsame indirekte Beschaffung von Hilfs- und Betriebsstoffen, die gemeinschaftliche Ingenieurprojektarbeit, oder die Instandhaltungsprozesse. Insofern stellt die Abbildung das initiale Ergebnis einer geschäftsstrategischen Ausrichtung im Rahmen einer Internetinitiative dar.

Für eine detaillierte und systematische Analyse und Neudefinition aller unternehmensübergreifenden Prozesse benötigen die Unternehmen allerdings einen methodischen Rahmen, der es ermöglicht, betriebswirtschaftliche Zusammenhänge, sowie die Prozessmodellierung bis hin zur systemseitigen Umsetzung, geeignet zu dokumentieren. Große Bedeutung hat dabei die geeignete Visualisierung dieser Inhalte, um den

Meinungsaustausch und den Interessenausgleich zwischen den unterschiedlichen Adressatenkreisen (Management, Fachabteilung, IT-Spezialisten) innerhalb eines Unternehmens zu unterstützen. Die Konsensbildung und Entscheidungsfindung zwischen den unterschiedlichen Interessengruppen wird durch eine durchgängige der Methodik von der gemeinsamen Konzeption eines gemeinschaftlichen Geschäftsablaufs bis hin zur systemseitigen Implementierung in eine bestehende IT-Anwendungslandschaft wesentlich erleichtert. Validierte und quantifizierte betriebswirtschaftlichen Wertpotenziale schaffen zusätzliche sachliche und ökonomische Argumente für die Implementierung einer identifizierten Anwendungslösung.

Die SAP AG hat deshalb eine Methodik entwickelt, die diese Anforderungen erfüllt, und mit der die neuen Möglichkeiten elektronischer und überbetrieblicher Zusammenarbeit mittels Collaborative Business Scenarios (C-Business Scenarios) in geeigneter Weise beschrieben und dokumentiert werden. Die C-Business Scenarios ermöglichen im Rahmen einer strukturierten Methodik eine umfassende Analyse der elektronischen Geschäftsprozesse aus unternehmerischer Sicht, genauso wie aus Sicht der Prozessmodellierung, sowie aus anwendungstechnischer Perspektive.

4 Methodik der C-Business Scenarios

Ziel der C-Business Scenarios ist es, mittels einer leicht verständlichen Grafik, der sogenannten „Reißverschlussdarstellung" darzustellen, wie die verschiedenen Unternehmen und Teilnehmer zusammenarbeiten, und die daraus resultierende Wertschöpfungspotenziale zu dokumentieren. Mit Hilfe der SAP-Methodik sind Unternehmen in der Lage, qualitative und quantitative Wertschöpfungspotenziale innerhalb ihrer Wertschöpfungskette zu erkennen und so den größtmöglichen Nutzen für alle Beteiligten eines C-Business Scenarios zu erzielen.

Darüber hinaus ermöglicht die C-Business Methodik den Unternehmen, aus einem umfassenden Portfolio von derzeit mehr als 130 C-Business Scenarios diejenigen zu identifizieren, die zum einen für ihr Geschäft aus strategischer Sicht am relevantesten sind und zum anderen aus einer Renditebetrachtung den größten Geschäftsnutzen für sie und ihre Geschäftspartner bieten.

Die beschriebene Methodik wurde bereits mit zahlreichen SAP-Kunden, Partnern und Analysten erfolgreich validiert und verfeinert. Darüber hinaus wurden die im Rahmen des SAP C-Business Scenario Portfolios dokumentierten Collaborative Business Scenarios ebenfalls gemeinsam mit Kunden, Partnern und Industrieexperten definiert, hinsichtlich der Richtigkeit und Relevanz der Abläufe validiert, und die zu erwartenden Wertschöpfungspotenziale gemeinsam unter Verwendung von unabhängigen Studien quantifiziert.

Collaborative Business Scenarios werden mit Hilfe von drei unterschiedlichen Sichten zur Dokumentation des selben betriebswirtschaftlichen Geschäftsablaufs vollständig beschrieben: Dem Business View, dem Interaction View und dem Component View. Angepasst auf die Informationsbedürfnisse unterschiedlicher Adressantenkreise (Management, Fachabteilung, IT-Spezialisten) beschreiben diese unterschiedlichen Sichten einen konsistenten Übergang von den betriebswirtschaftlichen Zusammenhängen bis hin zur systemseitigen Umsetzung in einer IT-Anwendungslandschaft.

4.1 Business View – Messbare Geschäftsvorteile

Die Entscheidung, ein C-Business Scenario zu implementieren, hängt in hohem Maß von dem erwarteten betriebswirtschaftlichen Nutzen ab. Für alle am Geschäftsablauf beteiligten Parteien müssen Vorteile entstehen und ein positives Wertschöpfungspotenzial in Bezug auf bestimmte Kennzahlen in Aussicht stehen.

Der Business View beschreibt aus betriebswirtschaftlicher Sicht zunächst die Teilnehmer und den Umfang des beschriebenen Geschäftsablauf sowie dokumentiert – validiert durch Kunden und unabhängigen Industrieexperten – die betriebswirtschaftlichen Vorteile der Umsetzung eines Collaborative Business Scenarios. Darüber hinaus können die Wertschöpfungspotenziale durch Kundenaussagen, Forschungsergebnisse und unabhängige Studien weiter quantifiziert werden.

Die Abbildung illustriert, wie zum Beispiel die Beschaffung über Zulieferer in der Automobilindustrie in einem C-Business Scenario abgewickelt werden kann: Auf Basis der Materialbedarfsplanung erstellt der Kunde entsprechende Lieferplanabrufe, die an den Zulieferer übermittelt werden. Der Disponent des Zulieferers erhält unmittelbar eine E-Mail, in dem er über die erstellten Abrufe, informiert wird. Die E-Mail enthält ebenfalls einen URL-Link, der dem Lieferanten den direkten Zugang zu seinem Lieferantenportal, dem "Supplier Workplace", ermöglicht.

Im "Supplier Workplace" können die Abrufe aufgelistet werden. Mittels der Bestätigungsfunktion kann der Zulieferer die Abrufe entgegennehmen und bestätigen. Durch die Bestätigung werden die Abrufe für die beteiligten Geschäftspartner bindend. Auf der Seite des Herstellers werden die Daten des bestätigten Abrufs in die Reichweitenplanung für die jeweiligen Lieferteile aufgenommen. Über eingegangene Bestätigungen kann der Disponent beim Hersteller mittels Workflow informiert werden.

Nachdem der Zulieferer die Lieferung ausgelöst hat, kann der Versandmitarbeiter beim Zulieferer ein Lieferavis im "Supplier Workplace" anlegen. Dies ermöglicht Zulieferern, die nicht über eine EDI-Anbindung mit dem Hersteller verfügen, ein Lieferavis mit dem Hersteller direkt auszutauschen. Das Transportunternehmen, das die Lieferung der angeforderten Teile zum Automobilhersteller übernimmt, hat ebenfalls Zugriff auf den "Supplier Workplace" und kann entsprechend die Informationen über die auf dem Weg befindlichen Lieferungen aktualisieren. Der Hersteller bucht den Wareneingang mit Referenz zum Lieferavis und kann dem Zulieferer – falls gewünscht – systemseitig eine Lieferbestätigung zusenden.

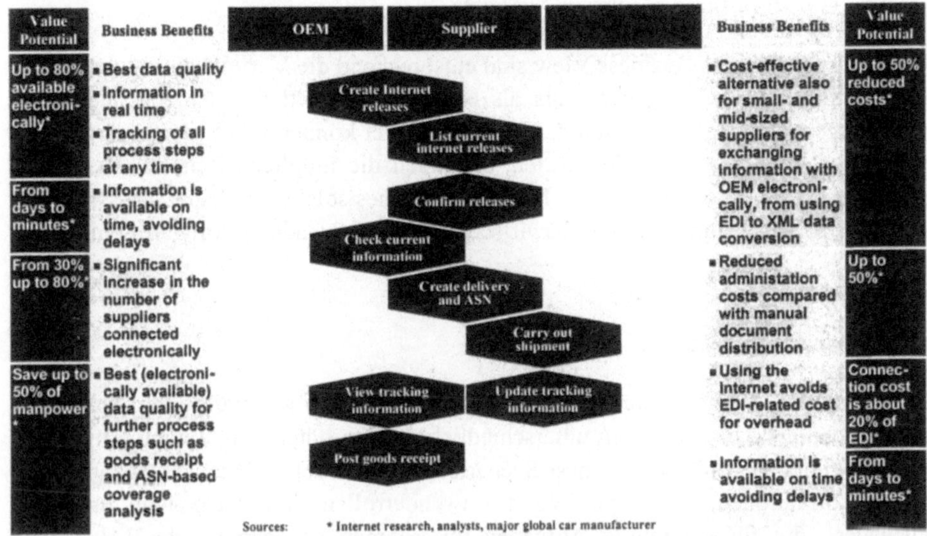

Abb. 3: Business View zum Collaborative Business Scenario „Supplier Workplace"

Die in dieser Tabelle dargestellten Wertpotenziale beziehen sich auf Berichte ausgewählter SAP-Kunden oder unabhängiger Dritter. Derartige Wertpotenziale können aber nicht garantiert werden.

Diese gesamtheitliche Integration der Geschäftsprozesse bringt allen Beteiligten erhebliche betriebswirtschaftliche Vorteile, die sich auch in quantifizierbaren Wertschöpfungspotenzialen niederschlagen. So können zum Beispiel mittels des zuvor beschriebenen Geschäftsablaufs bis zu 80% der Informationen zwischen den Partnern elektronisch ausgetauscht werden. Darüber hinaus ermöglicht das Collaborative Business Scenario „Supplier Workplace" die elektronische Anbindung kleinerer Zulieferer, die aus Kostengründen nicht über eine EDI-Anbindung zum Automobilhersteller verfügen. Weitere betriebswirtschaftliche Nutzenargumente verbunden mit entsprechenden Wertschöpfungspotenzialen ergeben sich aus der Beschleunigung der Abläufe und des Datenaustauschs, einer verbesserten Informationsqualität und Kostenvorteilen durch niedrigere Transaktionskosten.

Messbare Geschäftsvorteile

Zahlreiche unabhängige Studien beschäftigen sich mit den messbaren Geschäftsvorteilen, die sich durch die durch den Einsatz des Internet in der Automobilbranche erzielen lassen. In einer Studie von Goldman Sachs Investment Research vom Januar 2000 wurden für die Automobilindustrie Einsparungspotenziale von bis zu 14% der

Logistikkette prognostiziert. Eine ähnliche Studie der Investmentbank Morgan Stanley Dean Witter vom Mai 2000 stellt für die europäische Automobilindustrie Einsparungen durch mögliche niedrigere Lagerbestände in der Logistikkette in einer Größenordnung von 20 Milliarden Euro in Aussicht.

Auf beiden Seiten des Business View sind entsprechend die Vorteile eines integrierten gemeinschaftlichen Geschäftsablaufs als betriebswirtschaftlicher Nutzen und Wertschöpfungspotenziale dokumentiert. Geschäftspartner können so vor der Implementierung des C-Business Scenarios prüfen, wie hoch die mögliche Rendite (Return on Investment) einer Investition in die Realisierung eines solchen Collaborative Business Scenarios mittels geeigneter betriebswirtschaftlicher Anwendungssoftware sein kann.

4.2 *Interaction View*

Der Interaction View beschreibt das Prozessdesign und die detaillierten Abhängigkeitsbeziehungen zwischen den unterschiedlichen Aktivitäten und Verantwortlichkeiten der Teilnehmer eines C-Business Scenarios. Der Interaction View bietet zahlreiche Zusatzinformationen, so beispielsweise Anwenderrollen (z.B. Disponent, Produktionsplaner), die für bestimmte Aufgaben im Rahmen des gemeinschaftlichen Geschäftsablaufs verantwortlich sind. Aber auch die Geschäftsbelege, welche die Teilnehmer im Rahmen eines C-Business Scenarios austauschen werden im Interaction View spezifiziert.

Im Rahmen der weiteren Prozessdokumentation und Implementierung eines Collaborative Business Scenario sind entsprechende Verweise auf das Design der spezifischen Arbeitsplätze der Mitarbeiter möglich und vorgesehen. So kann bei der Umsetzung auf die spezifischen ablauf- und aufbauorganisatorischen Gegebenheiten der beteiligten Unternehmen in besonderer Weise eingegangen werden. Gleichermaßen sind direkte Verknüpfungen und Absprünge in die technische Beschreibung der ausgetauschten Geschäftsbelege (beispielsweise als XML-Schema) möglich.

Bereits 1998 hat die SAP AG das Konzept der Solution Maps vorgestellt. In den SAP Industry Solution Maps sind die industriespezifischen Kernprozesse der 20 SAP Industrielösungen sowie die übergreifenden Unterstützungs- und Führungsprozesse dokumentiert. Im Gespräch mit Kunden können damit auf Basis einer gemeinsamen Darstellung und Sprache die für den Geschäftserfolg besonders wichtigen Teilprozesse und Bereiche identifiziert werden. Als Verfeinerung und Weiterentwicklung des Konzepts sind die C-Business Scenarios ebenfalls in die SAP Solution Maps eingebunden.

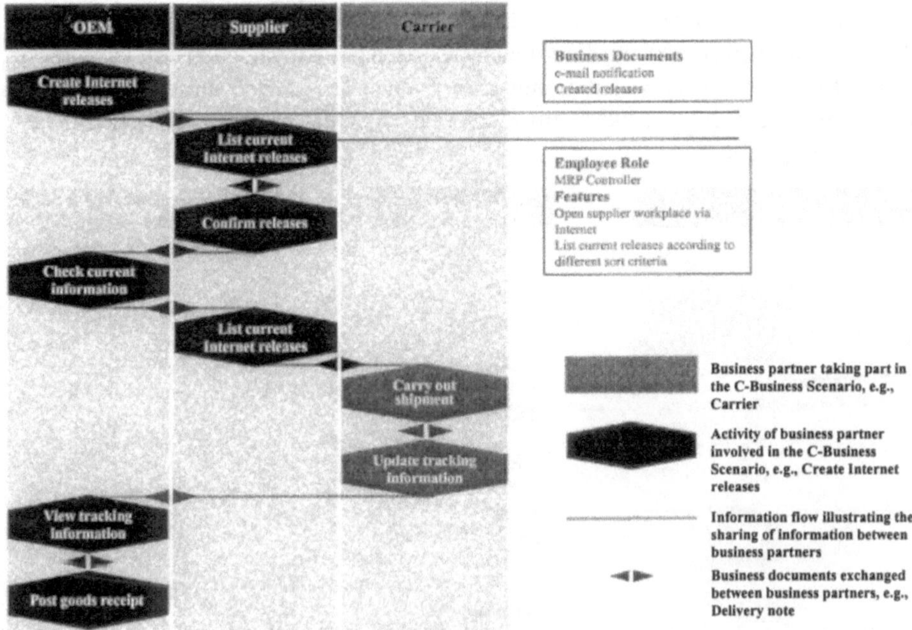

Abb. 4: Interaction View zum Collaborative Business Scenario „Supplier Workplace". Überblick über die Interaktionen, Rollen der Teilnehmer, den Informationsfluss und die im Rahmen des C-Business Scenarios ausgetauschten Geschäftsbelege.

4.3 Component View

Für die konkrete systemseitige Implementierung des beschriebenen betriebswirtschaftlichen Geschäftsablaufs ist die Dokumentation der benötigten Anwendungskomponenten und deren Einbettung in die bestehende Anwendungslandschaft der beteiligten Geschäftspartner unabdingbar. Um die entsprechenden Anforderungen und mögliche technische Restriktionen zu dokumentieren, verwendet die Methodik der Collaborative Business Scenarios eine dritte Sicht, den sogenannten Component View.

Der Component View beschreibt die logischen Anwendungskomponenten, die benötigt werden, um den betriebswirtschaftlichen Ablauf des Collaborative Business Scenarios zu unterstützen. Dafür werden die Aktivitäten u.U. in weitere Teilaktivitäten unterteilt, die ggfs. auf unterschiedlichen Anwendungskomponenten ausgeführt werden. Der Component View ist Teil einer detaillierten Dokumentation, die ebenfalls mögliche Releaserestriktionen bzw. andere technische Besonderheiten der Implementierung beschreibt. Im Rahmen einer projektspezifischen Implementierung kann der Component View ebenfalls um die Darstellung von kundenspezifisch vorhandene

Altanwendungen erweitert werden. Entsprechend stellt der Component View in der Regel den Ausgangspunkt für die kundenspezifische Dokumentation der Umsetzung eines C-Business Scenarios auf technischer Ebene dar. Gemeinsam mit dem Team eines Implementierungsprojekts wird dieser dann auf die projektspezifischen Gegebenheiten angepasst.

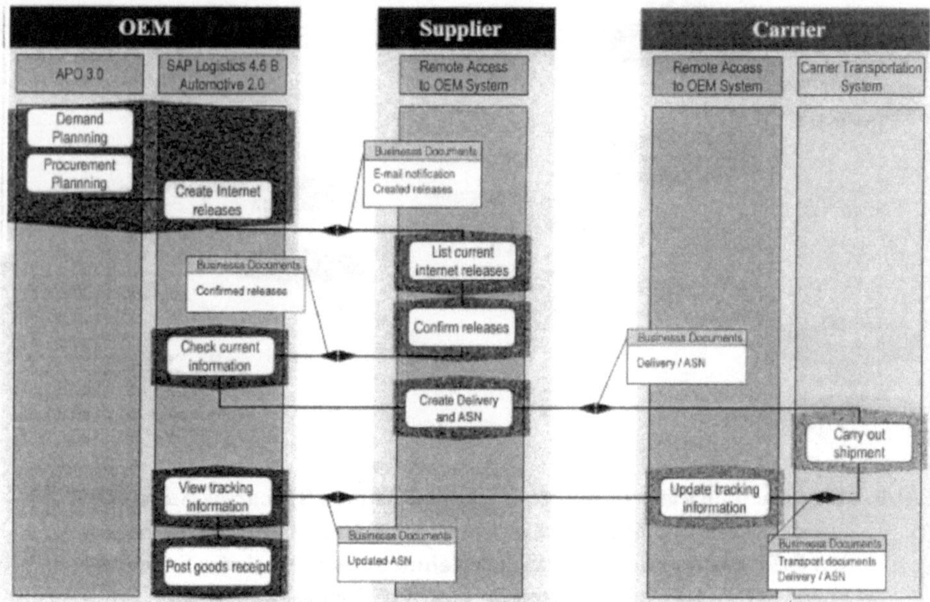

Abb. 5: Component View zum Collaborative Business Scenario „Supplier Workplace". Überblick über die Anwendungskomponenten, die zur Realisierung des Collaborative Business Scenarios benötigt werden.

5 Ausprägungen von Collaborative Business Scenarios

Bei der Betrachtung von Collaborative Business Scenarios sind im wesentlichen drei unterschiedliche Ausprägungen der Zusammenarbeit zwischen Unternehmen zu unterscheiden: Corporate-driven Scenarios, die sich innerhalb der Organisationsstruktur eines Konzerns oder einer Holding vollziehen; Channel-Master-driven Scenarios, in denen ein bedeutendes Unternehmen sein Lieferanten- bzw. Vertriebspartnernetzwerk über eine gemeinsame Plattform an sich anbindet (1:n); und schließlich Market-driven Scenarios, in denen viele Anbieter mit vielen Nachfragern über einen zentralen Intermediär (Exchange) in Geschäftsbeziehung treten (n:1:m).

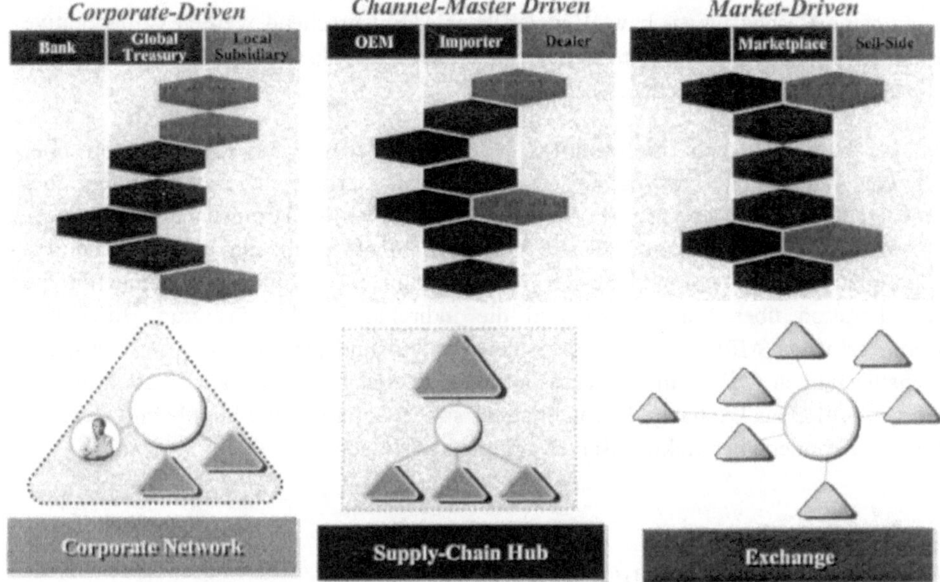

Abb. 6: Ausprägungen von Collaborative Business Scenarios

Der zunächst einfachste und naheliegendste Fall ist die Kollaboration zwischen unterschiedlichen Geschäftseinheiten innerhalb eines Konzern. Besonders interessant sind in diesem Zusammenhang die Beziehungen und Arbeitsabläufe zwischen zentralen Unternehmenseinheiten (Shared Service Centers) und den dezentralen lokalen Niederlassungen innerhalb des Konzerns. Ein konkretes Beispiel dafür liefern die Geschäftsabläufe zwischen einem globalen Treasury Department und den lokalen Niederlassungen im Rahmen des „In-house Cash Management". Forderungen und Verbindlichkeiten zwischen den Gesellschaften innerhalb eines Konzerns werden durch das globale Treasury saldiert, externe und interne Zahlungsströme gebündelt. Ein solches Collaborative Business Scenario, das weitgehend innerhalb der Organisationsstruktur eines Konzerns abläuft, und welches dabei stark von einer zentralen Unternehmenseinheit gesteuert wird, wird als Corporate-driven C-Business Scenario bezeichnet.

Viele Unternehmen - insbesondere solche mit einer starken Marktstellung - versuchen derzeit für sich und ihre bevorzugten Geschäftspartner die Möglichkeiten des Internet zu nutzen. Eine gemeinsame Internet-Plattform in Form eines Supply-Chain Hub ermöglicht die integrierte Anbindung ihres Lieferanten- oder Vertriebspartnernetzwerks. Beispiele hierfür sind große Erdölproduzenten, die sämtliche fremdbeschafften Bauteile und Dienstleistungen im Bereich des Anlagenbaus (für Ölfelder, Raffinerien, usw.) über eine zentrale Beschaffungsplattform beziehen. In der Automobilindustrie schaffen einzelne bedeutende Automobilkonzerne Vertriebsplattformen auf Internettechnologie, welche die Anbindung ihres gesamten Importeur- und Händlernetzwerks ermöglichen. Ein zentraler Teilnehmer bündelt und steuert über eine solche Anwendung seine Beschaffungs- bzw. Vertriebskanäle. Entsprechend werden Collaborative Business Scenarios, die diesem Typus zuzuordnen sind, als Channel-Master-driven C-Business Scenarios bezeichnet.

Market-driven C-Business Scenarios beschreiben Arten der Kollaboration über Unternehmensgrenzen hinweg, bei denen viele Anbieter mit vielen Nachfragern über einen zentralen Intermediär in Form eines (öffentlichen) elektronischen Marktplatzes (Exchange) zusammenkommen. Die Geschäftsabläufe schließen entsprechend den Marktplatz als Entität innerhalb der Kollaboration ein. Typische Beispiele für die Kollaboration über Marktplätze sind die indirekte Beschaffung von Hilfs- und Betriebsstoffen (MRO Marketplaces), der Verkauf und das Makeln von Transportdienstleistungen (z.B. National Transportation Exchange), aber auch Handelsanwendungen (Oil&Gas Exchange Reconciliation) sowie Collaborative Supply and Demand Planning können über elektronische Marktplätze erfolgen.

6 Zusammenfassung –
Vorteile der Collaborative Business Scenarios

Die nahtlose Unterstützung von unternehmensübergreifenden Geschäftsabläufen durch Internettechnologie stellt einen strategischen Wettbewerbsvorteil für die beteiligten Unternehmen dar. Durch geeignete prozesstechnische Einbindung und technologische Anbindung von Geschäftspartnern können allen Teilnehmern reale Wertschöpfungspotenziale eröffnet werden. Collaborative Business Scenarios ermöglichen damit eine Optimierung und Umstrukturierung der Wertschöpfungskette über mehrere Unternehmungen hinweg. Der betriebswirtschaftliche Nutzen für sämtliche an den Collaborative Business Scenarios beteiligten Parteien ist dabei vielfältig: Kollaboration über Unternehmensgrenzen hinweg erzeugt Wettbewerbsvorteile durch verkürzte Time-to-market-Zyklen, neue innovative Prozesse, kundenindividuelle Serviceangebote, Geschwindigkeit des Informationsaustauschs, Steigerung der Informationsqualität und effektive Kostenvorteilen. Damit sind Collaborative Business Scenarios eine Quelle strategischer Wettbewerbsvorteile und ein zentrales Element für der Geschäftserfolg einer Unternehmung in der Internetökonomie.

Die beschriebene C-Business Methodik würdigt die strategische Bedeutung von unternehmensübergreifender Zusammenarbeit auf Basis von Internettechnologie und ermöglicht eine gesamtheitliche Sichtweise. C-Business Scenarios beschreiben einen „Outside-In"-Ansatz, bei dem beginnend bei den betriebwirtschaftlichen Zusammenhängen über unterschiedliche Sichten eine Annäherung an die systemseitige Realisierung und Umsetzung im Implementierungsprojekt erfolgt. Die drei unterschiedlichen Sichten Business View, Interaction View und Component View adressieren die unmittelbaren Informationsbedürfnisse von unterschiedlichen Adressaten (Management, Fachabteilungen, IT-Spezialisten). Die Methodik visualisiert auf verständliche

Weise komplexe Abläufe und unterstützt damit die Kommunikation zwischen allen beteiligten Interessengruppen sowohl innerhalb einer Unternehmung (Fachabteilung, DV-Abteilung) als auch mit den strategischen Geschäftspartnern außerhalb der Unternehmung, die am Collaborative Business Scenario teilnehmen.

Der Business View gibt Auskunft über die beteiligten Geschäftspartner und bietet einen Überblick über den Umfang und Gesamtablauf der Zusammenarbeit zwischen den Teilnehmern. Darüber hinaus dokumentiert der Business View insbesondere die betriebswirtschaftlichen Argumente im Sinne einer Nutzenargumentation und realen Wertschöpfungspotenzialen, die sich für die Teilnehmer nutzbar machen lassen. Sie bilden die Grundlage für eine Investitions- und Renditerechnung.

Der Interaction View geht ein auf die wechselseitigen Abhängigkeiten zwischen den einzelnen Aktivitäten innerhalb des Gesamtablaufs und auf den Informationsaustausch zwischen den Geschäftspartnern. Die Geschäftsbelege, die zwischen den beteiligten Geschäftspartner ausgetauscht werden, werden definiert und spezifiziert. Zusätzlich bindet der Interaction View die beteiligten Personen in ihren jeweiligen Rollen über personalisierte Anwenderportale (z.B. mySAP.com Workplace) in die Darstellung ein.

Der Component View vereinigt die IT-Anwendungslandschaften der Teilnehmer eines Collaborative Business Scenarios in einer konsistenten Darstellung. Er beschreibt die Anwendungskomponenten, die zur systemseitigen Unterstützung des Geschäftsablaufs benötigt werden. Die Aktivitäten werden u.U. in relevante Einzelschritte unterteilt, die auf den jeweiligen Anwendungen ausgeführt werden. Darüber hinaus enthält der Component View Informationen zu Releaseanforderungen und ist Grundlage für die anschließende technische Umsetzung.

Die SAP AG hat bisher bereits mehr als 130 relevante Collaborative Business Scenarios identifiziert. Das Portfolio der von SAP unterstützen C-Business Scenarios umfasst alle von SAP unterstützten Industrien und funktionalen Unternehmensbereiche (Finanzen, Logistik, Personalwesen). Sämtliche dokumentierten C-Business Scenarios wurden im Dialog mit Kunden, Partnern und Experten erarbeitet und validiert.

Nähere Informationen über die unter mySAP.com verfügbaren Collaborative Business Scenarios erhalten Sie im Internet unter http://www.sap.com/c-bs.

Literaturverzeichnis

Bond, B., et al. (1999): C-Commerce: The New Arena for Business Applications. Gartner Group, 1999.

Brandenburger, A. M., Nalebuff, B. J.(1996): Co-opetition. Doubleday, New York, 1996.

Hagel, J.; Singer, M. (1999): Net Worth. Harvard Business School Press, Boston, MA, 1999.

Haylock, C. F.; Muscarella, L. (1999): Net Success. Adams Media Corporation, Holbrook, MA, 1999.

Kalakota, R.; Robinson, M. (1999): e-Business: Roadmap for Success. Addison Wesley, Reading, MA, 1999.

Keller, G.; Teufel, T.(1998): SAP R/3 Process Oriented Implementation: Iterative Process Prototyping. Addison-Wesley Pub Co, October 1998; ISBN: 0201924706.

Keller, G.: Nüttgens, M.; Scheer, A.-W.(1992): Semantische Prozeßmodellierung auf der Grundlage der "Ereignisgesteuerten Prozeßketten (EPK)", Saarbrücken, 1992.

Lapidus, G.(2000): eAutomotive: „Gentlemen, Start Your Search Engines". Goldman Sachs Investment Research, 2000.

Melich, G., et al. (2000): B2B e-Commerce in Europe. Morgan Stanley Dean Witter, 2000.

SAP (2000): mySAP.com Collaborative Business Scenarios. Whitepaper. Walldorf, 2000.

SAP (2000): Collaborative Business in the Oil & Gas Industry. Whitepaper. Walldorf, 2000.

SAP, IMG, IWI-HSG (1999): Business Networking in the Internet Age. Whitepaper. Walldorf, 1999.

Scheer, A-W.(1998): Business Process Engineering: Reference Models for Industrial Enterprises, Springer Verlag; July 1998; ISBN: 3540638679.

E-sourcing:
21st Century Purchasing

Hugh Baker,
J. Scott Cade,
Monique Oudijk,
C.V. Ramachandran,
Booz·Allen & Hamilton, Munich

Jim Roth,
Detlef Schwarting,
Stefan Stroh,
John van Leeuwen

Contents

1 Executive Summary

The days of pushing paper are swiftly drawing to a close in the world of procurement. As E-business transforms the market for goods and services globally, it is redefining the way companies manage their supply chains. E-sourcing is emerging as one of the quickest and least painful ways for companies to boost their bottom line in an increasingly competitive economy.

E-sourcing does more than establish an electronic venue for buyers and sellers to meet. It also streamlines workflows, enhances flexibility and drives transparency in the buyer-seller relationship. By E-enabling the procurement process, E-sourcing improves the accuracy and availability of information on both the supply and demand side, facilitating collaboration as well as control and compliance. That knowledge makes for more informed negotiations and richer arbitrage opportunities. Finally, E-sourcing frees up purchasing personnel to focus on more strategic concerns such as supply base development and relationship management, linking suppliers into up-front innovation processes and value chain restructuring.

E-sourcing solutions create value by lowering spend costs, streamlining processes, and enabling new business development. While E-sourcing's scope and success will vary by industry and type of buy, there are five central principles that should guide any company's E-sourcing strategy:

- Sustainable benefits arise only from eliminating waste or creating value

- Customize solutions according to commodity characteristics

- Decide how and where you can be a market maker

- Leverage "off-the-shelf" E-sourcing solutions

- Don't underestimate the internal change required to realize benefits

While most of these principles apply to all companies assessing E-sourcing, the market maker concept pertains primarily to buyers with significant market clout and/or first-mover advantage. These potential "aggregators" can use Web-based technology to move beyond their extended enterprise and create new virtual market-places within their industries. Ford, Boeing, Weyerhauser, Chevron and British Telecom are just a few of the companies that are already moving in this direction.

Companies that are the most successful at implementing E-sourcing are able to: adopt a holistic approach, build on sound strategic sourcing capabilities, realize that arbitrage is not the name of the game, understand that this isn't alchemy but change supported by market logic, use E-sourcing as a total business proposition and are comfortable with controlling the market versus letting the market control them.

2 Introduction

The word purchasing used to conjure up a world of special deals, endless approvals and forms signed in triplicate. No longer. Those days have long since passed at most companies as sophisticated sourcing strategies and processes have steadily taken hold. Still, as digital technologies reshape the market environment in which every industry operates, the opportunities for further and, arguably, even more dramatic gains in efficiency and effectiveness are evident in the procurement arena.

Just as the Internet is transforming the marketplace for finished goods and services, so too is it overhauling companies' supply relationships. In fact, E-sourcing is emerging as one of the quickest, surest and least painful ways for companies to boost their bottom line in an E-Commerce economy.

E-sourcing streamlines workflows, enhances flexibility and drives transparency in the buyer-seller relationship. By automating and speeding up the transaction end of the purchasing process, E-sourcing frees up purchasing personnel to spend more time on a strategic level-tackling the total value chain for the business and delivering the right supply relationships.

While its scope and success will vary by industry and type of buy, E-sourcing whether through an E-catalog, online auction, electronic RFQ process, or other method – is almost invariably a good idea that should be implemented sooner rather than later. While some large companies are spending significant sums to create E-marketplaces in their respective industries, huge systems investments are not a requirement. In fact, many tools and Web sites already in place or in development can pave the way to a more productive and mutually beneficial relationship with suppliers across industries and markets.

3 The Internet Is Setting the Stage

Dismissed as a blip on the economic radar screen only a few years ago, the Internet is now effectively redefining the standards of performance, speed and price in a global marketplace. It is eradicating market barriers, empowering customers and enabling brand new business models.

The Internet enables more than a low cost, information-rich, interactive channel; it is a powerful and swift change agent that is sweeping across industries of all types. It is an open, flexible network that is growing in strength and value as it grows in reach. It is a market equalizer that can lower switching costs and allow smaller companies to compete on relatively equal footing with industry leaders. It is an incubator for new models of commerce (e.g., real-time demand, supply matching). And it is a powerful streamlining force that distills the supply chain in any business to its simplest form, eliminating historical links that encumbered efficiency.

4 An Explosion in E-sourcing Activity

While much of the hype surrounding the Internet has focused on business-to-consumer sales, the business-to-business market is the far larger and more immediate opportunity. E-sourcing is a huge and rapidly growing component. By "E-sourcing," we refer to companies' efforts to take advantage of Internet-enabled purchasing tools to improve the efficiency and effectiveness of their overall spend. E-sourcing takes any number of forms from buy-side and sell-side E-catalogs where suppliers can exhibit their wares to electronic RFQ (request for quotation) procedures that allow purchasers to post specifications and solicit bids to cyberspace commodity exchanges where buyers and sellers can meet and trade.

Whether it's online exchanges such as e-STEEL, Chemconnect and EnergyMarketplace or the auction models of FreeMarkets and TradeOut, E-sourcing has dramatically improved the efficiency of supply relationships by facilitating automated, comprehensive, market-clearing mechanisms. These mechanisms are enabling a range of buyer-supplier interface models from one-to-one formats to one-to-many models to multiple buyers interacting with multiple suppliers across both horizontal and vertical markets. However, it is important to note that not all E-sourcing formats are designed to enhance the buyer's access to perfect information. Reverse auctions such as that for airline tickets on Priceline.com give the supplier the opportunity to "shop" among different buyers and set the market price.

5 The Benefits

E-sourcing does more than establish an electronic venue for buyers and sellers to meet, it also streamlines workflows, enhances flexibility and drives transparency in the buyer-seller relationship. By E-enabling the process, E-sourcing improves the accuracy and availability of information on both the supply and demand side, facilitating collaboration as well as control and compliance. That knowledge makes for more informed negotiations and richer arbitrage opportunities.

Additionally, E-sourcing provides a unique opportunity for companies to leverage their purchasing scale or industry knowledge to launch a new business venture. Specifically, E-sourcing solutions create value by: 1) lowering spend costs; 2) streamlining processes; and 3) enabling new business development (see Figure 1). Many of the benefits accrue to the bottom line through significant spend cost reductions. Indeed, much of the rush to migrate sourcing programs online is the widely held belief that there is a great deal of easy money left on the table – i.e., E-sourcing can reduce costs by consolidating buying across an enterprise and help large companies capitalize on volume discounts through virtual scale. Office supplies ordering alone, as the sidebar suggests, provides fertile ground for E-sourcing, and the benefits can extend well beyond office supplies to all elements of a company's direct and indirect buy. These savings can be significant, for example, IBM has estimated that they have saved 10–15% on a $12 billion spend in 1999. And Chevron has predicted overall cost reductions of 15–25% on all their goods and services purchased online Additionally, by eliminating routinized tasks like transaction processing, E-sourcing can free up purchasing personnel to focus on more strategic issues:

- Comprehensive supplier screening

- Supply base development and relationship management

- Linking suppliers into up-front innovation processes

- Value chain restructuring

- Internal capability building

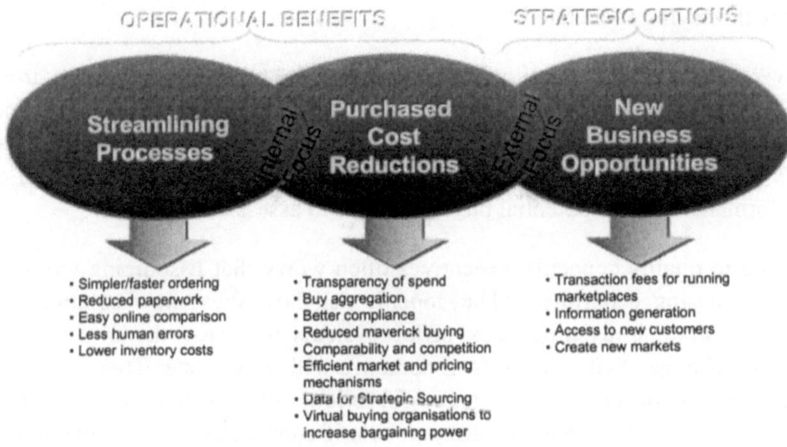

Fig. 1: E-sourcing Benefits

Finally, while most organizations look to E-sourcing to further reduce purchase costs, it also can be a revenue-generating tool. For example, companies such as Ford, GM and DaimlerChrysler are joining together to establish virtual marketplaces.

6 The Challenges

Executed correctly, E-sourcing can be a true win-win, attracting the full participation of all players along the supply chain in the building of a more efficient and effective extended enterprise. Its benefits can impact all elements of the procurement process, from the strategic (i.e., identification of new business opportunities) to the operational (i.e., ordering and delivery processes). However, it does represent substantial challenges. Our experience with clients across multiple industries suggests that to be successful, companies need to be vigilant and manage the implementation process carefully. The concerns we hear expressed are fairly consistent across industries. Before undertaking an E-sourcing program, companies need to evaluate its likely impact on the entire supply chain, as well as on market structures. Companies should consider carefully the total scope of their buy and long-term profitability, not just what can be procured easiest and cheapest in the immediate term. Arm's length transactions with a broad supply base can negate the benefits that derive from deep supplier partnerships, particularly when it comes to more customized and engineered products. Who owns the warranty claims and costs in such a populated universe? Will you get the same level of innovation and functionality with some new E-supplier as you do with your vendor partner of a decade? Will the cost of certifying these new suppliers eliminate the savings generated?

Moreover, quality and delivery reliability need to be taken into account particularly when E-sourcing segments of the direct buy. Unlike the investment community, the supply community in several industries does not have a standardized assessment technique. There is seldom a universally accepted gauge and measurement of quality and performance that all potential buyers can use to assess all suppliers.

In addition to quality concerns, executives often worry that E-sourcing will demoralize the purchasing department. They openly ask how these new solutions will be integrated with their existing back office systems and how the organization will manage the changes that a move to E-sourcing will necessitate. These concerns can present legitimate obstacles to the successful rollout of an E-sourcing program – if left unaddressed – but all are readily surmountable if companies dedicate the appropriate focus and resources to this initiative.

7 The Central Principles

Wherever a company resolves to apply E-sourcing as part of its business practices, the results can be powerful. Booz·Allen & Hamilton has developed considerable expertise in this area – helping clients both in building strategic, ongoing E-sourcing capabilities and in realizing "quick-hit" savings. Our experience has helped us identify five central principles that companies should keep in mind as they assess E-sourcing's potential within their organization.

7.1 Sustainable benefits arise only from eliminating waste or creating value

The transparency and immediacy of Internet pricing comparisons can be a very alluring siren's song, tempting many companies to engage in heavy, opportunistic spot buying. While such purchases can bring down short-term expenses dramatically, they are, at best, a "quick fix." Sustainable savings derive from more permanent and proactive solutions that either fundamentally alter market economics or remove embedded inefficiencies in the purchasing process. Examples include:

- Increase manufacturing scale and utilization at suppliers
- Afford access to a broader, more cost-advantaged supply base
- Provide real time matching of supply and demand
- Eliminate middlemen
- Reduce transaction costs
- Improve compliance
- Reduce logistics and distribution costs
- Enable access to "undiscovered" technologies

E-sourcing can transform the procurement landscape, opening it to new players, expediting the flow of more accurate and complete information and clearing out the debris that has traditionally gummed up the purchasing process. Already, these types of solutions are taking hold in the trenches of the business world as industry players and third parties aggregate buyers and sellers in vast electronic marketplaces. On the buy side, purchasers use search engines and special purpose intermediaries to identify and qualify suppliers who can fulfill their specific requirements. On the sell side, improved access to real-time demand is allowing vendors to sell into these virtual exchanges at market clearing prices. Moving forward as industry supply bases become "plugged" into the marketplaces, companies can and will be able to use these destinations as supply chain management and collaboration hubs.

7.2 Customize solutions according to commodity characteristics

E-sourcing is not the first advance to hit the world of corporate purchasing. Over the past decade, many processes and tools have been introduced to optimize the efficiency and effectiveness of the procurement function (e.g., balanced sourcing, strategic partnerships). The extent to which companies have successfully implemented these recommendations will influence the impact E-sourcing can have on their cost structure and operations efficiency.

More significantly, the purchased item's position on the value chain influences tremendously the applicability of E-sourcing. In general, the lower the value-added content in a good or service, the more commodity-like its behavior in the marketplace (see Figure 2). The ubiquity, accessibility and transparency of E-sourcing make it an ideal solution for these purchases. It is no surprise then that E-sourcing initiatives are typically launched at this end of the value chain. Specifications are more straightforward in commodity buys, quality issues are less of a concern, and relationships between buyer and seller are more transactional than collaborative.

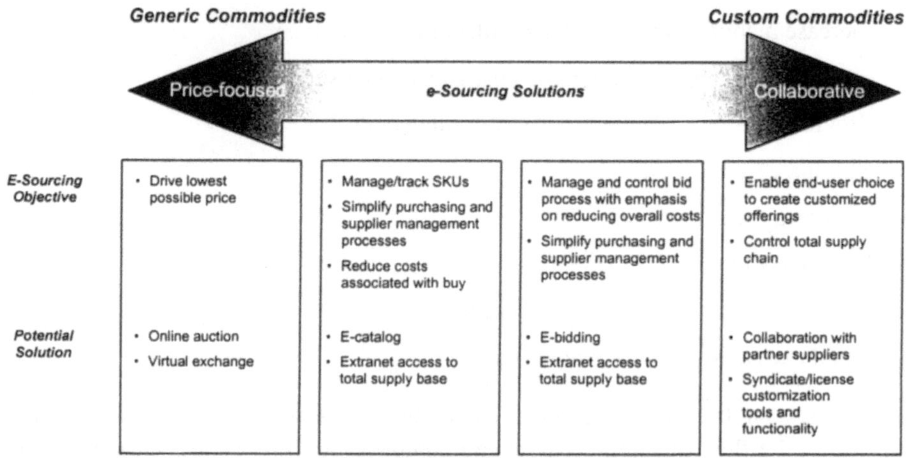

Fig. 2: E-sourcing Solutions Vary by Commodity

More highly engineered products and services also can benefit from a carefully implemented E-sourcing program, since E-sourcing frees up and accelerates the exchange of information between buyer and supplier. Robust information flows can provide better insight into user requirements, which translates into greater success in new product development and more accurate fulfillment of customer demand. Even more important, however, is the real-time design collaboration facilitated by E-sourcing's Web-based technologies.

While most E-sourcing initiatives quickly reap the low-hanging fruit in purchase cost reductions, many struggle to extract the full benefit of the information and scale they can now muster to realize savings across the enterprise. For instance, in a manufacturing environment, many companies move quickly to apply E-sourcing to elements of their indirect buy (e.g., travel, office supplies) but are more reluctant to apply these new tools to their product-related buy.

Such hesitation is understandable. Quality and delivery reliability are of paramount importance in sourcing those goods that are product-related. If a trial vendor relationship fails to deliver, the consequences to a company's own product are immediate and visible to the end-customer. Obviously, manufacturers will take greater care in moving this element of their buy online.

Still, product-related buying is at least equal, if not greater, in volume to non-product-related purchases. It is certainly worth a purchasing leader's time to consider the potential benefits that could arise from E-sourcing the product-related buy as well. The trick is to identify segments of the product-related buy that can be precisely specified (or commoditized) and challenge suppliers to rise to this requirement on a consistent basis. For example, in the aerospace industry, valves that are not flight-critical can be specified in sufficient detail to allow them to be purchased via electronic auctions. E-sourcing is a business model that can potentially encompass a company's total spend, but not overnight. This is an evolving arena in which enhancements are continually introduced. Companies will realize the benefits of E-sourcing incrementally over time, starting with those elements of their spend where benefits are immediate and specifications are more easily defined. Ultimately, however, the E-marketplace is likely to become the venue of choice for all components of the spend.

7.3 Decide where and how you can be a market maker

The unique characteristics of the supply environment in a particular industry will dictate the E-sourcing opportunities that may or may not be available to enterprising players (see Figure 3). In an environment characterized by generic or commodity-like products where each buyer's share of demand is low, existing E-sourcing solutions (e.g., E-catalogs, E-auctions) fulfill both buyers' and suppliers' needs with modest incremental investment. There is very little reason to think "outside the box" and develop a brand new solution.

But not every market environment lends itself to pre-packaged solutions. In supply environments characterized by a high degree of customization and high demand share, E-collaboration prevails. Using this approach, buyers still take advantage of the Internet to not only capture innovation across a broader universe of qualified suppliers but also share design specifications and engineering documents in an interactive, real-time mode without expensive EDI linkages.

Finally there exists the opportunity among commodity purchasers with substantial buying clout to use electronic technology to "make" a whole new virtual market. Ford, General Motors, DaimlerChrysler, Boeing, British Telecom, Deutsche Telecom, Weyerhauser and Chevron, among others have all pursued this alluring prospect, teaming with E-Commerce vendors, Oracle, Commerce One and Ariba to launch industry-wide online exchanges for the goods and services they purchase.

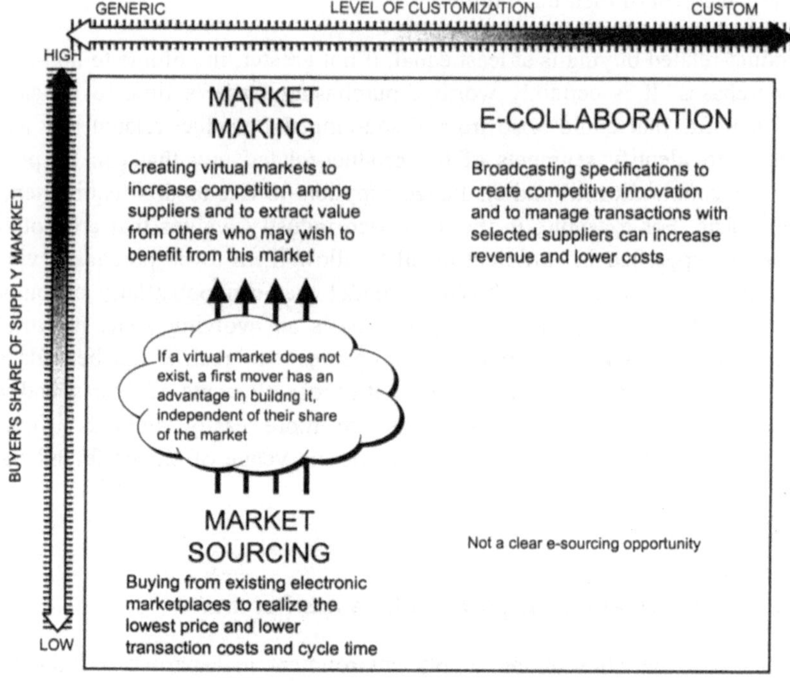

Fig. 3: E-sourcing Positioning Matrix

These market sites not only increase competition among suppliers, but they extract value from others in the industry who may wish to participate. These virtual marketplaces consolidate industry buys, affording large and small competitors alike with the benefits of increased scale. Even when they do not have high market share, companies can develop these proprietary E-sourcing solutions and "sell" them to other market participants, creating, in effect, electronic keiretsus.

The opportunities in this arena are countless, both in terms of vertical and horizontal markets. Indeed, negotiations are under way in the aerospace, health care, industrials and other sectors to set up similar virtual exchanges. BP Marine, for example, joined forces with Shell Marine and FAMM to develop a marine industry Internet site. The site, called OceanConnect.com, is positioning itself to be the marine market space for fuels.

It is in this arena that E-sourcing could bear its most prodigious fruit – and not just in lower prices. The E-Commerce vendors have offered their E-marketplace partners a share of these new ventures as part of the deal. In fact, analysts estimate that ultimately these stakes could provide more of a return to companies like Ford and GM than the actual marketplaces themselves.

7.4 Leverage "off-the-shelf" solutions

There are several software applications on the market today designed to help companies launch E-sourcing immediately. For the most part these are Web-based solutions, requiring minimal investment compared to the EDI systems of the recent past. These solutions have helped level the playing field in E-business with small to mid-sized businesses quickly capturing value that was previously reserved for larger companies.

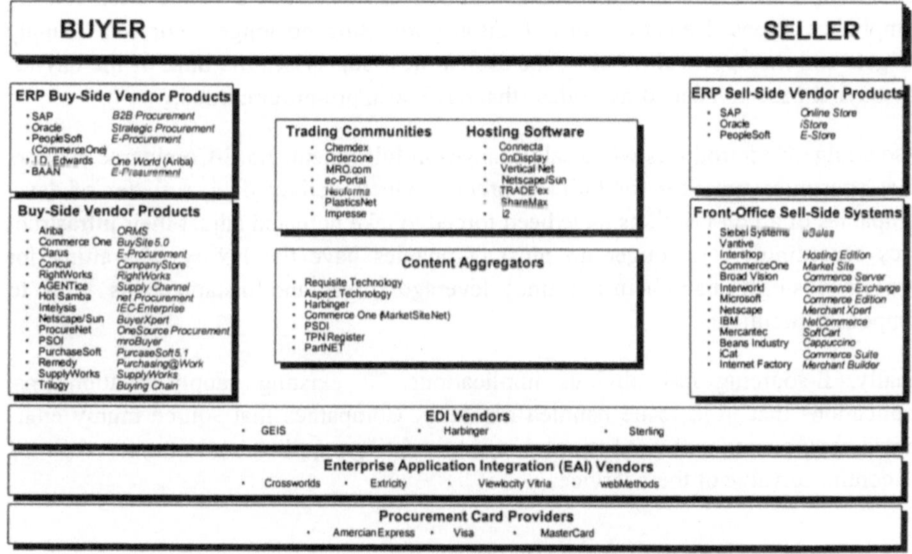

Fig. 4: Current Information System Solutions

Whatever approach companies adopt – whether forward-integrating existing ERP applications using hosting software to create virtual buying communities, or aggregating content into online catalogs – they should select from a range of options designed to facilitate both sides of the supply relationship – unless a unique customized solution is required.

7.5 Don't underestimate the internal change required

While E-sourcing may be relatively easy and inexpensive to launch compared to other internal re-engineering efforts, it impacts most internal processes. E-sourcing affects nearly every link in the supply chain from vendor development to logistics to customer service, impacting not only physical but also information flows. By dramatically lowering the cost of data capture, E-sourcing allows purchasing managers greater insight into demand requirements, which influences how manufacturing operations are set up. Moreover, E-sourcing solutions generally need to be integrated with existing ERP systems. In short, E-sourcing requires significant shifts in process, systems and culture. If the necessary internal infrastructure changes are not made to accommodate these new tools, much of the potential can be squandered.

For example, E-sourcing bridges the divide between traditional functional silos, and distributes purchasing authority across the organization. In so doing, it empowers buyers and transforms the role of the purchasing function, reducing the administrative and record-keeping component, and emphasizing the strategic negotiating and commodity allocation skills. End-users can now order directly over the Internet, with compliance imposed electronically. Central purchasing no longer "controls" supply budgets and the approval process; the system now supervises the bulk of the day-to-day buying based on spending "rules" that have been pre-programmed.

E-sourcing also introduces wholesale changes in fulfillment. As E-Commerce vendors whet consumer appetites for build-to-order products delivered in a matter of days, companies of all descriptions have been forced to take note and adjust their infrastructures accordingly. No longer do most companies have the luxury of waiting for signoffs. Instead, manufacturing lines leverage direct and instantaneous links to component suppliers.

Finally, E-sourcing has obvious implications for existing supply relationships, implications that need to be handled carefully. Companies that source highly engineered components will need to reach out to existing suppliers and reassure them of the continued value of their services.

8 Booz·Allen's Approach to E-sourcing

While each company's implementation of E-sourcing is likely to differ depending on unique market and company conditions, our experience suggests that there are some common elements that characterize the assessment and successful implementation of E-sourcing solutions.

The first step should involve a quick assessment of current supply needs, supply industry dynamics, customer requirements, current sourcing strategies and infrastructure to determine where the benefits of E-sourcing might best apply. Typical questions considered during this diagnostic phase include:

- What is the E-sourcing value proposition – commodity by commodity?

- What are the appropriate tools for delivering on E-sourcing's potential, and what should be owned versus outsourced?

- How should we organize internal operations (procurement, engineering and other functions) to take advantage of "E-business" opportunities?

Once a company has evaluated both its external and internal environment and defined the scope and objectives of its E-sourcing initiative, it starts to "launch and learn." The next phase involves the development and implementation of pilot programs in select areas of a company's spend. Quick and dirty, these early experiments help companies both learn which approach works best and shift the culture to be E-based. The only guarantee is that things will go wrong and need to be fixed on the fly. Meanwhile, the purchasing function starts developing the necessary infrastructure – the platforms, processes and organization – needed to start the culture change and roll out E-sourcing "success stories" to other areas within the enterprise. During this phase, the following questions should be addressed:

- What are the potential implications on relationships with current suppliers as we migrate purchasing processes online?

- How will our supply base need to change to satisfy new demand requirements (e.g., smaller lot sizes, more flexible manufacturing)?

- Will E-sourcing affect relationships with customers?

Finally, E-sourcing becomes institutionalized. The organization is transformed in waves across both indirect and direct purchases and incrementally, but rapidly, migrates online as part of a coordinated, company-wide E-sourcing program.

9 Summary

Ultimately, the companies that derive the greatest benefit from E-sourcing will be those that:

- **Adopt a holistic approach** – Most successful E-sourcing solutions encompass the entire value chain.

- **Build on a sound foundation** – E-sourcing is a tool that allows companies to build on the strategic sourcing capabilities they have already put in place (e.g., cost modeling, supplier selection, etc.). In the absence of these strategic corner-stones, E-sourcing's value is severely diminished.

- **Arbitrage is not the name of the game** – While much of the activity in E-sourcing today revolves around spot buys and transactional savvy, these maneuvers provide only a short-term high.

- **This isn't alchemy** – While new saving opportunities on the Web seem to materialize daily, the only sustainable solutions are those supported by market logic and fundamental economic rules.

- **The Internet is a fast-changing, dynamic environment** – The only way to win is to play today. Waiting for the dust to settle is a naive and, ultimately, futile strategy. Launch and learn.

- **IT expertise is not enough** – E-sourcing is a total business proposition that should not be "delegated" to the information technology division.

- **Those who snooze, wake up in a whole new world** – The question that should be nagging at every chief executive today is "What should my supply base look like now and in 2–4 years?" Those who have the opportunity to "make" markets and don't seize it will pay a premium later to those who do.

E-sourcing is a fundamental step in the march toward an electronic economy. It is a work in continual progress that attacks a company's cost structure in waves. While any number of tools are available today to help companies migrate more of their purchasing online, the landscape is dynamic; there is no end game. As with all of the tools of E-business, E-sourcing is an exercise in "launch and learn." Since too much analysis can lead to paralysis, it's important that companies start implementing these tools with alacrity, while establishing in parallel mechanisms that can assess results, implement modifications and prioritize future applications.

10 About Booz·Allen & Hamilton

Booz·Allen & Hamilton is a global management and technology consulting firm. As world markets mature and competition on an international scale quickens, our global perspective on business issues grows increasingly critical. In more than 90 countries, our team of 9,000 professionals serves the world's leading industrial, service and governmental organizations. Each member of our multinational team has a single common goal – to help every client we serve achieve and maintain success.

New Economy in Old Europe?

Prof. Dr. Norbert Walter
Deutsche Bank Research, Frankfurt am Main

Inhalt

Einleitung

Das Thema New Economy ist in aller Munde. Weite Teile Europas sind vom Internet-Fieber gepackt worden, IT-Euphorie breitet sich aus und täglich sprießen neue E-Business Start-ups wie Pilze aus dem Boden. Sind das die Vorboten einer Neuen Ökonomie in Europa?

Noch immer sind die USA der unbestrittene Vorreiter der New Economy. Vom Online Shopping privater Haushalte über die Vernetzung öffentlicher Verwaltungen bis hin zu ausgefeilten Supply Chain Management-Konzepten, alles ist auf dem Weg. Auch wenn in Europa viele Strukturprobleme noch nicht gelöst sind und die Vorraussetzungen für eine neue Ökonomie im Sinne der USA noch geschaffen werden müssen, scheint die vormals ignorante Haltung gegenüber dem Einsatz moderner Internettechnologien einer größeren Aufgeschlossenheit gewichen zu sein. Angeführt von jungen, kreativen Unternehmern, wird die neue Ökonomie von Wirtschaft und Gesellschaft immer deutlicher wahrgenommen.

Wo steht Europa heute tatsächlich in Sachen E-Business? Welche Hemmnisse stehen einer schnellen Entwicklung im Wege? Haben sich alte Strukturen bereits verändert? Wie stehen Europas Chancen, mittelfristig zu den USA aufzuschließen? Diese Fragen werden nachfolgend beantwortet.

1 Führungsrolle der USA

Die „Information Technology Revolution" hat in den USA längst Fuß gefasst, eine e-Kultur sich entwickelt. Was in Deutschland oder Europa noch exotisch anmutet, ist in den USA bereits zur Gewohnheit geworden. Mittlerweile kann auch nicht mehr streng zwischen einer „New" und einer „Old Economy" unterschieden werden. Die Durchdringung beider Bereiche ist bereits in vollem Gange. Traditionelle Sektoren wie die Automobilindustrie kooperieren bereits mit Unternehmen der New Economy und entwickeln auf dieser Basis neue Unternehmensstrategien. Die Zusammenarbeit von General Motors und AOL ist ein Beispie hierfür.

Die USA sind mit rd. 35% nach wie vor der weltweit größte Investor von Informations- und Kommunikationstechnologien (IuK). Der Anteil der IuK-Investitionen am gesamten BIP betrug 1999 7,3% . In Europa lag diese Rate lediglich bei 5,8%, wenngleich sie in den letzten Jahren stetig zunahm und dafür sorgte, dass mittlerweile rund 31% aller IuK-Investitionen in Europa getätigt werden.

Die USA hat sich längst zum E-Country entwickelt. Im Jahre 1996 verfügten etwas mehr als 3% der Bevölkerung über einen privaten Internetzugang, 1999 waren es schon fast 30%. Auch die Nutzung des Internets als Vertriebs- und Einkaufsmedium zwischen Unternehmen und privatem Endkunden, dem sog. Business-to-Consumer-E-Commerce (B2C), ist in den USA verbreiteter als in anderen Ländern. Daher überrascht es auch nicht, dass führende Anbieter in diesem Geschäft, wie z.B. amazon.com und eBay ihren Ursprung in den USA haben. Nach Angaben des US-Department of Commerce betrug der Umsatz im B2C Geschäft im vierten Quartal 1999 USD 5,3 Mrd. Auch wenn dies nur 0,64% des gesamten Einzelhandels entspricht, zeigen massive logistische Engpässe, dass viele Unternehmen den Nachfrageschub nicht bewältigen konnten. Diese Situation ist gleichzeitig Indiz für ein hohes Nachfragepotential in diesem Segment.

Zu beachten ist ferner, dass nicht nur ein stetiges Wachstum im amerikanischen E-Business selbst zu verzeichnen ist, sondern dass sich gerade dieser Bereich als Motor eines breitangelegten, gesamtwirtschaftlichen Wachstums erwiesen hat. Die US-Wirtschaft befindet sich in ihrem zehnten nahezu inflationsfreien Boomjahr in Folge und kann in diesem Jahr wiederum mit einem Wachstum des realen BIP's von 5% rechnen. Die New Economy hat an dieser Entwicklung erheblich mitgewirkt. Grund hierfür ist ein vom IT-Bereich ausgelöster, in andere Bereiche hineinwirkender Produktivitätsschub (spill-over-Effekte). Letzte empirische Evidenz für diesen Zusammenhang fehlt zwar bisher, aber es ist offenkundig, dass die zusätzliche Ausstattung mit Informations- und Kommunikationstechnologie die Produktivität in den Unternehmen erhöht und über Rationalisierungseffekte eine Ausweitung der Kapazitäten bewirkt hat. Mit dem gleichen Einsatz von Kapital und Arbeit ist es also möglich, mehr Güter und Dienstleistungen zu produzieren. Auch nach der Einführung des elektrischen Stroms am Ende des 19. Jahrhunderts blieben die gemessenen Produktivitätsfortschritte zunächst hinter den Erwartungen zurück, ehe sie dann merklich anstiegen. Für die USA berechnet z.B. die OECD eine durch vermehrte IuK-Investitionen getriebene Produktivitätssteigerung in der zweiten Hälfte der 90er Jahre. Nach dieser Studie tragen diese IuK-Investitionen mindestens 0,4% zum Gesamtwachstum von etwa 5% in den USA bei. Insgesamt kommt die OECD in dieser Studie zu dem Ergebnis, dass Länder die mehr auf IT setzten, auch den größten Produktivitätszuwachs zu verzeichnen hatten.

Auch hat die New Economy den US-amerikanischen Arbeitsmarkt verändert. Verschärfter Wettbewerb, steigendes Arbeitskräfteangebot durch neue Arbeitsformen (Teleworking, Callcenter) und der Strukturwandel führten zu steigender Flexibilität auf dem Arbeitsmarkt und führte zu einem Absinken derjenigen Arbeitslosenquote, die über eine vermehrte Güternachfrage zu einem Preisdruck führt (NAIRU). Aus diesem Faktum kann auch das inflationsarme Umfeld der US-Ökonomie erklärt werden.

Ob auch in Europa die New Economy den sich abzeichnenden Wirtschaftsaufschwung prägt, ist dagegen noch nicht beantwortet. Jedenfalls befindet sich Europa in einer günstigen Startposition für eine solche Perspektive.

2 Europa in Startposition

In den letzten Jahren wurden die europäischen Länder – abgesehen von Skandinavien – häufig als E-Entwicklungsland eingestuft. Später als die USA entdeckte Europa das Wachstumspotential des E-Business'. Die Investitionen in Informations- und Kommunikationstechnologie (IuK) erreichen bis heute noch nicht das Niveau führender Online-Nationen. In Westeuropa lagen die durchschnittlichen Pro-Kopf-Ausgaben für IuK-Produkte 1999 bei etwa EUR 1.200, in den USA dagegen bei über EUR 2000. Auch relativ, bezogen auf das BIP, hinkte Westeuropa mit einem Anteil der IuK-Investitionen von 5,8% den USA (7,3%) hinterher. Hier zierte Deutschland mit 5.3% nur knapp vor Italien sogar das Ende der westeuropäischen Rangliste.

Doch die Situation ändert sich. Im Internet müssen europäische Anbieter in ihren eigenen Märkten mit globalen Wettbewerbern konkurrieren. Außerdem gehen viele Wirtschaftszweige dazu über, nur noch Lieferanten zu akzeptieren, die online erreichbar sind. Diese Situation führt auch europäischen Unternehmen die Bedeutung des neuen Mediums plastisch vor Augen. Hinzu kommt, dass mit jedem weiteren Internetanwender, der Nutzen der Übrigen immer mehr ansteigt. Das zweite Gossen'sche Gesetz vom abnehmenden Grenznutzen ist bei der Nutzung des Internets außer Kraft gesetzt.

Inzwischen ist in Europa ein allmählicher Anstieg der IuK-Investitionen gemessen am BIP zu beobachten. Wie wichtig Europa als Absatzregion für IuK-Produkte bereits ist, zeigt die Tatsache, dass etwa 30% der weltweiten IuK-Nachfrage auf Europa entfällt. Auch auf der Angebotsseite steuert Europa einen wachsenden Anteil (20%) zur Weltproduktion von IuK-Gütern bei. Während sich Großbritannien, Deutschland und Frankreich auf die Herstellung von Hardware und Bauelementen konzentrieren, liegen die Schwerpunkte der schwedischen und finnischen Anbieter in dem Bereich Telekommunikation, wie das Beispiel Nokia verdeutlicht.

Noch hinkt die Ausstattung privater Haushalte mit Internetanschlüssen und Webfähigen Endgeräten dem US-amerikanischen Stand hinterher. Gab es 1999 in den USA etwa 60 PCs pro 100 Einwohner, so waren es in Deutschland und Großbritannien nur etwa 30. Schätzungen zu Folge dürfte Deutschland erst in etwa 5 Jahren den heutigen PC-Ausstattungsstand der USA erreichen. Allerdings sind auch hier innerhalb Europas große regionale Unterschiede zu beachten. Während die skandinavischen Länder und die Schweiz fast US-amerikanisches Niveau erreichen, befinden sich südeuropäische Länder wie Spanien und Italien mit jeweils etwa 15 PCs pro 100 Einwohner am unteren Ende der Skala. Dieses Muster zeigt sich auch bei der Internetnutzung: Gab es 1999 im Durchschnitt der westeuropäischen Länder 10 Online-Abonnenten je 100 Einwohner, kam dieser Anteil in Spanien und Italien nur auf 6 bzw. sogar nur auf 5, in den USA dagegen auf 28. Noch immer befinden sich etwa 56% aller weltweiten Internetnutzer in den USA, wohingegen weniger als 24% in Europa leben.

Aber auch hier hat der Aufholprozess der Europäer begonnen. Der Fachverband Informationstechnik rechnet im Durchschnitt aller westeuropäischen Länder bis zum Jahr 2005 mit einem jährlichen Wachstum der Abonnentenzahlen von fast 20%. Die USA dagegen haben, natürlich auch aufgrund des höheren Ausgangniveaus, ein jährliches Wachstum von weniger als 10% zu erwarten.

Insgesamt hinken die E-Business Aktivitäten der Europäer – abgesehen vom Mobilfunksegment – zwar noch hinter denjenigen der USA her. Aber ohne Zweifel ist die Welle namens „New Economy" nach Europa geschwappt, der Aufholprozess trotz vieler Defizite in vollem Gange.

3 Stolpersteine auf dem Weg in die europäische Internetära

Die Gründe für den zögerlichen Start der Europäer ins Informationszeitalter sind vielschichtig. Zum einen spielen gesellschaftliche Ursachen wie z.B. eine im Vergleich zu den USA geringere Kultur der Selbständigkeit, stärkere Innovationsträgheit, geringere Risikobereitschaft und sprachliche Barrieren eine Rolle. Doch ist hier ein Wandel erkennbar. Gerade die junge Generation ist immer mehr bereit, Risiken zu übernehmen, und auch die sprachlichen Barrieren schwinden mit der zunehmenden Verbreitung des Englischen weiter.

Wirtschaftspolitische Trägheiten

Noch wichtiger erscheinen daher Gründe, die in Zusammenhang mit den von der Politik gesetzten Rahmenbedingungen stehen. Eine Politik der Strukturkonservierung, die den Wandel durch eine hartnäckige Subventionspolitik abbremst, sowie eine hohe Steuer- und Abgabenlast sind keine Anreize für Innovationen und die Ansiedlung neuer Technologieunternehmen. Strukturprobleme am Arbeitsmarkt, wie hohe Lohnnebenkosten, überzogene Kündigungsschutzregelungen, inflexible Arbeitszeitregelungen und veraltete Entlohnungssysteme passen nicht in eine Zeit, in der die Arbeit immer weniger zeitlich und räumlich determiniert ist und die immer flexiblere Arbeitsformen erfordert. Erst seit kurzem wird von politischer Seite diesen Problemen entgegengewirkt. So gibt es nun z.B. europaweite Bestrebungen die Einkommens- und Körperschaftssteuersätze zu senken und die Alterssicherungssysteme zu reformieren. Auch die traditionellen Arbeitsmarktregelungen erfahren eine Modernisierung. Verschiedene Formen der Beteiligung der Mitarbeiter am Unternehmensgewinn wie z.B. die Ausgabe von Aktienoptionen oder die vermehrte Einführung von Teilzeitarbeit sind keine Tabus mehr.

Hohe Telefon- und PC-Kosten

Des weiteren waren vergleichsweise hohe Telefonkosten in Europa ein Hauptgrund für den verspäteten und langsamen Einstieg vieler europäischer Länder ins Internetzeitalter. Bis Mitte der neunziger Jahre sorgten die meist noch anzutreffenden staatli-

120

chen Monopole auf dem Telekommunikationsmarkt für völlig überhöhte Preise. Auch wenn in den letzten Jahren aufgrund der Liberalisierung und Öffnung des Marktes für private Anbieter die Telefonkosten stark gesunken sind, besteht in wichtigen Segmenten immer noch ein beträchtlicher Kostennachteil gegenüber den USA.

Über alle EU-Länder hinweg ist die für die Internetnutzung relevante Netzeinwahl zum Ortstarif teurer als in den USA. In Deutschland war bei diesem Tarif von 1996 bis 1999 sogar ein Preisanstieg zu verzeichnen. Nach Berechungen der EU-Kommission kostete ein fünfminütiges Ortsgespräch in der EU im Durchschnitt noch Mitte 1999 doppelt soviel wie in den USA! Zwar ist in naher Zukunft mit einer weitgehenden Liberalisierung auch des Marktes für Ortsgespräche in den EU-Ländern zu rechnen, zur Zeit aber stellen diese relativ hohen Kosten noch erhebliche Hemmnisse für eine vermehrte Internetnutzung dar.

Zudem waren die anfänglich relativ hohen Kosten der PC-Ausstattung ein Hindernis für die Verbreitung sowohl des PC's als auch der Internetnutzung. Mittlerweile haben sich allerdings die Preise stark angeglichen und entwickeln sich gleichmäßig, so dass das Kostenargument zumindest in Ländern mit vergleichsweise hohem Einkommensniveau an Bedeutung verliert.

Kapitalknappheit

Ein weiteres Hemmnis für die Entstehung einer "New Economy" in weiten Teilen Europas stellte die lange Zeit vorherrschende Kapitalknappheit für die Gründung von Start-up-Unternehmen dar. Gerade für diese Gruppe der jungen, risikobereiten und innovativen Unternehmer war es schwierig, an das notwendige Kapital zu kommen. Normale Bankkredite waren schon bei wenig risikoreichen Investitionsvorhaben nur schwer zu erhalten. Mittlerweile konnte der „Kapitalnotstand" durch die vermehrte Vergabe von Venture Capital zumindest teilweise gelindert werden. Während 1995 das Volumen an vergebenen Venture Capital nur EUR 5,5 Mrd. betrug, belief sich dieser Betrag 1998 schon auf etwa EUR 14,5 Mrd. Auch wenn das Volumen des investierten Venture Capital's in den USA doppelt so hoch ist, weist die expandierende Vergabe von Wagniskapital in Europa in die richtige Richtung.

Ebenso bietet der Neue Markt mittlerweile eine weitere Finanzierungsmöglichkeit für junge Technologieunternehmen. Auch hier hat das Volumen der Marktkapitalisierung des europäischen Neuen-Markt-Segments „Euro.NM" (Zusammenfassung der entsprechenden Segmente in Frankfurt, Paris, Mailand, Amsterdam und Brüssel) mit EUR 260 Mrd. zwar noch längst nicht das entsprechende Volumen der amerikanischen Technologiebörse Nasdaq (EUR 5.000 Mrd.) erreicht. Allerdings wurden in den vergangenen Jahren erhebliche Fortschritte gemacht. Die Anzahl der am „Euro.NM" gelisteten Unternehmen stieg allein in den letzten 10 Monaten um mehr als 50% auf weit mehr als 400 an, die Marktkapitalisierung vervierfachte sich. Das Umfeld für Unternehmensgründungen verbessert sich also spürbar.

Arbeitskräftemangel

Ein weiterer wichtiger Grund für das Nachhinken des E-Business' in Europa stellt der Mangel an qualifizierten, leistungsfähigen Fachkräften dar. Alleine im IuK-Bereich in Deutschland können zur Zeit etwa 75 000 Stellen nicht adäquat besetzt werden. Hierdurch wird der Expansionsdrang ansässiger Technologieunternehmen gebremst, was auch zu Lasten des gesamtwirtschaftlichen Wachstums geht. Damit stellt sich der Weg in die Informationsgesellschaft auch als Aufgabe für die Aus- und Weiterbildung dar. An den Erfordernissen der New Economy orientierte Ausbildungs- bzw. Studiengänge sind noch immer rar, obwohl das Defizit längst offenkundig ist. Eine Anpassung des Bildungswesens an die neuen Erfordernisse kann daher allenfalls mittelfristig Abhilfe schaffen. Die Bundesregierung hat dieses Problem erkannt und versucht es durch die Vergabe von befristeten Arbeitserlaubnissen (Green Cards) an ausländische Fachkräfte zu lindern. Bei 75 000 fehlenden IT-Spezialisten ist allerdings die Vergabe von 20.000 Green Cards nur ein Tropfen auf dem heißen Stein und kann allenfalls der Anfang einer liberaleren Einwanderungspraxis in Deutschland sein.

Auch wenn sich in den vergangenen Jahren das wirtschaftliche Umfeld verbessert hat, existieren in Europa noch immer eine Reihe von Hemmnissen, die dazu führen, dass der hiesige Standort längst nicht die Attraktivität für junge, zukunftsgerichtete Technologieunternehmen hat wie die USA. Gerade Deutschland muss aber den Rückstand schnell aufholen, um seinen Ruf als moderne, innovative Wirtschaftsnation nicht zu verlieren.

4 Marktstrukturen verändern sich

Trotz aller bestehenden Hürden auf dem Weg in ein digitales Europa zeichnet sich ab, dass Internet und E-Commerce nachhaltige Veränderungen bestehender Wirtschaftsstrukturen nach sich ziehen. Der Online-Verkauf von Waren und Dienstleistungen sowie die Neuorganisation inner- und zwischenbetrieblicher Abläufe beeinflussen bereits die Wettbewerbssituation in einzelnen Branchen. Das Internet als Beschaffungs- und Kommunikationsmedium trägt maßgeblich zur Internationalisierung der Märkte bei. Auch bei großer räumlicher Distanz können Anbieter Zugang zu neuen Kunden finden. Im Gegenzug trifft der Abnehmer auf ein deutlich größeres Warenangebot als bisher. Aufgrund der hohen Verfügbarkeit leicht zu vergleichender Angebote erhöht sich jedoch auch die Preistransparenz und sorgt damit für eine deutliche Verschärfung des Wettbewerbs sowie stärkeren Druck auf die Preise.

4.1 *E-Commerce: Einzelhandel im Umbruch*

Der elektronische Handel mit privaten Endkunden (Business-to-Consumer) gewinnt in Europa an Fahrt. Im Jahr 2004 dürften die Umsätze rd. EUR 230 Mrd. erreichen und damit fast 80 Mal so hoch ausfallen wie 1999. Umsatzstärkste Produkte sind mit einem Anteil von immerhin rd. 70% weiterhin Reisen und EDV-Bedarf. Die künftig bedeutendsten Online-Märkte innerhalb Europas sind mit Abstand Deutschland und Großbritannien. Mehr als ein Drittel der europäischen Bevölkerung lebt in diesen beiden Ländern; rd. 50% aller elektronischen Verkäufe werden hier getätigt. Während sich insbesondere südeuropäische Länder wie Portugal, Spanien und Italien aufgrund geringer Internetnutzerzahlen und schlechter Ausstattung mit PCs noch nicht zu lukrativen Märkten entwickelt haben, stehen die skandinavischen Länder nach den USA ganz oben in der Rangliste der führenden Online-Nationen.

Die Betrachtung verschiedener Einzelhandelssegmente zeigt, dass sich E-Commerce in Ländern wie Deutschland, Großbritannien oder auch Frankreich bereits seinen Platz in den Vertriebsstrategien des Handels erobert hat. Allerdings werden auch künftig die bisherigen Vertriebswege bedeutend bleiben. Denn nicht jedes Produkt wird sich in gleicher Weise für den reinen E-Commerce eignen. Die Verbraucher dürften auch mittelfristig die traditionellen Handelsschienen für den Kauf bestimmter Waren bevorzugen. So erscheint der Erwerb von Luxusgütern wie Schmuck über das Internet wenig attraktiv. Auch immer dann, wenn der Kunde am Erlebniseinkauf interessiert ist, wird er kaum auf einen Online-Shop zugreifen, eine Tendenz, die sich in den kommenden Jahren verstärken wird (Urban Entertainment Center). Eine vollständige Verdrängung des traditionellen Einzelhandels steht somit nicht zur Diskussion. Doch der Gegenwind in der Branche wird heftiger. In den nächsten 10 Jahren wird in Deutschland der Anteil der Online-Verkäufe an den gesamten Einzelhandelsumsätzen von einem auf mehr als 10% steigen.

4.2 Wettbewerb wird schärfer

Einzelhändler, die nicht auf den Online-Zug aufspringen, dürften mittelfristig Marktanteile verlieren und ihre Position im schärfer werdenden Wettbewerb nicht halten können. Doch auch wer sich der Konkurrenz im World Wide Web stellt, wird es nicht leicht haben. Die im Netz gegebene hohe Transparenz führt dazu, dass sich die Preise auf einem insgesamt geringeren Niveau als bisher einpendeln. Preisunterschiede, die nicht über einen Mehrwert für den Kunden zu erklären sind, werden nicht mehr durchzusetzen sein.

Zudem steigt der Druck, den Käufer auf den Handel ausüben können. Denn durch das World Wide Web hat der Kunde die Möglichkeit, aus einer größeren Angebotspalette auszuwählen. Kann ein Anbieter die Erwartungen nicht erfüllen, ist der Konkurrent nur einen Mausklick entfernt. Eine neue Dimension der Kundenorientierung wird die Folge des Kampfes der Händler und Hersteller um den Verbraucher sein. Gleichzeitig ermöglicht das Medium Internet aber auch einen höheren Grad der Kundenbindung durch gezieltes One-to-one-Marketing mit Fokus auf die speziellen Kundenwünsche.

Den günstigen Umsatzprognosen im Business-to-Consumer-Geschäft (B2C) stehen jedoch erhebliche Kostenbelastungen gegenüber. Die Unternehmen sind gezwungen, den neuen Vertriebsweg durch schlagkräftige Marketingaktionen bekannt und attraktiv zu machen. Auch die Zustellung und Rücknahme der Ware entwickelt sich häufig zu einem nur schwer kalkulierbaren Kostenfaktor: Kleinteilige Sendungen müssen über weite Strecken transportiert werden. Der Anteil der Retouren, die für den Kunden kostenfrei sind, liegt im Versandhandel teilweise bei bis zu 50%. Um die Zahl willkürlicher Rücksendungen zu Lasten der Anbieter zu begrenzen, wurde im deutschen Fernabsatzgesetz verankert, dass die Käufer bei Käufen bis DEM 80 die Rücksendekosten selbst tragen müssen. Dennoch können gerade für ausländische Anbieter an dieser Stelle unabsehbare Belastungen entstehen. Dies ist sicherlich nicht für jedes Unternehmen zu verkraften. Der Einstieg in den elektronischen Handel stellt deshalb nicht immer den erfolgversprechenden Weg in die Zukunft dar. Lediglich die Unternehmen, denen es gelingt, die im E-Commerce gegründeten Vorteile durch eine ausgeklügelte Logistik zu komplettieren (falls es sich um nicht virtuelle Produkte handelt), werden auch längerfristig bestehen können.

Der Einsatz von Internet und E-Commerce ruft neue Wettbewerber auf den Plan. So wird es für Hersteller immer attraktiver, die eigenen Produkte direkt - ohne die Einschaltung weiterer Handelsstufen - an den Kunden zu verkaufen. Auf der Produzentenseite birgt der Direktvertrieb die Chance, das Betriebsergebnis zu verbessern, vorausgesetzt, die Kosten bleiben im Griff. Die Verbraucher profitieren im Gegenzug von günstigeren Preisen. Aber auch für ausländische Konkurrenten wird es zunehmend leichter, Produkte auf neuen Märkten anzubieten und sich so über das eigene Land hinaus zu platzieren. Nationale Grenzen verlieren im Zuge dieser Entwicklung im täglichen Wirtschaftsgeschehen immer mehr an Bedeutung.

B2C: mittelfristig nicht zu stoppen

Es ist offenkundig, dass der elektronische B2C-Handel in weiten Teilen Europas noch in den Anfängen steckt. Mit der immer besseren Ausstattung privater Haushalte mit PCs bzw. mit Geräten, die den Zugang ins Internet erlauben, wird der B2C-Online-Verkauf in den nächsten Jahren erheblich an Fahrt gewinnen. Der Strukturwandel im Einzelhandel hat bereits eingesetzt und das Ende ist noch nicht absehbar. Zu einem wichtigen Faktor wird sich in diesem Zusammenhang der Internetzugang über Mobiltelefone (M-Commerce) entwickeln. Im Vergleich zu den USA ist die Verbreitung von Mobiltelefonen insbesondere in Skandinavien deutlich höher. Zudem profitieren die Europäer im Gegensatz zu den USA von einem gemeinsamen Mobilfunkstandard (GSM). Die M-Commerce-Welle dürfte daher bald vom Norden ins übrige Europa schwappen.

Insgesamt bietet der Einstieg in den elektronischen Handel erhebliche Chancen und wird den traditionellen Einzelhandel zum Umdenken zwingen. Auf der anderen Seite sind aber auch die anfallenden Kostenbelastungen, die aufgrund des hohen Werbe-

aufwandes, des technischen Aufwandes und der komplexen logistischen Planungser-
fordernisse auftreten, für das einzelne Unternehmen nicht zu unterschätzen.

4.3   B2B: Triebfeder im E-Commerce

Wesentlich stärker werden jedoch die Konsequenzen des E-Business im Produzierenden Gewerbe und Dienstleistungssektor sowie deren Zusammenwirken sein. Der
elektronische Handel zwischen Unternehmen hat ein deutlich größeres Gewicht als
das Geschäft mit dem privaten Endkunden. 1999 wurden rd. 90% der gesamten E-
Commerce-Umsätze in Europa im B2B-Bereich abgewickelt. Bislang haben zahlreiche Unternehmen das Internet überwiegend für Vertriebszwecke genutzt. Inzwischen
sehen die Betriebe allerdings auch beträchtliches Potenzial auf der Beschaffungsseite
sowie in der Produktion und Logistik.

Die Voraussetzungen für eine schnelle Ausweitung des B2B-Geschäfts werden zuse-
hends besser: Die Zahl der branchenspezifischen Internet-Marktplätze nimmt in gro-
ßem Tempo zu. Die Vorteile der Nutzung liegen für die Unternehmen auf der Hand,
denn auf dem elektronischen Handelsplatz treffen eine Vielzahl von Käufern und
Verkäufern weltweit aufeinander. Firmen können sich leichter als bisher zu Käufergemeinschaften formieren oder durch Kooperationen mit anderen Anbietern ihre
Position gegenüber ihren Abnehmern stärken. Zeitbedarf, Informations- und Transaktionskosten beim Kauf können gesenkt werden. Da es inzwischen für viele Produkt-
gruppen bereits mehrere virtuelle Marktplätze gibt, wird der Wettbewerb unter den
Betreibern immer größer. Dies ist eine gute Nachricht für die Nutzer, denn im Kampf
um den Kunden wird das Serviceangebot der Betreiber ausgebaut. Kredit- und Zah-
lungsfunktionen sowie Logistik-Dienstleistungen dürften in absehbarer Zeit fester
Bestandteil vieler elektronischer Handelsplattformen sein. Mit zunehmendem Mehrwert für Verkäufer und Käufer wird die Bedeutung der virtuellen Marktplätze rasch
zunehmen und werden die Umsätze zügig steigen.

Automobilindustrie: Auf dem Weg ins Internetzeitalter

Wie zukunftsweisend dieses Modell ist, das in seiner letzten Stufe die Verknüpfung
vom Zulieferer über den Hersteller bis hin zum Kunden umfasst, zeigen unter anderem die Vorhaben der amerikanischen Automobilhersteller Ford und General Motors.
Die zukünftige Zusammenarbeit der beiden Konzerne mit Yahoo bzw. AOL belegen,
welche Bedeutung dem Internet in der Unternehmensstrategie beigemessen wird. So
planen Ford und General Motors, zukünftig ihren kompletten Einkauf über das Netz
zu organisieren. Zu diesem Zweck werden Lieferanten, Geschäftspartner und Kunden
aus aller Welt auf einer gemeinsamen Online-Plattform zusammengeführt. Aufgrund
der großen Einspar- und Optimierungspotenziale, die durch eine internetbasierte
Abwicklung von Geschäftsabläufen entstehen, hat die amerikanische Automobilindustrie die Chance, Kostenvorteile zu erzielen. Die konkrete Umsetzung der Projekte
steckt allerdings noch in den Anfängen. Was diese Entwicklung für den einzelnen

Sublieferanten im Detail bedeutet, ist derzeit nicht absehbar, da die Umsetzung der Supply Chain Management-Konzepte, die von der Entwurfsphase über die Konstruktion und Fertigung bis hin zum Vertrieb reichen, noch in den Anfängen steckt. Mit Sicherheit werden die Vorlieferanten mehr Flexibilität und Anpassungsfähigkeit an die Anforderungen ihrer Abnehmer zeigen müssen als bisher.

B2B eröffnet neue Rationalisierungspotenziale

Die beschriebenen Nutzungsmöglichkeiten von Internet und E-Commerce zeigen, dass sich die Organisation inner- und zwischenbetrieblicher Abläufe in vielen Branchen grundlegend ändert und neue Rationalisierungspotenziale erschlossen werden. Durch elektronischen Einkauf können, trotz der kostenintensiven Implementierungsphase der notwendigen Systeme, Kosten drastisch gesenkt werden. Auf der einen Seite sparen Käufer durch die direkte Platzierung von Aufträgen beim Hersteller bzw. Händler Verwaltungs- und vor allem Personalkosten. Auf der anderen Seite bieten die virtuellen Marktplätze die Möglichkeit, Nachfrage zu bündeln und damit Druck auf den Verkäufer auszuüben.

Die elektronische Verzahnung von Produktion, Handel, Finanzdienstleistern und Logistikunternehmen ermöglicht zudem die Senkung der Vertriebskosten. Handelsstufen können übersprungen und Abnehmer direkt bedient werden. Das optimierte Gestalten von Zulieferbeziehungen reduziert die Logistik- und Lagerhaltungskosten. Kaufabläufe gewinnen erheblich an Geschwindigkeit. Dadurch lassen sich die dank Just-in-time-Lieferbeziehungen bereits deutlich zurückgeführten Lagerbestände nochmals reduzieren und unnötige Kapitalbindung vermeiden.

Aber nicht nur die organisatorischen Abläufe werden durch den Einsatz des Internet kostengünstiger und schneller. Direkt beeinflusst ist auch die Wertschöpfungskette. Über das Netz entstehen vor allem in den der Produktion vorgelagerten Prozessen neue Möglichkeiten der zeitnahen Kooperation aller Beteiligten. Räumliche Distanzen und das Arbeiten in verschiedenen Zeitzonen stören Abstimmungsprozesse kaum. Der Einsatz des Internet begünstigt auch den derzeitigen Trend in vielen Unternehmen, sich auf Kernkompetenzen zu konzentrieren und andere Fertigungsvorgänge bzw. Dienstleistungen auszulagern. Im Zuge dieser Entwicklung sinkt die Fertigungstiefe in den Betrieben, erhöht sich der Spezialisierungsgrad, wird also die Arbeitsteilung effizienter. Die elektronische Verflechtung mit zuverlässigen Lieferanten ist für den Geschäftserfolg entscheidend. Im Zuge dieser Entwicklung werden sich die heutigen Wertschöpfungsketten verändern und bisherige Branchenabgrenzungen verschwimmen.

Chance für den Mittelstand

Insbesondere kleinen und mittleren Unternehmen, die das europäische Wirtschaftsgeschehen maßgeblich prägen, erschließen sich durch den Einsatz des Internet neue Chancen. Neben den Möglichkeiten zur Bildung von Käufergemeinschaften und

Kooperationen eröffnet eine immer stärkere internationale Ausrichtung neue Beschaffungspotenziale.

Auch für das Gewinnen neuer Absatzmärkte leistet das Internet hervorragende Dienste. Während bislang überwiegend Großunternehmen global agierten, bietet sich nun dem Mittelstand die Möglichkeit, neue Märkte kostengünstiger und mit geringerem Risiko zu bearbeiten. So stellt es einen deutlich geringeren Kosten- und Zeitaufwand dar, einen Markt über einen wirkungsvollen Internetauftritt zu testen, als eigenes Personal vor Ort den Markt bearbeiten zu lassen. Auch im Service-Bereich können kleine Unternehmen ihre Kunden jetzt über weite räumliche Distanzen hinweg effizienter betreuen. Der Einsatz von Teleservice macht es beispielsweise möglich, Maschinen, die im Ausland stehen, vom Sitz des Unternehmens aus zu warten. Service-Personal vor Ort ist kein zwingendes Muss mehr für erfolgreiches Agieren auf ausländischen Märkten.

Wie wichtig es für kleine und mittlere Unternehmen ist, an der Entwicklung im B2B-Bereich teilzuhaben, zeigen die hohen Anforderungen der Kunden: Immer mehr Abnehmer gehen dazu über, einen Großteil ihrer Bestellungen über das Internet abzugeben. Manche Firmen sind schon heute so weit, dass sie nur noch bei Lieferanten bestellen, die auch online vertreten sind. Die Zeit drängt also: Angesichts der dynamischen Entwicklung im Multimedia-Sektor ist es für Unternehmen ein Gebot der Stunde, auf den Online-Zug aufzuspringen. Nur so kann die effiziente Nutzung von E-Business die Position des Mittelstandes im internationalen Wettbewerb stärken.

B2B auf Wachstumskurs

Die Chance, durch internetgestützte Prozessoptimierung Kosten einzusparen, Lagerkapazitäten herunterzufahren sowie Lieferzeiten zu reduzieren und gleichzeitig eine größere Kundenorientierung zu erreichen, machen B2B zu dem erfolgversprechenden Geschäftsmodell der Zukunft. Insbesondere das Bestreben vieler Unternehmen, sich durch Nutzung des Internet einen - zumindest vorübergehenden - Wettbewerbsvorteil gegenüber der Konkurrenz zu verschaffen, wird das B2B-Geschäft in den nächsten Jahren beflügeln. Die ständig zunehmende Bereitstellung von virtuellen Marktplätzen und unternehmensbasierten Extranets untermauert die optimistischen Prognosen für das weltweite B2B-Geschäft.

5 Europa wächst zusammen

Die Initiativen aus der Privatwirtschaft vieler europäischer Länder geben ein klares Signal: Weite Teile Europas setzen auf das Internetzeitalter. Für die bereits im Zusammenwachsen begriffenen Märkte bestehen jedoch noch keine einheitlichen Spielregeln. Starke regionale Unterschiede prägen weiterhin das Bild Europas. Sieht man von Währungsunion ab, ist Europa noch weit davon entfernt, ein einheitlicher Wirtschaftsraum zu sein.

Mit Blick auf das Phänomen der "New Economy" zeugen nicht nur die Pro-Kopf-Ausgaben für Informations- und Kommunikationstechnik, sondern auch die Internetnutzung und die Marktanteile an E-Commerce von einem regelrechten Nord-Süd-Gefälle innerhalb Europas. Doch diese Situation soll sich in absehbarer Zeit ändern. Politische Entscheidungsträger haben das immense Potential, das in diesem Strukturwandel steckt, erkannt. Die EU-Kommission hat im Dezember 1999 die "eEurope-Initiative" gestartet, die gewährleisten soll, dass die Europäische Union die Entwicklung hin zur Informationsgesellschaft in vollem Umfang nutzen kann. Der zugrunde liegende Aktionsplan umfasst folgende Ziele:

- Anpassung des Bildungssystems an das Digitalzeitalter

- Billigerer Internetzugang

- Förderung des elektronischen Geschäftsverkehrs

- Bereitstellung eines schnellen Internetzugangs für Wissenschaftler und Studenten

- Sicherer elektronischer Zugang mit Hilfe von Chipkarten

- Risikokapital für Hochtechnologie-KMU

- eTeilnahme für Behinderte

- Gesundheitsfürsorge über das Netz

- Höhere Verkehrssicherheit und bessere Qualität öffentlicher Verkehrsmittel mit Hilfe digitaler Techniken

- Leichter Zugang zu Informationen öffentlicher Stellen für die Bevölkerung über Internet

Ein wichtiger Schritt in diesem Zusammenhang war die Billigung der E-Commerce-Richtlinie durch das Europaparlament am 4. Mai 2000. Sie regelt Kernbereiche des elektronischen Geschäftsverkehrs wie die Verantwortlichkeit der Provider, Anbieterkennzeichnung und Preisangaben, Online-Werbung und den Abschluss elektronischer Verträge. Zudem enthält sie Vorschriften zur außergerichtlichen Streitbeteiligung und zur Online-Klage. Nach Inkrafttreten ist die Richtlinie binnen 18 Monaten in nationalstaatliches Recht umzusetzen. Sie beschleunigt damit die Schaffung europaweit einheitlicher Marktbedingungen für den Internethandel.

5.1 Mangelnde Rechtssicherheit behindert E-Commerce

Trotz der großen Anstrengungen hat sich der elektronische Handel in Europa bislang nur zögerlich entwickelt. Der hohe Grad von Anonymität im Netz eröffnet auf der einen Seite große Freiräume. Auf der anderen Seite stellen aber gerade die mangelnde

Identifikation der Akteure und die schwierige Nachvollziehbarkeit von Transaktionen große Hemmnisse für den auf Rechtssicherheit angewiesenen Handel dar. Die bevorzugten Standorte für E-Commerce-Aktivitäten sind deshalb diejenigen, die durch einen geeigneten Rechtsrahmen dem elektronischen Handel eine sichere Basis geben. Ein wichtiger Schritt zu mehr Rechtssicherheit ist die Anerkennung der digitalen Signatur. Mit Hinblick auf diese Problematik hat die Europäische Kommission hierzu einen Richtlinienvorschlag erarbeitet. Die Richtlinie wird voraussichtlich 2001 erlassen. Die Umsetzungsfrist für die Mitgliedsstaaten beträgt drei Jahre. Rechtsexperten sehen jedoch sowohl im europäischen Richtlinienentwurf als auch im bereits existierenden deutschen Signaturgesetz noch erheblichen Nachbesserungsbedarf. Andernfalls könne das eigentliche Ziel, nämlich die Förderung des E-Business, nicht erreicht werden. Denn die digitale Signatur macht nur dann Sinn, wenn durch sie Rechtssicherheit und verbindliche Rechtsfolgeanordnungen gewährleistet sind. An dieser Stelle haben die USA mit der Unterzeichnung des amerikanischen Gesetzes zur digitalen Signatur am 30. Juni 2000 die Vorreiterposition übernommen. Hiermit haben die USA bereits einen verbindlichen Rechtsrahmen geschaffen, während die Umsetzung des EU-Richtlinienentwurfs in nationales Recht noch auf sich warten lässt . Zu hoffen ist allerdings, dass die US-Initiative auf Europa eine Signalwirkung ausübt und den Druck auf eine zügige Umsetzung erhöht.

5.2 EU-Pläne zur Mehrwertbesteuerung im Internet

Die steuerlich relevanten Merkmale von E-Commerce bestehen darin, dass zunehmend Geschäftsprozesse (intern und zu den jeweiligen Beschaffungs- und Absatzmärkten weltweit) und oft darüber hinaus die Produkte und Dienstleistungen selbst digitalisiert werden. Hinzu kommt, dass die dafür notwendige eigene Infrastruktur (z.B. PC, Telefonzugang) ausgesprochen mobil bzw. ortsunabhängig ist.

Diese qualitativ und quantitativ neuen Möglichkeiten haben weltweit bei vielen Steuerverwaltungen zu Recht zu der Befürchtung geführt, das Steueraufkommen könnte durch Ausweichmöglichkeiten der Steuerpflichtigen oder Nichtanwendbarkeit bestehender Regelungen dramatisch gemindert werden. In das Zentrum der öffentlichen Diskussion rückt dabei meist die Missbrauchsanfälligkeit des B2C stellvertretend für den gesamten E-Commerce. Das B2B-Geschäft ist zwar von der Bedeutung her größer, aber im Hinblick auf die steuerliche Abwicklung für die Finanzverwaltungen einfacher zu kontrollieren. Zumindest im B2C könnte eine steuerlich notwendige Identifikation der an einem Geschäft beteiligten Personen und der Transaktion selbst schwierig sein.

In der Diskussion um die Besteuerung des grenzüberschreitenden Electronic Commerce geht es um die derzeit noch überwiegend ungelösten Probleme sowohl bei der Ertrag- als auch bei der Umsatzsteuer.

Zum kürzlich vorgelegten Richtlinienentwurf der Europäischen Kommission zur Mehrwertsteuer auf digitale Produkte gehen die Meinungen weit auseinander. Die geplanten Bestimmungen regeln die Erhebung der Umsatzsteuer auf digitale Inhalte wie Software, Spiele und Musik, die sich Geschäfts- oder auch private Endkunden aus dem Internet herunterladen können. Dem Entwurf zufolge werden digitale Produkte steuerrechtlich als Dienstleistungen eingestuft. Mit diesem Schritt soll die Gleichbehandlung herunterladbarer Produkte und "normaler" Dienstleistungen, für die traditionell Umsatzsteuer abgeführt wird, hergestellt und Wettbewerbsverzerrungen verhindert werden. In der praktischen Umsetzung ist für das Business-to-Business-Geschäft das Bestimmungslandprinzip vorgesehen. Dies bedeutet, dass bei Geschäften innerhalb der EU die Mehrwertsteuer im Land des Abnehmers abgeführt wird. Beim Absatz an Privatverbraucher soll dagegen das Ursprungslandprinzip greifen. Diese Regelung würde den Verwaltungsaufwand sowohl für Anbieter von digitalen Produkten als auch für die nationalen Finanzbehörden erhöhen, da in der Abwicklung zwischen Privat- und Geschäftskunden unterschieden werden müsste. Der Vorschlag sieht weiter vor, Unternehmen aus Nicht-EU-Staaten zu verpflichten, sich in einem EU-Staat ihrer Wahl registrieren zu lassen, um dort ihrer Mehrwertsteuerpflicht nachzukommen. Konsequenz hieraus wäre die Belebung des Wettbewerbs der Steuersysteme innerhalb der Europäischen Union, da sich alle Internetanbieter aus Drittländern bevorzugt in dem EU-Staat mit dem niedrigsten Steuersatz registrieren lassen würden.

Insgesamt stellt die zunehmende Verlagerung von Geschäftsvorgängen in das Internet die Steuergesetzgebung vor weitreichenden, teils noch ungelösten Problemen. Dies betrifft insbesondere die eben erwähnte Mehrwertbesteuerung, aber auch die Besteuerung des Gewinns aus E-Commerce-Geschäften (Betriebsstättenproblematik). Die Möglichkeit für Internetunternehmen, sich der Mehrwertbesteuerung (bzw. der Salesbesteuerung in den USA) zu entziehen, ist langfristig nicht aufrechtzuerhalten und stellt eine wettbewerbsverzerrende Quasi-Subventionierung von Internet-Geschäften dar. Kurzfristig ist allerdings kaum mit einem dem Sachverhalt angemessenen, internationalen Lösungsansatz zu rechnen.

5.3 Nationale Initiativen ergänzen europäischen Ansatz

Die Vielzahl vorgelegter Richtlinien und Initiativen der Europäischen Kommission signalisieren deutlich, dass Europa die Notwendigkeit erkannt hat, einen geeigneten Rahmen für die zügige Verbreitung von E-Business zu schaffen. Bedingt durch den hohen Abstimmungsbedarf sowie die Vielzahl nationaler Interessen wird die Umsetzung einer europäischen Lösung allerdings noch einige Zeit auf sich warten lassen.

Parallel zu den Aktivitäten der Europäischen Union wurden auf nationaler Ebene Aktionspläne für die rasche Entwicklung von E-Commerce auf den Weg gebracht. Zum Beispiel versuchen die Niederlande über die Initiative "Netherlands goes digital" Anschluss an Schweden und Finnland zu finden. In Deutschland arbeiten Regierung und Wirtschaft unter anderem im Rahmen der Initiative Deutschland 21 (D 21)daran, die Nutzung von Computertechnik und Internet bei jungen Leuten zu fördern.

6 Ausblick: Europe goes digital!

Die USA hat im Rennen in Richtung "New Economy" weiter die Nase vorne. Doch Europa holt auf. Auch wenn sich die IuK-Technologien in Mitteleuropa später und langsamer ausgebreitet haben als in den USA und Skandinavien, ist Pessimismus für die zukünftige Entwicklung nicht angebracht. Grundsätzlich sind die Aussichten für eine schnelle Durchdringung der Wirtschaft durch die Informationstechnologie gut. Die Fortschritte, die in den letzten Jahren erzielt wurden (Absenkung der Telekommunikationskosten, Venture Capital etc.), sind Schritte in die richtige Richtung.

Vor allem die Tatsache, dass zunehmend Unternehmen der "old economy" den Gedanken der "new economy" aufnehmen und umsetzen, ist ein klares Signal dafür, dass sich Europa im Aufbruch befindet. Deutlich werden die Veränderungen insbesondere im Finanzdienstleistungsgewerbe sein, das mit dem Übergang zum Online-Banking die traditionellen Strukturen revolutioniert hat. Aber auch Branchen wie die Automobilindustrie, Chemie und das Ernährungsgewerbe haben sich auf den Weg ins E-Business gemacht. Die Nutzung elektronischer Marktplätze und die Optimierung der Supply Chain werden in traditionellen Branchen zunehmend die Zukunftsfähigkeit der einzelnen Unternehmen definieren.

Die Internetverbreitung wird insbesondere dadurch an Fahrt gewinnen, dass Jugendliche heute mit PC und Internet aufwachsen und sich damit eine Internet-Generation entwickelt. Auch Sprachbarrieren, die momentan häufig die intensivere Nutzung des Internet in einigen Bevölkerungsgruppen und Regionen hemmen, werden zukünftig eine geringere Rolle spielen.

Europa ist also bereits auf den Internetzug aufgesprungen. Die Weichen für ein künftig stärkeres Wachstum des Bruttoinlandprodukts auf der Basis digitalen Wirtschaftens sind gestellt. Wenn die nach wie vor existierenden Probleme (wie hohe Telekommunikationskosten, bürokratische Hemmnisse, am Strukturerhalt orientierte Wirtschaftspolitik) schneller und zielgerichteter als bisher angegangen werden, kann der Zug ins digitale Europa noch an Fahrt gewinnen.

II. Anwendung und Umsetzung von E-Business-Lösungen

Portal Engineering – Schlüsselprozess für die Transformation der alten in die neue Ökonomie

Jürgen Schwarz,
Dr. Thomas Allweyer
IDS Scheer AG, Düsseldorf/Saarbrücken

Inhalt

1 Einleitung

Erfolgreiche Konzeption, Aufbau und Betrieb von Portalen sind für viele etablierte Unternehmen der Königsweg zur Vermarktung ihrer Dienstleistungen in der Online-Welt. Der folgende Beitrag grenzt zunächst den neu geprägten Begriff Portal Engineering ab und beleuchtet im folgenden diese Aufgabenstellung aus Transformationsperspektive entlang der für Portale wesentlichen Gestaltungsfelder Kanäle, Inhalte, Systeme und Kultur.

Darauf aufbauend wird eine Methodik für die Implementierung vorgestellt und in ihren Kernbestandteilen Strategie, Planung, Erstellung und Betrieb diskutiert.

Das Folgekapitel verbindet *Portal Engineering* und *Knowledge Management* durch die gemeinsame Aufgabenstellung, Mehrwert durch intelligente Verknüpfung von Wissen und Transaktionen zu schaffen

Zwei Schlüsselkonzepte zum erfolgreichen Management der Komplexität in Portalen schließen den Beitrag ab: Prozessorientierung und Rollenbasierung.

2 Begriffsabgrenzung Portal Engineering

Wenige Worte der deutschen Sprache haben zuvor eine vergleichbare Popularität binnen Jahresfrist gewonnen wie zuletzt das Portal – was zwangsläufig zu Begriffsverwirrung und Definitionsinflation führt. Im Rahmen dieses Beitrages werden Portale als webbasierter, personalisierbarer und integrierter Zugangskanal zu Dienstleistungen, Produkten und Wissen verstanden, der sowohl Kunden als auch Mitarbeitern, Lieferanten und Partnern eines Unternehmens offen steht (siehe Abb. 1).

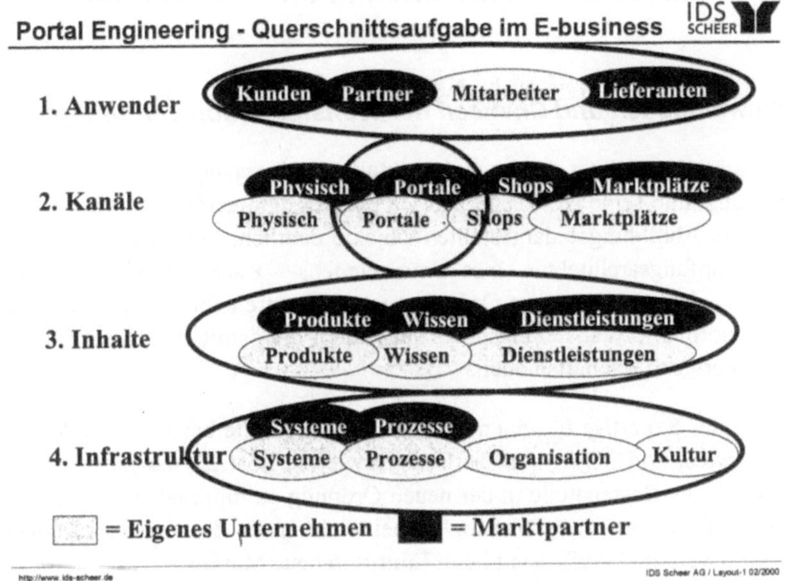

Abb. 1: Portal Engineering Schnittstellen

In Abgrenzung zu elektronischen *Shops* und Marktplätzen im Internet ist das angebotene Leistungsspektrum im Portal grundsätzlich breiter, was eine Vielfalt der abzuwickelnden Geschäftsprozesse über reine Kauf- und Verkaufstransaktionen hinaus bedingt. Um die heterogenen Anwendergruppen in die Lage und die Bereitschaft zu versetzen, diese Prozesse *online* statt *offline* durchzuführen, müssen mehr noch als bei anderen elektronischen Kanälen *content*, *community* und Wissen bereitgestellt werden.

Somit erfordern erfolgreiche Portale die Koordination – vielfach fremdbezogener – Leistungsinhalte unterschiedlichster Art durch einen Portalbetreiber. In diesem Licht besehen ist der Entwurf von Portalen eine komplexe Gestaltungsaufgabe mit Berührungsflächen zu Unternehmensstrategie, -prozessen, -kultur, und -systemen, der ein eigenes ‚*Engineering*' rechtfertigt. Dieser Begriff steht dabei für die Notwendigkeit einer systematischen, phasenbasierten und an den technischen Möglichkeiten orientierten Vorgehensweise.

3 Die Transformation der alten in die neue Ökonomie

3.1 Notwendigkeit und Chancen der Transformation von Unternehmen

Transformation bezeichnet den bewusst gestalteten Übergang von einer alten in eine neue Ordnung, und seine Notwendigkeit via Portal Engineering wird aus der Zweifarbigkeit der in Abbildung 1 dargestellten Objekte deutlich: Jeder einzelne Bestandteil der Wertschöpfungsarchitektur eines Unternehmens – Kanäle, Inhalte, Systeme und Infrastruktur – kann in der neuen Ordnung eigen- oder fremdbezogen werden und dies erschließt enorme Virtualisierungspotenziale durch die damit ausgelöste Dekonstruktion des bisherigen Geschäftsmodells.

Denn jeder, der Expertise für einen Teil der Leistungskette besitzt – wie MLP bspw. für den Vertrieb, wie SONY für das Design, wie die Post für das *fulfillment* – kann nun die restlichen Bestandteile in der neuen Ordnung zu minimalen Transaktionskosten hinzukonfigurieren und unterliegt dabei nicht mehr den Beschränkungen von Kompetenzerwerb und Aufbauzeit beim Eintritt in neue Märkte.

Dieser Wettbewerbsdynamik müssen sich insbesondere Unternehmen mit traditionell hoher Eigenfertigungstiefe wie Banken, Versicherungen oder Einzelhändler stellen, wollen sie nicht von findigen ‚Dekonstrukteuren‘ wie Consors, Yahoo! oder Amazon überholt werden.

Gelingt jedoch diese Transformationsaufgabe und damit verbunden der Erwerb der neuen Schlüsselfähigkeiten Kundenfokus, Kernkompetenzorientierung, Vernetzung und Wissensmanagement parallel zu dem Betrieb der alten Ordnung, öffnen sich großartige Chancen für etablierte Unternehmen: Denn deren Wettbewerbsvorteile sind von E-Start-ups nur schwer zu kopieren, insbesondere Kundenbasis, Produkt-Know-How, Logistikinfrastruktur, stabile Finanzbasis, Geschäftskontakte, kompetente Mitarbeiter, leistungsfähige IT-Systeme und vor allem einen enormen *share of mind* ‘ als Vertrauensvorschuss bei der risikobewussten, späten Mehrheit an Kunden, die sich erst in den nächsten Jahren dem elektronischen Kanal öffnen werden.

Vor allem aber können Altunternehmen ihr Portal durch Abwicklungskostenersparnis finanzieren, so dass Ihnen die Suche der *Start-ups* nach einem *business* Modell erspart bleibt. Somit dürften in vielen Branchen die Etablierten langfristig auch die Gewinner der neuen Ökonomie sein, wenn sie die Veränderungsaufgabe gelöst bekommen, die in den nachfolgenden Kapiteln entlang der Problemfelder Kanal-, Inhalts-, System- und Kulturtransformation strukturiert ist – jeweils mit besonderem Schwerpunkt auf dem Portal Engineering.

3.2 Die Transformation der Kanäle

Zwei Trends prägen die Kanal-Transformationaufgabe für etablierte Unternehmen: Erstens wächst die Zahl der zu bedienenden Kanäle stetig, wobei zweitens ein immer größerer Teil davon nicht kundenunmittelbar wird. Die Ausweitung der Kanäle ist offensichtlich und resultiert aus deren technischer Verfügbarkeit und dem wachsenden Individualisierungsbedürfnis der Kunden, die – im Beispiel der Finanzwirtschaft – zwischen Filialen, Postversand, Telefon, Internet, Außendienstbesuchen zu Hause etc. auswählen können.

Die abnehmende Unmittelbarkeit der Kundenkontakte ist dagegen ein allmählicher Prozess, der durch die Beschränkung jedes Unternehmens auf seine Kernkompetenzen vorangetrieben wird. Denn das Management der direkten Kundenbeziehung ist ein zunehmend komplexerer Prozess, der Ressourcen und Zukunftsinvestitionen in Systeme bindet sowie Kompetenzen, Erfahrungswissen und eine kundenzentrierte Unternehmenskultur voraussetzt.

Von daher werden in der neuen Ökonomie – analog zur heutigen Auto- oder Medienindustrie – in einigen Branchen wenige große, globale Unternehmen den Kundenkontakt perfektionieren, während Hunderte von Zulieferfirmen davon befreit sind. Parallel dazu entwickeln sich in anderen Branchen begünstigt durch die neuen Technologien Portal-, Shop- oder Marktplatzbetreiber heraus, die sich alleine auf das *Relationship Management* konzentrieren und als virtuelle Leistungsersteller Produkte und Dienstleistungen von zugehörigen *Transaction Processors* beziehen und zu Wertschöpfungspaketen bündeln.

Wer als etabliertes Unternehmen heute nicht bereits begonnen hat, die Infrastruktur für eine kundenzentrierte Strategie aufzubauen, läuft Gefahr vom lohnendsten Platz der Wertschöpfungskette verdrängt zu werden und muss dann bspw. seine eigenen Wertpapierfonds über fremde Geldanlageportale, Fondsshops oder Preisvergleichsmaschinen zu niedrigeren Ausgabeaufschlägen vertreiben.

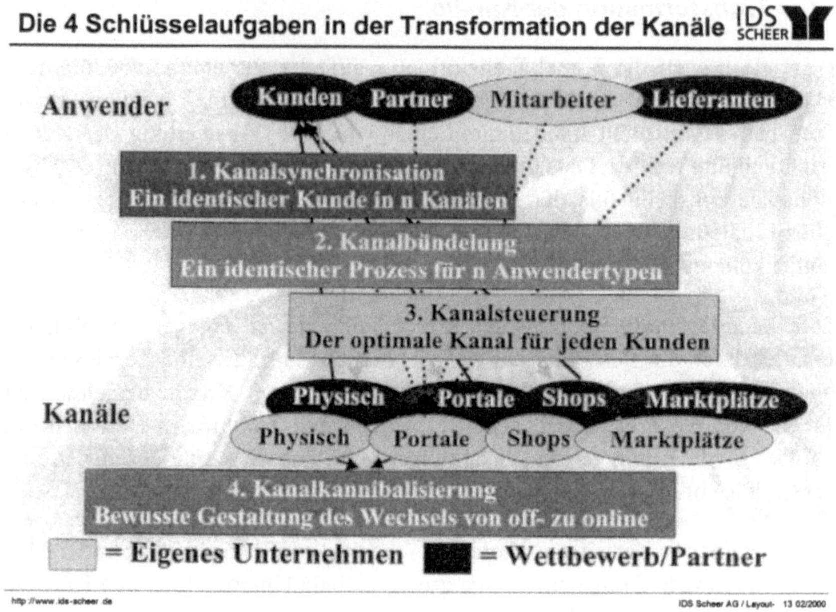

Abb. 2: Kanal-Transformationsaufgaben

Mit der Umsetzung der kundenzentrierten Strategie in einem Portal sind vier wesentliche Transformationsaufgaben verbunden (vgl. Abb. 2): Kanalsynchronisierung, Kanalbündelung, Kanalsteuerung und Kanalkannibalisierung.

Kanalsynchronisierung bedeutet, dass Kunde, Außendienstler und Mitarbeiter den identischen Blick auf den Kunden, seine Daten, seine Geschäftsvorfälle, die ihm angebotenen Produkte und Konditionen etc. besitzen, unabhängig vom gewählten Kanal. Dies setzt eine *realtime*-CRM-Architektur voraus und impliziert, dass Unternehmen ihre Portale direkt und nicht gespiegelt an die verfügbaren Systeme anbinden. Für *‚click-and-mortar'*-Anwendungen, bspw. der Bereitstellung des *Web*-Angebotes in den physischen Filialen ist diese Kongruenz unerlässlich.

Kanalbündelung bezeichnet den aus Kosten- und Komplexitätsgründen entstehenden Trend, dass sowohl Endkunden als auch *Call-Center*-Mitarbeiter und Außendienstler die gleiche Applikation nutzen, bspw. eine webbasierte Schadensregulierung in einem Versicherungsportal. In diesem Fall sind die Kanäle per se synchronisiert, wobei in aller Regel die Prozesse nach Anwendertyp und Kundensegment variiert werden. So können nur die eigenen Mitarbeiter, aber nicht die Endkunden den prognostizierten Ertragswert je Kunde abfragen, während der Außendienst bspw. die durchschnittliche Schadenshöhe pro Schadenstyp einsehen kann. Kunden mit historischen Verdachtsmomenten auf Versicherungsbetrug könnten Schäden nur zur Regulierung <u>anmelden</u>, während andere Kunden Kleinschäden automatisch <u>regulieren</u> usw. Offensichtlich ist für eine derartige Kanalbündelung eine differenzierte Prozessmodellierung hilfreich.

Kanalsteuerung ist eine logische Konsequenz aus der wachsenden Kanalvielfalt: Die Unternehmen versuchen den Kunden bei seiner Wahl des *inbound*-Kanals auf den für sie kostengünstigsten, abschlusssichersten oder leistungsfähigsten Kanal zu lenken, und sind zudem frei in der Kanalwahl für die *outbound*-Kommunikation. Portale sind hier den *offline*-Kanälen bezüglich Kosten, Verfügbarkeit, Qualität und Individualisierbarkeit der Leistungserbringung ähnlich überlegen wie es Selbstbedienung dem Tante-Emma-Laden war. Der dadurch ausgelöste Transformationsprozess muss - wenn er erfolgreich sein will - die berechtigten Interessen der Verantwortlichen für die *offline*-Kanäle adressieren, weil diese in den allermeisten Branchen auf absehbare Zeit wirtschaftlich bedeutender bleiben und vor allem den *online*-Kanälen einen beträchtlichen Teil seiner zukünftigen Kunden sukzessiv zuführen sollen.

Somit besteht die Herausforderung, die dabei entstehende **Kanalkannibalisierung** aktiv zu gestalten bspw. in Fragen der Alleinvertretungsgebiete, der Umsatzprovisionen, davon getrennt der Aufwandsvergütung für Beratungsleistungen oder auch im kreativen Aufspüren von Kanalsynergien (Stichwort: *multi-channel-campaigning*).

Ein wirksamer Hebel, die dabei auftretenden Veränderungsbarrieren in der Organisation zu überwinden, ist eine Kultur der konsequenten Ausrichtung auf den Kunden, nach der folgerichtig dem Kunden die Wahl des Kanals freisteht und das Unternehmen lediglich die Infrastruktur hierfür – synchronisiert, gebündelt und gesteuert – bereitzustellen hat.

3.3 Die Transformation der Inhalte

Nachhaltigen Erfolg im Portal Engineering versprechen insbesondere jene Geschäftsmodelle, die mehr als nur eine Portierung der vorhandenen Prozesse in die *Online*-Welt leisten, sondern die Chancen des neuen Mediums zu neuartiger, in der realen Welt nicht nachzubildender Funktionalität nutzen. Also bspw. in einem Immobilienportal die schnelle Auswahl der relevanten Objekte durch Kategorisierung in Datenbanken erleichtern, eine virtuelle Begehung der Häuser ermöglichen, den durchschnittlichen Kaufpreis für vergleichbare Objekte aus dem *Data Warehouse* beisteuern oder den Zugang zu einer *Community* eröffnen, in der die letzten realen Besucher dieses Hauses ihre Eindrücke niedergeschrieben haben usw.

Gemeinsam sind diesen verbesserten Prozessen zwei Charakteristika: Die physischen Produkte werden durch Wissen über die Produkte gleichsam ‚veredelt‘ und es entstehen virtuelle Wertschöpfungsbündel aus dem Zusammenwirken organisatorisch unabhängiger Unternehmen wie den Besuchern des Portals, dem Makler, dem Versicherer, dem Verkäufer, dem Notar, dem Finanzierer, dem Grundbuchamt etc.

Die Transformationsaufgabe besteht somit (s. Abb. 3) im Entwerfen neuer Wertschöpfungsansätze über die bestehenden Unternehmensgrenzen hinweg, zweitens in der

Gestaltung der Beziehungen zu den neuen externen Wertschöpfungspartnern und drittens der Syndikation, d.h. dem Vermarkten eigener *Services* in fremden Portalen.

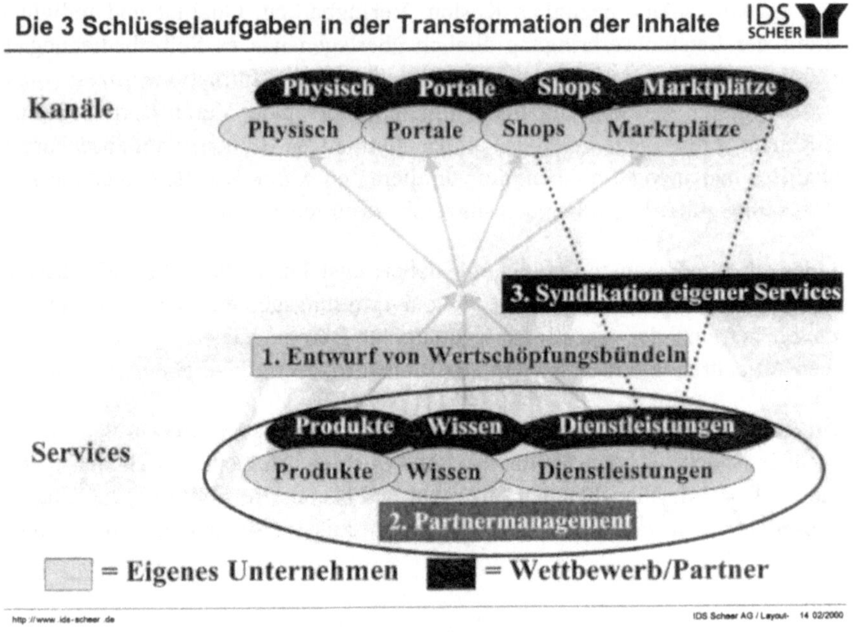

Abb. 3: Transformationsaufgaben der Inhalte

Das *Engineering* neuer Produkte oder Dienstleistungen ist ein Kreativprozess, der durch einen *Online*-Wettbewerberüberblick und die Nutzung der Erfahrungen in *Internet*-Pionierbranchen wie Medien, Reisen oder *Brokerage* stimuliert werden kann. Zielführend ist dabei der Ansatz, dem Kunden die Organisation der mit der Lösung zusammenhängenden Geschäftsbeziehungen abzunehmen. Und dabei den *session context* wiederzuverwenden, also bspw. das Wissen um Lage, Alter, Verkaufspreis eines Hauses für Gebäudeversicherungs- oder Gartenplanungsangebote zu nutzen. Je größer dabei die informationelle und je kleiner die physische Wertschöpfung, desto besser.

Die Schlüsselfähigkeit für den Aufbau dieser virtuellen Welten ist das **Partnermanagement** – nur wer deren Akquisition, Integration, *Contracting*, Qualitätsmanagement und Controlling beherrscht, kann sich auf Dauer an der Spitze des Partnernetzes und damit im lohnenden Endkundenkontakt behaupten. Aus Transformationsperspektive bietet es sich im Partnermanagement an, mit gleicher Elle auch die Leistungsbeiträge der eigenen Organisation zu behandeln. Können diese dabei gegenüber Wettbewerbsangeboten bestehen, erfolgt im nächsten Schritt die entgeltliche **Syndikation eigenerstellter Dienstleistungen** in fremde Netze, Portale oder *Malls*. Diese Entwicklung wird in Konsequenz zu einer Atomisierung der Geschäftswelt führen, in der die Unternehmen Dutzende von Portalen selbst betreiben, dabei auf einen Pool eigener und fremder Dienstleistungen zugreifen und zugleich ihre eigenen wettbewerbsüberlegenen *Services* in vielfältigen Drittportalen vermarkten.

So könnte ein ‚Börsenguru‘ mit nachweislich hoher Treffsicherheit in der Aktienempfehlung durch Präsenz in Hunderten von Bank-, Vermögens- oder Erbschaftsportalen ein Vielfaches des Provisionserlöses aus den zugehörigen Wertpapiertransaktionen erzielen.

Dieses Beispiel verdeutlicht zugleich das Prinzip der Dekonstruktion von bislang integriert betrachteten Prozessen in seine Wissens- (die Empfehlung) und Transaktionsbestandteile (die Abwicklung) und das enorme Potenzial des Handels mit Wissen im Vergleich zu Waren.

Denn formalisierbares Wissen ist via Portale zu minimalen Transaktionskosten unendlich reproduzierbar und wird durch Anwendung kontinuierlich verbessert statt sich abzunutzen oder unterzugehen wie physische Güter.

Portale sind in dieser Perspektive das Trägermedium für einen sich rasch entwickelnden Markt für Wissensdienstleistungen, der zudem – analog den Einschaltquoten der Medienindustrie – durch tagggleiches Feedback über Nutzung oder Kaufunterstützung durch einzelne Wissensbausteine (gemessen via ‚*click streams*‘) hocheffizient und transparent organisiert werden kann.

Mit ihrer in Jahren gewachsenen Wissensbasis und dem enggeknüpften Netz an Kontakten zu potenziellen Partnern besitzen die etablierten Unternehmen alle Voraussetzungen früh und prägend in diesen Wissensmarkt einzutreten – vorausgesetzt die Transformation der Inhalte gelingt.

3.4   *Transformation der Systeme*

Die Transformation der existierenden IT-Systeme zur Unterstützung von Portalen sieht sich drei Herausforderungen gegenübergestellt: Der Gestaltung des Frontends, der Anbindung des Backends und der Entscheidung über Eigenbetrieb oder Outsourcing des Portals (s. Abb. 4).

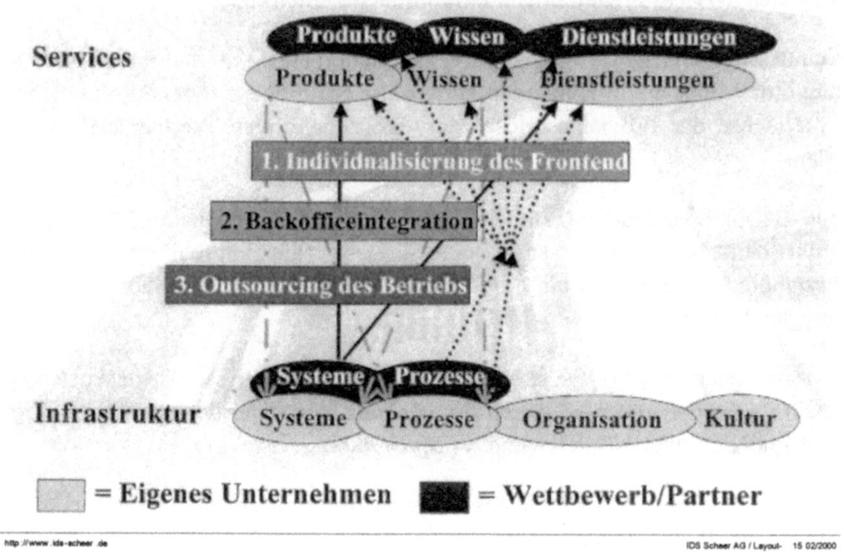

Abb. 4: System-Transformationsaufgaben

Die *Frontend*-**Gestaltung** von Informationssystemen, auf denen Endkunden unmittelbar Geschäftsprozesse abwickeln, ist für die meisten etablierten Unternehmen Neuland. Naheliegend ist hierfür der Erwerb von Standardsoftware, es sei denn, Programmierung und Weiterentwicklung der zugrundeliegenden Portalsoftware wird als eigene Kernkompetenz betrachtet. Somit ist in der Regel ein Auswahlprozess zu organisieren, der Aspekte der technologischen und funktionalen Reife ebenso wie intuitive und individualisierbare Benutzerführung berücksichtigt. Die hierdurch erreichbare Personalisierbarkeit des *Online*-Erlebnisses durch und für den Kunden gewinnt dabei zunehmend an Bedeutung, denn Kundenportale müssen ein breites Spektrum an Hintergrundwissen und Fähigkeiten adressieren. Zudem ist die Lernmotivation bei Kunden per se deutlich geringer als die der eigenen Mitarbeiter, so dass Erklärungsfreiheit und Einfachheit der Anwendungen im Vordergrund stehen. Aus Transformationssicht bedeutender ist in dieser Softwareauswahl die **Back-Office-Integration**, da eine enge Kopplung mit den existierenden Systemen Integrität, Synchronität und oft auch das geforderte Entwicklungstempo sicherstellt. Während für die Integration von marktgängiger Standardsoftware viele Portalhersteller Adapter oder *Plug-Ins* mitliefern, müssen proprietäre Systeme manuell eingebunden werden. Probleme hierbei sind vielfach das Kapseln von komplexer Anwendungslogik in modulare, endkundenfähige *Services* und die Wahrung einer einheitlichen Benutzeroberfläche für heterogene Quellsysteme. Hierfür ist die in modernen Portalprodukten praktizierte Trennung von Format und Inhalt der elektronischen Präsentation hilfreich.

Betreibt ein Unternehmen mehrere heterogene Portale, ist von vornherein eine Portalunterstützungsarchitektur zu konzipieren, mit deren Hilfe die *Back-Office Services* einmal pro System und nicht einmal pro nutzendes Portal integriert werden.

Grundsätzlich bietet die angestrebte Kanalkonsolidierung – Kunden, Mitarbeiter und Partner greifen via *Browser* auf identische *Services* zu – die Chance zum *Reengineering* der existierenden Anwendungen in Richtung auf leicht verständliche, schlanke Systeme.

Die Hauptschwierigkeit der meisten Firmen wird jedoch die Konsolidierung dieser vorhandenen Systemlandschaft sein: Es existieren vielfach keine zentralen Stammdaten, keine einheitliche Sicht auf alle Konten, Verträge, historischen Vorgänge etc. eines Kunden. In diesen Fällen muß die Transformation eine Stufe vorher bei den *Enabling Technologies* wie unternehmensweiten *Data Warehouses* oder einheitlichen Stammdatensystemen ansetzen.

Da der Betrieb von Portalen – vergleichbar der Einführung von Call Centern vor einigen Jahren – erstmalig zu organisieren ist, kann das Betreibermodell – **Outsourcing oder Eigenbetrieb** – unabhängig von entstehenden Transformationskosten gewählt werden. Grundsätzlich gilt: Je kompetenter, verfügbarer und strategisch bedeutsamer die eigenen IT-Ressourcen einzustufen sind, desto sinnvoller erscheint der Eigenbetrieb von Portalen.

Aber auch bei Eigenbetrieb ist zu prüfen, inwieweit hierfür die Ausgründung einer separaten Gesellschaft sinnvoll ist, um diese Dienstleistung später einmal für Dritte am Markt anbieten zu können.

3.5 Transformation der Kultur

Das Beharrungsvermögen der Menschen und ihrer Überzeugungen ist die vielleicht größte einzelne Veränderungsbarriere in der Transformation eines Unternehmens in die neue Ökonomie. Denn das e-business markiert den Übergang vom transaktionsorientierten zum wissensbasierten Unternehmen. Und dies revolutioniert die Wertmaßstäbe, Kommunikationsformen und Machtstrukturen. Drei Aspekte sind hierbei in den Vordergrund zu stellen (siehe Abb. 5): Die Verdrängung von Instanzenbearbeitung durch Redaktionstätigkeit, die Entpersonalisierung der Kommunikation und eine wachsende Improvisation wirtschaftlichen Handelns.

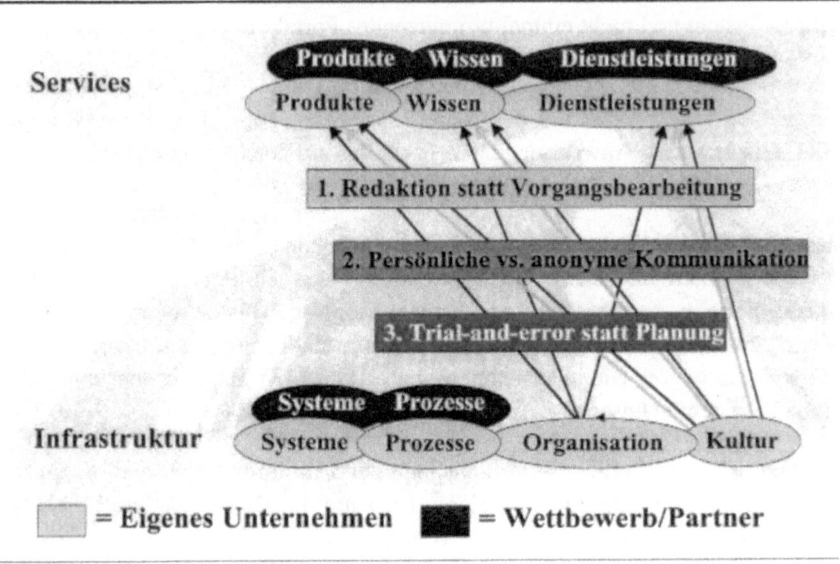

Abb. 5: Kultur-Transformationsaufgaben

So ist bspw. für einen Autohersteller in Zukunft der **Redakteur** eines Online- Fahrzeugkonfigurators ungleich wichtiger als der Leiter Kundenberatung in einer Niederlassung, weil über dessen Werkzeug hundertmal mehr Autos individualisiert werden als durch den traditionellen Beratungskanal. Die Messgrößen eines Redakteurs könnten dann sein die *Conversion rate* (Anzahl konfigurierter Autos, die auch bestellt wurden), die Fehlerquote (*online* bestätigte Konfigurationen, die so technisch nicht gebaut werden können) oder der Marktanteil *online*- vs. *offline*-konfiguriert im Vergleich zum Wettbewerb.

Analog lässt sich dieses Beispiel auf andere Wissensarbeiter übertragen, bspw. den Experten für Dokumentenakkreditive in einer Privatbank, der nun – übrigens auch Nichtbankkunden – mittels eines Portals in die Lage versetzen kann, in Gambia bspw. die leistungsfähigsten Geschäftsbanken, gängige *incoterms* und internationale Spediteure zu identifizieren etc.

Deutlich wird auch: Die neuen Aufgaben in der Wissenserstellung für die elektronischen Kanäle setzen ein hohes Abstraktionsvermögen bei den Mitarbeitern voraus, um für Tausende von Kunden relevante Inhalte zu erstellen, ohne das die *Offline*-Welt steuernde unmittelbare und persönliche *feedback* zu erhalten. Diese **Entpersonalisierung** der Geschäftsbeziehungen werden viele Mitarbeiter bedauern und die Herausforderung an die Kulturtransformation ist es, Ersatz für die darin enthaltene emotionale Zuwendung und Motivation zu finden.

Einschneidend wird vielfach auch der Übergang in eine *Trial-and-Error*-**Kultur** erlebt, wo früher aufwendig geplant und mit Bedacht umgesetzt wurde. Statt dessen signalisieren heute *web-Feedbacks* in wenigen Tagen, ob ein neuer Service bei der Zielgruppe ankommt.

In diesem Umfeld gewinnt eine durch Pragmatismus, Risikobereitschaft und Schnelligkeit geprägte Kultur an Boden. Aus Transformationsperspektive ist es für etablierte Unternehmen wichtig, beiden Kulturen gleichzeitig Entfaltungsspielraum zu geben und dabei wertfreie Koexistenz, gegenseitigen Austausch und damit Angleichung aneinander sicherzustellen.

So wie jeder neu gewonnene Angestellte sich für einen der beiden Unternehmensbereiche entscheiden kann, muss es selbstverständlich sein, dass auch die vorhandenen Mitarbeiter ihre Wahl treffen können und dabei ggf. in den für die andere Kultur fehlenden Fertigkeiten entwickelt werden.

Dies ermöglicht einen bewusst gestalteten und durchlässigen Übergang zwischen traditioneller und neuer Kultur und erhält dem Unternehmen den Zugriff auf kostbares Erfahrungswissen, dessen Wert den entscheidenden Unterschied zwischen *E-Start-ups* und den etablierten *offline- E-Players* ausmachen kann.

4   Die Portal Engineering Methodik

Nachdem das vorangestellte Kapitel die Langfristigkeit und unternehmensweiten Auswirkungen des Portal Engineerings herausgearbeitet hat, ist folglich die Vorgehensweise bei der Implementierung von Portalen von besonderer Bedeutung.

Diese Implementierungsmethodik muss die strategische Perspektive berücksichtigen („*think big*') und dabei handhabbare, erfolgswahrscheinliche Teilprojekte definieren („*start small*').

 Dieser Spagat wird nur gelingen, wenn die Erfahrungen aus dem Produktivstart der ersten Teilprojekte zum wesentlichen Input für die Planung der nächsten Projektphasen wird und auf diese Weise der Kreis zwischen Konzeption und Produktiverfahrung im Betrieb immer wieder neu geschlossen wird.

Graphisch wird dieser Ansatz (s. Abb. 6) durch eine Spirale veranschaulicht, bei der jede Produktionsfreigabe eines neuen Portalinhaltes/einer neuen Portalzielgruppe den Ausgangspunkt für die Entwicklung des nächsten, noch größeren Portalkreises darstellt.

146

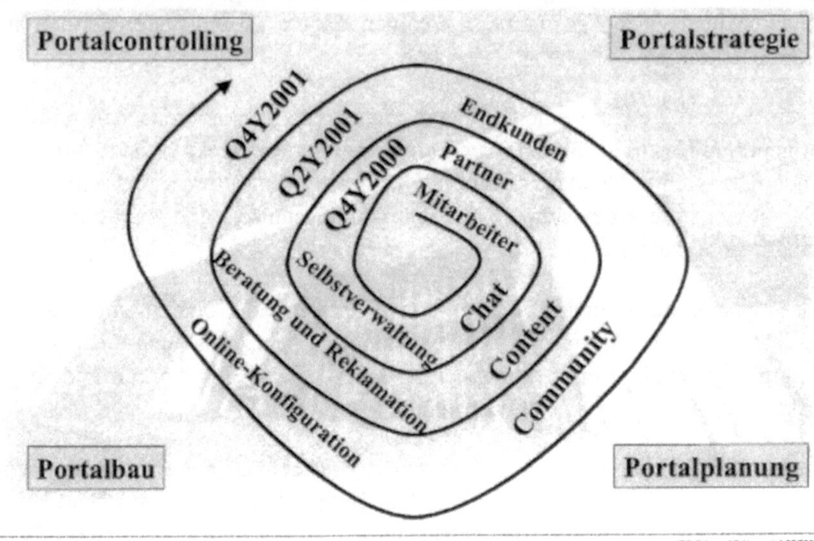

Abb. 6: Die Portal Engineering Spirale

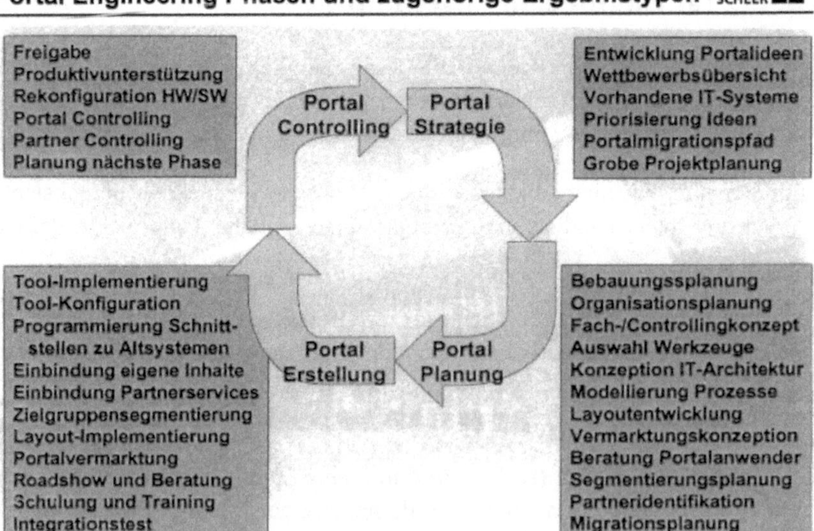

Abb. 7: Die Portal Engineering Methodik

In dieser Spirale werden die vier abzugrenzenden Projektphasen Portalstrategie, -planung, -bau und -controlling mehrfach durchlaufen. Dies führt zu einer kontinuierlichen Erweiterung und Anpassung der in den einzelnen Phasen erarbeiteten Ergebnistypen (s. Abb. 7) an die gewonnenen Erfahrungen im Livebetrieb des Portals.

4.1 Portalstrategie

Die wesentliche Aufgabenstellung in der Entwicklung einer Portalstrategie ist für jede Unternehmung die Herausarbeitung von Alleinstellungsmerkmalen. Denn mit wachsender Reife und Anzahl der im *web* betriebenen Portale wird sich der Schwerpunkt für die Unternehmen von der Entwicklung auf die Vermarktung Ihrer Portale bei den Kunden und Partnern verlagern. Wer in dem dann einsetzenden Hyperwettbewerb erfolgreich *Traffic* für sein Portal generieren will, muss frühzeitig und konsequent Zielgruppen und relevante Nutzenversprechen entwickelt haben. Für etablierte Unternehmen ist es naheliegend, den vorhandenen *Offline*-Kundenstamm als Hauptzielgruppe zu betrachten und zu segmentieren. Der Schwerpunkt liegt somit primär auf der Herausarbeitung neuartiger Nutzenversprechen. Da erfolgreiche Portale die Beschränkungen der *Offline*-Welt überwinden, muss auch die Identifikation von Nutzenversprechen weit über den Tellerrand des Jetzigen hinausgehen. Inspirierend sind hierfür oftmals branchenfremde Portallösungen oder die im Web zu besichtigenden Geschäftsmodelle von *pure Players* ebenso wie gängige Kreativitätstechniken.

Tragfähige Ideen kombinieren dabei häufig eines oder mehrere der folgenden Grundmuster:

- Echte 1zu1-Beziehung zwischen Kunde und Unternehmen aufzubauen, bspw. automatisierte Vermögensberatung auf Basis der Kundenportfolios, -präferenzen und -ziele oder personalisierte Karriereberatung wie bei www.futurestep.de zu besichtigen.

- Revolutionäre Formen der Preisfindung wie *reverse auctioning*, bei dem Kunden heute schon ihren Flugbedarf und die Preisobergrenzen festlegen und Fluggesellschaften dieses Orderbuch nach ‚Schnäppchen' durchstöbern. Aus Kundensicht sind diese ‚market-cleaning-prices' bei aufwendigeren Anschaffungen Listenpreisen vorzuziehen, so dass sie in Zukunft auf Versicherungen oder langlebige Gebrauchsgüter übertragen werden.

- Elektronische Nutzung der *Community* mit anderen Kunden des Unternehmens – entweder als *collaborative filtering* bspw. bei www.amazon.de (Was erwerben die anderen Käufer dieses Buches noch?), als Zugang zum strukturierten *Feedback* (Wie zufrieden waren Touristen mit diesem Hotel im Vorjahr?) oder als *Chat Group* (Welches Krankenhaus ist das Beste für Entbindungen in dieser Region?).

- Vernetzung des Kunden mit allen Prozessbeteiligten – am Beispiel Arztbesuch: Der Patient wählt den Arzt datenbankgestützt aus, kann online den Termin buchen, erhält dann die Diagnose via E-Mail, lässt die Röntgenbilder durch einen *Web*-Dienstleister ein zweites Mal befunden, empfängt und reguliert die Rechnungen elektronisch mit Bank und Krankenversicherung und übersendet alle diese Dokumente jährlich einem Tarifbroker, der die für ihn günstigste Krankenversicherung ermittelt.

Die so gewonnene, priorisierte Ideenliste ist in zweierlei Hinsicht zu filtern:

<u>Erstens extern:</u> Sind diese Ideen vereinbar mit Kultur, Image und Positionierung des Unternehmens? Insbesondere Kunden und Partner müssen dem Unternehmen vertrauen, ein neues Nutzenversprechen auch einlösen zu können. Bestehen hier Zweifel, steigert dies mindestens den Kommunikationsaufwand am Markt, oftmals begründet es zusätzlich das Scheitern der Idee.

<u>Zweitens intern:</u> Kann die Idee zeitnah von den vorhandenen Systemen, Prozessen und Kompetenzen her umgesetzt werden? Falls nicht, ist abzuwägen, inwieweit die entstehende Verzögerung die Portalidee entwertet (,*time to market*‘) oder die Kosten des Aufbaus der fehlenden Ressourcen die Gewinnerwartungen übersteigen.

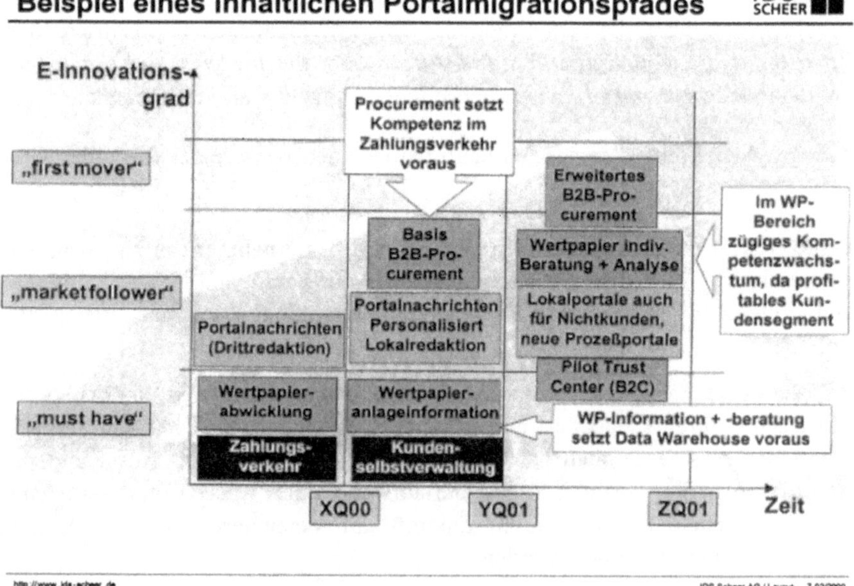

Abb. 8: Der Portalmigrationspfad als Ergebnis der strategischen Planung

Jene Ideen, die beide Filter passiert haben, sind nun in handhabbare Teilprojekte zu gießen unter Wahrung der inneren Logik der Portalinhalte und ideenübergreifender Synergien.

Abbildung 8 verdeutlicht einen so entstehenden Portalmigrationspfad als ein wesentliches Ergebnisdokument der Portalstrategiefindung, welches den Rahmen für die nachgelagerte Portalplanungsphase setzt.

4.2 Die Portalplanung

Die im Kapitel Transformationsaufgabe von Portalen erarbeiteten vielfältigen Berührungsflächen von Portalen mit Kanälen, Inhalten, Systemen und Kultur des portalbetreibenden Unternehmens begründen die Notwendigkeit einer Implementierungsplanung im Vorfeld der Portalerstellungsphase. Ausgangspunkt ist hierfür eine detaillierte Bebauungsplanung zur inhaltlichen und zeitlichen Koordination der vielfältigen, oft unternehmensexternen Projektbeteiligten (s. Abb. 9).

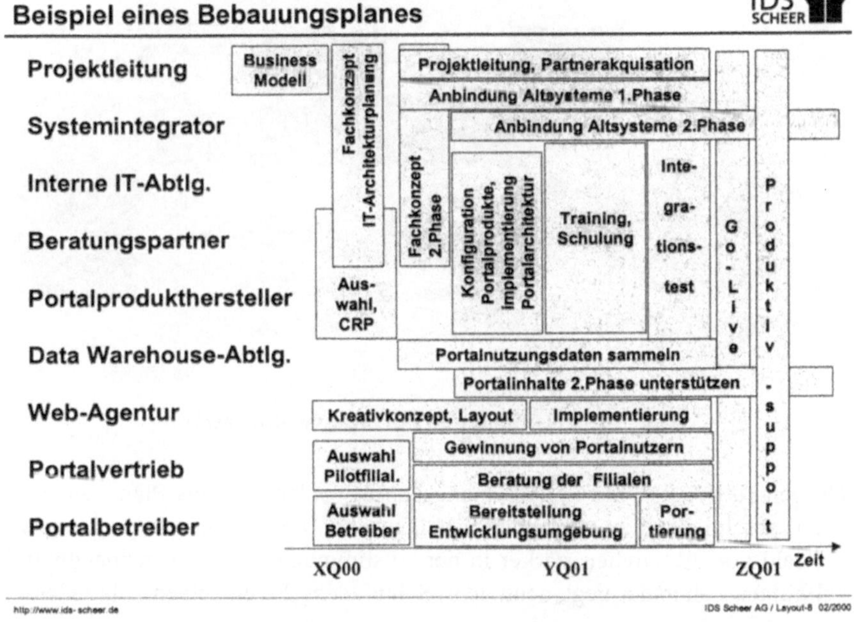

Abb. 9: Die Portalbebauungsplanung als Ergebnis der Portalplanungsphase

Die Schlüsselaktivität der Portalplanungsphase ist dabei die Auswahl des Portalproduktes, da diese Entscheidung das Unternehmen am längsten bindet. Denn ein späterer Wechsel des Produktes erzeugt enorme ‚Rüstkosten' hinsichtlich der Integration von Inhalten und Systemen, aber auch in Form von Umlernkosten bei Mitarbeitern, Partnern und vor allem Kunden. Daher ist die Auswahl des Werkzeuges an langfristigen Kriterien zu orientieren und die Durchführung eines *Conference-Room-Pilot* zu prüfen, bei dem *look-and-feel* und *Performance* der Software ebenso wie erste Integrationserfahrungen mit echten Unternehmensdaten gewonnen werden, welche die Entscheidung langfristig absichern.

Externe Berater können zudem aus Ihrer Projekt- und Produkterfahrung wertvolle Navigationsunterstützung beisteuern, bspw. in Form von Produktauswahlmatrixen (s. Abb. 10).

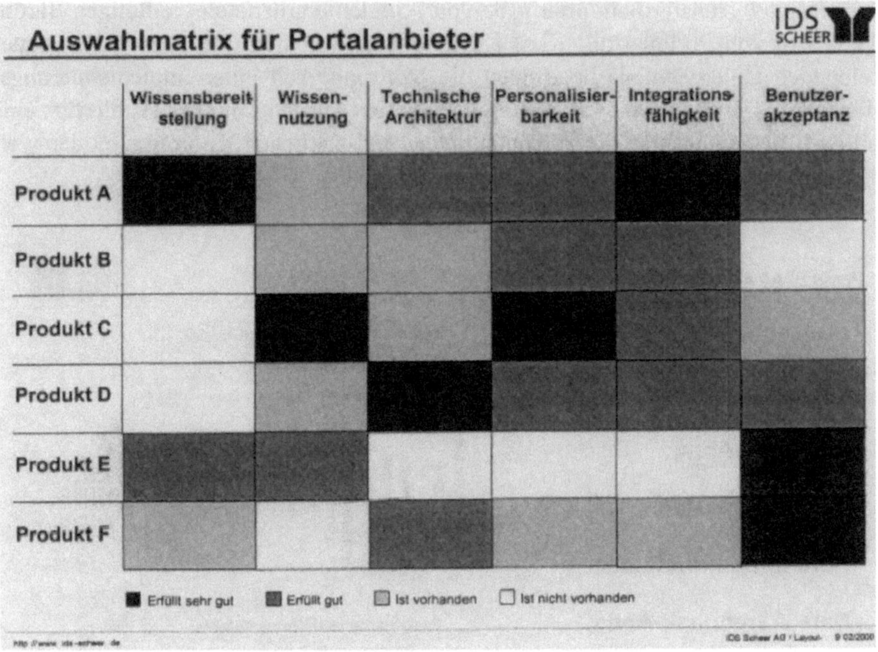

Abb. 10: Beispiel einer Portalauswahlmatrix

Die übrigen Aktivitäten der Portalplanungspahse werden hier aus Platzmangel nicht diskutiert, abschließend ist nur herauszustellen, dass die Herausforderung angesichts der Vielzahl von Aktivitäten stärker in der Abstimmung und dem Ineinandergreifen der vielfältigen Zahnräder liegt, denn dem ‚Schmieden' des einzelnen Zahnrades.

4.3 Die Portalerstellung

Bei Analyse der in Abb. 7 aufgelisteten Inhalte der Portalerstellungsphase wird deutlich, dass generelle Aussagen hierzu von der Wahl des Portalwerkzeuges, der individuellen Portalzielsetzung und der vorhandenen Ausgangsbasis abhängen. Von daher soll in diesem Beitrag nur eine Schlüsselaktivität aus dieser Phase herausgestellt werden: Die Segmentierungsplanung.

Segmentierung bedeutet im Kern eine Zuordnung von Inhalten, Marketingmaßnahmen oder *Services* zu Anwendern/Anwendergruppen, und der Bedarf für Segmentierungsplanung ist offensichtlich in Portalen für sehr verschiedenartige Anwendergruppen.

Segmentierung vollzieht sich in einem zweistufigen Prozess – erstens der Bündelung von Inhalten und zweitens der Zuordnung der Bündel zu Anwendern. Das nachfolgende Kapitel 6 wird intensiv auf zwei wirksame Verfahren zur Bündelung von Inhalten eingehen: Die Prozessgestaltung und das Rollenmanagement.

Hinsichtlich der Zuordnung der so gewonnenen Rollen und/oder Prozesse zu Anwendern sind drei Verfahren zu unterscheiden:

Offene Zuordnung: Dies ist die Standardform der Zuordnung im Internet. Inhalte und Transaktionen werden bereitgestellt und die Kunden wählen diese durch Anklicken aus. Durch Gruppierung, Indexierung oder Kategorisierung gilt es hierbei segmenthomogene Inhalte so geschickt zu bündeln, dass bspw. Neukunden, Surfer oder Jobsuchende die für sie relevanten Inhalte auf einen Blick sehen.

Verdeckte Zuordnung: Dieses Verfahren setzt den *Login* des Kunden im Extranet voraus. Denn in Vorfeld werden hierbei die Kunden segmentiert oder ‚*geclustert*‘ und mit den für sie relevanten Inhalten verknüpft. Beim Anmelden wird diese *Profiling*-Tabelle ausgelesen und die entsprechenden Inhalte auf dem Bildschirm aufgebaut. Auf diese Weise können Millionen verschiedener Internetseiten aus wenigen Bausteinen heraus konfiguriert werden, wie es Abb. 11 demonstriert.

Der Prozess ist für den Kunden in der Regel intransparent, kann aber auch mit offener Zuordnung kombiniert werden. Verdeckte Zuordnung empfiehlt sich insbesondere, wenn diskriminierende Einschränkungen (‚Kunde darf nicht auf Rechnung bestellen‘, Kunde erhält keine Treuekunden-Angebote‘) vorgenommen werden.

Automatische Zuordnung: Dieses Verfahren erstellt aus dem *Klick*-Verhalten des *Online*-Anwenders ein dynamisches Profil. Mittels Zugriff auf ein Regelwerk werden dann zur Laufzeit die aufgerufenen *Web*-Inhalte diesem Profil angepasst, also bspw. die passende Reiselektüre zu einer gerade erfolgten *Online*-Urlaubsbuchung. Die Vorteile der automatischen gegenüber der verdeckten Zuordnung liegen in der vereinfachten Wartung des Regelwerkes, der Unabhängigkeit von historischen Kundendaten, der Möglichkeit N Profile pro Anwender anzulegen sowie der Vermeidung eines Kundenlogins als Zugangsschranke.

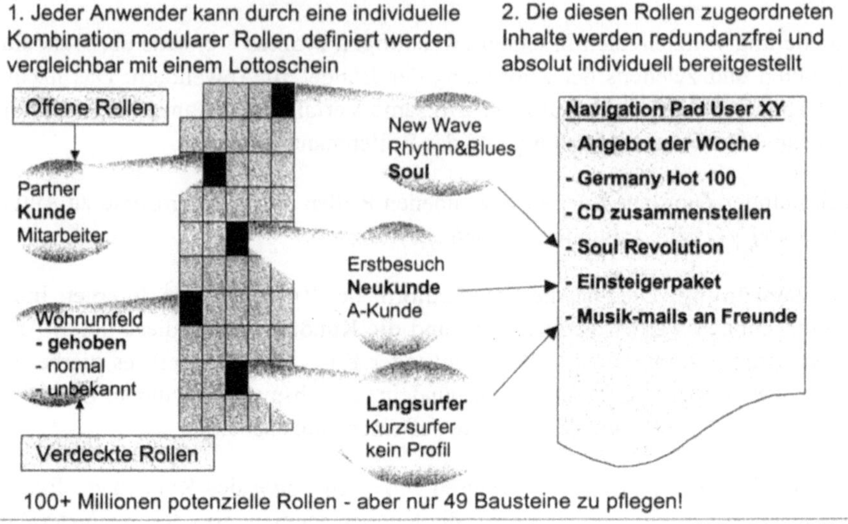

Abb. 11: Verdeckte Zuordnung von modularen Rollen zu Anwendern

Selbst wenn bei einer Portalimplementierung in den ersten *Releases* noch keine Differenzierung von Inhalten vorgesehen ist, empfiehlt es sich schon frühzeitig, die geeigneten Verfahren für eine Segmentierung auszuwählen und die unterstützende Infrastruktur aufzubauen. Denn insbesondere für die verdeckte Zuordnung sind in aller Regel Vorarbeiten in Form von *Data Warehose*-Konsolidierungen und -auswertungen durchzuführen. Und ein wirksames Regelwerk für die automatische Zuordnung beinhaltet einen hohen Anteil von ‚unscharfem' Erfahrungswissen, wie es durch kontinuierliches ‚*Trial-and-Error*' im Portalbetrieb erworben werden kann.

4.4 Das Portalcontrolling

Das Controlling des produktiven Portals setzt sich die systematische Bereitstellung des Feedbacks der Portalanwender zum Ziel. Damit versorgt es die vorgelagerten Portal-Engineering-Phasen mit wertvoller Kundenrückkopplung und ermöglicht ein permanentes Reifen des Portals am und durch den Markt. Die Messung dieser Art von Rückkoppelung ist neuartig für viele Unternehmen, da das Portal im Gegensatz zu anderen Kanälen anonymisierte Kundenkontakte strukturiert. Deren Auswertung steht somit im Mittelpunkt des Portalcontrollings, wobei zwischen explizitem und impliziten *feedback* zu unterscheiden ist:

Explizites *feedback* sind alle Formen der bewussten Rückmeldung durch den Anwender, insbesondere E-Mails, Anrufe in der Hotline und Beiträge zu Foren. Die Herausforderung liegt hier in der direkten Zustellung dieses *Feedbacks* an den betroffenen Autor/Redakteur. Über organisatorische Regelungen ist im folgenden sicherzustellen, dass diese Rückkopplung in die Portalinhalte einfließt und ggf. erforderliche Antworten an den *Feedback*geber zeitnah erfolgen.

Implizites *feedback* ist in den allermeisten Fällen die lohnendere Quelle für Unternehmen, denn hiermit wird das *Klick*-Verhalten der Anwender im Portal ausgewertet. Dieser Strom ist nicht nur ungleich breiter als das schmale Rinnsal der bewussten Rückmeldungen, er verspricht auch differenzierten Einblick in vorher oft intransparente Entscheidungsprozesse. So wird bspw. nicht nur die Buchung einer Flugreise festgehalten, sondern auch der Ausstiegspunkt aller Interessenten, die letztendlich nicht gebucht haben. Dies kann nach Bekanntgabe des Reisepreises, der verfügbaren Reisezeiten, der Zwischenstops, des Kinderrabattes, der Vorbuchungsfristen, der Zahlungsbedingungen etc. gewesen sein. Idealerweise wird ein so identifizierter Engpass so lange ,aufgebohrt‘, bis andere Prozessschritte zum Engpass werden. Bewährte Maßnahmen hierfür sind: Mehr Transparenz (,Wettbewerberpreisübersicht‘), besserer Service (,kurze Vorbuchungsfristen‘) und finanzielle Anreize für die *Online*-Buchung. In jedem Fall sind stringente Prozesse hilfreich, die dem Kunden durchgängig die Orientierung über die noch zu absolvierenden Schritte geben.

Sind die verfügbaren Datenquellen identifiziert, müssen in einem nächsten Schritt Controllingziele und *-benchmarks* abgeleitet werden. Denn für sich genommen ist bspw. eine Abbruchquote von 70% aussagelos, erst durch Einordnung in einen historischen und branchenüblichen Vergleichsrahmen lassen sich daraus Steuerungserkenntnisse gewinnen.

Es empfiehlt sich alle Portal-*Services* unter zwei Aspekten zu beleuchten, welches Interesse sie angezogen haben (,*hit-rate*‘) und in welchem Umfang sie die Abwicklung von Geschäften (,*conversion-rate*‘) unterstützt haben. Aus der Kombination der beiden lassen sich bedingte Wahrscheinlichkeiten formulieren (,X% der Anwender, die den Testbericht angeklickt haben, kaufen ...‘), mit deren Hilfe der Beitrag einzelner Portalinhalte zum Ganzen deutlich wird und der faire Marktpreis für fremdbezogene Inhalte abgeleitet werden kann.

Zusätzlich gilt es ein qualitatives Portalcontrolling aufzubauen, welches die auf Wettbewerberseiten erprobten und offensichtlich erfolgreichen Inhalte den eigenen Redakteuren und Autoren strukturiert zur Verfügung stellt, bspw. in Form von Ideenmarktplätzen. Denn Portal Engineering ist eine Reise mit ,moving target‘ und effektives Portalcontrolling misst nicht nur das Erreichen des aktuellen Zielbahnhofes, sondern unterstützt auch die Routenplanung auf dem Weg in das Portal der Zukunft.

5 Mehrwert durch Verknüpfung von Wissen und Transaktionen

Traditionell stehen bei der Gestaltung von Geschäftsprozessen und betrieblichen Informationssystemen die Betrachtung strukturierter Daten und die transaktionsorientierte Datenverarbeitung im Vordergrund, während das Thema Wissen und schwach strukturierte Informationen eher eine Nebenrolle spielt. Portale bieten die technischen Voraussetzungen, die starke Trennung von Wissen und Transaktionen aufzuheben, und ein gezieltes Angebot von aufeinander abgestimmten Services und Informationen bereitzustellen. Hierdurch entsteht sowohl unternehmensintern (*Business-to-Employee*, B2E) als auch im und *Business-to-Business-* (B2B) und *Business-to-Consumer*-Bereich (B2C) signifikanter Mehrwert durch die fokussierte Bereitstellung relevanten, tatsächlich gerade benötigten Wissens.

Unternehmensintern resultierende Vorteile liegen vor allem im Bereich des Wissensmanagements, z. B. Prozessverbesserungen durch eine bessere Informationsbasis, gezielte Entscheidungsunterstützung und Reduktion von Suchzeiten.

Vorteile im B2C-Bereich ergeben sich insbesondere in einer höheren Kundenbindung durch die gezielte, kundenindividuelle Bereitstellung von relevantem Wissen und damit entsprechenden Umsatzsteigerungen. Webportale bieten ganz andere Möglichkeiten der Wissensbereitstellung als andere Vertriebskanäle, die systematisch als Wettbewerbsvorteil genutzt werden sollten. So hat eine Internet-Buchhandlung den Nachteil, dass man nicht in einer Vielzahl von physisch vorhandenen Büchern schmökern kann. Sie hat dafür den Vorteil, in einem umfassenden Maße Zusatzwissen anbieten zu können, wie Leserrezensionen, gezielte Buchempfehlungen aufgrund des bisherigen Kaufverhaltens und *collaborative filtering*, durch das die Frage beantwortet wird, welche anderen Bücher die Käufer eines bestimmten Titels besonders häufig gekauft haben – häufig ein dankbar aufgenommener Hinweis auf weitere interessante Titel, der in vielen Fällen zu einem weiteren Kauf führt.

Im B2B-Bereich können je nach Art der Geschäftsbeziehungen beide Vorteile zur Geltung kommen. Dort wo eine dauerhafte, enge Zusammenarbeit existiert und der Datenaustausch – z. B. auf Basis von XML – im Rahmen unternehmensübergreifender Prozesse organisiert ist, können durch eine bessere Organisation des begleitenden Informationsaustauschs Prozessverbesserungen erzielt werden. Bei regelmäßig neu anzubahnenden Geschäften kann über das eigene Webportal (bzw. durch den Betreiber eines B2B-Marktplatzes) durch die gezielte Bereitstellung von Wissen ein Mehrwert für den Geschäftspartner geschaffen werden.

Die Verknüpfung von Wissen und Transaktionen kann die folgenden Aspekte umfassen:

Navigationswissen

Hierbei geht es um die Nutzung von Wissen zum Auffinden der geeigneten Transaktionen (und ggf. weiteren Informationsangeboten), d. h. dem Nutzer soll ein Überblick über die für ihn relevanten Angebote im Portal verschafft werden. Rein statische Hilfsmittel wie Navigationsleisten und *Sitemaps* reichen hier in der Regel nicht aus, da sie die speziellen Bedürfnisse des einzelnen Nutzers nicht berücksichtigen und von ihm ein aktives Erschließen des Angebots mit dem entsprechenden Zeitaufwand verlangen. Häufig eingesetzte Mittel zur Vermittlung des benötigten Navigationswissens (und auch Anwendungswissens) sind *Guided Tours*, bei denen in einem vordefinierten Ablauf die wichtigsten Angebote und Nutzungsmöglichkeiten gezeigt werden. Problematisch ist auch hierbei der Zeitaufwand sowie die mangelnde Ausrichtung auf den einzelnen *User*, der u. U. großteils für ihn uninteressante Informationen bekommt. Ziel sollte es deshalb sein, Navigationswissen an die Bedürfnisse des Anwenders anzupassen. Hier können unterschiedliche Personalisierungsmechanismen zum Einsatz kommen, mit deren Hilfe dem Nutzer gezielt auf oberster Navigationsebene jene Angebote präsentiert werden, die für ihn persönlich wichtig sind.

In einem Finanzportal kann dies z. B. bedeuten, dass der Kunde genau diejenigen Instrumente angeboten bekommt, die seinen Risikoneigungen, Anlageschwerpunkten, Vermögensverhältnissen und Lebenssituation entsprechen. Im B2E-Bereich führt dies dazu, dass beispielsweise Einkäufer auf ihrer Oberfläche an vorderster Stelle die beschaffungsrelevanten Transaktionen des ERP-Systems finden. Das Portal verschafft ihnen damit eine ganz andere Sicht auf das ERP-System als z. B. einem Vertriebsmitarbeiter.

Überblickswissen

Vor allem im Bereich der Kundenportale, aber auch z. B. für neue, unerfahrene Mitarbeiter, ist es häufig sinnvoll, einen Überblick über die zugrunde liegende Thematik zu geben, die den Nutzer überhaupt erst in die Lage versetzen, die geeigneten Transaktionen auszuwählen und die bei der Durchführung erforderlichen Entscheidungen zu treffen. Beispielsweise könnte in einem Finanzportal ein Überblick über die möglichen Anlageformen mit ihren jeweiligen Vorteilen und Risiken gegeben werden, evtl. ergänzt um eine interaktive Funktion zur Ermittlung von Risikoneigung und Anlagetyp, den Finanzbedarf für die Alterssicherung usw. Die ermittelten Ergebnisse können als Anwenderprofil gespeichert werden und als Grundlage für die Personalisierung des Angebots dienen. Auch das Überblickswissen sollte personalisiert angeboten werden, da es z. B. für einen Rentner wenig zielführend ist, sich über Möglichkeiten der Altersvorsorge zu informieren. Wichtig ist die Verbindung des Überblickswissens mit den entsprechenden Transaktionen des Portals, um eine ggfs. getroffene Entscheidung direkt umsetzen zu können.

Prozesswissen

Das Prozesswissen umfasst Prozessdefinitionen, Richtlinien, Arbeitsanweisungen und dergleichen, die beispielsweise in Form von Prozessmodellen, Qualitätshandbüchern u. ä. vorliegen. Besonders unternehmensintern ist es von Bedeutung, dass diese Informationen am Arbeitsplatz zur Verfügung stehen. Auch hier ist die Verknüpfung mit Transaktionen von hoher Bedeutung. Zum einen sollte sicher gestellt werden, dass der Nutzer das im jeweiligen Nutzungskontext relevante Prozesswissen angeboten bekommt, d. h. dass z. B. bei der Auswahl einer Transaktion auch direkt auf die Beschreibung des zugehörigen Geschäftsprozesses zugegriffen werden kann. Zum anderen sollte auch aus den Prozessbeschreibungen heraus die jeweiligen Transaktionen aufgerufen werden können. Im B2C-Bereich sollte der Kunde nicht gezwungen sein, sich selbst um Fragen des Prozessablaufs kümmern zu müssen. Hier sind die Prozesse erklärungsfrei und ablaufsicher zu gestalten, um Fehlbedienung von vornherein auszuschließen. Dabei muss es dem Kunden möglich sein, sich jederzeit gezielt über die Struktur des gerade durchgeführten Prozesses zu informieren.

Anwendungswissen
Unter Anwendungswissen wird hier jenes Wissen verstanden, das für die Durchführung einer bestimmten Transaktion erforderlich ist. Dies sollte im Sinne einer kontextsensitiven Hilfe integriert sein, so dass sich der Anwender jederzeit darüber informieren kann, welche Bedeutung bestimmte Eingabefelder haben usw. Da sich das Anwendungswissen direkt auf Transaktionen bezieht, ist die Zuordnung in der Regel einfach.

Auswahlwissen
Um bei der Transaktionsdurchführung eine geeignete Auswahl treffen zu können, muss der Nutzer wissen, welche Auswahlmöglichkeiten es gibt, und er benötigt meist weitere Informationen als Grundlage für die Auswahlentscheidung. Im einfachsten Fall kann dies eine Selektion aus entsprechenden Stammdaten sein (z. B. Auswahl eines Lieferanten, den der Einkäufer kennt, und zu dem er daher keine Zusatzinformationen mehr benötigt), häufig sind aber weitere Informationen, z. B. in Form eines multimedialen Produktkatalogs, Zugriff auf entsprechende Datenblätter usw. erforderlich. In vielen Fällen sind weitere Entscheidungshilfen sinnvoll, z. B. die Möglichkeit zum Vergleich von Investmentfonds nach unterschiedlichen Kriterien auf einem Finanzportal. Das gezielte Angebot von Auswahlwissen erfordert einerseits die Berücksichtigung der gewählten Transaktion und vorher getroffener Entscheidungen, andererseits sollte es ebenfalls personalisiert sein, indem z. B. nur Produkte angeboten werden, die dem Interesse des Nutzers entsprechen.

Hintergrund- und Grundlagenwissen
Für viele Tätigkeiten ist entsprechendes Hintergrund- und Grundlagenwissen erforderlich, beispielsweise kann es erforderlich sein, auf Gesetzestexte, Zollvorschriften, Normen usw. zuzugreifen. Dieses Hintergrundwissen kann in Form einer virtuellen Bibliothek im Portal zur Verfügung gestellt werden. Im Kontext der unterschiedlichen Portalangebote kann dann auf für den jeweiligen Fall interessante Hintergrundinformationen per *Hyperlink* verwiesen werden. Grundlagenwissen kann über ein Portal mittels *Web Based Training*-Konzepten vermittelt werden. Hierbei kann es sich einerseits um eigenständige Angebote handeln, z. B. um einen Kurs zum Erlernen einer bestimmten Programmiersprache, andererseits entsteht im Rahmen der täglichen

Arbeit gelegentlich der Bedarf nach einer Auffrischung der Kenntnisse zu einem bestimmten Thema. Hier wäre es hilfreich, überschaubare, abgeschlossene Lerneinheiten zu wichtigen Themen zur Verfügung zu stellen, die aus dem jeweiligen Nutzungskontextes des Portals heraus aufgerufen und durchgearbeitet werden können.

Wie aus den dargestellten Integrationsmöglichkeiten von Wissen und Transaktionen deutlich wird, genügt es nicht, Informationsangebote und Transaktionen auf einer gemeinsamen Website anzubieten. Vielmehr muss das Zusammenspiel von Wissen und Transaktionen genau geplant und aufeinander abgestimmt werden. Von großer Bedeutung ist hierbei ein durchgängiger Personalisierungsansatz, der sich nicht nur auf das Portal-*Front-End* bezieht, sondern über die verschiedenen Anwendungen hinweg berücksichtigt wird. Umgekehrt müssen die einzelnen Anwendungen auch auf den Benutzer bezogene relevante Daten und Informationen über durchgeführte Aktionen und getroffene Selektionen bereitstellen, damit diese für die Personalisierung genutzt werden können. Entsprechend hoch sind die Anforderungen an die Integration der verwendeten Anwendungssysteme, da hier ein nahtloses Zusammenspiel zwingend erforderlich ist, um z. B. die Verwendung von Kundendaten aus einem CRM-System oder einem *Data Warehouse* für die kundenindividuelle Portalkonfiguration sicher zu stellen. Auch die Anforderungen an Datenqualität und -konsistenz sind hoch, da sich fehlerhafte Daten unmittelbar dahingehend auswirken, dass der Benutzer u. U. für ihn völlig ungeeignete und uninteressante Angebote dargestellt bekommt und deswegen – vor allem im Falle des Endkunden – kaum geneigt sein dürfte, länger auf dem Portal zu verweilen und darüber Aufträge zu erteilen.

Da die geeignete Integration von Transaktionen und Wissen wie oben ausgeführt signifikanten zusätzlichen Mehrwert bringt, und die Realisierung dieser Integration nicht trivial ist, bietet es sich an, eigene Geschäftsmodelle auf dieser Integrationsleistung aufzubauen. Sowohl Transaktionen als auch Informationen können von unterschiedlichen Anbietern zugekauft und integriert in einem Portal angeboten werden. Dies hat den Vorteil, dass sich die verschiedenen Partner auf ihre Kernkompetenzen konzentrieren können. So kann z. B. ein Anbieter von Finanztransaktionen durch die ausschließlich Konzentration auf die möglichst optimale Abwicklung der Transaktionen und die aus ihrer Vermarktung über unterschiedliche Portale resultierenden Economies of Scale unschlagbar in Preis, Geschwindigkeit und Zuverlässigkeit dieser Transaktionen werden. Ein Portalbetreiber kann diese Transaktionen zukaufen und in sein Angebot integrieren. Beispielsweise kann ein Portal zum Thema Immobilienerwerb und Hausbau unterschiedliche Informationen und Angebote integrieren, wie Immobiliensuche, Finanzierung, Renovierung, Umzug usw. (vgl. Abschnitt 3.3)

6 Komplexitätsmanagement durch Prozessorientierung und Rollenbasierung

6.1 Komplexität und Dynamik integrierter Portale

Beim Aufbau von integrierten Portalen, wie sie in den vorangegangenen Abschnitten skizziert worden sind, entsteht eine nicht unbeträchtliche Komplexität, deren Beherrschung eine Kernaufgabe des Portal Engineerings und Managements ist. Wesentliche Komplexitätstreiber sind hierbei:

Vielzahl und Unterschiedlichkeit der Nutzer
Hierbei handelt es sich um Mitarbeiter mit unterschiedlichen Aufgaben, Kunden unterschiedlicher Kategorien mit verschiedenen Interessen und Bedarfen, Lieferanten und sonstige Geschäftspartner, mit denen jeweils ganz individuelle Geschäftsbeziehungen bestehen.

All diese Nutzer greifen über das gleiche Portal auf das Angebot des Unternehmens zu, haben jedoch ganz unterschiedliche Rechte, und benötigen verschiedene Angebote und Informationen, die je nach Fachwissen und Erfahrung anders präsentiert werden müssen. Im Extremfall hat jeder sein eigenes, für ihn individuell personalisiertes Portal.

Integration und Synchronisation verschiedener Kanäle
Z. B. Internet, Extranet, Intranet, WAP-Zugang, telefonischer Zugang usw.

Integration von Wissen und Transaktionen
Wie im vorhergehenden Kapitel beschrieben, müssen Inhalte und Services sinnvoll aufeinander abgestimmt und ständig aktuell gehalten werden.

Zahl und der Integrationsgrad der eingebundenen Systeme
Letztlich sind alle Informationssysteme des Unternehmens, die *User*-Interaktion erfordern, in das Portal eingebunden. Dabei genügt es nicht, lediglich den Aufruf von ansonsten voneinander isolierten Anwendungen auf einer Oberfläche zusammenzufassen. Es ist vielmehr erforderlich, anwendungsübergreifend zu personalisieren, einen gemeinsamen *Session Context* zu berücksichtigen, Daten aus einem Anwendungssystem für die Personalisierung des Portals zu nutzen usw.

Management verschiedener Anbieter
Umfasst das Portal Services und Inhalte verschiedener Anbieter, so sind die Leistungen dieser unterschiedlichen Anbieter aufeinander abzustimmen und zu einem persönlichen Portalangebot aus einem Guss zusammenzufügen.

Erschwerend kommt hinzu, dass Portale – insbesondere E-Business-Portale – in einem sehr dynamischen Umfeld eingesetzt werden, wo sich Kundenanforderungen, technische Möglichkeiten, die Konkurrenzsituation und anwendbare Business Modelle ständig ändern, und Portal-Inhalte und –Strukturen daher ggf. sehr rasch angepasst und weiterentwickelt werden müssen. Insbesondere solange sich die *New Economy* noch in der derzeitigen Aufbruchsphase befindet, ist es häufig erforderlich, die *Trial-and-Error*-Methode anzuwenden, d. h. neue Angebote und Portal-Inhalte bereitzustellen, zu testen, wie diese von den Kunden angenommen werden und ggf. zu modifizieren oder durch andere Angebote zu ersetzen.

6.2 Anforderungen an das Portalmanagement

Zur Beherrschung der mit einem Portal verbundenen Komplexität und der erforderlichen hohen Änderungsdynamik resultieren folgende Anforderungen an Methoden und Werkzeuge für das Portalmanagement:

- **Einheitliche, benutzeradäquate Strukturierung**
  Eine geeigneter Strukturierung dient einerseits dazu, dem Benutzer die benötigten Inhalte entsprechend seinen Anforderungen zugänglich zu machen und die Orientierung zu erleichtern, andererseits ist die Einheitlichkeit der Strukturierung über das gesamte Portal hinweg erforderlich, um eine effiziente Pflege und Administration zu gewährleisten.

- **Transparenz**
  Es sind Werkzeuge erforderlich, die eine Übersicht über das Gesamtportal, seine Inhalte, Strukturen, getätigte Einstellungen und ihre Auswirkungen verschaffen. So sollte es z. B. möglich sein, herauszufinden, welche Angebote und Informationen bestimmte Benutzergruppen als Konsequenz aus unterschiedlichen Personalisierungsmaßnahmen tatsächlich angeboten bekommen, oder umgekehrt, wer alles auf eine bestimmte Information zugreifen kann.

- **Fachliche Administration**
  Wesentliche Administrationsaufgaben, z. B. die Definition von Benutzergruppen, Zuordnen von bestimmten Inhalten usw. sollten nicht von technischen Administratoren durchgeführt werden, sondern von fachlich orientierten Mitarbeitern, z. B. Marketing- oder Vertriebsmitarbeitern durchgeführt werden. Hierzu sind Administrationstools erforderlich, die einfach und intuitiv zu bedienen sind und die direkte Umsetzung fachlicher Definitionen in Portalstrukturen und -inhalte ermöglichen. Dies bedeutet auch, dass es technisch möglich sein muss, Administrationsaufgaben zu dezentralisieren und Administrationsrechte auf bestimmte Teilbereiche, z. B. einzelne Themen oder Benutzergruppen, einzuschränken.

- **Portalweite Konsistenzsicherung**
  Die verwendeten Portal-Administrations- und Management-Tools sollten die Konsistenzsicherung über die verschiedenen Angebote und Systeme hinweg unterstützen. Ansonsten kann es z. B. leicht passieren, dass ein Benutzer einen Hyperlink

zu einer Transaktion eingeblendet bekommt, er diese Transaktion im entsprechenden System aber gar nicht ausführen darf.

- **Analyse und Controlling**
  Um eine ständige Weiterentwicklung und Verbesserung zu ermöglichen, sind geeignete Analyse- und Controlling-Tools erforderlich, mit denen z. B. das tatsächliche Nutzerverhalten (*Click-Rates*, Navigationspfade, ...) ermittelt werden kann. Hier sollten auch Möglichkeiten eines Feedbacks bereitgestellt werden, mit denen die Benutzer auf einfache Weise Probleme zurückmelden können, z. B. veraltete Inhalte, fehlende Informationen, ungeeignete Navigationsstrukturen usw.

Im Rahmen des oben dargestellten Portal-Engineerings werden die genannten Anforderungen berücksichtigt und auf Basis der jeweils gewählten Portalplattform umgesetzt. Als wesentliche Grundlage dienen hierbei die Kriterien Prozessorientierung und rollenbasierte Filterung.

6.3 *Prozesse als einheitliches Strukturierungskriterium*

Moderne Unternehmen sind meist entlang ihrer Geschäftsprozesse organisiert. Von daher eignen sich die Geschäftsprozesse häufig als primäres Strukturierungskriterium für Inhalte und Transaktionen in unternehmensinternen Portalen. Dies hat folgende Vorteile:

Die Strukturierung ist für die Mitarbeiter intuitiv verständlich und unterstützt sie bei der Abwicklung der Geschäftsprozesse, d. h. sie finden die notwendigen Transaktionen und Informationen in der Reihenfolge, wie sie bei der Prozessdurchführung benötigt werden. Suchzeiten werden hierdurch reduziert, was auch zu einer Steigerung der Akzeptanz führt.

Umgekehrt fördert die Strukturierung des Mitarbeiterarbeitsplatzes entsprechend den Geschäftsprozessen auch die Verbreitung des „Prozessdenkens" unter den Mitarbeitern.

Eine konsequente Ausrichtung an den Prozessketten deckt vorhandene Defizite, z. B. unzureichende Unterstützung einzelner Arbeitsschritte, Systembrüche usw. deutlich auf und ermöglicht damit den Aufbau eines möglichst effizienten Portals.

Die im vorangegangenen Kapitel diskutierte Integration von Wissen und Transaktionen lässt sich mit Hilfe einer prozessorientierten Strukturierung besonders gut realisieren. Der Mitarbeiter erhält für jeden Prozess und jede durchzuführende Tätigkeit sowohl die erforderlichen Transaktionen als auch die benötigten Informationen.

Geschäftsprozesse als einheitliches Strukturierungskriterium erleichtern auch Pflege und Administration des Portals, indem jeder Inhalt nur einmal den betreffenden Prozessen zugeordnet werden muss, ohne dass bekannt sein muss, welche Benutzer den Inhalt benötigen.

Die Definition der Geschäftsprozesse mit den jeweils durchführenden Rollen stellen eine wesentliche Grundlage für die im nächsten Abschnitt diskutierte rollenbasierte Filterung dar. Ohne zusätzlichen Personalisierungsaufwand ist es möglich, jedem Mitarbeiter eine Sicht bereitzustellen, die ihm gezielt seine Geschäftsprozesse und Funktionen zur Verfügung stellt und damit genau auf seine Tätigkeit und Bedürfnisse abgestimmt ist (Vgl. Abb. 12).

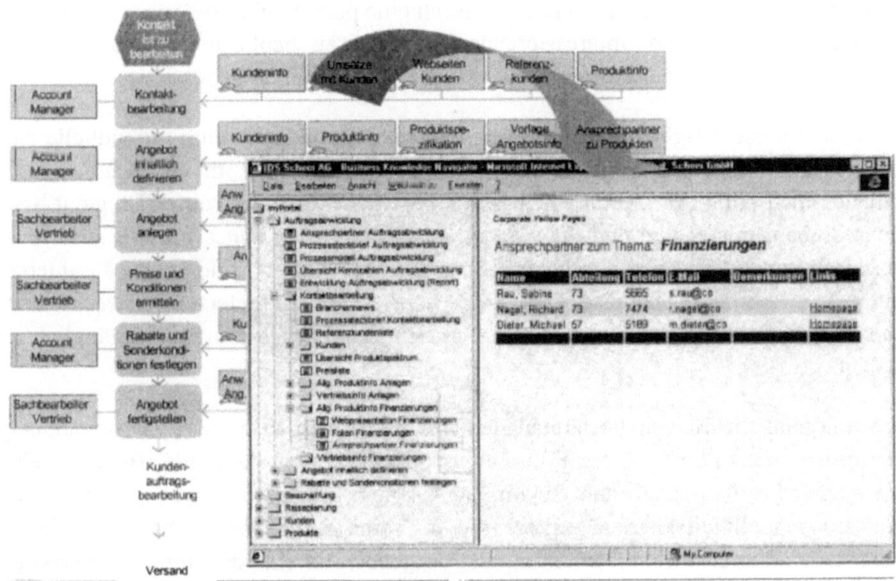

Abb. 12: Umsetzung von Geschäftsprozessmodellen in eine personalisierte Portalstruktur

Auch im B2B-Bereich stellen die unternehmensübergreifenden Geschäftsprozesse ein geeignetes Gliederungskriterium dar, wobei es hierbei noch wichtiger ist, jedem Geschäftspartner neben dem Überblick über den Gesamtprozess eine individuelle Sicht auf die ihn betreffenden Ausschnitte zu geben.

Im B2C-Bereich bietet es sich an, den Kundenprozess in den Vordergrund zu stellen. Während viele heute vorhandene Portale Einzelleistungen oder -informationen anbieten, z. B. den Abschluss von Versicherungen oder Börsen-News, schaffen sogenannte Prozessportale einen höheren Kundennutzen durch die durchgängige Unterstützung von Kundenprozessen wie z. B. ein Portal für den Hauskauf, das Leistungen wie

Immobilienauswahl, Planung, Finanzierung, Versicherung, Handwerkerauswahl usw. umfasst und den Kunden daher durch den gesamten Prozess des Hauskaufs hindurch unterstützt. Ein anderes Beispiel ist ein Portal zur Unterstützung der Reiseplanung von der Auswahl des Urlaubsorts über die Buchung von Unterkunft und Anreise bis zur Ausstattung der Reiseapotheke und der Reservierung von Theaterkarten.

6.4 Rollenbasierte Filterung

Eine ganz wesentliche Aufgabe beim Aufbau von Portalen ist die geeignete Personalisierung, d. h. die individuelle Anpassung der Portaloberfläche an die Bedürfnisse und Wünsche des jeweiligen Benutzers. Im einfachen Fall wird diese Personalisierung durch den Benutzer vorgenommen, etwa durch eine persönliche *Bookmark*-Sammlung oder durch die Auswahl interessierender Themen, zu beobachtender Börsenkurse usw., wie dies von populären Internetportalen, z. B. Yahoo!, angeboten wird.

So nützlich diese Möglichkeiten sind, ermöglichen sie jedoch keine individuelle Anpassung des Portalangebots durch den Portalbetreiber. Hier kommt es darauf an, dem Benutzer auch ohne sein Zutun ein Angebot bereitzustellen, das seiner Tätigkeit bzw. seinen Lebensumständen und Interessen entspricht, denn sonst müsste sich jeder einzelne Benutzer zunächst durch das Gesamtangebot hindurchfinden und die interessanten Angebote aktiv herauspicken. Auch wäre es von Anbieterseite her schwierig, neue Angebote bereitzustellen und diese gezielt bestimmten Nutzern zugänglich zu machen.

Im Sinne eines effektiven Portalmanagements bietet sich in diesem Zusammenhang der Ansatz einer rollenbasierten Filterung an. Dies bedeutet, dass jeder Benutzer eine oder mehrere Rollen zugeordnet bekommt. Aus dem gesamten Portalangebot werden ihm dann jene Inhalte herausgefiltert, die für seine Rollen bestimmt sind. Hierbei erfolgt eine redundanzfreie Darstellung des Angebots. Ist eine bestimmte Transaktion mehreren seiner Rollen zugeordnet, so wird sie ihm trotzdem nur einmal dargestellt. Falls zwei verschiedenen Rollen unterschiedliche Informationen zu einer Transaktion bereitgestellt werden, so erhält ein Anwender, der beide Rollen einnimmt, auch beide Informationen angezeigt; ist ihm hingegen nur eine Rolle zugeordnet, so sieht er nur die für diese Rolle spezifische Information.

Da es eine Vielzahl von Rollen geben kann, ist es sinnvoll, eine Rollenhierarchie aufzubauen. Hierüber ist es beispielsweise möglich, Angebotskategorien zu definieren, die für alle Mitarbeiter relevant sind, oder solche die z. B. nur für Einkäufer oder Vertriebsmitarbeiter wichtig sind. Die im Portal sichtbaren Informationen werden über diese Hierarchie vererbt, so dass z. B. ein Einkäufer auch jene Informationen sehen kann, die für alle Mitarbeiter definiert sind. Unternehmensinterne Kriterien für die Rollenbildung sind z. B. fachliche Rollen, Standortzugehörigkeit, durchgeführte Geschäftsprozesse, Verantwortlichkeiten, verwendete Anwendungssysteme usw. (vgl.

Abb. 13). Kunden können z. B. nach Kundengruppen, gekauften Artikeln, Interessen, Bonität usw. Rollen eingeteilt werden.

Personalisierte, rollenbasierte Sicht auf Wissen

Abb. 13: Rollenbasierte Filterung von Portalinhalten

Wird ein neuer Inhalt in das Portal eingestellt, so genügt es, wenn ihn der Autor richtig kategorisiert. Da die Sichtbarkeit der Kategorien für die jeweiligen Rollen definiert ist, ist automatisch sichergestellt, dass der Inhalt dort zur Verfügung steht, wo er tatsächlich benötigt wird.

Auch die Administration des Portals und das Einstellen von Informationen in ein Portal stellen Transaktionen dar, die damit ebenso rollenbasiert unterschiedlichen Nutzern zur Verfügung gestellt werden können. Dies erlaubt eine starke Dezentralisierung von Administration und Pflege des Portals.

Die Zuordnung von Benutzern zu Rollen kann auf unterschiedliche Art erfolgen (vgl. Abschnitt 4.3):

Explizit durch einen Mitarbeiter. Unternehmensintern kann dies z. B. ein fachlicher Administrator sein, der für die Mitarbeiter in seiner Abteilung die passenden Rollen definiert. Für ein externes Portal kann dies z. B. ein Kundenberater tun.

Durch den Benutzer selbst. Dies kann einerseits direkt erfolgen, indem er aus einer Liste mit Rollen die Passenden aussucht, andererseits indirekt, indem ein kleiner Fragekatalog ausgefüllt wird, aus dem die zutreffenden Rollen abgeleitet werden.

Automatisch, z. B. durch Auswertung von Benutzerdaten oder Benutzerverhalten. So könnte der Umsatz, den ein Kunde mit dem Unternehmen macht, für die Zuordnung zur Rolle der Stammkunden dienen. Auch die Tatsache, dass ein Benutzer hauptsächlich bestimmte Angebote nutzt, kann dazu verwendet werden, eine Rollenzuordnung zu definieren, um ihm künftig ein noch gezielteres Angebot machen zu können.

In vielen Fällen kann es sinnvoll sein, die genannten Möglichkeiten zu kombinieren, da beispielsweise die Zuordnung zu einer Interessentengruppe für ein bestimmtes Thema sicherlich durch den Anwender selbst durchgeführt werden kann, andererseits die Beurteilung der Bonität durch das Unternehmen erfolgen sollte und dem Benutzer auch nicht transparent gemacht werden soll. Bei geeigneter Anwendung stellt die rollenbasierte Filterung ein mächtiges Konzept dar, mit dessen Hilfe die Komplexität eines Portals insbesondere auch von der redaktionellen Seite her beherrschbar wird.

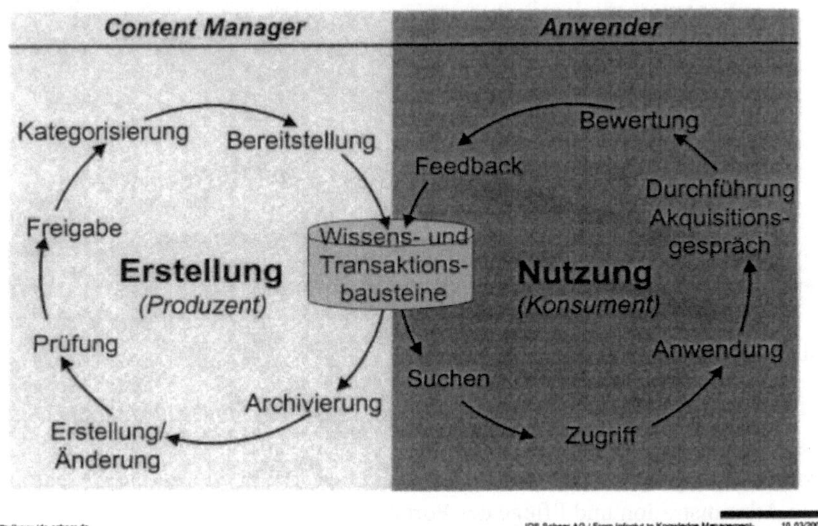

Abb. 14: Vernetzung von Wissenserstellung und -nutzung

Denn die zeitliche und inhaltliche Synchronisation der beiden gegenläufigen Prozessketten (s. Abb. 14) scheitert, wenn Wissensträger ihre redaktionellen Inhalte nicht gezielt einstellen können. Und nur ein solch konsequentes Rollen- und Prozessmanagement lenkt den ‚Wissensozean‘ eines Unternehmens in für den Anwender wie den Autor überschaubare ‚Wissensteiche‘, abgegrenzt durch den jeweiligen Aufgaben-, Erfahrungs- und Rollenkontext.

ASP – Ein zukunftsweisendes Geschäftsmodell verändert den IT-Markt

Reinhard Kreft
Andate GmbH, Eschborn

Inhalt

1 Das Gute liegt so Nahe – oder –
Würden Sie Ihr Kapital in HW & SW anlegen?

„Immobilien – eine gute Geldanlage", mit diesen oder ähnlichen Werbekampagnen wird seit Jahrzehnten – wenn nicht schon länger – dem Wunsch nach vielversprechenden Renditen und soliden Anlagemodellen begegnet. Im Zeitalter des E-Commerce und der dot.com-Start-ups hat sich hier zwar temporär ein neuer Anlagetrend entwickelt, der durch die Turbulenzen am Neuen Markt in den vergangenen Monaten jedoch bereits wieder relativiert wurde.

Warum dieser Exkurs zu Anfang der Betrachtungen des ASP-Modells und sich daraus ableitender Veränderungen im IT-Markt?

Das obige Beispiel bietet einige interessante Parallelen, die insbesondere die Motivation und den Nutzen für eine neue innovative Form der Bereitstellung von IT-Leistungen aufzeigt. Die Bindung bzw. Anlage von Kapital ist auch für Unternehmen und Analysten zu einer wichtigen Kenngröße der Unternehmensbewertung geworden. Bislang mussten Unternehmen hohe kapitalbindende Investitionen in den Bereichen Hardware und Software tätigen und i.d.R. erhebliche laufende Kosten für IT-Services aufbringen, um deren Geschäftsprozesse, Marktauftritt (im Web) und interne Kommunikation wettbewerbsfähig zu unterstützen.

Im Gegensatz zur Geldanlage „Immobilie" sind Wertsteigerungen bei den IT-Investitionen nicht zu erwarten - ganz im Gegenteil:

- HW unterliegt einem stetigen Wertverfall und ist bei Auslieferung, spätestens aber im produktiven Betrieb, bereits veraltet

- SW benötigt permanente Pflege; neue Funktionen und Anforderungen führen zu einer zunehmend höheren Frequenz von SW-Upgrades

- IT-Service, ein stetig steigender und schwer überschau- oder abschätzbarer Kostenbereich. Einerseits wegen der unter HW und SW aufgezeigten Substitutionsfrequenz, andererseits wegen der zunehmenden Komplexität und der damit verbundenen knappen und somit teuren „Human Resource: Skill"

Die Kapitalbindung und der sog. TCO (Total Cost of Ownership) sind allerdings nicht alleine ausschlaggebend dafür, dass sich in den vergangenen 12 Monaten ein neues Modell der Nutzung von IT-Leistungen entwickelt hat, das unter dem Kürzel ASP (Application Service Provider bzw. Application Service Provisioning) mittlerweile einen hohen Bekanntheitsgrad genießt. Die nachfolgende Ausarbeitung wird dieses Modell erläutern, auf dessen Vorteile eingehen und einen Ausblick wagen. Einen Ausblick darauf, welchen Einfluss dieses Modell auf den IT-Markt haben kann. *Wer geht? Wer bleibt? Wer kommt?*

2 Application Service Provider (ASP) – Eine eindeutige Definition gibt es nicht

So jung wie der Markt und das Geschäftsmodell, so vielfältig sind die Definitionen, die Analysten, Hersteller oder für diese Industrie dediziert gegründete Vereinigungen anbieten.

2.1 Begriffsklärung und Positionierung

Forit Research formulierte in einer Studie, die Anfang des Jahres 2000 erschien, folgende ASP-Einordnung:

Application Service Provider verwalten eine Vielzahl von Anwendungen auf einem zentralen Server. Sie bieten dem Kunden die Möglichkeit gegen Gebühren über das Internet oder über ein privates Netzwerk auf die gewünschten Anwendungen zuzugreifen. Der Kunde muss die benötigte Software somit nicht mehr selbst kaufen, einführen und betreuen, sondern mietet sich die gewünschten Anwendungen bei einem Application Service Provider. Die Abrechnung geschieht entweder auf einer festgelegten monatlichen Basis oder die Bezahlung erfolgt je nach Nutzungshäufigkeit oder Nutzungsintensität.

Abb. 1: Forit – Internet Business Research, 2000

Diese recht umfangreiche Erläuterung beinhaltet die wesentlichen Kennzeichen des ASP-Modells:

- IT-Leistungen werden über das Netz bezogen, wobei die Bezeichnung Netz synonym für das Internet bzw. sogenannte Virtual Private Networks steht.

- Die Anwendungen werden von zentraler Stelle in leistungsfähigen Rechenzentren betrieben, die gleichzeitig die Verfügbarkeit und Sicherheit der Programme und Daten garantieren.

- HW und SW müssen nicht vom Kunden eingekauft werden. Der ASP stellt diese bereit und erhebt eine monatliche Gebühr, die i.d.R. pro Leistungsempfänger (User) und Service (d.h. Typ der genutzten Anwendungen/Funktionen, z.B. elektronische Kommunikation, Vertriebsunterstützung oder auch Lohnabrechnung, u.a.m.) abgerechnet wird.

- Die Leistungen des ASP werden mit dem Kunden in sogenannten SLA's (Service Level Agreements) festgehalten. Diese regeln u.a. die Laufzeit des „Mietverhältnisses", Verfügbarkeitszusagen des ASP, Unterstützungsleistungen für den Kunden in Form von Help Desk oder allgemein Customer Care Services.

Der amerikanische Dachverband, der sich im Mai 1999 speziell zu diesem Industrie-bereich gründete, das ASP Industry Consortium (ASPIC), verwendet folgende Beg-riffsklärung:

> **Application Service Provider (ASP)** –An ASP deploys, hosts and manages access to a packaged application to multiple parties from a centrally managed facility. The applications are delivered over networks on a subscription basis. This delivery model speeds implementation, minimizes the expenses and risks incurred across the application life cycle, and overcomes the chronic shortage of qualified technical personnel available in-house.

Abb.2: ASP-Definition by ASP Industry Consortium

Das Interesse an diesem Thema wird nicht zuletzt eindrucksvoll dadurch dokumen-tiert, dass dem ASPIC in nur 12 Monaten *500 Mitglieder* aus Industrie, Wirtschaft, aber auch wichtige Dachverbände beigetreten sind. Auch dem deutschen ASP-Konsortium e.V. haben sich nach Gründung im März d. J. binnen 4 Monaten bereits fast 60 Unternehmen angeschlossen.

2.2 Marktteilnehmer und deren Motivation

Das Konzept des ASP-Modells ist überzeugend, der Nutzen liegt auf der Hand. Die Umsetzung ist allerdings komplex, weshalb bislang eher Pilot- und Referenzkunden die Marketingseiten von ASPs schmücken. Die Prognosen der Analysten sind dabei beeindruckend. Uni sono geben Gartner, Forrester, Durlacher oder auch die Meta Group in ihren Voraussagen an, dass bis zum Jahre 2003 der Umsatz im ASP-Markt weltweit zwischen 20 und 30 Mrd. $ liegen wird.

Derart Schwindel erregende Zahlen begeistern viele Unternehmen, wie Neugründun-gen für dieses Marktsegment zeigen. IDC hat in seiner Studie eine sehr eingängige Positionierung für die Marktteilnehmer gefunden, die in Abbildung 3 dargestellt ist.

Sogenannte **"Pure Plays"** fokussieren sich ausschließlich auf das ASP-Geschäftsmodell, während die anderen Marktteilnehmer ihr angestammtes Business und damit verbundene Kernkompetenz in Richtung dieses zukunftsweisenden Modells entwickeln. Namhafte SW- und HW-Hersteller treten dabei zunehmend als **ASP-Enabler** auf, die durch speziell auf diesen Markt ausgerichtete Partnerprogramme ihre Lösungen bei den ASPs etablieren wollen, denn:

- Software-Anbieter erkennen die Chance, ihre Lösungen für bislang nicht erreichte Kundengruppen, insb. im Mittelstand, zugänglich zu machen. Hierzu zählen Un-ternehmen wie SAP, Siebel oder Oracle.

- HW-Hersteller wollen ihre skalierbaren und hochverfügbaren Rechnerarchitekturen in den Rechenzentren der ASPs platzieren. Diese aufwendigen, aber auch äußerst leistungsfähigen Technologien von Sun, IBM, HP, Fujitsu Siemens oder Compaq wären für kleinere und mittlere Unternehmen nicht bezahlbar.

Da der Zugang („**Access**") entscheidend für die erfolgreiche Implementierung des ASP-Modells ist, betätigen sich nahezu alle TelCo's in diesem Geschäftsfeld. Erlaubt es ihnen doch, die eigenen teuren Netzinfrastrukturen durch „data traffic" auszulasten. Außerdem muss die Bandbreite nun nicht mehr als Commodity im Preiskampf mit anderen angeboten werden, sondern kann im Rahmen einer für den Geschäftskunden eingängigen Gesamtleistung - *Anwendungsfunktionalität + Service + Technische Voraussetzungen* – eingebracht werden.

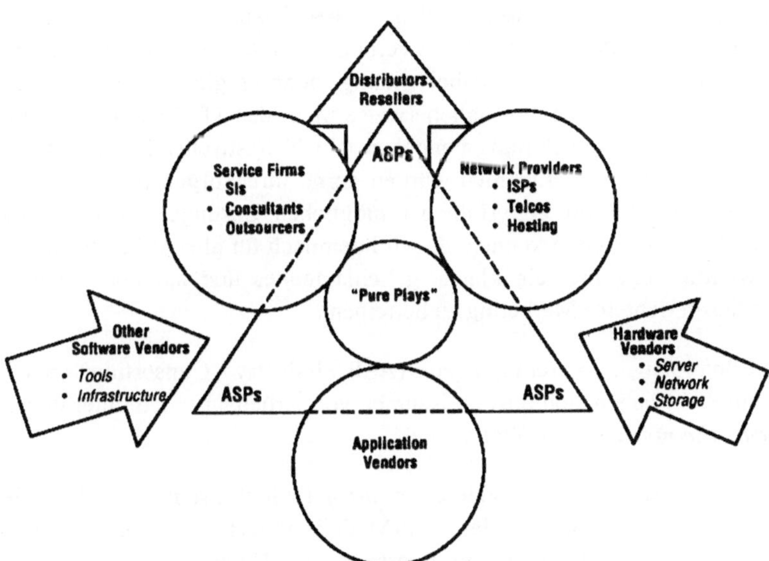

Abb.3: ASP-Categories, IDC, 2000

Auch die Mobilfunkbetreiber wissen, dass nur Data Services den ROI (return on invest) für teure UMTS-Lizenzen bringen können. Als erster prominenter Vertreter hat Vodafone gemeinsam mit Vivendi Portale für „Mobile Commerce & Communities" unter dem Brand *vizzavi* gestartet.

2.3 Wichtige Einflussgrößen einer erfolgreichen „Go-to-Market"-Strategie

Reflektiert man die Ausführungen der vorangegangenen Abschnitte, dann wird offensichtlich, dass eine erfolgreiche Umsetzung des ASP-Gedankens nur durch schlagkräftige Allianzen möglich ist.

Einige der Analysten behaupten sogar, dass das wesentliche Differenzierungsmerkmal und somit entscheidender Wettbewerbsvorteil für ASPs in ihren Allianzen und ihrer Fähigkeit innovative Partnerkonzepte umzusetzen, begründet liegt. Dabei darf Exklusivität nicht im Vordergrund stehen. Es wird wichtig für die rasche und erfolgreiche Entwicklung des ASP-Marktes sein, dass Kunden keine Einengung verspüren, wie dies beispielsweise durch langfristige Bindung in Outsourcing-Modellen bekannt ist.

Eine weitere wichtige Einflussgröße liegt in der Fokussierung. ASPs müssen sich bzgl. der adressierten Märkte und damit verbundenen Anwendungsleistungen positionieren. Branchenkenntnisse sind dabei wichtig, denn es gilt, die Entscheider in den Unternehmen anzusprechen, die üblicherweise nicht den IT-Bereichen, sondern dem Kerngeschäft einer Unternehmung vorstehen. Noch drastischer formuliert heißt dies, viele mittelständische Unternehmen würden gerne ihre Sorgen mit der IT an Profis abgeben, können aber im Labyrinth der möglichen Lösungswege die Stärken des ASP-Modells (noch) nicht erkennen. Es wird demnach für alle ASPs, die als Pure Play agieren, wichtig sein, hier ein klares, gleichlautendes und auf den Nutzen für die Anwender ausgerichtetes Marketing zu betreiben.

Die (inter)nationalen Vereinigungen (ASP Industry Consortium bzw. ASP-Konsortium e.V.) haben sich dies im Rahmen von Arbeitsgruppen unter dem Leitmotiv *„educate the market"* zum Ziel gesetzt.

Last but not least wird es insbesondere für *Europa* wichtig sein, wie lokale Gesetzgebungen die globale Perspektive des ASP-Modells unterstützen. Die Flexibilisierung der Arbeitsprozesse geht einher mit Begriffen wie *Heimarbeitsplatz* und *anytime, anywhere & always on,* wobei Staatsgrenzen in globalen Märkten kein Hindernis darstellen dürfen. Da es bzgl. Haftung oder Steuerrecht, aber auch im Bereich elektronische Signatur noch stark voneinander abweichende Vorgaben und Rechtsauffassungen gibt, wird das ASP-Modell sich zunächst in lokalen Märkten etablieren. Dieser Trend ist in den USA bereits erkennbar.

2.4 ASP – Und welche Produkte bieten sich nun an ?

Diese Frage kann man recht einfach beantworten: Im Prinzip sind alle Anwendungen für den Betrieb im ASP-Modell interessant und geeignet. Die zu erwartenden Margen und die "Bereitschaft" des Marktes müssen allerdings dediziert für Branchen und

Geographien betrachtet werden (vgl. hierzu: Studie der Meta Group vom Juni 2000: ASP in Deutschland 2000 – Markt- oder Markteuphorie ?).

Ein wesentlicher Aspekt ist beispielsweise der Grad der Standardisierung, in dem eine bestimmte Anwendungsleistung in Unternehmen eingesetzt wird. Ein prominentes Beispiel für einen sehr gut geeigneten Kandidaten ist deshalb die elektronische Kommunikation (E-Mail, chat, conferencing). Insgesamt prognostizieren die Analysten einen erheblichen Umsatzanteil in diesem Anwendungsfeld, weshalb viele ASPs Lösungen in diesem Bereich anbieten.

IDC hat den Versuch einer Segmentierung (Abbildung 4) der ASP Industrie unternommen. Unterschieden werden sog. Personal-, Collaborative- und Enterprise ASPs. Kennzeichnend für die Einordnung sind die Komplexität und der damit verbundene Aufwand

- beginnend mit dem Verkaufsprozess...

- ...über den Umfang der notwendigen Anpassungen (Customization)...

- ...bis hin zu den geforderten Betriebs- und Service Standards (SLAs)

Es ist zu erwarten, dass sich ASPs zu Beginn entweder auf volumenträchtige Massenmärkte fokussieren werden oder den komplexeren, dafür aber auch mit entsprechenden Margen ausgestatten Enterprise-ASP Markt angehen. Mit der Zeit wird es auch Anbieter geben, die insbesondere mittels Allianzen die ganze Breite adressieren.

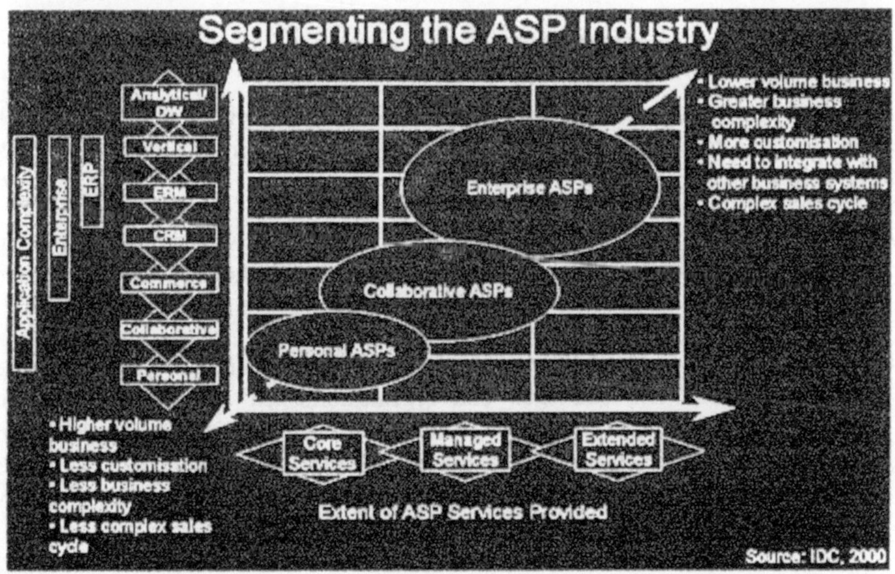

Abb.4: Segementing the ASP Industry, IDC, 2000

3 Andate – Ein ASP mit attraktiven Angeboten

Ende März d. J. gegründet, nahm die Firma Andate GmbH Anfang Juli ihre Geschäfte auf. Als Tochtergesellschaft der Mannesmann TeleCommerce fokussiert sich die neue Gesellschaft im Schwerpunkt auf das Geschäftsfeld ASP (als sog. *Pure Play*, vgl. 2.2).

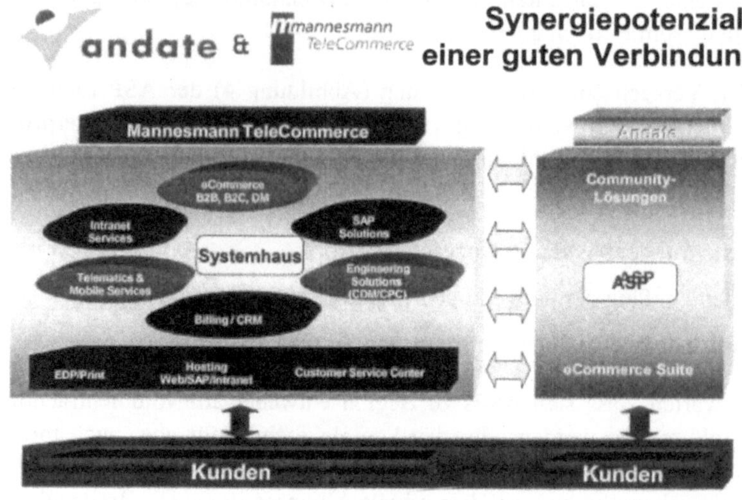

Abb.5: Andate & Mannesmann TeleCommerce – *Eine gute Verbindung*

Die Zugehörigkeit zur Vodafone/Mannesmann-Gruppe ermöglicht es Andate, durch schlagkräftige Allianzen alle wichtigen Disziplinen des vorher skizzierten *ASP-Delivery-Model* abzudecken:

Access im Festnetz- und Backbonebereich über die Konzerngesell-schaften ARCOR, Infostrada, iPulsys, etc. in Mobilfunknetzen über Vodafone PLC, Libertel, Mannesmann Mobilfunk (D2), u.a.m.

Data Center das Rechenzentrum der Mannesmann TeleCommerce verfügt über die technischen, baulichen und organisatorischen Voraussetzungen, um höchsten Ansprüchen nach skalierbaren und sicheren Betriebslösungen des ASP-Geschäfts zu genügen. Langjährige Erfahrungen im Betrieb von R3-Systemen, wie C/S-Infrastrukturen für mehrere 10.000 Mitarbeiter unterstreichen dies eindrucksvoll.

Application Services Andate's Kernkompetenz liegt in der Definition, Bereitstellung und business-orientierten Bündelung des Anwendungsangebotes.

Mit Sitz in Eschborn (bei Frankfurt) bereitet Andate das ASP-Angebot vor, das ab November d. J. im Pilotbetrieb für Kunden über das Internet zur Verfügung stehen wird. Der Leistungsumfang fokussiert sich zunächst auf mittelständische Unternehmen und bietet Lösungen in den Bereichen Collaborative- und Personal-ASP (vgl. 2.4).

Im Unterschied zu manch anderem Wettbewerber werden die Angebote nicht als singuläre und nicht aufeinander abgestimmte Applikationen zur Verfügung gestellt. Andate setzt hier neue Maßstäbe und bietet in einem zukunftsweisenden Modell die Anwendungsleistungen über einen sog. ***Business Workspace "Navona"*** an. Navona [Abb.6] bietet den Zugang zu den einzelnen Anwendungen über eine homogene und einfach zu bedienende Oberfläche an. Die für den Anwender transparenten Common Services sind Basis des Navona Frameworks und gewährleisten das Zusammenspiel unterschiedlicher Anwendunsgfunktionen zur effizienten Unterstützung von Geschäftsprozessen. Daraus ergeben sich mehrere Vorteile für den Kunden:

- ***SingleSignOn*** – der Anwender muss sich nur einmal bei Navona anmelden

- Zugriff auf alle „abonnierten" Anwendungen, anytime, anywhere...

- Unterstützung integrierter Abläufe, z. B. Nutzung bestehender Kundeninformationen (aus der Kundendatenbank des CRM-Services) im Rahmen einer Kundenbefragung über den Andate-ASP-Service *eSurvey*

- u.v.a.m.

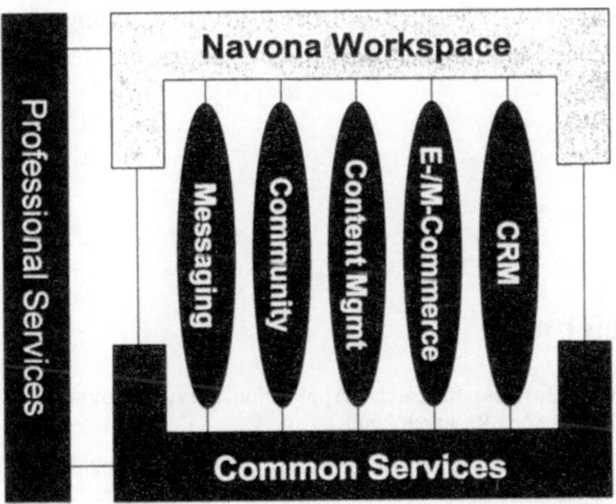

Abb.6: Andate – Business Workspace *Navona*
Framework und Serviceangebot

Leistungsfähige Partnerschaften bestehen über die bereits geschilderten Konzernkooperationsmöglichkeiten hinaus mit namhaften Systemhäusern wie ISVs und Lösungsanbietern. Hierzu zählen u.a. IBM, Lotus Development und IT Factory.

4 Fazit – Am Erfolg ist nicht zu zweifeln

Der noch junge Markt Anwendungen als Service-Leistung über das Netz zum Kunden zu bringen, bietet viele Vorteile gegenüber den bisher bekannten Modellen. Nicht nur die unnötige Kapitalbindung in HW und SW gehört der Vergangenheit an, ganz wesentlich – insbesondere für mittelständische Unternehmen – ist die Perspektive, auf leistungsfähige, state-of-the-art Lösungen, die in sicheren Rechenzentren betrieben werden, zurückgreifen und damit im Konzert der Großen mitspielen zu können.

Funktioniert dieses zukunftsweisende Modell, dann können sich Unternehmen auf ihre Kernkompetenzen fokussieren, ihre Stärken nachhaltig ausbauen und müssen nicht mehr einen Großteil ihrer Zeit und ihres Budgets in Planung, Einführung und Betrieb von unterstützenden IT-Leistungen investieren.

Entscheidend für die frühen Marktteilnehmer wird es sein, mit welchen Allianzen sie den vielfältigen Herausforderungen des ASP-Ansatzes begegnen. Anbieter, die alles in „Eigenregie" umsetzen wollen, können sich leicht übernehmen. Kunden sollten sich daher genau über die Leistungsfähigkeit eines Anbieters informieren, bevor sie sich für die Nutzung seines Service-Angebotes entscheiden.

Am Erfolg dieses zukunftsweisenden Ansatzes hege ich keinerlei Zweifel, da (richtig angewandt) für alle Beteiligten, Kunden wie Lieferanten, die Vorteile auf der Hand liegen. Ob der ASP-Markt sich bereits in 2001 mit entsprechend hohen Umsatzzahlen entwickeln wird, hängt nicht zuletzt von der Seriosität der Marktteilnehmer ab, die ihren Kunden nicht zuviel versprechen sollten, dafür aber im angebotenen Leistungsspektrum durch Zuverlässigkeit und Sicherheit überzeugen müssen.

Literaturverzeichnis

[1]   vgl. Forit – Internet Business Research –Application Service Provider – Software über das Internet, FORIT 2000 / Zona Research 2000

[2]   vgl. META Group – Application Service Providing in Deutschland 2000: Markt oder Markteuphorie ?, META Group, Juni 2000

[3]   vgl. IDC – The ASP's Impact on the IT-Industry – An IDC-Wide Opinion IDC, September 1999

Gruppenkommunikation im Internet – ein Dauerbrenner wird kommerzialisiert

Thomas Wilke,
Sebastian Röhrich,
eCircle Multimedia GmbH, München

Arnd Baur,
Christian Müller

Inhalt

1 Communities am Ende eines eHypes?

Die Sektoren Internet und E-Commerce waren im Frühjahr 2000 geprägt durch die ersten Firmenpleiten, massive Kursverluste börsennotierter Unternehmen, „Todeslisten" angeblich pleitegefährdeter Unternehmen und Verschiebungen von Börsengängen. Dem rasanten Aufschwung Ende 1999/Anfang 2000 folgte also ein ebenso starker Abschwung.

Doch trotz dieser negativer Vorgaben ließen einige Meldungen aus dem Bereich Online-Communities aufhorchen:

- Lycos kauft für ca. 50 Mio. € Valent Software Inc., den Betreiber und Technologieausrüster für die 62.000 Lycos Netclubs

- Das Finanzportal multex.com kauft BuzzPower Inc., einen führenden Hersteller von Community-Software

- Und schließlich übernimmt Yahoo! eGroups für 450 Mio. €, das größte Community-Portal in den USA mit 17 Mio. Usern. eGroups wurde erst vor 2 Jahren gegründet...

Diese Transaktionen unterstreichen die stark zunehmende Bedeutung von Communities und Community-Technologien in den USA. Und wie nicht anders zu erwarten, hat Europa hier noch einen Rückstand von ca. 1-2 Jahren aufzuholen.

Dieser Artikel soll dem Leser praxisorientierte Einblicke verschaffen, so dass er Trends im Community-Bereich früher erkennen und für sich oder sein Unternehmen nützen kann. Zunächst skizzieren wir knapp die Entwicklung der Gruppenkommunikation im Internet bis hin zum Collaborative Commerce. Mit einer Fallstudie versuchen wir dann, Wissen und Erfahrungen aus dem Bereich Community-Portal und Software-Vermarktung zu vermitteln – frisch aus dem eigenen Internet-Start-up!

2 Entwicklung der Gruppenkommunikation: Von den Newsgroups zu Collaborative Commerce

Gruppenkommunikation im Internet wächst seit dem Start der Newsgroups vor 20 Jahren genauso konstant und schnell, wie das Internet selbst. Denn wenn der Newbie die Benutzung von Suchmaschinen und das Bookmarking seiner Lieblingsseiten gelernt hat, begibt er sich auf die Suche nach Gleichgesinnten im Netz. Egal, ob Lieblings-Fussballverein, Software-Probleme, Harry Potter-Bücher, Aktien, Autokauf etc. – der User will sich aus erster Hand informieren und Erfahrungen austauschen.

Wir stellen in diesem Kapitel knapp die Entwicklung der Gruppenkommunikation vor: Ausgehend von den betont unkommerziellen Newsgroups, über interaktivitätserhöhende Tools wie Blackboards und Diskussionsforen, Community-Portalen mit einer Vielzahl von Themenbereichen, hin zum Collaborative Commerce, also der vollen Integration von Communities und E-Business.

2.1 Online-Diskussionen pur: Newsgroups

Das Usenet, bzw. die Usenet News oder kurz News entstand 1979 an der Universität Duke von North Carolina als Medium zum textbasierten Informationsaustausch. Es ist damit das erste Tool für Online-Gruppenkommunikation, wobei das Usenet nicht dem Internet untergeordnet ist, sondern aus einem eigenen Verbund von ca. 40.000, meist kommerziellen Servern, besteht. Daher hat es auch ein eigenes Protokoll: Network News Transfer Protocol (NNTP) sorgt für den Austausch der Nachrichten im Serververbund.[1]

Das Usenet kann weltweit genutzt werden, ist für alle öffentlich und ähnelt vom Aufbau her einem schwarzen Brett. Jeder kann also zu bestimmten Themenbereichen oder Beiträgen seine persönliche Meinung „posten", sprich schreiben und anhängen. Dies geschieht mit speziellen Programmen, den sog. „Readern", die die Teilnehmer als Client-Software installieren müssen. Auch Mailing-Listen konnten eingerichtet werden, so dass Mitglieder per E-Mail über neue Beiträge informiert wurden.

Die Themenbereiche gliedern sich grob in Computer, Wissenschaft und Alltag. Dann folgen zur Kategorisierung weitere ca. 30 Top-Level-Themenbereiche zu Business, Ländern, wissenschaftlichen Fachbereichen und „alternative" – dort tummelt sich alles, was nicht in die anderen Bereiche einzuordnen ist. Der Bereich „Computer" ist nach wie vor eine hervorragende Ressource für Entwickler, da meist schneller und kompetenter auf Fragen geantwortet wird, als an den offiziellen Hotlines. Mittlerweile sind Newsgroups für Tausende von Internetnutzern wohl unabkömmlich geworden: Als deja.com, ein Provider zur Speicherung von Newsgroups-Postings, alte Beiträge löschen wollte, erhob sich zehntausendfacher Protest in der Netzgemeinde. [2]

In Deutschland betreibt web.de als kommerzieller Hosting-Partner einen Usenet-Server, auf dem mehr als 1.200 Newsgroups einsortiert sind. Die Refinanzierung erfolgt über Bannerwerbung, die logischerweise sehr spezifisch geschaltet werden kann.

2.2 Interaktivität im Web: Blackboards und Diskussionsforen

Das WWW war 1994 zunächst keine große Konkurrenz für die Newsgroups im Bereich der Gruppenkommunikation. Die Websites waren statisch, die Ladezeiten v.a.

bei vielen Bildern und Grafiken lang, Broschüren wurden gescannt und „ins Internet gestellt". Der Mangel an Interaktivität war offensichtlich und so tauchten bald die – mittlerweile altmodisch angehauchten – Gästebücher auf vielen Websites auf. Besucher verewigten sich, lobten die Website, stellten Fragen, die meist vom Ersteller, manchmal auch von anderen Besuchern beantwortet wurden.

Es folgten Blackboards, also digitale Pinwände, die von den Website-Betreibern für die Öffentlichkeit freigegeben wurden. Besucher konnten hier Mitteilungen, Fragen, Kaufgesuche und vieles mehr „posten", meist natürlich zum Thema der Website passend. Blackboards sind eher für kurze, ad-hoc Beiträge gedacht, denn diese werden strikt chronologisch aufgelistet und nur begrenzt gespeichert. Mitglieder des Deutschen Alpenvereins publizieren über dieses einfache Tool genauso, wie die berühmt-berüchtigten Aktienzocker auf dem Consors Brokerboard, Sektor Neuer Markt.

Der eigentliche Ursprung der Communities im WWW waren dann die Diskussionsforen. Die Anzeige der Beiträge erfolgt chronologisch und nach logischer Reihenfolge, d.h. Antworten auf Beiträge sind leicht erkennbar. Weiter sind Diskussionsforen thematisch tiefer gegliedert, als Blackboards. So gibt es auf wallstreet-online.de zu jeder in Deutschland gehandelten Aktie ein Diskussionsforum, das aus vielen verschiedenen „Ober-Beiträgen" (z. B. Review Hauptversammlung), sog. Threads, bestehen kann, wobei unter diesen Threads eine Vielzahl von Beiträgen (Kritik, Bilanzanalysen, Antworten, usw.) aufgelistet sein können. Es wird klar, dass in Diskussionsforen wesentlich mehr ausführliche und fundierte Beiträge geschrieben werden, da hier eine spezifische Strukturierung erfolgt und die Speicherzeiten von den Betreibern auf mehrere Jahre festgesetzt sind. Denn kein User schreibt eine ausführliche Bilanzanalyse zu seiner Lieblingsaktie, die dann in der Masse der Meldungen untergeht oder nur 3 Stunden für die anderen Community-Teilnehmer verfügbar ist.

Nur wenige Firmen haben es bisher in Deutschland geschafft, funktionierende und aktive Diskussionsforen aufzubauen, User an Ihre Website zu binden und so kommerziellen Nutzen daraus zu ziehen. Ein herausragendes Beispiel stellt sicher Consors dar: Angeblich besitzt Consors das älteste, meistbesuchte Aktienboard Europas, dieses wurde von Anfang an in die Broking-Website integriert, und wird bereits seit knapp zwei Jahren mit Bannerwerbung vermarktet. Im Zuge des Börsengangs bedankte sich Consors sogar in Anzeigen bei besonders fachkundigen und aktiven Board-Teilnehmern.

Statische, also website-gebundene Diskussionsforen haben für Benutzer allerdings einen Nachteil – der für die Website-Betreiber natürlich ein Vorteil ist: Der User muss regelmäßig die Website besuchen und das Diskussionsforum nach neuen Beiträgen durchforsten. Einige Community-Software Hersteller haben darauf reagiert: Antwortet ein anderer User auf einen Beitrag, so erhält der Beitragschreiber einen sog. „eLert", sozusagen eine „Alert-Meldung" per E-Mail.

Diskussionsforen wurden in der letzten Zeit aber auch mit diversen anderen Funktionen aufgerüstet:

- Direkter, der Öffentlichkeit verborgener E-Mail-Versand an einzelne Verfasser

- Interessante Beiträge an Freunde & Kollegen weiterleiten

- Emoticon- und Symbol-Verzeichnisse zur Kennzeichnung der Stimmung des Verfassers bzw. zur Kategorisierung des Postings u.v.m.

2.3 Viele für alle: Community-Portale

Community-Portale sind eine Art one-stop Shop für Communities: Der User hat auf einer Website Zugriff auf Tausende von privaten, semi-professionellen und professionellen Communities und kann sich für Hobby und Beruf die passenden auswählen. Die ersten Community-Portale begannen vor zwei bis drei Jahren in den USA ihre Dienste anzubieten, wie z.B. FortuneCity, eGroups, TheGlobe.com. Die mächtigen, bereits existierenden Portale zogen mit Diensten wie z.B. Yahoo!-Clubs, Lycos Netclubs bald nach.

Allerdings mussten die Community-Portale deutlich verbesserte und erweiterte Funktionalitäten bieten, um User von den Diskussionsforen privater oder semi-professioneller Websites wegzulocken. Zur Killerapplikation entwickelte sich dabei die Integration von E-Mail und Diskussionsforen. So können User über easy-to-use Webinterfaces in wenigen Minuten Newsletter, Mailinglisten und Diskussionsforen einrichten, andere User einladen, Beiträge schreiben und verschicken, wobei diese auf dem Community-Portal archiviert werden. Damit ist der Nachteil der statischen Diskussionsforen, bei denen man Beiträge nur im Web lesen kann, aufgehoben. Zusätzlich werden noch Features, wie Chat, gemeinsamer Kalender, Standard-Umfragen, File Sharing mit einigen Megabyte Speicherplatz, Sicherheitsfunktionen bei Authentifizierung und E-Mail-Versand, bald auch SMS- oder WAP-Anbindung angeboten. Einem perfekten Informationsaustausch und optimaler Organisation steht nichts mehr im Wege, die Bindung der Mitglieder an die Community wird stark erhöht.

Diese neueste Generation von Community-Portalen kommerzialisieren Communities durch kombiniertes Permission- und Target-Marketing innerhalb der E-Mails. Da die User der Zusendung von E-Mails aus Ihrer Community ausdrücklich zugestimmt haben, erhalten Sie zielgerichtete Werbung, die sich an den Themen der Communities orientiert (siehe auch Kapitel 3).

180

2.4 Die Zukunft des E-Business: Collaborative Commerce

Der Begriff „Collaborative Commerce" wurde von Morgan Stanley Dean Witter in
der firmeneigenen Publikation „B2B Internet Report 4/2000" geprägt. Collaborative
Commerce ist eine Fortschreibung der bestehenden E-Commerce-Aktivitäten zwischen Unternehmen in die Zukunft und steht für eine Online-Integration der - möglichst – kompletten Wertschöpfungsketten von Zulieferern, Herstellern und Kunden an
einem virtuellen Ort. Soweit die Definition: Wir versuchen nun diese abstrakte Be-
grifflichkeit praxisbezogener darzustellen.[12]

Collaborative Commerce zeichnet sich durch eine zentrale Anlaufstelle im Internet
(Marktplatz), offene Standards, hohe Transparenz der Märkte, verschiedene Transaktionsformen (klassische Katalog-Bestellung, Auktionen, Einkaufpools, Barter-Handel
etc.) und diverse Services rund um die eigentliche Transaktion aus. Collaborative
Commerce unterscheidet sich also deutlich von anonymen B2B-Plattformen, die rein
transaktionsorientiert sind und wo Preis und Lieferfähigkeit die Geschäftsbeziehung
bestimmen.

Weiter ist Collaborative Commerce durch einen starken Community-Charakter geprägt, da die klassische 2-Weg-Geschäftsbeziehung Zulieferer-Hersteller bzw. Her-
steller-Kunde aufgehoben wird. Jeder Teilnehmer kann mit jedem – Zulieferer, Hersteller, Kunde – Kontakt aufnehmen, um Informationen auszutauschen, neue
Transaktionsformen zu testen, Entwicklungsallianzen zu schmieden etc. Die Teilnehmer müssen natürlich bereit sein, sich voll auf diese neue Geschäftsform einzulassen
und das stark erhöhte Transparenzniveau als Herausforderung anzusehen.

Auf der Seite der technischen Infrastruktur wird Collaborative Commerce eine zunehmende Integration von Internet-Software nach sich ziehen. Traditionelle Systeme,
wie zentrale Datenhaltung, ERP-Software, werden an E-Commerce-Systeme oder E-
Business-Middleware angebunden. Diese wiederum benötigen Schnittstellen zu
Customer-Relationship-, Content-Management- und Community-Systemen. Denn die
Teilnehmer einer Collaborative Commerce Community wollen nicht nur einfach
online kaufen und verkaufen, sondern auch spezifische, personalisierte Angebote
erhalten, sofort Informationen zur Lieferfähigkeit einsehen, sichere Trackingsysteme
für Bestellungen nutzen, Pre- und After-Sales-Services vergleichen, Entwicklungs-
und Produktionsprozesse kennenlernen und vor allem sich mit anderen Teilnehmern
über alle Themen austauschen, die gute Geschäfte ermöglichen. Erst dann wird der
Begriff Collaborative Commerce mit Leben gefüllt und es kann sich ein wahrer
Marktplatz bilden.

Collaborative Commerce ist ein wichtiger Trend, aber eins darf nicht vergessen werden: Damit E-Commerce „collaborative" wird, muss lange davor eine Infrastruktur
zum Austausch der Marktteilnehmer eingerichtet und eine funktionierende Community aufgebaut werden (s. dazu auch Kap 3.1). Erst dann müssen B2B-Communities

nicht mehr kommerzialisiert werden, sondern funktionierende Communities sind dann die Voraussetzung für erfolgreichen E-Commerce.

Nach diesem Ausblick in die Zukunft, wenden wir uns jetzt der Praxis zu: Die Fallstudie über Aufbau und Entwicklung von eCircle – Home for Communities.

3 net.gain in der Realität: Der Aufbau des Community-Portals eCircle.de

eCircle hat sich seit seiner Gründung im Spätsommer 1999 zum größten Community-Portal im europäischen Raum entwickelt. In fünf Ländern (Italien, Spanien, England, Frankreich) diskutieren über eine Million User in über 6.500 verschiedenen, kategorisierten Communities zu jedem denkbaren und undenkbaren Thema (Stand Juni 2000). Die Einfachheit des Webinterfaces erlaubt jedem Internetnutzer die schnelle Einrichtung einer Mailingliste, eines Diskussionsforums oder eines Newsletters mit besonderen Features, wie z.B. Kalender, Umfrage, File Sharing, Chat, u.a..

Ein entscheidender Vorteil ist dabei die E-Mail-Anbindung: Der User kann Beiträge oder Attachments nicht nur über die Website, sondern auch per E-Mail einstellen bzw. abrufen.

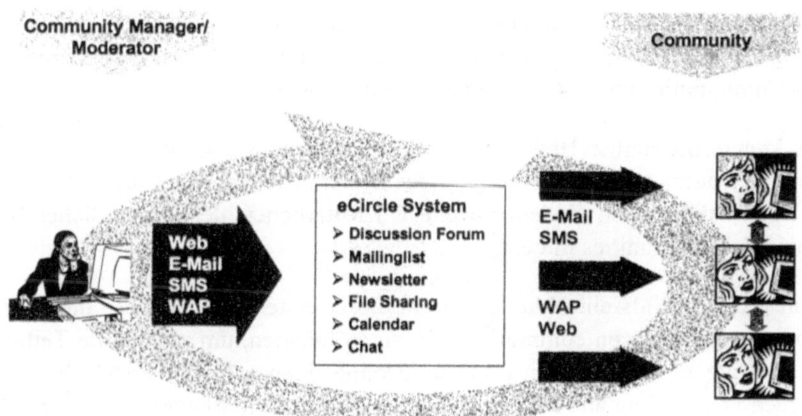

Abb. 1: Das eCircle System

Die Refinanzierung dieser Services erfolgt hauptsächlich über sog. „Target Marketing" per E-Mail. Durch die Mitgliedschaft in einem bestimmten eCircle offenbart der Subscriber seine Interessen, wie z.B. Snowboarden, Ford Fiesta Tuning, Linux-Administration o.ä., und kann damit gezielt durch Infos, Links und Banner in den E-Mails von den Werbetreibenden angesprochen werden. Da der Subscriber aus persönlichem Interesse diese E-Mails seiner Community, erhalten die Werbebotschaften eine wesentlich höhere Zuwendung als dies z.B. bei klassischer Bannerwerbung der Fall ist. eCircle versendet also nicht gewöhnliche Werbe- oder Spam-Mails, sondern integriert Werbung in die von der Community generierten Inhalte. Weitere Umsätze können z.B. über die Erhebung von Premium-Fees für besondere Features oder mehr Speicherplatz und über Affiliate-Programme mit Online-Shops generiert werden.

3.1 Hart: Der Weg zur kritischen Masse

Jeder kennt die Erfahrung aus diversen Diskussionsforen, die prägnant auf einer Homepage angekündigt werden: Sie sind leer. Keine Gleichgesinnten, kaum Beiträge, viel Frustration bei den Usern.

In net.gain, dem Kultbuch für die Kommerzialisierung von Communities, ist der logische erste Schritt zur Überwindung dieses generellen Start-Problems „Generating Traffic". [4] Traffic heißt bei eCircle vor allem „Mail out" an die Community-Teilnehmer (wg. Target-Marketing; s. Kap. 2.3), aber auch „Page Views" auf der Website.

Vorab weisen wir darauf hin, dass in net.gain zunächst nur der Aufbau und die Kommerzialisierung EINER Community beschrieben wird. Erst wenn Einnahmen aus Werbung und/oder Gebühren fließen, wird der Zusammenschluss mit anderen erfolgreichen Communities und E-Commerce-Websites angestrebt.

eCircle konnte im Herbst 1999 bereits auf einen Grundstock von mehreren hundert Communities aufbauen, da ein Prototyp des Systems bereits seit einigen Monaten im Web funktionsfähig war. Zudem brachte ein Mitarbeiter, der ein ähnliches System betrieb, viele Communities mit ein.

Net.gain propagiert als eine Massnahme in dieser ersten Aufbauphase die Aufbereitung und Darstellung von community-relevanten Inhalten, um potentielle Teilnehmer für die Website zu interessieren. Da eCircle keine eigenen Inhalte erstellt bzw. anbietet, wurden von Anfang an ein überwiegender Teil der Mitarbeiter für das sog. Community-Management eingesetzt – ganz abgesehen davon, dass jeder eCircle-Mitarbeiter mehrere Communities für interne Zwecke, Ex-Arbeitskollegen, Sportarten, Alumni-Clubs usw. unterhält. Die Hauptaufgabe der Community-Manager ist die zunächst die Recherche nach bestehenden Newslettern und Mailinglisten, die von deren Betreibern meist mit eigengestrickten und wenig performanten Systemen verbreitet werden. Ab einer gewissen Größe der Community und steigendem Mailverkehr

(mehrere Dutzend Beiträge pro Tag an alle Mitglieder), spielt hier auch der Kostenfaktor für Datentransfer eine Rolle. Ganz abgesehen von den Internetprovidern, die
die Anzahl von Mails nach oben deckeln, da sie Angst um die Stabilität Ihrer Systeme
haben. Die Besitzer bzw. die Promotoren dieser Communities werden dann angesprochen, erhalten eine Präsentation des Systems und schließen mit eCircle einen spezifischen Kooperationsvertrag ab.

Ein anderer Ansatz ist die Recherche nach privaten oder semi-professionellen Websites, die mit interessanten Spezial-Themen eine mehr oder weniger große Zielgruppe
ansprechen. Diese Websites haben in den wenigsten Fällen einen performanten Newsletter oder Diskussionsforum und stellen damit das größte Potential für eCircle dar,
dass bisher noch nicht im Geringsten ausgeschöpft ist. Auch hier werden die Community-Promotoren gezielt angesprochen und erhalten tatkräftigen Support bei der Integration der eCircle-Tools. Eine wichtige Rolle spielen hier die vorbereiteten eCircle-
Anmeldeboxen: Diese werden in die Website eingebaut und bestehen aus HTML-
Code und einigen Grafiken. Anmeldungen über diese Boxen werden direkt ins eCirc-
le-System eingespielt und erleichtern so dem Community-Promotor wesentlich die
Gewinnung und Administration von Mitgliedern.

Zusätzlich wurde eine Marketing-Strategie gefahren, die gezielt auf Multiplikatoren
wirken sollte. Multiplikatoren sind für uns Personen, die spezifische Interessen aus
den unterschiedlichsten Bereichen haben, die aktiv ihr Interesse bereits mit anderen
teilen bzw. in die Tat umsetzen. Diese Multiplikatoren können in wenigen Fällen mit
den Community-Promotoren übereinstimmen, der Großteil wird jedoch keine eigene
Website betreiben. Einerseits wurde in Special-Interest Magazinen z.B. zu den Themen Tauchen, Mountainbike, Linux, Oldtimer, Studenten, frische und spezifische
Anzeigen geschaltet, in denen aufgefordert wurde, entweder auf eCircle einer Community zu suchen und dieser beizutreten oder selbst ein zu gründen. Der Fokus lag
dabei auf der einfachen Benutzung und schnellen Einrichtung. Andererseits wurden
auf Websites spezifische Banner geschaltet, die teilweise Klickraten bis zu 5% er-
reichten.

Diese „Generating Traffic"-Aktionen führten dazu, dass zum Sommeranfang 2000 die
psychologische Schallmauer von einer Million eingeschriebenen Nutzern erreicht
wurde. Die exakte Festlegung der kritischen Masse dürfte allerdings komplizierter
sein, da diese von Werbetreibenden für ihre spezifische Zielgruppe – die sehr groß,
aber auch sehr klein sein kann – bestimmt wird. Generell sollten in einem Themenbe-
reich mehrere zehntausend Community-Mitglieder für den Werbetreibenden adres-
sierbar sein. Ein wichtiger Faktor ist außerdem die Aktivität dieser Mitglieder, also
wie viel dort diskutiert wird und wie viele Mails pro Woche oder Monat versandt
werden.

Mit der steigenden Mitgliederzahl und dem wachsenden Bekanntheitsgrad wird sich in
Zukunft die Funktion der Community-Manager auf die Beobachtung der Internet-
Entwicklung, den Abschluss größerer Kooperationen, den Support der Communities,

die Verbesserung des Systems in enger Zusammenarbeit mit den Community-Promotoren verschieben.

3.2 Anders: 1.000 Communities sind besser als eine

Die Kommunikation mit Gleichgesinnten in Communities wird weiterhin ansteigen. Für Unternehmen im Internet, die diesen Trend nutzen wollen, ergeben sich jedoch einige Hürden:

Große Themen von übergreifendem Interesse sind schnell besetzt, zum gegenwärtigen Zeitpunkt (Mitte 2000), bestehen nicht mehr viele Möglichkeiten, Neugründungen zu generieren, die Millionen von interessierten Mitgliedern anziehen. Aufgrund von Economies of Scale im technischen Bereich und bei der Pflege, muss für ein professionelles Unternehmen eine gewisse Mindestgröße einer Community erreicht werden. Wenn die großen Themen aber bereits besetzt sind, bleiben nur die unzähligen Spezialthemen, die eine loyale Anhängerschaft haben.

Der Aufbau einer solchen Community benötigt starke Promotoren mit hoher Glaubwürdigkeit, die sich im jeweiligen Thema detailliert auskennen müssen, gepaart mit einem guten Schuss Enthusiasmus. Gleichzeitig kann nur mit einer begrenzten Nutzerzahl gerechnet werden, die den nötigen Aufwand zwar aus Sicht des professionellen Enthusiasten rechtfertigt, nicht aber aus Sicht eines Unternehmens, die sich über Werbung, Affiliate-Programme, Shopping und ähnliche Kanäle refinanzieren muss. Zudem sind Gründungen solcher Unternehmen von eben jenen Enthusiasten bedroht, die konkurrierende Angebote im Netz aufbauen. Eine intensive Nutzung durch massive Vermarktung oder Nutzung und Verkauf von persönlichen Daten an interessierte Unternehmen hat in der für solche Probleme sensibilisierten Internet-Gemeinde das massenhafte Abspringen von Benutzern und häufig rechtliche Konsequenzen zur Folge.

Um als Unternehmen dieses Marktpotential anzugehen, musste also ein Weg geschaffen werden, die vorhandene Willens- und Schaffenskraft in zahllosen Spezialthemen auszunutzen, und gleichzeitig die Kosten durch Ausnutzung der Economies of Scale niedrig zu halten.

Ein Ansatz zur Erreichung dieser Ziele wurde für eCircle gewählt: Statt zu versuchen, den Content in allen diesen Bereichen selber abzudecken, konzentrierte man sich darauf, interessierten „Promotoren" Tools auf einer Plattform zur Verfügung zu stellen, mit denen sie ihre eigenen Communities erschaffen konnten. Dadurch wurde eCircle zum Community Portal, das in sich Content verschiedenster Art vereint, ohne diesen selber pflegen zu müssen. Zur Vermarktung werden mehrere kleinere und mittlere Gruppen zusammengefasst, so dass sich eine aus Marketinggesichtspunkten interessante Zielgruppengröße ergibt. Die Kosten der technischen Plattform für die jeweils einzelne Community können über die erreichte Größe auf einen niedrigen Wert gesenkt werden.

Eigene Community Manager sorgen dafür, dass die Besitzer der Communities, also die Promotoren auch ein geeignetes Umfeld und die entsprechenden Tools vorfinden. Dies schließt die direkte Betreuung von Promotoren bei Problemen, Vorschläge für Erweiterungen und die Akquise neuer, für das Portal interessanter Communities ein. Zudem helfen sie, Gemeinsamkeiten zwischen existierenden „eCircles" zu finden und diese in einer übergeordneten Struktur entsprechend einzuordnen. Besitzer können auf diese Weise auf ähnliche Angebote aufmerksam gemacht werden.

Ebenfalls ist immer stärker zu beobachten, dass das Wachstum des Community-Portals durch einen mit zunehmender Größe steigenden Viral-Marketing Effekt positiv beeinflusst wird. Mitglieder einer Community, die die Tools und Funktionalitäten von eCircle nutzen, finden Gefallen an den Funktionalitäten des Portals. Bei hoher Zufriedenheit machen sie häufig Bekannte, Freunde und Gleichgesinnte auf dieses Angebot aufmerksam, die dann ebenfalls der Community beitreten. Einige Mitglieder gehen sogar noch einen Schritt weiter und gründen aufgrund der gemachten Erfahrungen ihre eigenen eCircles, die sie dann mit (meist) hohem Engagement bekannt machen. Wenn ein gewisser Schwellenwert überschritten ist, setzt so für das Community Portal ein sich selbst potenzierender Effekt ein (Viral Marketing), der ein automatisches Wachstum ohne eigenes Zutun mit sich bringt.

Ein Community Portal nutzt also nicht nur die Wachstumseffekte innerhalb einer Community, sondern auch Wachstumseffekte über die Grenzen einer Community hinaus und bietet damit ein überlegenes Geschäftsmodell.

3.3 Neu: Promotoren-Netzwerke in Communities

Eine interessante Entwicklung stellten die Community-Manager bei der Ansprache von Community-Promotoren aus spezifischen Themenbereichen fest: Meist kannten diese sich persönlich, und nicht nur virtuell, sondern auch in der „real world. Diese hatten sich zu sog. Promotoren-Netzwerken zusammengeschlossen, um eine höhere Reichweite bei potentiellen Mitgliedern zu erzielen und damit eine eventuelle Refinanzierung über Werbung zu verbessern (s. Abb. 2). Z. B. gibt es eine sehr aktives Promotoren-Netzwerk im Bereich Familienforschung, in dem sich Mitglieder über gemeinsame Wurzeln z.B. im ehemaligen Ost-Preußen oder Sudetenland austauschen. Auf eCircle ergibt sich ein weiterer Vorteil: Die Mitglieder können sich nur einen Mausklick entfernt in anderen eCircles über die aktuelle Politik der EU-Osterweiterung, Wandertips in Tschechien und Polen und die dort neu entstehenden Aktien-Börsen austauschen. Dadurch potenziert sich natürlich auch der Mitgliederzulauf in diesen themen-angrenzenden eCircles, was sowohl für die Promotoren-Netzwerke als auch für eCircle einen beträchtlichen Vorteil darstellt.

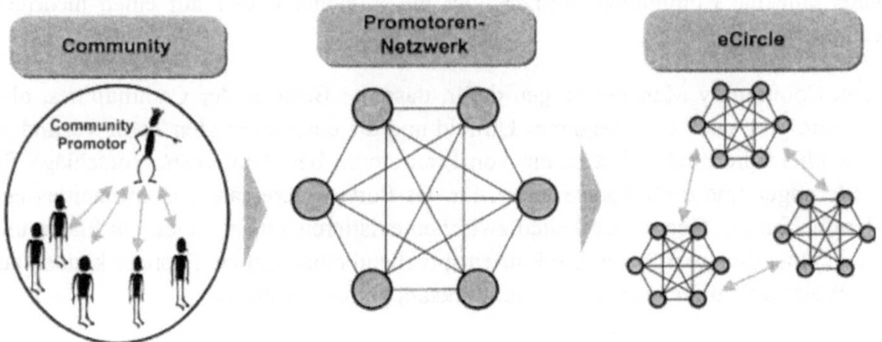

Abb. 2: Communities und Promotorennetzwerke

4 Ride the wave: Die Kommerzialisierung der technologischen Plattform für Business-Communities

Während das Portal eher durch Consumer-Communities geprägt ist, soll die eCircle-Technologie v.a. in geschlossenen Business-Communities auf Intra- und Extranet-Ebene eingesetzt werden. Der Bereich Software-Vermarktung und Professional Services nahm im Mai 2000 die Arbeit auf und wird Anfang 2001 an den Markt gehen. Dieser Trend ist in einigen Start-ups mit starken Entwicklungsabteilungen in den letzten Jahren zu beobachten: Das Start-up stellt am Anfang der Entwicklungsphase fest, daß die gewünschte Softwarelösung am Markt entweder gar nicht erhältlich ist, oder jedenfalls nicht in der gewünschten Leistungsfähigkeit. Eine genau passende Lösung wird also selber entwickelt, durch den „Grüne-Wiesen"-Ansatz meist auf einer moderneren und leistungsfähigeren Architektur. Wenn diese Lösung dann in der gewünschten Leistungsfähigkeit zur Verfügung steht, wird häufig begonnen, auch über den Verkauf dieser Lösung nachzudenken, wenn der entsprechende Auslöser vorliegt.

Im Falle von eCircle kam dieser Auslöser von der Kundenseite: Mitarbeiter in einigen großen Unternehmen begannen, die Funktionalitäten der eCircle Consumer Plattform für interne oder firmenübergreifende Projekte zu benutzen. Die einfache und schnelle Einrichtung und Benutzung des System waren dabei entscheidende Gründe.

Das übergreifende Unternehmensinteresse sprach jedoch nicht für die Nutzung, einerseits wegen der Datenhaltung außerhalb des Unternehmens, andererseits wegen des „unprofessionellen" Images. Da die Mitarbeiter aber die Funktionalität des Systems gerne weiternutzen wollten, wandten sich Vertreter des Unternehmens an eCircle und fragten, ob man die Software auch zum eigenen Gebrauch lizenzieren könnte.

Nach einigen Anfragen renommierter Unternehmen wurde im Mai 2000 der Aufbau des Bereichs Software-Vermarktung gestartet. Die Aufgabenstellung war im wesentlichen, eine komplette Software-Firma aus dem bestehenden Unternehmen heraus zu erschaffen. Zu diesem Zweck wurde – ganz im Sinne von „Inside the Tornado", ein Bestseller im Bereich Software-Entwicklung und -Vermarktung - einerseits eine Marktnische ausfindig gemacht (s. Kap. 4.1) und zusätzlich Pilotprojekte aufgesetzt, um Erfahrungen bei Implementierung und Weiterentwicklung zu gewinnen (s. Kap. 4.2).[5]

4.1 Communities of Practise und Collaborative Knowledge Management – Megatrends für eCircle

Seit ca. ein bis zwei Jahren ist das Konzept der „Communities of Practice" (CoP) verstärkt aufgekommen: Interessante Beiträge finden sich im letztjährigen Tagungsband der 20. Saarbrücker Arbeitstagung und aktuell auch im Harvard Business Manager 1/2000, die die wachsende Bedeutung dieser CoPs beschreiben.[6, 7]

CoPs sind im wesentlichen zielorientierte Gruppen, die ein gemeinsames Interesse verbindet und können formell organisiert sein, müssen es aber nicht. Ein Beispiel wäre eine weltweite Expertengruppe einer grossen Consulting-Firma, die sich mit Sicherheit im Internet beschäftigt. Mitglieder dieser Community haben von der Teilnahme mehrere Vorteile: Sie gewinnen an Wissen, das über die Erfahrungen im gegenwärtigen Unternehmen hinausgeht, knüpfen ein Netzwerk von Kontakten, die Ihnen bei der Lösung von Problemen helfen können und steigern Ihr eigenes Ansehen innerhalb dieser Community durch eigene Beiträge und Lösungshelfen.

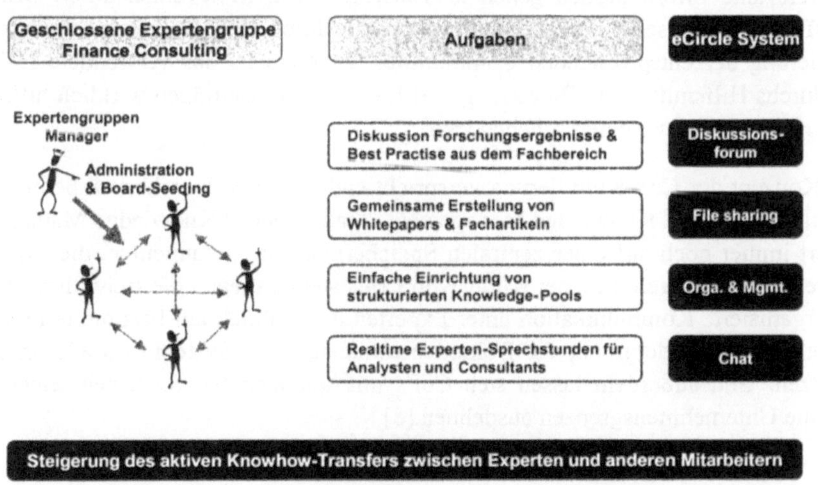

Abb. 3: Globale Expertengruppe aus dem Bereich Finance Consulting

CoPs können innerhalb von Unternehmen gefördert werden, im Sinne eines Collaborative Knowledge Management. Sie bewähren sich vor allem dort, wo ähnliche oder sogar identische Problemstellungen an dezentralen Lokationen jedes Mal wieder aufs neue gelöst werden. Beispiele sind Unternehmen mit mehreren Fabrikationsstandorten, Filialbetriebe, Beratungen, Krankenkassen und andere dezentrale Organisationen. Es ist leicht zu sehen, wie ein Aufbau von Communities of Practice, bei denen Mitarbeiter aus den Erfahrungen ihrer Kollegen lernen können, ein großes Potential zu Tage fördern kann.

Für den Aufbau solcher Communities sind einige Herausforderungen zu meistern: Das Bereitstellen eines geeigneten Tools und die Überwindung mehrerer Einführungs-Barrieren. Die Nutzung von Communities of Practice fordert eine weitgehend hierarchiefreie Kommunikation von Mitgliedern untereinander, bei denen auch persönliche Meinungen eingebracht werden können, ohne eine sofortige Kritik nach sich zu ziehen. Viele Mitarbeiter stehen einer solchen Kommunikationsform zuerst ablehnend gegenüber, da sie außerhalb der gewohnten Regeln nicht wissen, wie sie sich verhalten sollen. Das mittlere Management äußert Skepsis, da die gewohnte „Befehlskette" umgangen werden kann. Außerdem gilt es noch, die kritische Masse in den von der Firma gewünschten Communities möglichst schnell zu erreichen, da diese nur mit steigender Teilnahme für die Mitglieder wirklich wertvoll werden (eine klassische Anwendung von Metcalf's Gesetz[1]). Es müssen daher gerade am Anfang Incentives für eine aktive Teilnahme und wertvolle Beiträge geschaffen werden.

Doch auch nach der Schaffung einer florierenden CoP-Landschaft sind die Hindernisse noch nicht ganz überwunden: Bei Teilnahme an zahlreichen, aktiven CoPs kann für einzelne Mitarbeiter leicht die Gefahr eines „Information Overflows" entstehen, d.h. relevante Informationen gehen in Tausenden von irrelevanten unter. Ordnung schaffen hier einerseits die Community Manager durch Hilfe bei einer feineren Segmentierung der entsprechenden Communities, andererseits das verwendete IT-Tool, das durchs Hilfsmittel wie Bewertung und Ranking von Beiträgen wirklich hilfreiche bzw. relevante Beiträge hervorheben kann.

Das Konzept der CoP-Kultivierung verspricht endlich einen Durchbruch beim immer wichtigeren Thema Knowledge Management. Traditionelles Knowledge Management basiert immer noch auf einer zentralen Speicherung von Dokumenten, die explizites Wissen repräsentieren. In einer Kultur von CoPs steht dagegen die freiwillige, dezentral organisierte Kommunikation unter Experten im Hinblick auf bestimmte Problemstellungen im Vordergrund, die Dokumentenmanagement-Systeme als add-on Tools benutzen. Und außerdem lassen sich CoPs mit webbasierten Systemen leicht auch über die Unternehmensgrenzen ausdehnen.[8]

---

[1] Metcalf's Gesetz: Der Wert eines Netzwerkes steigt exponentiell mit der Anzahl seiner Mitglieder an.

4.2 Business- und Bildungs-Community: Zwei Praxisbeispiele

Die ersten beiden Pilotprojekte wurden ausgewählt, um eine möglichst umfassende Anwendung des Systems mit hohen Nutzerzahlen und eine gute Vermarktbarkeit zu erreichen. Zudem sollten mit den Projekten möglichst unterschiedliche Anwendungsgebiete abgedeckt werden. Beide Projekte erfüllen diese Anforderungen voll und ganz:

Das erste Pilotprojekt, der Aufbau der Community im Rahmen des Mercatorpark Projektes (www.mercatorpark.com), zielt auf eine reine Business-Community mit hoher Aufmerksamkeitswirkung, nämlich dem Bau, Betrieb und Nutzung von Satelliten und Anwendung von Satellitentechnologie bei Geoinformation und Kommunikation.

Die durch den Freistaat Bayern unterstützte Initiative versucht ähnlich der sehr erfolgreichen Ansiedlung von Biotechnologie-Unternehmen in Martinsried, einen Cluster der Satellitentechnologie aufzubauen – und zwar erst im Internet und dann physisch am DLR Standort Oberpfaffenhofen. Dabei soll, getreu dem Motto „Brain statt Beton" eine physische Gründung des Clusters erst im zweiten Schritt erfolgen, im ersten Schritt sollen Online-Tools eingesetzt werden, um den Informationsaustausch und die Zusammenarbeit zwischen interessierten Unternehmen zu ermöglichen.

Das eCircle System stellt dabei die Tools zur Verfügung, mit deren Hilfe die Unternehmen in speziellen Foren relevante Technologien, Projekte oder Themenstellungen diskutieren können. Newsletter in verschiedenen Themenbereichen sorgen für eine schnelle Verbreitung aktueller Informationen, gemeinsam nutzbare Planungstools (z.B. Kalenderfunktionalität) ermöglichen den Überblick über die wichtigen Termine der Branche.

Der stark verbesserte Informationsaustausch soll die Unternehmen enger zusammen führen, so dass z. B. neue Daten, die ein bestimmter Satellitenbetreiber zur Verfügung stellt, bei anderen Unternehmen zur Entwicklung von zusätzlichen Anwendungsmöglichkeiten und Produkten führen kann. Zudem kann bei der Prüfung der Validität neuer Ideen schnell ein Feedback von Experten anderer Unternehmen eingeholt werden – natürlich nur bei Ideen, die nicht leicht kopiert werden können.

Im letzten Schritt ermöglicht die Online-Community die Einbindung von Experten, die nicht in den angebundenen Unternehmen beschäftigt sind, d.h. unabhängige Berater, Professoren, etc.. Eine Vertiefung des Dialoges zwischen universitärer Forschung und Praxis kann ebenso zu neuen Ideen und Realisierungen führen. Analog zu net.gain wird erst Inhalt generiert, eine Community aufgebaut, die dann neue, kommerzielle Geschäftsbeziehungen zum Ergebnis hat.

190

Im zweiten Pilotprojekt ist als Ziel die Virtualisierung einer Universität gesetzt, d. h. wesentliche Funktionsbereiche, die momentan auf Papier-Basis manuell laufen, elektronisch abzuwickeln. Die geschieht in mehreren Bereichen:

Mit Hilfe des eCircle Systems können innerhalb der Universität virtuelle Seminarräume abgebildet werden (Foren), in die Studenten spezielle Fragen einstellen können, die dann entweder von anderen Studenten, von Assistenten oder Professoren beantwortet werden. Ein wesentlicher Vorteil ist hierbei die Speicherung der Daten, die zur Generierung von FAQ-Listen genutzt werden kann, d.h. eine Frage muss nur einmal beantwortet werden und der virtuelle Seminar-Raum entwickelt sich im Laufe der Zeit zu einer breiten Sammlung von Wissen zum jeweiligen Thema. Durch die einfache Anlage und Pflege können diese virtuellen Seminarräume flexibel nach den jeweiligen Bedürfnissen neu gegründet und angepasst werden.

Weiterhin sieht das Konzept voraus, dass alle Studenten mit der Einschreibung (und alle Mitarbeiter) automatisch im System registriert werden. Über die umfangreichen E-Mail-Funktionalitäten kann damit auch auf Aushänge weitgehend verzichtet werden, aktuelle Informationen werden über die Newsletter-Funktionalität den Studenten bekannt gemacht. Alle für die jeweilige Gruppe zugelassenen Studenten und Mitarbeiter (für Lehrstuhl, Veranstaltung, Arbeitsgruppe, etc.) können über den Kalender die relevanten Termine einsehen und werden automatisch per E-Mail rechtzeitig erinnert bzw. bei Terminänderungen informiert – ein wesentlicher Fortschritt gegenüber dem bestehenden System, bei dem man auf Eigeninitiative und manchmal Glück angewiesen ist. Dateien können gemeinsam verwaltet werden, automatisierte Verteilung wird möglich: So kann z.B. einem Studenten, der sich für eine Veranstaltung anmeldet und akzeptiert wird, automatisch das jeweilige Skript zugemailt werden. Bei Bedarf kann auch die Chat-Funktionalität eingesetzt werden, um mit Assistenten oder Experten Online-Sprechstunden durchzuführen.

Über eine zusätzliche Komponente außerhalb des eCircle Systems kann eine Übersicht über Veranstaltungen, jeweilige Mitglieder, Adressen und die selbst belegten Fächer angezeigt werden, Anmeldung für Prüfungen finden über das System statt, im weiteren Ausbau kann auch die Verwaltung der Scheine und Einsicht in den Notenspiegel über das System erfolgen.

Insgesamt kann auf diese Weise eine wesentliche Reduzierung des für Studenten und Mitarbeiter der Universität lästigen „Papierkrams" erreicht werden, was zwar anfangs zu Anpassungsschwierigkeiten führen kann, im Endeffekt aber zu einer Verlagerung der hierfür verschwendeten Ressourcen auf Steigerung der Qualität führen sollte.

5 Fazit

Der spontane Zusammenschluss von Gruppen und die Suche nach Informations- und Erfahrungsaustausch liegt in der Natur des Menschen, egal ob in den unendlichen Weiten des Internets (Consumer) oder in Firmen (Communities of Practice).

Dabei sind Technologien oder unabhängige Plattformen nie Selbstzweck, sondern nur Enabler für Gruppenkommunikation. Die Benutzung muss daher einfach sein, die Administration durch die Community-Manager geschehen und nicht von Systemadministratoren, die Systeme müssen webbasiert und schnell zu implementieren und ausserdem offen gegenüber anderen Weblösungen (Online-Shops, Content Mgmt. Systeme) sein.

Wenn diese Plattformen und Technologien laufend im Sinne der Community-Mitglieder weiterentwickelt werden, wird Gruppenkommunikation weiterhin stark wachsen und kreative Möglichkeiten der kommerziellen Abschöpfung erlauben.

Wir glauben, dass durch unsere zweigleisige Strategie Community-Portal und Software-Vermarktung eine größtmögliche Kommerzialisierung von Communities möglich ist. Denn nur dadurch können wir in 2001 an die Börse gehen und Ende 2001 profitabel werden – und wer profitabel ist, der bleibt!

Literaturverzeichnis

[1]   www.ask.uni-karlsruhe.de/books/inetbuch/node98.html

[2]   Die Zeit, 06.07.2000

[3]   Morgan Stanley Dean Witter: The B2B Internet Report – Collaborative Commerce, 4/2000.

[4]   Hagel III, Armstrong: net.gain – Expanding Markets through Virtual Communities, 1997.

[5]   Moore: Inside the Tornado. 1995

[6]   Schoen: Gestaltung und Unterstützung von Communities of Practice. In: Electronic Business und Knowledge Management – Neue Dimensionen für den Unternehmenserfolg, 1999.

[7]   Wenger, Snyder: Communities of Practice – warum sie eine so bedeutende Rolle spielen werden. In: Harvard Business Manager 1/2000.

[8]   Beinhauer, Markus, Heß, Kronz: Virtual Communities – Kollektives Wissensmanagement im Internet. In: Electronic Business und Knowledge Management – Neue Dimensionen für den Unternehmenserfolg, 1999.

Virtuelle Marktplätze: Die dritte Dimension des Online-Handels

Dipl.-Inform. Thomas Feld,
Dipl.-Hdl. Michael Hoffmann
JET Online GmbH, Saarbrücken

Inhalt

1 Intermediäre auf dem Weg zum virtuellen Marktplatz

In Europa breitet sich eine Motivationswelle zur Eroberung elektronischer Märkte aus. Unter Verwendung von Schlagwörtern wie „Electronic Commerce" oder „Electronic Business" wird die Einführung von Informations- und Kommunikationstechnologien vorangetrieben.

Die Aussichten sind vielversprechend: Führende Marktforschungsunternehmen prognostizieren allein für den Business to Business Markt für das Jahr 2001 ein Handelsvolumen von 159 Milliarden US$ und ein durchschnittliches Wachstum von 107 % pro Jahr (vgl. Abb. 1).

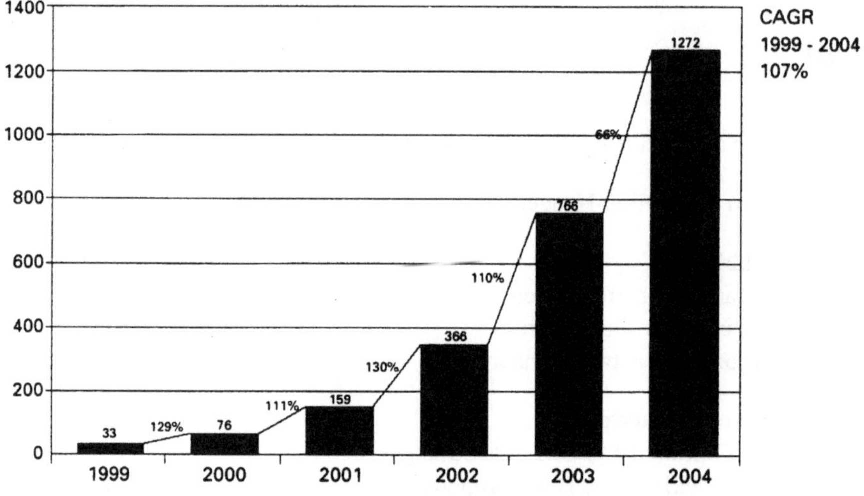

Abb. 1: Handelsvolumen von B2B Märkten in Europa [1]

Das Potenzial ist da, schließlich haben Innovationsgeist und Unternehmertum das Bild der Gesellschaft in diesem Jahrhundert entscheidend geprägt. Seit Thomas Alva Edison einen elektromechanischen Börsenticker erfunden hat, haben sich jedoch einige Bedingungen geändert:

- Im internationalen Wettbewerbsumfeld müssen Unternehmen konsequent nach Potenzialen suchen, um schneller, günstiger und qualitativ besser Geschäfte abzuwickeln. Diese Potenziale liegen nicht mehr alleine in der Optimierung innerbetrieblicher Prozesse, vielmehr stehen interorganisatorische Beziehungen zu Lieferanten, Kunden, Behörden und Partnern im Mittelpunkt der strategischen Geschäftsausrichtung.

- In elektronischen Märkten wird global gedacht, entwickelt und vertrieben. Ein Klein- oder Mittelunternehmen ist dagegen nur auf bestimmte Regionen und sehr spezielle Marktsegmente konzentriert. Um dies auszugleichen und Potenziale voll auszuschöpfen, schließen sich Unternehmen durch virtuelle Organisationen zu agilen Netzen zusammen.

- Der schnelle Börsengang amerikanischer „Electronic Business" Unternehmen, verbunden mit der hohen Überbewertung durch den Aktienmarkt, setzt Unternehmen gerade bei der Eroberung elektronischer Märkte unter enormen Expansions- und Erfolgsdruck. Venture Capital Gesellschaften in den USA unterstützen das Wachstum nicht nur mit Kapital, sondern noch wichtiger, mit strategischem Rat und Networking.

Die Entwicklung dezentraler, vernetzter Organisationskonzepte, innovative betriebswirtschaftliche und technologische Lösungen und erfolgreiche Anwendungsbeispiele füllen das Schlagwort „Electronic Commerce" mit realen Erfolgspotenzialen.

Electronic Commerce steht aus Geschäftsprozesssicht für die Anwendung von Technologien der Informations- und Kommunikationstechnik auf operative Geschäftstransaktionen.[2] In der Literatur findet man auch Begriffe wie elektronischer Geschäftsverkehr, elektronischer Handel oder Electronic Business, die synonym verwendet werden.[3]

Eine Geschäftstransaktion wird zwischen mindestens einem Anbieter und einem Abnehmer durchgeführt. Beide Seiten können durch Dienstleistungen Dritter bei der Durchführung einer Transaktion unterstützt werden, solche Dienstleister nennt man auch Intermediäre. Klassische Intermediäre sind Zwischenhändler und Makler. Der Zwischenhändler tritt selbst als Anbieter/Abnehmer auf, der Makler initiiert und begleitet Geschäftstransaktionen. Beide Rollen setzen ein fundiertes Markt-Know-how voraus.

In elektronischen Märkten sind weitere Online-Intermediäre hinzugekommen:

- Carrier: Bereitsteller der Netzwerkinfrastruktur wie British Telecom, France Telecom, Deutsche Telekom, Mannesmann etc.

- Hosting Provider: Anbieter, die den Internetzugang ermöglichen und Plattenplatz für den Internetauftritt anbieten. In Deutschland sind dies beispielsweise die Deutsche Telekom, Mannesmann oder AOL.

- Security Vendor: Anbieter von Sicherheitslösungen und Thrust Center, die eine sichere Abwicklung von Transaktionen in öffentlichen Netzen ermöglichen. Hierzu zählen beispielsweise Anbieter von Verschlüsselungstechniken und Authentifikationssystemen.

- Technologie Platforms: Anbieter von E-Business Plattformen für Unternehmen wie beispielsweise IBM, HP, Compaq oder SUN. Hier geht der Trend zum Application Service Providing (ASP). Neben Server-homing wird auch der Betrieb von ERP-Systemen und E-Business-Lösungen im Kundenauftrag angeboten.

- Application Vendor: Anbieter von Standardsoftwaresystemen für das E-Business. Es handelt sich um Anbieter von ERP-Systemen, wie beispielsweise die SAP AG, die ihre Software um Internetfunktionalitäten erweitert haben oder auch Anbieter von Shopsystemen, wie Intershop, die mit ihren Systemen im Back-End-Bereich an die Funktionalität von Warenwirtschaftssystemen heranreichen.

- Content Provider: Anbieter von redaktionell aufgearbeitetem Content, der als zusätzlicher Nutzenstifter auf Handelsplätzen im Internet eingesetzt wird. Die Informationen reichen vom Wetterbericht über Börsenberichte bis hin zu Expertisen und Abhandlungen zu verschiedenen Themenstellungen.

- Virtuelle Marktplätze: Drehscheiben im Internet auf denen beispielsweise branchenspezifische Inhalte, Produkte und Dienstleistungen über Auktionen, Börsen, Ausschreibungen oder Shopsysteme angeboten werden. Zum Betrieb werden meist eine Auswahl der anderen Basisdienstleistungen in Anspruch genommen.

2 Dimensionen des Online-Handels

Intermediäre im Online-Handel bauen ihre Kompetenz in drei verschiedene Richtungen aus: Die Richtungen sind Märkte, Content und Technologien. In Abb. 2 zeigt diese als Dimensionen und ordnet die angesprochenen Intermediäre ein.

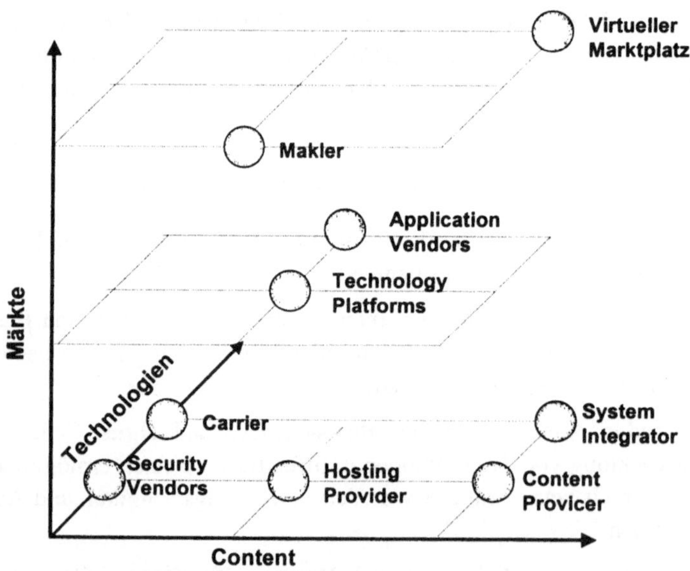

Abb. 2: Dimensionen des Online Handels

Entlang der Technologieachse haben sich hochspezialisierte Unternehmen wie Security Vendors bis hin zum Carrieren entwickelt. Sie bieten in erster Linie ihre Technologien und darauf aufbauende Dienstleistungen an. Auf der Ebene Technologie/Content liegen die Hosting- und Content Provider bis hin zum System Integrator. Sie bieten Dienstleistungen zur Digitalisierung, elektronischen Verwaltung und zum elektronischen Austausch von Content. Technologische Plattformen umfassen darüber hinaus E-Commerce Anwendungen wie Autentifizierungs- und Zahlungssysteme. Application Vendors gehen technologisch weiter und bieten Hard- und Softwarelösungen zur Unterstützung ganzer Unternehmensfunktionen an, der klassische Makler ohne Technologieorientierung ist auf der Ebene Content/Märkte zuzuordnen. Der Virtuelle Marktplatz ist als idealtypische Intermediärrolle anzusehen, in der alle unterstützenden Leistungen in ein Geschäftsmodell integriert werden.

In den letzten 5 Jahren standen Online-Intermediäre unter einem harten Wettbewerbsdruck und konzentrierten sich zunächst auf die Entwicklung und Vermarktung ihrer eigenen Produkte und Dienstleistungen. In Zukunft werden Intermediäre verstärkt kooperieren, beziehungsweise ihr Produkt- und Dienstleistungsportfolio in Richtung virtueller Marktplatz als idealtypische Intermediärrolle ausdehnen, um ihre Wettbewerbsposition zu festigen und neue Geschäftsfelder zu erschließen.

3 Virtuelle Märkte

Durch die Abwicklung von Geschäftstransaktionen entsteht ein Markt, d. h. der ökonomische Ort des Tausches von Gütern und Dienstleistungen, an dem sich durch Zusammentreffen von Angebot und Nachfrage Preise bilden.[4]

Mit der elektronischen Abwicklung von Geschäftstransaktionen werden bestehende Märkte zu elektronischen Märkten umgestaltet. Das Internet wird als kostengünstiges Übertragungsmedium eingesetzt.[5] Internet-Technologien wie beispielsweise das Transmission Control Protocol/Internet Protocol (TCP/IP) als normiertes Kommunikationsprotokoll oder die Hypertext Markup Language (HTML) als Darstellungsmittel spielen bei der Anwendungsentwicklung oder bei der Internetanbindung bestehender Standardsoftwaresysteme eine wichtige Rolle. Über Nachrichtenformate wie Electronic Data Interchange for Administration, Commerce, Transport (EDIFACT) können unterschiedliche Systeme über das Internet gekoppelt werden.

Eine Charakterisierung von elektronischen Märkten im Vergleich zu klassischen Märkten wird anhand der Merkmale Transaktionsrichtung, Marktvollkommenheit und Prozessverantwortlichkeit vorgenommen.

3.1 Transaktionsrichtungen

Bezüglich der Richtung der Transaktion wird im klassischen Sinne zwischen dem Beschaffungs- und Absatzmarkt unterschieden, je nachdem ob gekauft oder verkauft wird.

In elektronischen Märkten wird die Richtung einer Transaktion durch die Rolle der beteiligten Partner definiert. Für Geschäftstransaktionen eines Unternehmens mit seinen Lieferanten wurde der Begriff „Business to Business (B2B)" und für Geschäftstransaktionen eines Unternehmens mit seinen Kunden der Begriff (B2C) geprägt. Um die Bedeutung der Kundensicht zu betonen, wird auch der Begriff Consumer to Business (C2B) verwendet. Auch „Consumer to Consumer (C2C)" Transaktionen, d. h. Geschäftstransaktionen zwischen (End-)Kunden nehmen in elektronischen Märkten immer mehr zu. Als Beispiel lassen sich die Verdrängung von Privatanzeigen in Zeitungen wie Findling, Such & Find oder Sperrmüll durch Online-Auktionen bei eBay, ricardo etc. anführen.

3.2 Marktvollkommenheit

Viele Aussagen und Theorien beruhen auf der Modellannahme eines vollkommenen Marktes. Ein Markt gilt als vollkommen, wenn die folgenden Prämissen erfüllt sind:[6]

- Die Güter müssen homogen sein, d.h. es dürfen keine Präferenzen bestehen.

- Es herrscht vollkommene Markttransparenz.

Implizit sind durch diese Prämissen auch Markteintritts- und Marktaustrittsbarrieren ausgeschlossen und die Anpassung an Veränderungen vollzieht sich unendlich schnell. In allen anderen Fällen ist ein Markt unvollkommen.

Nach einer Studie des NEC Research Institute [7] erfassen die 11 populärsten Suchmaschinen zusammen 335 Millionen Web-Seiten. Das sind etwa 42 % der geschätzten Gesamtzahl von 800 Millionen Seiten im WorldWideWeb. Die beste der Suchmaschinen kann heute gerade einmal 16 % der Webseiten indizieren. Im Jahr 1997 konnte die beste Suchmaschine noch etwa ein Drittel des World Wide Web erfassen. Selbst durch Metasuchmaschinen, die eine Klammer um bestehende Suchmaschinen bilden, kann eine Markttransparenz folglich nicht erreicht werden.

Die durchschnittliche Zeit zwischen der Veröffentlichung einer Seite im Web und der Indizierung bei einer Suchmaschine beträgt 6 Monate, wobei populäre Web-Sites bevorzugt eingetragen werden. Von unendlich schneller Anpassung an Veränderungen des Marktes kann also keine Rede sein. Die Indizierung und das Ranking der Suchmaschinen haben direkten Einfluss auf die Präferenzen der Kunden für Produkte und Dienstleistungen.

Trotz der vielfältigen Möglichkeiten der technologischen Unterstützung bleibt der elektronische Markt also unvollkommen, obwohl die Verfügbarkeit von Informationen erhöht wird.

3.3 Prozessverantwortlichkeit

Betrachtet man die Geschäftsprozesse eines Unternehmens entlang der Wertschöpfungskette von der Produktentwicklung bis hin zum Vertrieb und dem After Sales Service, so sind Geschäftstransaktionen zwischen allen Bereichen möglich.

In Abb. 3 sind die Wertschöpfungsketten von drei Unternehmungen A, B und C dargestellt. Unternehmen A ist ein Zulieferer von Unternehmen B. Die Unternehmen B und C produzieren Konsumgüter und sind Vertriebspartner.

Die Hervorhebung des Vertriebs von Unternehmen A und der Beschaffungslogistik von Unternehmen B kennzeichnet die Prozessschnittstelle zwischen dem Zulieferer A und dem Produzenten B. Bestellvorgänge können zum Beispiel durch elektronischen Datenaustausch automatisiert werden.

Die Unternehmen B und C können einen gemeinsamen elektronischen Produktkatalog entwickeln und elektronische Zahlungssysteme einsetzen. Die Kooperation kann beispielsweise auf einem gemeinsamen Vertrieb sich ergänzender Produkte oder auf einer gegenseitigen Nutzung von Vertriebskanälen in unterschiedlichen Regionen beruhen. Die Verantwortung für den Vertriebsprozess liegt gemeinsam bei beiden Organisationseinheiten.

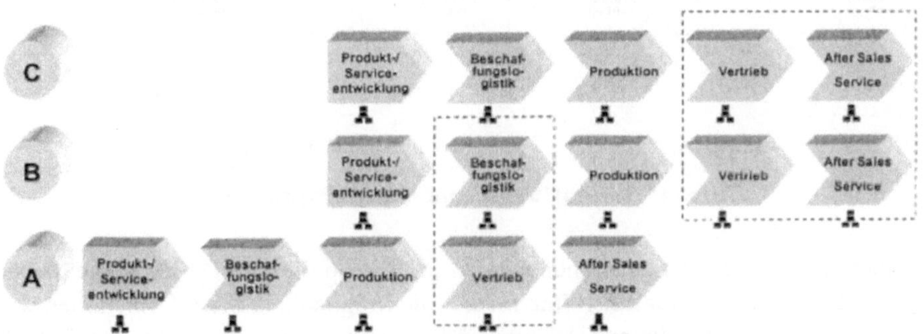

Abb. 3: Geschäftsprozesse in Unternehmungen

Wir betrachten nun Geschäftstransaktionen zwischen der Beschaffung der Unternehmung B und dem Vertriebsbereich der Unternehmung A genauer und stellen die Geschäftsprozesse als ereignisgesteuerte Prozessketten (vgl. Abb. 4) dar.

Die Qualitätskontrolle beim Wareneingang, im grau hinterlegten Bereich auf der rechten Seite von Abb. 4 entspricht der Endkontrolle im grau hinterlegten Bereich auf der linken Seite.

Beide Prozesse sollen sicherstellen, dass das fremdbezogene Teil bzw. das Verkaufsteil bestimmte Qualitätsanforderungen erfüllt. Die Endkontrolle im Vertriebsprozess der Unternehmung A führt dazu, dass nur Produkte mit einem bestimmten Qualitätsniveau ausgeliefert werden. Die Qualitätskontrolle nach dem Wareneingang bei Unternehmung B gewährleistet, dass nur „Gut-Teile" auf Lager bzw. in die Produktion gelangen.

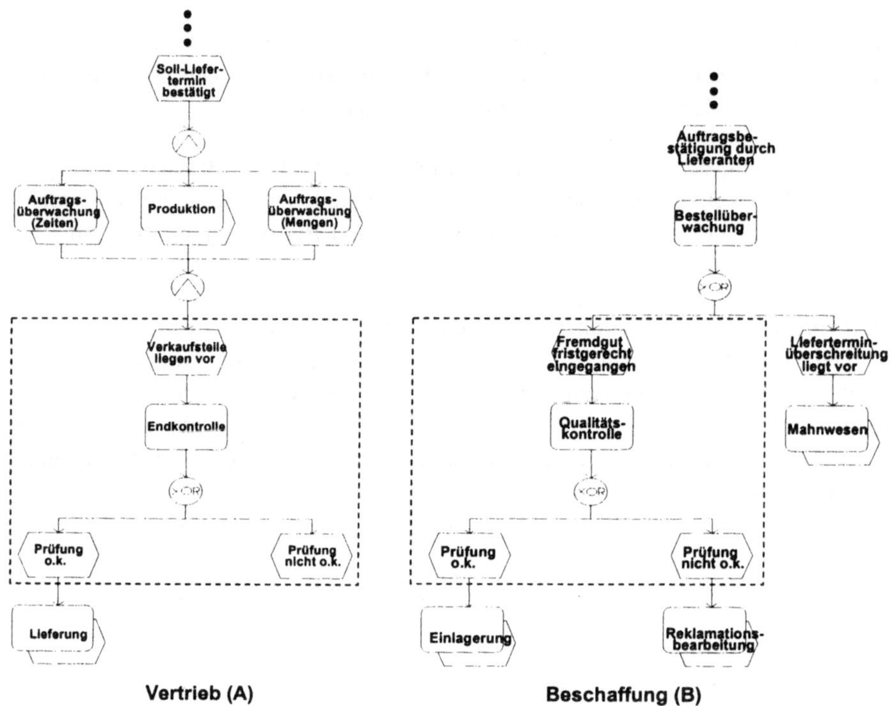

Abb. 4: Beschaffungs- und Vertriebsprozesse

In beiden dargestellten Unternehmen werden im Prinzip die gleichen Prozesse durchgeführt. Hier bietet sich für einen Intermediär die Möglichkeit, die Informationen wie Prüfberichte des Unternehmens A aufzuarbeiten und gegen entsprechendes Entgelt dem Unternehmen B zur Verfügung zu stellen oder einen Marktplatz als Plattform für den Informationsaustausch zwischen Unternehmen zu errichten. Dieser Ansatz verfolgt beispielsweise die SAP AG mit mysap.com.[8] In der in Abb. 4 dargestellten Situation ist Unternehmen B sicherlich bereit, auf die Qualitätskontrolle beim Wareneingang ganz zu verzichten oder nur noch vereinzelt Stichproben zu erheben, wenn es mit geringerem Aufwand verbunden ist, die erforderlichen Qualitäts-Zertifikate zu beschaffen. Die Verantwortung für die Einhaltung bestimmter Qualitätsmerkmale wird verlagert.

4 Aufbau virtueller Marktplätze

In der Vergangenheit war die Einführung von Einkaufs- oder Verkaufslösungen im Internet sehr stark technologiegetrieben. Es wurde also nicht von einer übergeordneten Vision oder einer Strategie ausgegangen, sondern man rückte die Technik in den Mittelpunkt. Weil beispielsweise standardisierte Shopsysteme durch Hersteller wie Intershop, Openshop oder auch als Add-On zu ERP-Systemen wie R/3 der SAP AG angeboten werden, starten Unternehmen Versuchsballons, indem sie diese in ihrem Unternehmen einführen. Gedanken bezüglich der Einordnung in die strategische Zieldefinition der Unternehmung oder in die gegebene Infrastruktur werden oft nicht gemacht. Weil eine Lösung technisch realisierbar geworden ist, wird sie umgesetzt.

Diese Vorgehensweise ist zum Scheitern verurteilt, da hier, wie vor der Einführung integrierter ERP Systeme, für die einzelnen Unternehmensbereiche Insellösungen aufgebaut werden.

Zielstrebiger und harmonischer erscheint hier eine Top-down-Vorgehensweise, wie in Abb. 5 dargestellt.

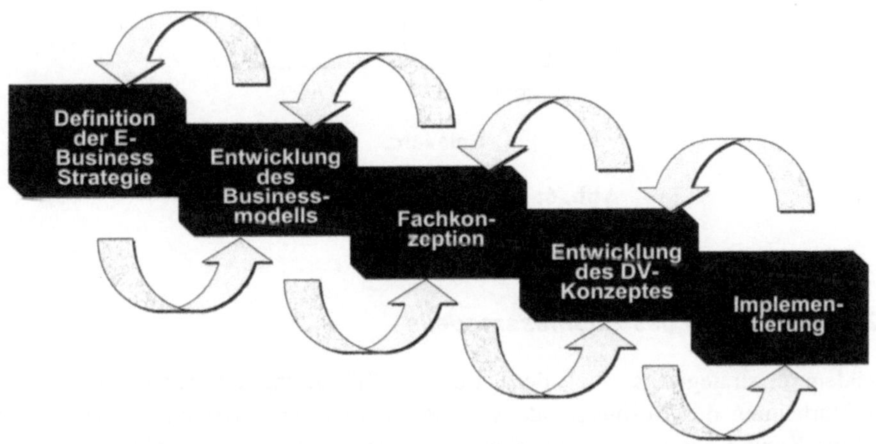

Abb. 5: Vorgehensweise bei der Initiierung von E-Business-Projekten

Abb. 5 beschreibt eine Vorgehensmodell zur Initiierung von E- Businessprojekten in Unternehmen. Die einzelnen Phasen werden nachfolgend beschrieben.

4.1 Definition der E-Business Strategie

In der Definition der E-Business-Strategie wird die Bedeutung des E-Business und die damit verbundenen Ziele für das betreffende Unternehmen herausgearbeitet. Hier findet eine Betrachtung der Positionierung innerhalb des Konzerns, innerhalb des Mitbewerberumfelds, sowie der Positionierung in der Öffentlichkeit eine Stärken- und Schwächenanalyse statt. Ziel ist es, die Geschäftsfelder des betrachteten Unternehmens bezüglich der Relevanz für das Unternehmen und der Eignung der Unterstützung durch E-Business zu charakterisieren. Dies kann beispielsweise durch die Einordnung in eine Matrix erfolgen. Abb. 6 zeigt das Bewertungsschema zur Ermittlung der attraktiven Geschäftsfelder, die durch E-Business unterstützt werden können.

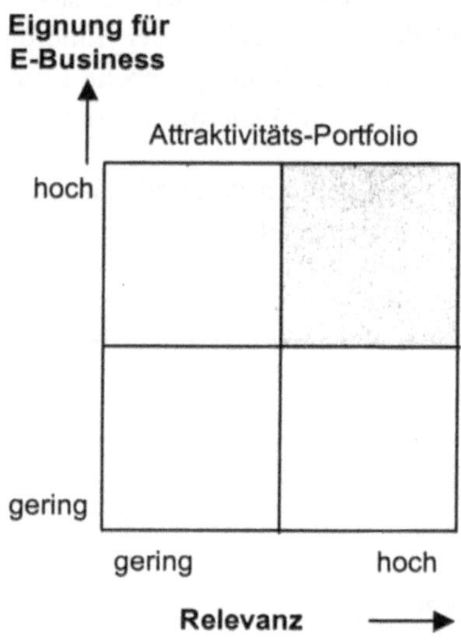

Abb. 6: Attraktivitäts-Portfolio

4.2 Entwicklung des Businessmodells

Nachdem die strategischen Ziele der E-Business-Einführung definiert wurden, tritt die Herausarbeitung des Businessmodells in den Vordergrund. Bei einer Marktanalyse wird die Konkurrenzsituation abgecheckt und die potenziellen Produkte und Dienstleistungen für eine Vertriebslösung bzw. die einzukaufenden Produkte und Dienstleistungen für eine Einkaufslösung ermittelt. Anschließend wird ein Betreibermodell entwickelt. Der Betreiber einer Handelslösung kann sich dabei auch über mehrere Organisationseinheiten erstrecken. Beispielsweise könnte für den Betrieb eines Marktplatzes das klassische Streckengeschäft (Vgl. Abb. 7) zum Einsatz kommen. Hier bestellt der Kunde ein Produkt beim Marktplatzbetreiber. Dieser leitet den Auftrag zu seinem Lieferanten oder Hersteller des Produktes weiter. In diesem Moment erwirbt der Markplatzbetreiber das Produkt und verkauft es an den Endkunden. Der Marktplatzbetreiber wird also Händler mit allen sich daraus ergebenden Pflichten wie Gewährleistung gegenüber dem Kunden etc. Mit diesem Betreiberkonzept ist es auch möglich, dass der Marktplatzbetreiber Waren verschiedener Hersteller auf einer Handelslösung anbietet, die der Kunde innerhalb eines Warenkorbes einkaufen kann und über diesen genau eine Rechnung erhält, die er über genau einen Zahlungsvorgang begleichen kann. Gelingt es, die Logistikdienstleistung so zu koordinieren, dass die Produkte der unterschiedlichen Hersteller zentral kommissioniert werden, erhält der Kunde auch nur eine Lieferung.

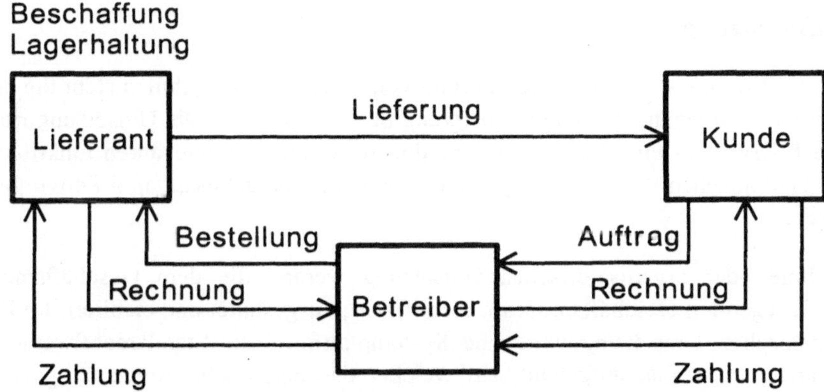

Abb. 7: Geschäftsmodell Streckengeschäft

Neben dem klassischen Streckengeschäft ist es auch möglich, dass der Marktplatzbetreiber nur eine Enabling-Plattform bereitstellt, die es potenziellen Käufern ermöglicht, auf ein Angebot zuzugreifen bzw. Verkäufern ermöglicht, ihre Waren und Dienstleistungen über das Internet feilzubieten. Hier kommt der Vertragsschluss nicht zwischen dem Marktplatzbetreiber und dem Endkunden sondern zwischen dem Hersteller oder Händler und dem Endkunden zustande. Entsprechende Varianten gibt es nicht nur für das Endkundengeschäft, sondern auch für den Handel zwischen Unternehmen und Zulieferern.

Sind Zielgruppen, Betreibermodell und Produkte ermittelt, gilt es, mögliche Erlösquellen sowie die Kosten für die Realisierung darzustellen und die Zahlungsströme über einen Zeitraum von mehreren Jahren zu schätzen. Mögliche Einnahmequellen können beispielsweise Online-Werbung, Shopvermietung, umsatzabhängige Provisionen etc. sein. Bei den Kosten finden sich Positionen für Hardwarebeschaffung oder -leasing, Softwarelizenzen, Personalkosten für den Betrieb etc. Bei der Errechnung der Zahlungsströme helfen Statistiken oder Analystenberichte aber auch selbst hergeleitete Umsatzschätzungen, die beispielsweise aus der Branchenkenntnis und dem Erfahrungswissen abgeleitet sind.

Sind die Zahlungsströme für alle potenziellen Einnahmen und Kosten ermittelt erfolgt in einer Gegenüberstellung eine Break-Even-Betrachtung bzw. eine Amortisationsrechnung. Je nach Ergebnis wird sich der Marktplatzbetreiber für oder gegen eine Investition in die Online-Handelslösung entscheiden. Bei dieser Entscheidung sollten jedoch nicht nur „nackte Zahlen", sondern auch die nur schwer monetär bewertbaren Seiteneffekte wie Öffentlichkeitswirksamkeit, Know-how-Zufluss oder auch der Referenzcharakter der Umsetzung bei zukünftigen Projektakquisen Beachtung finden.

Die Phasen der Fachkonzeption, Entwicklung des DV-Konzeptes und Implementierung werden im folgenden als Umsetzung zusammengefasst.

4.3 Umsetzung

Neben der Vorbereitung und Durchführung von Marketingmaßnahmen steht die organisatorische und technologische Realisierung im Vordergrund. Die Umsetzung richtet sich nach Kriterien- und Anforderungskatalogen, welche alle relevanten funktionalen und technologischen Rahmenbedingungen sowie eine Budgetierung und Zeitvorgaben enthalten.

Im Rahmen der organisatorischen Umsetzung werden die dem Geschäftsmodell zugrundeliegenden Geschäftsprozesse identifiziert, ausgestaltet und etabliert. Im Zuge der technischen Umsetzung wird eine Systemplattform aus Standardsoftware- und Hardwarekomponenten aufgebaut, auf welcher das eigentliche Anwendungssystem entwickelt wird.

Geschäftsprozesse können mit Modellierungsmethoden wie der ereignisgesteuerten Prozesskette (EPK) beschrieben werden.[9] Modellierungsmethoden zur objektorientierten Analyse (OOA) und zum objektorientierten Design (OOD) von Softwaresystemen stehen durch die Unified Modeling Language (UML) zur Verfügung. Mit Hilfe eines ganzheitlichen Bezugrahmens wie der Architektur integrierter Informationssysteme (ARIS) und adäquaten Vorgehensmodellen kann eine durchgängige Beschreibung vom Geschäftsprozess zum Anwendungssystem ermöglicht werden.[10]

Werkzeuge wie das ARIS Toolset unterstützen die Modellierung und Optimierung von E-Commerce-Funktionen in jeder Phase des Lifecycles eines Anwendungssystems und auf jeder Ebene. Systemplattformen auf Basis von Intershop Enfinity können dynamisch über standardisierte Schnittstellen an die modellierten Geschäftsprozesse angepasst werden.[11] Erste ARIS-Referenzmodelle zur ganzheitlichen Beschreibung von Strukturen und Abläufen in virtuellen Marktplätzen stehen bereits zur Verfügung.[12] Marktplatzbetreiber können auf dieses Wissen zurückgreifen und so auf eine aufwendige Neukonzeption verzichten.

Die Umsetzung wird durch ausgiebige Tests abgeschlossen, und es erfolgt die Überführung in den operativen Betrieb, begleitet vom Benchmarking der entwickelten

Lösung. Changemanagement sowie eine kontinuierliche Verbesserung auf betriebswirtschaftlicher und technologischer Ebene werden durch den ganzheitlichen Ansatz
ermöglicht.

5 Betrieb virtueller Marktplätze

Im Zentrum des Marktplatzbetriebs steht die Abwicklung von Geschäftstransaktionen
für Anbieter und Nachfrager, welche im folgenden Abschnitt näher beschrieben wird.

Das primäre Ziel einer Geschäftstransaktion ist der Austausch von Gütern, zumeist
von Geld gegen ein materielles oder immaterielles Gut oder gegen eine Dienstleistung.

Weiter gefasst verläuft eine Geschäftstransaktion über mehrere Phasen hinweg. In
Abb. 8 ist der Phasenverlauf einer Geschäftstransaktion dargestellt. Ergebnis der
Informationsphase ist die Tauschabsicht eines Anbieters oder eines Käufers. Die
Absicht wird bei positivem Verlauf der Vereinbarungsphase in einen Vertrag umgesetzt. In der Abwicklungsphase werden die vertraglich vereinbarten Leistungen ausgetauscht. Durch den Leistungsaustausch können weitere Bedarfe entstehen, welche
nach der After-Sale Phase in eine neue Vereinbarungsphase münden können. Bei
Ausbleiben eines Folgebedarfs ist die Transaktion beendet. Idealerweise sollte eine
durchgängige elektronische Abwicklung einer Transaktion über alle Phasen hinweg
erfolgen.

Schon heute sind oft mehrere Intermediäre wie zum Beispiel Hosting oder Content
Provider an der elektronischen Transaktionsunterstützung beteiligt. Ein idealtypischer
virtueller Marktplatz unterstützt alle Transaktionsphasen. Die Möglichkeiten der
Prozessunterstützung durch Intermediäre werden nachfolgend genauer beschrieben.

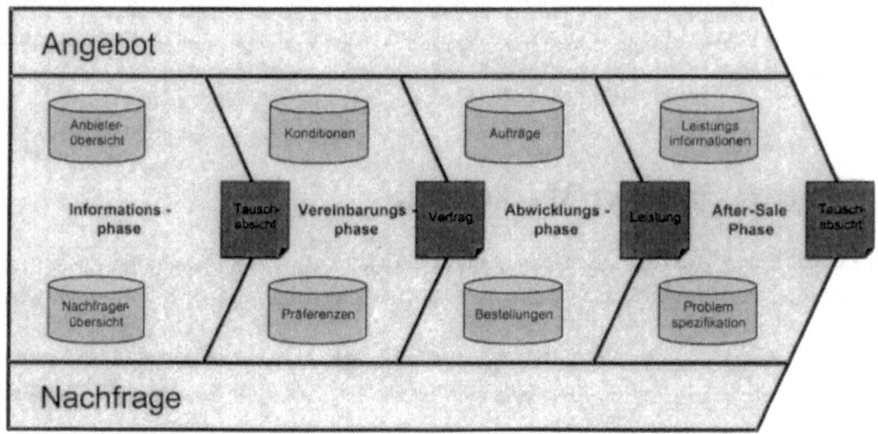

Abb. 8: Phasen einer Markttransaktion

5.1 Informationsphase

In der Informationsphase tauschen potenzielle Kunden mit verschiedenen Anbietern Informationen aus dem Kontext der Leistungen und über die Leistungen selbst aus. Durch den Austausch von Informationen über Nachfrage und Angebot wird der Markt für beide Seiten transparent. Intermediäre bieten Marketing- und Controllingdienstleistungen für die Angebotsseite sowie Suchdienste und Kataloge für die Nachfrageseite an. Abb. 9 verdeutlicht noch einmal die generelle Möglichkeit der Informationsbeschaffung von Angebots- und Kundenseite über Intermediäre.

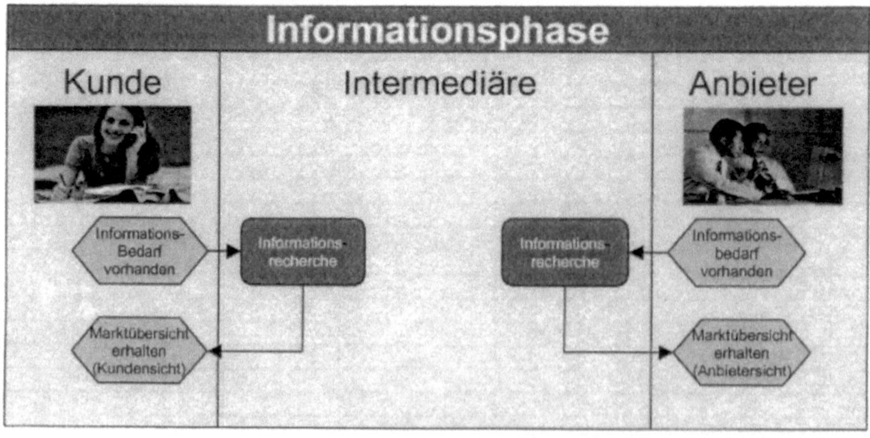

Abb. 9: Abläufe in der Informationsphase

5.2 Vereinbarungsphase

In dieser Phase werden konkrete Kauf- oder Verkaufsabsichten geäußert. Ziel ist es, Einigkeit über die Konditionen und Bedingungen zu erzielen, unter denen es zum Abschluss eines rechtsgültigen Vertrages kommt. Kundenindividuelle Rabatte, Zahlungsverfahren und –fristen können vereinbart werden, wenn aussagekräftige Profile vorliegen. Anbieter und Kunde können sich bei Intermediären registrieren und die Vereinbarung durch diese dritte Instanz so absichern. Um Sprach- und Ländergrenzen zwischen Anbietern und Kunden zu überwinden, kann der Intermediär zum Beispiel auch Übersetzungsdienstleistungen anbieten. In Abb. 10 wird der Ablauf der Vereinbarungsphase dargestellt. Die zu unterstützenden Funktionen können wie im klassischen Streckengeschäft auch durch Zwischenhändler mit besonderen Online-Vertriebskompetenzen ausgeführt werden. Eine Möglichkeit des Aufbaus eines Vertriebsnetzwerks wird im Abschnitt 6 beschrieben.

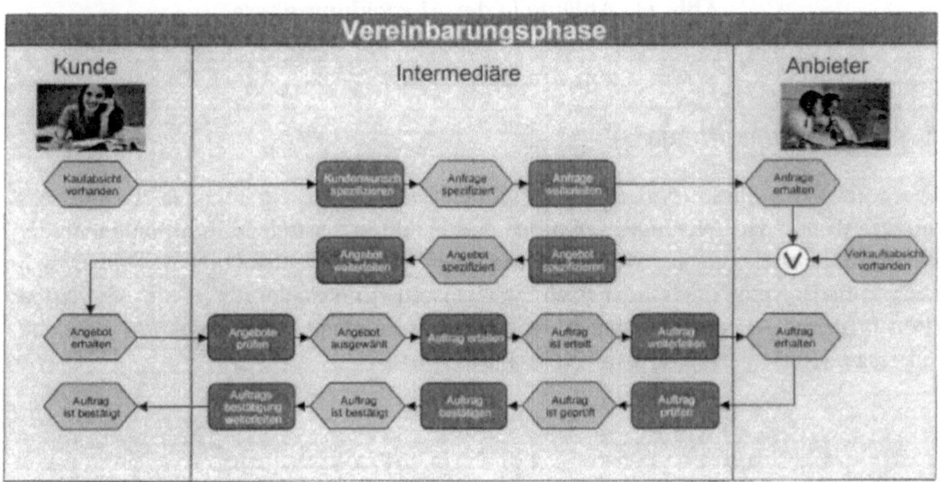

Abb. 10: Abläufe in der Vereinbarungsphase

5.3 Abwicklungsphase

In der Abwicklungsphase (vgl. Abb. 11) der Geschäftstransaktionen erfolgt die Leistungserstellung und gegebenenfalls auch die Auslieferung und Bezahlung. Für den Fall digitaler Güter spielen Mechanismen für den Online-Bezug des Gutes durch den rechtmäßigen Käufer eine große Rolle. Intermediäre unterstützen auch die Auslieferung von materiellen Gütern sowie die Zahlungsabläufe. Schon heute werden Online-Tracking-Systeme von fast allen großen Paketdiensten angeboten, und Banken sorgen für einen sicheren Ablauf der Zahlungstransaktionen. Anbieter werden sich auch in

Zukunft eines weltweiten Vertriebsnetzes bedienen müssen, um allen Anforderungen und Kundenwünschen gerecht werden zu können.

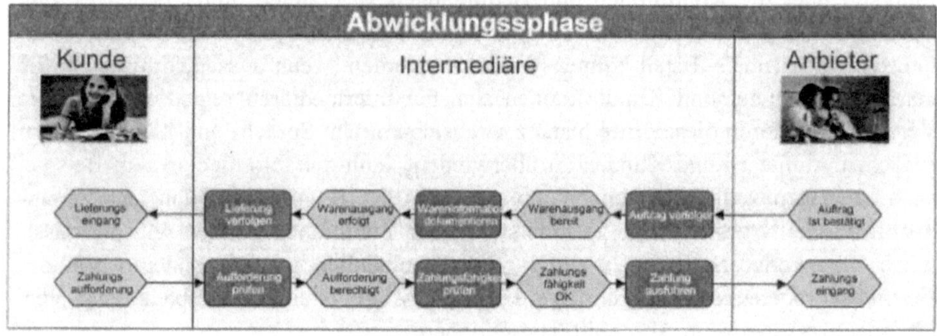

Abb. 11: Abläufe in der Abwicklungsphase

5.4 After-Sales-Phase

Die After-Sales-Phase (vgl. Abb. 12) schließt sich an den eigentlichen Kaufprozess an. Der Kunde hat Leistungen erworben und benötigt zusätzliche Informationen oder weitere Dienstleistungen. Diese Informationen oder Dienstleistungen kann er sich auch zum Beispiel über thematisch spezialisierte Informationsangebote beschaffen (Pull-Prinzip). Alternativ können Anbieter die Intermediäre nutzen, um spezielle Adressatenkreise gezielt anzusprechen (Push-Prinzip).

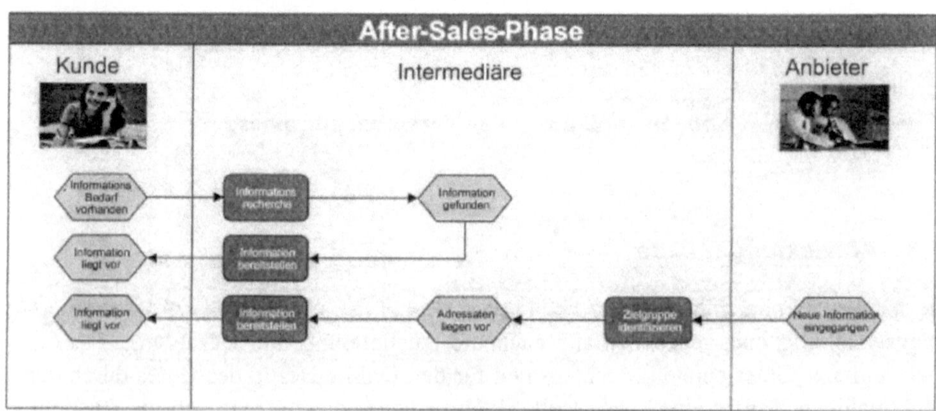

Abb. 12: Abläufe in der After-Sales-Phase

Aus Transaktionssicht bieten elektronische Märkte ein großes Potenzial, um sich als Intermediär erfolgreich zu platzieren. Im nächsten Kapitel wird anhand von zwei Beispielen gezeigt, wie dieses Potenzial bereits erfolgreich in Geschäftsmodelle umgesetzt wurde.

6 Ausgestaltung virtueller Marktplätze

In den vorigen Kapiteln wurden Aufbau und Betrieb virtueller Marktplätze beschrieben. Die Bandbreite möglicher Geschäftsmodelle und die erfolgreiche Umsetzung wird am Beispiel von Affiliate Networks und Powershopping in den folgenden Abschnitten verdeutlicht.

6.1 Affiliate Networks

Das prominenteste Beispiel für ein erfolgreiches Affiliate Network im Online-Handel ist sicherlich Amazon (http://www.amazon.com). Angefangen hat das Unternehmen mit dem Verkauf von Büchern. Heute verkauft Amazon Tonträger, Videos und stellt seine Marktplatzplattform auch anderen Anbietern zur Verfügung. Das Unternehmen verfügt heute über mehr als 300.000 private und kommerzielle Website-Partner und zahlt für jeden Verkauf, den ein Partner vermittelt, eine Umsatzbeteiligung in Höhe von 5 bis 15% „Werbekostenerstattung". Die Provision ist davon abhängig, ob der Partner den Kunden nur zur Web-Site von Amazon, oder direkt zum Produkt führt.

Im Unterschied zur traditionellen Bannerwerbung erfolgt die Bezahlung des Partners erst, wenn die von ihm vermittelten Kunden auch tatsächlich einkaufen. Stand bisher der weiche Erfolgsfaktor „Anzahl der Besucher" im Vordergrund, so wirkt durch Affiliate Networks nun der harte Erfolgsfaktor „Anzahl der Bestellungen" entgegen.

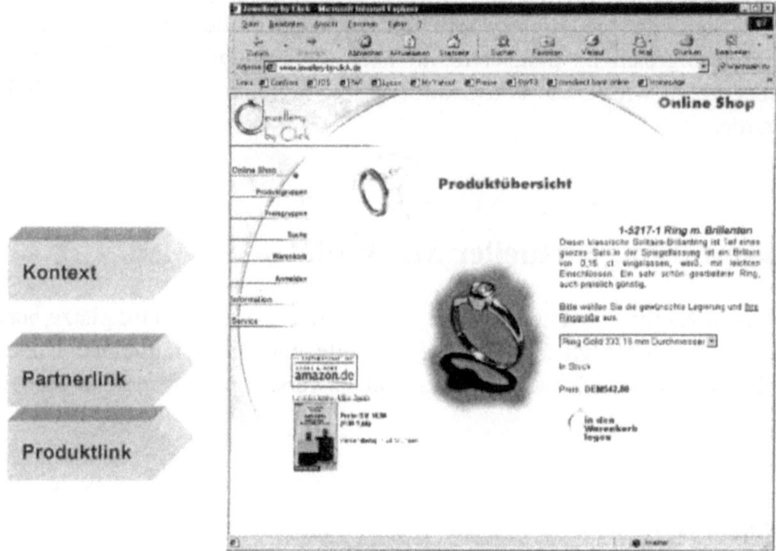

Abb. 13: Affiliate Network

Affiliate Networks basieren auf der qualifizierten Empfehlung eines Produktes durch Hunderte von Partnern. Es muss also sowohl die Kommunikation des Anbieters zu seinen Partnern als auch die Kommunikation mit dem Partner zu den Kunden reibungslos funktionieren. Dics funktioniert nur, wenn ein entsprechendes Anreizsystem für den Partner entwickelt wird. Der Ablauf wird anhand des beschriebenen Phasenmodells im folgenden erläutert:

Informationsphase

In der Informationsphase geht es für den potenziellen Kunden darum, sich Informationen über Anbieter und Produkte zu verschaffen. Hierfür findet er viele themenspezifische Angebote im Internet. Durch die Auswahl geeigneter Partner werden Kunden kompetent vorinformiert und zum eigentlichen Händler weiterempfohlen. Forrester Group stellt fest, dass in den letzten beiden Jahren die Vergütungen für die Partner von durchschnittlich 8 % auf 20-25% gestiegen sind.[13]

Vereinbarung

Der Endkunde schließt seinen Vertrag direkt mit dem Anbieter ab, zu dem er weiterempfohlen wurde. Im Vorfeld muss allerdings auch entschieden werden, in welcher Weise der Partner bezahlt wird. Die Partner erhalten in der Regel etwa 10-15% vom Verkaufspreis, wobei besonders erfolgreiche Partner auch einen zusätzlichen Bonus erhalten können, um Abwerbungen zu vermeiden. Problematisch ist, dass sich die Vereinbarungsphase zwischen Endkunde und Anbieter oft nicht unmittelbar an die Informationsphase anschließt, sondern der Kunde sich erst später für den Kauf entscheidet. Hier wird der Nachweis der Vermittlung oft schwierig.

Abwicklung

Die Abwicklung des Auftrags ist allein Aufgabe des Anbieters. In den Betrieb eines Affiliate Networks muss die technische Realisierung des Abrechnungssystems einbezogen werden. Es gibt unterschiedliche Lösungen von der Full-Service Dienstleistung verschiedener Billing-Anbieter bis hin zu reinen Softwarelösungen mit Schnittstellen zu Shop-Systemen.[14] In den USA treten Billing-Anbieter und Provider auch als „Matchmaker" für Affiliate Networks auf.

After-Sales

Kommunikation allein reicht nicht aus, um ein Netzwerk von Partnern aufrecht zu erhalten. Wie im stationären Handel auch, sind die Lieferanten gefordert, Material in Form von multimedialen Produktinformationen und Bannern zur Verfügung zu stellen und regelmäßig zu aktualisieren. Sonst können die Kunden nicht kompetent an den Händler weiterempfohlen werden.

6.2 Powershopping

Die amerikanischen Services Mercata (http://www.mercata.com) und Accompany (http://www.accompany.com) gelten als Pionier der neuen Erfolgsstrategie Powershopping im C2B-Bereich, welche Preisvorteile für Konsumenten durch Bündelung ihrer Kaufkraft verspricht. Innerhalb weniger Tage haben sich nach dem Start von Accompany über 1500 Kunden und mehr als 150 Händler registriert. Nur sechs Monate nach der Markteinführung im April 1999 in den USA wurde die Strategie auch in Deutschland bereits umgesetzt (http://www.letsbuyit.com) und das Unternehmen entwickelte sich zum größten Power-Shopping-Anbieter Europas.

Internet-Kunden können sich über Powershopping-Services zu temporären Einkaufsteams für ein bestimmtes Produkt zusammenschließen. Je größer das Team, desto niedriger wird der angebotene Preis für das betreffende Produkt.

Die Strategie berücksichtigt besonders das Online-Verhalten von Internet-Nutzern: Internet-Nutzer kommunizieren untereinander per E-Mail und sind oft Mitglied in einer der zahlreichen Web-Communities, verfügen also über genügend Kontakte, um Einkaufsteams bilden zu können. Doch wo liegen die Vorteile für den Anbieter?

Aus Anbietersicht ist der Preisnachlass eine Vermittlungsprovision, welche an die Mitglieder des Teams zu gleichen Teilen ausgeschüttet wird. Der Powershopping-Betreiber erhält eine an der Rabattstaffelung ausgerichtete Umsatzprovision vom Anbieter für die Transaktionsunterstützung. Dennoch sind heute noch viele Anbieter skeptisch gegenüber diesem Verkaufsmodell. Sie fürchten einen Preisverfall, der sich in den traditionellen Absatzketten fortsetzen könnte.

Informationsphase

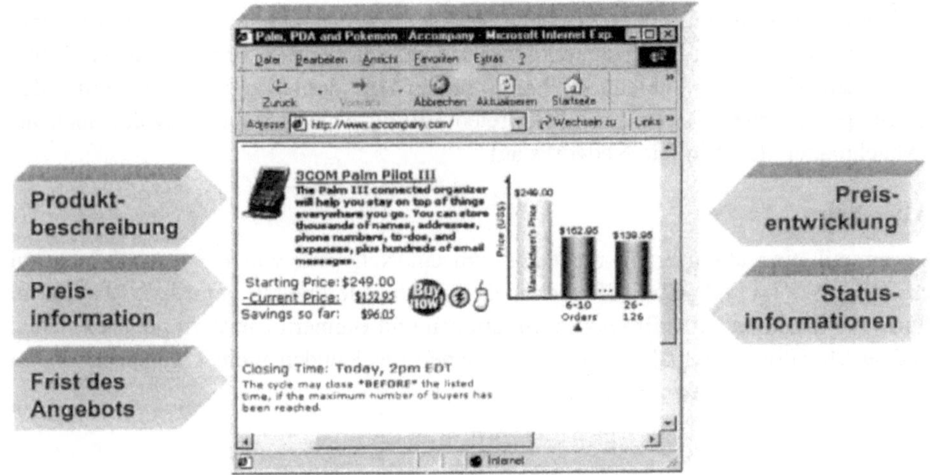

Abb. 14: Powershopping

In der Informationsphase geht es für den potenziellen Kunden darum, sich Informationen über Anbieter und Produkte zu verschaffen. In Abb. 14 werden die Powershopping-spezifischen Informationen dargestellt. Das Produkt wird kurz beschrieben und die Preisentwicklung sowie die Anzahl der Bestellungen angezeigt. Bestellungen können nur über einen bestimmten Zeitraum abgegeben werden, die Frist des Angebots wird ebenfalls angezeigt. Die Preisinformation gibt Auskunft über den aktuellen Preis und die Ersparnis gegenüber dem empfohlenen Verkaufspreis.

Vereinbarung

In der Vereinbarungsphase werden Konditionen und Bedingungen vereinbart, unter denen es zum Abschluss eines rechtsgültigen Kaufvertrags kommt. Im Falle von Powershopping wird lediglich ein Höchstpreis vereinbart, welcher für die aktuelle Anzahl von Käufern in dem Team gilt. Nachträglich kann der Preis noch fallen, wenn weitere Käufer in das Team eintreten. Kein Käufer kann nachträglich von seinem Kaufangebot zurücktreten. Da es sich um ein Team von Käufern handelt, ist festzulegen, in welcher Reihenfolge die Bestellungen ausgeführt werden, insbesondere bei Lieferengpässen.

Abwicklung

Wie bei jeder Geschäftstransaktion sind Bezahlungs- und Versandabläufe abzuwickeln und sonstige vereinbarte Leistungen zu erbringen. Die Aufträge werden gemäß der in der Vereinbarungsphase festgelegten Reihenfolge abgearbeitet. Der Rechnungsbetrag wird vom Kunden eingefordert und abzüglich der vereinbarten Umsatzprovision an den Anbieter weitergeleitet. Die Abwicklung kann erst nach Ablauf der

Angebotsfrist beginnen, wenn die tatsächliche Bestellmenge und somit der Preis feststehen.

After-Sales

Um am Powershopping teilnehmen zu können, ist sowohl eine Käufer- als auch eine Anbieterregistrierung notwendig. Für den Anbieter werden Kundeninteresse, Angebotsverlauf und andere Controlling-Daten dokumentiert und analysiert. Käuferprofile werden erstellt und Angebote gezielt dem Kunden weitervermittelt.

7 Ausblick

Neue Geschäftsmodelle wie virtuelle Marktplätze können im Widerspruch zur geltenden Rechtssprechung stehen. Letsbuyit.com wurde aufgrund der Zustellung einer einstweiligen Verfügung, die von einem in Berlin ansässigen Internetunternehmen erwirkt wurde, inzwischen zur Änderung des Geschäftsmodells gezwungen. Die gegen LetsBuyIt.com erwirkte einstweilige Verfügung stützt sich auf zwei deutsche Gesetze: das Rabattgesetz von 1933 und das Gesetz gegen den unlauteren Wettbewerb.

Das Bundeskartellamt prüft ebenfalls mögliche Wettbewerbsverstöße im Internet. Die Behörde befürchtet, dass Unternehmen auf ihrem virtuellen Marktplatz den Wettbewerb beschränken. Das sei zum Beispiel dann der Fall, wenn Unternehmen ihr Verhalten abstimmen und ihre Nachfrage bündeln oder wenn Dritten der Zugang versperrt wird. Eine diesbezügliche Überprüfung der Internet-Handelsplattform Covisint der Automobilhersteller Ford, General Motors, Daimler-Chrysler und Renault/Nissan wurde eingeleitet.[15]

Der Electronic Commerce befindet sich noch am Anfang seiner Entwicklung. Durch Geräte wie die Set-Top-Box, ein kleines Gerät, welches wie ein Sattelitenempfänger an einen Fernseher angeschlossen wird und so ein Surfen im Internet ermöglicht, werden viele zusätzliche Kunden gewonnen. Gleiches gilt für die Integration von Internetbrowsern in Spielekonsolen. Im Zuge der Konvergenz der Medien sind auch E-Mail Dienste etc. verfügbar. Mit der Entwicklung des WAP-Handys wird ein Kunde auch bald von Unterwegs auf Online-Angebote zugreifen können. Schon heute sieht sich der Kunde im Internet einer schier unüberschaubaren Angebotsvielfalt gegenüber gestellt. Die Zeit ist reif, durch professionelle Intermediäre zwischen Angebot und Nachfrage zu vermitteln. Die Ansatzpunkte und Erfolgsfaktoren sind genannt.

214

Literaturverzeichnis

[1]   o.V.: business to business e-commerce investment perspektive: http://www.durlacher.com vom 08.08.2000

[2]   Kalakota, R.: Electronic Commerce: a manager's guide. o. O. 1997.

[3]   Zbornic, S.: Elektronische Märkte, elektronische Hierarchien, elektronische Netzwerke: Koordination des wirtschaftlichen Leistungsaustausches durch Mehrwertdienste auf der Basis von EDI und offenen Kommunikationssystemen, diskutiert am Beispiel der Elektroindustrie. Gesellschaft für Angewandte Informationswissenschaft Konstanz (GAIK) e.V. (Hrsg.), Konstanz 1996.

[4]   Pieper, R.: Lexikon Management; Gabler Verlag, Wiesbaden 1991, S. 242.

[5]   Steuck, J. W.: Geschäftserfolg im Internet. Berlin 1998.

[6]   o.V.: Markt. in: Gabler Wirtschafts-Lexikon, Band 4, Gabler Verlag, Wiesbaden 1988.

[7]   http://www.neci.nj.nec.com/homepages/lawrence/papers.html vom 10.10.1999.

[8]   http://www.mysap.com/ vom 14.10.1999.

[9]   Scheer, A.-W.: ARIS – Vom Geschäftsprozeß zum Anwendungssystem. 3. Aufl., Berlin et al. 1998.

[10]   Nüttgens, M., Hoffmann, M., Feld, Th.: Objektorientierte Systementwicklung mit der Unified Modeling Language (UML). In: Scheer, A.-W.: ARIS – Modellierungsmethoden, Metamodelle, Anwendungen. Berlin et al. 1998, S. 197-205.

[11]   http://www.ids-scheer.de/news/mitteilungen/archiv2000/intershopinf, vom 01.05.00

[12]   http://www.just-electronic-trade.de/main_mannesmann.htm, vom 01.08.00.

[13]   http://www.ecin.de/marketing/partnerprogramme/partner.htm vom 13.10.99

[14]   http://www.partnerprogramme.com vom 13.10.1999.

[15]   o.V.: Wettbewerbshüter überprüfen Auto-Internet-Plattform. In :Die Welt – Tageszeitung für Deutschland, Ausgabe vom 26. Juli 2000, S. 1

Services in E-Hubs

Dr. Frank Kusterer
mg trade services ag, Frankfurt a. Main

Inhalt

1 Einführung

Der Beginn der 90er Jahre war durch die Diskussion und Umsetzung der Lehren der MIT-Studie geprägt. Die Automobilindustrie – als „das Beispiel" technologie- und dienstleistungsintensiver Unternehmen – war das Untersuchungsobjekt der Studie und eine Zielsetzung lag in der Formulierung von Instrumenten zur Gestaltung der Faktoren Kosten, Zeit und Qualität für eine Nutzung auch in anderen Branchen. Eine zentrale Bedeutung wurde dabei einer Informationsperspektive i.S. einer markt- und wissensorientierten Wertkette[1] eines Unternehmens zugeordnet. Spätere Untersuchungen galten weitergehend nicht „nur" den Prozessen in und zwischen Unternehmen, sondern insbesondere einer Gestaltung der Geschäftsprozesse einer gesamten Wertkette, vom Kunden bis zum Rohstofflieferanten.[2]

Losgelöst von dieser Diskussion vollzog sich die Entwicklung und kommerzielle Nutzung der neuen Technologien des Internets gegen Mitte/Ende der neunziger Jahre. Im Mittelpunkt des Interesses befanden sich die neuen Geschäftsmodelle von **amazon**, **eBay** oder **priceline**. Diese Modelle etablierten sich bekanntlich in Start-up Unternehmen außerhalb der traditionellen Industrien. Insbesondere die Börsenbewertung dieser Start-ups unterstützte in der old economy den Erkenntnisgewinn der strategischen Bedeutung der neuen IT-Instrumente des Internets und der damit gestaltbaren digitalen Geschäftsmodelle.

Gleichwohl steht die traditionelle Industrie auch nach der Umsetzung der Paradigmen der MIT Studie weiter nachhaltig in einem Wettbewerbsdruck. Die neuen Technologien des Internets werden zunächst insbesondere zur Gestaltung der Schnittstellen zu den Lieferanten (E-Procurement) oder den Kunden (E-Commerce) verwendet. Die Hoffnung gilt –unter dem zitierten Wettbewerbsdruck- primär einer Reduzierung der Kosten.[3] Eine zentrale Frage spricht dabei die Möglichkeiten einer **disintermediation**[4] der Wertkette i.S. einer Ausschaltung traditioneller Intermediäre des Einkaufs und Verkaufs. Im Sinne dieser ersten Anfänge spricht man hinsichtlich einer Bedeutung des Internets für Prozesse im Bereich B2B (Business to Business) zunächst allgemein von einem „important new channel for commerce in a range of business".[5]

Will man die neuen Technologien des Internets im Rahmen der old economy zur Gestaltung der Faktoren Kosten, Zeit und Qualität nutzen, erscheint zwangsläufig die Formulierung einer **integrierten Strategie** erforderlich. Dabei gilt zunächst: das „Internet ist der Werkzeugkasten. Für sich allein genommen löst es kein einziges Problem"6. Diese integrierte Strategie verbindet nun die aus dem Wettbewerb abgeleiteten Anforderungen der old economy mit den Lösungsansätzen der neuen Werkzeuge der new economy. Wir sprechen hinsichtlich der Formulierung und Realisierung einer solchen integrierten Strategie auch von **E-Business**.

Die jetzige, besondere Herausforderungen des E-Business liegt in der Entwicklung neuer Organisationsstrukturen in der traditionellen Industrie, sogenannten „Business Webs" (kurz: „B-Webs").[7] Motiviert sind diese „B-Webs" u.a. durch die strategische Bedeutung des Faktors „relationship capital", der Aufgabe einer horizontalen Integration von Geschäftspartnern und der Auslagerung ganzer Teile der Wertkette an die Zulieferer. Gefordert ist u.a. die Fähigkeit erstens das führende Unternehmen eines „B-Webs" zu werden und zweitens über digitale Instrumente die unternehmensübergreifenden Geschäftsprozesse eines Netzwerkes aus Kunden und Geschäftspartnern zu gestalten und zu steuern. Die jüngeren Aktivitäten, insbesondere von *Ford*[8], weisen darauf hin, dass (analog zur MIT-Studie) die Automobilindustrie hinsichtlich E-Business auf Basis von „B-Webs" wiederum eine Konzeptions- und Realisierungsführerschaft auch für andere Branchen übernimmt.

Vor diesem Hintergrund gelten die weiteren Ausführungen der Untersuchung von „B-Webs" und einer speziellen Ausprägung, den „E-Hubs".

2 Anforderungen des Wettbewerbes

Die Ergebnisse (auf Basis der Automobilindustrie) der MIT Studie[9] gelten allgemein Unternehmen, die u.a. einem intensiven, globalen Wettbewerb bei einer hohen Marktsegmentierung ausgesetzt sind, komplexe Produkte (z.B. Automobil) herstellen und hierarchisch-pyramidalen Netzwerken vorstehen. Davon spricht man, wenn „ein strategisch führendes, fokales Unternehmen aufgrund seiner Größe, seines Zugangs zu Absatzmärkten oder aufgrund seiner finanziellen Ressourcen das Kernelement des Netzwerkes"[10] bildet. Komplexe Produkte sind durch eine hohe interne und externe Komplexität charakterisiert. Eine interne Komplexität meint die Komplexität der internen Produktstruktur (Anzahl der Bauteile und Fertigungsstufen, Anzahl der Schnittstellen zwischen den Bauteilen, der Schwierigkeitsgrad der jeweils benötigten Technologien). Eine externe Komplexität umfasst die Schnittstelle Produkt-Kunde und wird durch subjektive Kundenanforderungen determiniert. Die totale Produktqualität (TPQ) – ein wettbewerbsentscheidendes Kriterium – meint das Maß mit dem ein Produkt Kundenanforderungen erfüllt. Die Übereinstimmung eines (fertigen) Produktes mit dem Produktentwurf misst eine Konformitätsqualität. Eine Entwurfsqualität umfasst den Grad der Übereinstimmung des Produktentwurfes mit den Kundenanforderungen.

Die aus den Wettbewerbsmerkmalen resultierenden und in der MIT Studie strukturierten Anforderungen an Unternehmen sind vielfältig. Primär ist der Imperativ Kundenzufriedenheit. Dies impliziert u.a. neben einer Beherrschung des Pull-Prinzips, einer Vermeidung von Muda, einer hohen Flexibilität, einer Konzentration auf Kernkompetenzen, insbesondere die Fähigkeit zur Gestaltung einer hohen TPQ. Letzteres erfordert die Kernfähigkeit einer markt- und wissensorientierten Ausgestaltung der

Wertkette im Sinne einer Informationsperspektive. Dies impliziert erstens die Erfassung der „richtigen" Kundenwünsche für eine hohe Entwurfsqualität. Zweitens ist dieses Wissens dann in die Gestaltung und Nutzung der richtigen Ressourcen in der Wertkette zur Erreichung einer hohen Konformitätsqualität zu übertragen. Beide Punkte gestalten das „structural capital" einer Unternehmung. Den Zulieferern der ersten Stufe kommt eine Schlüsselrolle zu. Sie übernehmen die Aufgabe einer Komplexitätsreduktion und koordinieren die Zulieferer der tieferen Stufen. Relevantes Wissen wird somit schrittweise durch die Hierarchiestufen des Netzwerkes und zurück geleitet. Fehler und Verzögerungen bei dieser Wissensvermittlung beeinflussen die TPQ offensichtlich negativ.

Die heutigen Anforderungen des Wettbewerbes hinsichtlich Verbesserung der Faktoren Kosten, Zeit und Qualität bestehen nach der Umsetzung der Lehren der MIT Studie grundsätzlich weiter. Verstärkt zu sehen sind aus unserer Sicht [11] u.a. die folgenden Anforderungen:

Der Kunde verlangt zunehmend Problemlösungen, bestehend aus Produkten und Services. Die Konsequenz liegt in einer hierarchischen Integration von Geschäftspartnern, welche das Problemlösungsbündel des Kunden erfüllen können.

Der Kunde ist in den Wertschöpfungsprozess zu integrieren (Faktor TPQ). Das Wissen um seine Anforderungen ist in einem direkten, informellen Kontakt zum Kunden zu erheben. Zweitens liefert der Kunde u.U. mit seinen Informationen einen „Beitrag" zum Problemlösungsbündel (ein Beispiel bilden Produktbewertungen von Kunden für Kunden als zusätzlichen Service; man beachte z. B. Rezensionen durch den Kunden bei amazon).

Die Reduzierung der Kosten erfordert eine weitere Auslagerung von Aktivitäten, z. B. mit der Konsequenz des völligen Rückzugs aus der Produktion und Übergabe dieser Aktivitäten und der entsprechenden Risiken an die Zulieferer.

Höhere Schnelligkeit (Faktor Zeit) in Forschung und Entwicklung. Dies erfordert eine digitale Lösung für einen kostengünstigen, zentralen Zugriff der Beteiligten auf die Konstruktionsdaten zur Reduzierung der Folgekosten (-zeit) bei Änderungen oder Konstruktionsmängeln.

Eine Erfüllung des Pull-Prinzips (built to order) erfordert die positive Gestaltung des Faktors Zeit durch eine zentralen, kostengünstigen Zugriff der am Produktionsprozess Beteiligten auf die Auftragsdaten unmittelbar nach Auftragseingang. Der „freie Fluss" von Informationen auch über die Zulieferstufen hinweg verstärkt zudem die Möglichkeit einer Vermeidung von Muda (u.a. Kapitalbindung durch Lagerbestand).

Offensichtlich erfordert die Umsetzung der Anforderungen einen digitalen Lösungsansatz auf Basis einer alle Mitglieder des Netzwerkes integrierenden B2B Internetinfrastruktur. Die Aufgabe geht über die reine Senkung von Beschaffungskosten des

Einkaufs (Preis, Transaktionskosten) hinaus und findet ihren eigentlichen Kern in dem Umbau einer traditionellen hierarchischen Organisationsstruktur in ein den partnerschaftlichen Anforderungen entsprechendes „B-Web".

3 B-Webs

3.1 Beispiele

Tapscott et al. führen Cisco als Beispiel eines „B-Webs" an.[12] In dieser Organisationsform arbeiten 32.000 Personen, davon sind 17.000 bei Cisco angestellt. Cisco überlässt weite Teile der Wertkette den Mitgliedern des „B-Webs" und konzentriert sich weitgehend auf die Kernkompetenz Forschung und Entwicklung, insbesondere von Software. Das B-Web integriert Chip-Produzenten, Komponentenzulieferer, Montageunternehmen, Logistik Unternehmen, Vertrieb, Mitarbeiter und Kunden über eine Internetbasierte Infrastruktur. Cisco selbst besitzt nur 2 der 28 Montageunternehmen zum Zusammenbau von Routern und weiteren Netzwerkkomponenten. Auch der service- und beratungsintensive Vertrieb der Produkte wird durch Partner vollzogen – neben IBM und EDS stellt KPMG z.B. allein 4000 Vertriebsmitarbeiter von Cisco-Produkten. Services umfassen offensichtlich einen weiten Bereich der in dem Cisco „B-Web" durch die dritten Mitglieder erbrachten Leistungen. Man spricht aus Sicht von Cisco dabei auch von „Third Party Services".[13] Ferner sind die dem Kunden angebotenen Leistungen nicht allein Produkte, sondern Problemlösungsbündel aus Produkten und Services, bestehend aus u.a. Analyse, Konzeption und Einbau der relevanten Cisco Produkte. Fundamental ist das Wissen um die Anforderungen der Kunden und die Ressourcen in der Wertkette zur Erfüllung dieser Bedürfnisse. *Tapscott et al.* sprechen diesbezgl auch von **structural capital**.[14] Dieses structural capital wird offensichtlich von den Teilnehmern eines B-Webs und damit auch und gerade den Kunden gebildet. Cisco integriert die Kunden in die digitale Infrastruktur und gewinnt u.a. daraus das Wissen um deren Anforderungen. Aus diesem Wissen werden dann die Produkte und Services, sowie die an der digitalen Infrastruktur orientierte Wertkette des B-Webs gestaltet. Cisco ist dabei auf das Pull-Prinzip ausgerichtet – produziert wird somit nach Bestellung. Die Produktionsinformation wird dabei nicht zwischen den Netzwerkteilnehmern „weitergereicht", sondern sind mit dem Zeitpunkt der Bestellung des Kunden den Mitgliedern des B-Webs zugänglich. In Abkehr zu traditionellen ERP-Systemen vollzieht Cisco eine integrierte Produktionsplanung für die am Wertschöpfungsprozess beteiligten Partner. Probleme in der Wertkette werden über die digitale Infrastruktur unmittelbar gemeldet und können zwischen Partner somit behoben werden – und nicht erst nach den traditionell üblichen, periodischen Meetings Teilnehmer hierarchischer Netzwerke.

Cisco kann in seinem B-Web eine win-win Situation aufbauen, da keine unmittelbare Konkurrenz von Cisco zu seinen Partnern im Web besteht. Cisco strebt nicht an, z.B. zur Auslastung der eigenen „workforce" ein Logistik- oder Montageaktivitäten zu integrieren. Die Konkurrenz besteht unter den weiteren Partner des B-Webs, also z.B. den Vertriebs- oder Montagepartnern. Das flexible, digitale Netzwerk erlaubt Cisco dabei zumindest aus Informationssicht – wenn erforderlich – einen Wechsel der Partner im B-Web vorzunehmen.

Cisco stellt ferner kein komplexes Produkt her. Neben der höheren internen Komplexität ist die Aufgabe der Automobilindustrie hinsichtlich der Definition der Kundenwünsche zumindest um das Wissen der subjektiven Kundenanforderungen erweitert.

Verfolgt man konkret E-Business bei *Ford*, so erscheinen dabei Aktivitäten der old economy und new economy an *einer* klaren, am Kunden orientierten Strategie ausgerichtet zu sein. Oberster strategischer Imperativ ist die Kundenzufriedenheit und damit verbunden die Abkehr vom reinen Produktverkauf hin zum Angebot von Problemlösungsbündeln über den Lebenszyklus eines Produktes bestehend aus Produkt und Services. Gemaess *Reitzle* gilt: „We do not see ourselves as a car company only, but the leading consumer company for providing automotive products and services like Ford-Credit or Kwik-Fit. And you will see even more in the future".[15] U. a. der Kauf von Lincoln, Jaguar, Volvo oder Land Rover [16] zur Erschließung weiterer Marken und Kunden, der Kauf von *Kwik-Fit*, Europas größtem Reparaturunternehmen [17], dem Schließen von eigenen Montagebereichen und der Übertragung von Montageaufgaben an die Zulieferer [18] sind dabei auf Seiten der old economy festzustellen. Man beachte, dass die Services dabei auch vor dem ersten Kauf eines *Ford* Automobiles geleistet werden. Der zukünftige, potenzielle Kunde wird u. U. bereits durch *Kwik-Fit* betreut und ist damit im Ford-Netzwerk integriert. Die Seite der new economy ist durch Partnerschaften mit *Yahoo* und *Microsoft* für den ersten Kundenkontakt im Internet, mit *iVillage.com* zur gezielten Integration und Befragung der Kunden und mit *Oracle* zum Aufbau der digitalen Infrastruktur *Auto-Xchange* abgedeckt.[19] „If you look at all this activitiy as isolated dots, you miss the point. Connect the dots and you'll understand how we're redefining the business".[20] *Ford* baut ohne Zweifel ein „B-Web" auf. Den digitalen Kern des „B-Webs" bildet www.auto-xchange.com, mit den aktuellen Schwerpunkten „supply chain management", „collaborative product design", „global automotive marketplace (catalogs, auctions)". Hier erfolgt – analog zu *Cisco* – neben dem Buy von Produkten eine zentrale Informationsbereitstellung für die Partner im Netzwerk. Dies kann im Bereich „collaborative product design" eine Vermeidung des „Durchlaufens" der einzelner Tiers der Zulieferer z.B. bei Konstruktionsänderungen oder -problemen bedeuten. Über www.ivillage.com/auto, einem Portal für Frauen, erfolgt die direkte Befragung und Integration der Zielgruppe hinsichtlich der Problemlösungen von *Ford*. Exakte Kundeninformationen in einem „B-Web" helfen das Produkt „passgenau" zu designen und damit die interne Komplexität eines Produktes zu reduzieren. Bewertungen von Ford-Produkten bei iVillage durch die Kunden schaffen zusätzlichen Service in Form von Wissen für die Kunden. *Takai* (Director Business Integration bei Ford) formuliert: „we have struggled with the complexity of our products. In the past, we didn´t have a handle on the specific options our customer wanted. We blanketed that gap in knowledge with lots of product. That comlexity drives through developement, all the way through the supply chain. As we get better at predicting consumer needs, we can simplify our product offerings – and enable more efficiency in the supply chain. We need that kind of knowledge to leverage an E-Business strategy à la Dell or Cisco".[21]

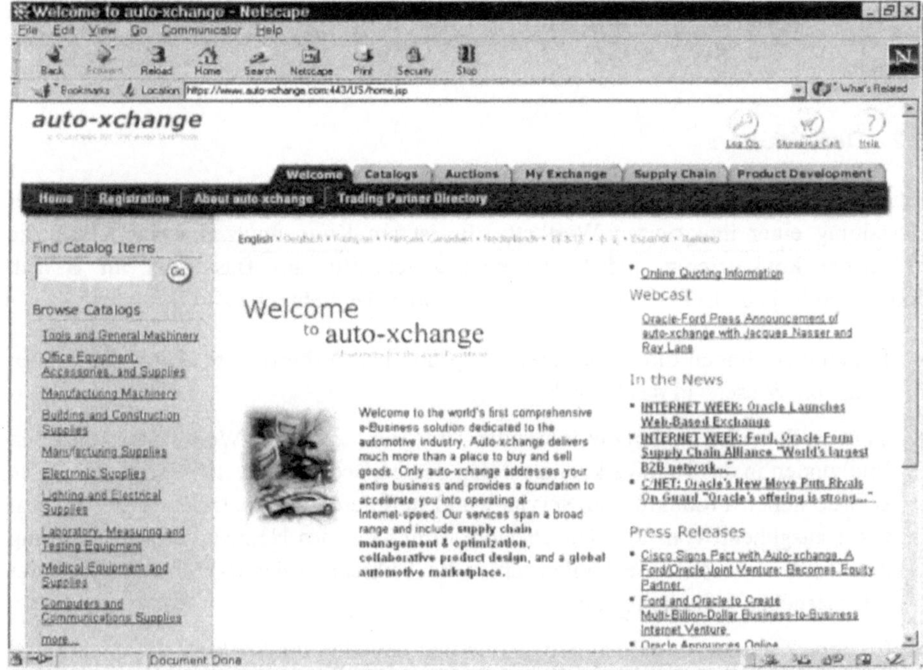

Abb. 1: www.auto-xchange.com

Analog zu Cisco bildet E-Business i.S. einer integrierten Strategie aus old und new economy die Basis der Fokussierung von *Ford* auf die Kernkompetenzen Marketing, Design, F&E. Eine Abgabe von Aktivitäten meint nicht ein Outsourcing, sondern eine Integration von Partnern in ein Netzwerk. Konzentriert sich die führende Gesellschaft eines „B-Webs" auf die weichen Kernkompetenzen und reduziert damit die Kapitalbindung in die traditionellen Assets, erscheint die positive Gestaltung u.a. einer Kapitalrentabilität des Unternehmens offensichtlich. Eine gegenüber *Cisco* weitere Herausforderung von *Ford* liegt in der Umgestaltung der traditionellen, hierarchischen Organisation in ein „B-Web". Die Faktoren Kosten, Zeit und Qualität (TPQ) werden in einem „B-Web" nicht primär durch Instrumente eines „Procurements" über ein Geschäftsmodell „Auktion" forciert, sondern durch Integration des structural capitals aller Teilnehmer des „B-Webs" gestaltet. Man beachte ferner, dass im Zeitalter des Shareholder Values von Analysten die Fähigkeit zur Neugestaltung der Wertketten und Organisationsformen erwartet wird.[22] Mit der Integration weiterer führender Partner (*General Motors, Daimler Chrysler*) in *Auto-Xchange* ergibt sich die weitere Herausforderung der partnerschaftlichen Zusammenarbeit von Konkurrenten bei der Entwicklung der neuen digitalen Infrastruktur www.covisint.com. Notwendig erscheint der Schritt einer Integration von „B-Webs" zu einem System nicht aus der Diskussion einer Generierung von Handelsvolumen zur Erzielung von Transaktionserlösen, sondern zur Vermeidung der Zuordnung von Zulieferern zu mehreren „B-Webs" und der damit verbundenen multiplen Implementierung digitaler Infrastrukturen.

3.2 Definitionen

Ein B-Web [23] ist ein Netzwerk von Unternehmen und Endkunden mit dem Ziel der Gestaltung einer integrierten Wertkette. Es ist am Kundennutzen ausgerichtet, die Mitglieder konkurrieren und kooperieren gleichzeitig auf Basis der im B-Web definierten Regeln. Ein B-Web weist die folgenden Teilnehmer auf:

- Endkunden: tragen direkt zur Wertschöpfung bei, insbesondere durch die „Lieferung von Wissen" in das B-Web.

- Context Provider: bilden die führenden Unternehmen des B-Webs, integrieren den Endkunden in das Netzwerk, analysieren dessen Bedürfnisse, definieren daraus die erforderlichen Produkte und Services und definieren die zentralen Geschäftsprozesse ausgehend vom Kunden über die Mitglieder des Netzwerkes zur Erfüllung der Kundenwünsche. Sie wählen ferner die Teilnehmer des B-Webs auf Basis der erforderlichen Fähigkeiten aus.

- Content Provider: designen, entwickeln und erstellen die konkreten Produkte und Services zur direkten Bedürfnisbefriedigung der Endkunden des B-Webs. Ein Context Provider kann auch Service Provider sein. *Cisco* entwickelt z.B. die zentralen Softwaretechnologien für den Betrieb der Router.

- Commerce Service Provider: erbringen die Geschäftsprozesse „unterstützende" Services, wie z.B. Logistik, Finanzierung, etc. Hier findet sich auch der Dienstleister hinsichtlich der Gestaltung der B2B Lösung, z.B. *Oracle* für *Auto-Xchange*.

Infrastructure Providers: umfassen z.B. IT-Hosting, Strom, Gebäude, etc.

B-Webs werden ferner in folgende Ausprägungen differenziert:

- Agora (Marktplatz): führt Kauf- und Verkaufsangebote zusammen. Die Kernfunktion liegt neben der Schaffung der relevanten Infrastruktur in der Schaffung einer hohen Anzahl von Teilnehmern und Angeboten. Der Content (Angebote) wird durch den Kunden erbracht, es besteht somit eine hohe Form der Kundenintegration in die Wertkette. Eine physische Leistungserbringung erfolgt nicht. Ein Beispiel ist *cheop*, Marktplatz für die chemische Industrie. *Cheop* integriert den Kunden in die Wertschöpfung durch die Abfrage von Praktikerbegriffen für chemische Produkte in eine Synonymdatenbank. Diese bildet wiederum eine zentrale Informationsbasis und Instrument des Marktplatzes. Der Kunde erbringt damit digitale Assets und steigert mit der wachsenden Synonymdatenbank den Wert von *cheop*.

- Aggregators: verdichten gleichartige Angebote (z.B. Laborbedarf) mehrerer Zulieferer, z.B. durch Aggregation der Inhalte von Katalogen.

- Alliances: Allianzen dienen in Erweiterung von Agoras und Aggregators der Integration von Mitgliedern einer Wertkette für Produkte mit zumindest einer hohen internen Komplexität in einem digitalen Netzwerk. Die Verknüpfung zwischen den Mitgliedern der Allianz ist lose. Das Beispiel bildet die Entwicklung von *Linux* auf Basis einer globalen Allianz von Softwareentwicklern.

- Distribution Networks: Commerce Service Providers formen ihr eigenes B-Web, welches sich zur Leistungserbringung in andere B-Webs integriert.

- Value Chain (E-Hubs): integriert Kunden und Mitglieder einer Wertkette komplexer Produkte in einem digitalen Netzwerk. Beispiele führender Unternehmen i.S. von Context Providern eines E-Hubs bilden *Cisco* und *Ford*.

3.3 Ausprägung E-Hub

Ein E-Hub ist eine spezielle Ausprägung eines B-Webs. Eine abschließend, inhaltliche Definition eines E-Hubs kann nicht gegeben werden, da diese Systeme sich z.Z. dynamisch entwickeln. Grundlegend orientiert sich die Ausgestaltung eines E-Hubs an den zugrundeliegenden Anforderungen des Wettbewerbes. Die bereits zitierten Beispiele umfassen *Ford* oder *Cisco* als Context Provider (und Content Provider) eines E-Hubs.

Die Ausprägung eines E-Hubs gliedert sich zunächst nach der Definition eines B-Webs im vorigen Abschnitt. Mitglieder des Netzwerkes sind somit die Endkunden, der Context Provider als führendes Unternehmen, die Content Provider, Commerce Service Provider sowie Infrastructure Providers. Kennzeichnend ist, dass neben Produkten insbesondere Services zentrale Objekte eines E-Hubs bilden. Neben industriellen Dienstleistungen sind ergänzende Services zu Produkten von Bedeutung. Kennzeichnend ist ferner, dass die Interaktion zwischen den an der Wertschöpfung beteiligten Mitgliedern nicht mehr Punkt-zu-Punkt erfolgt, sondern über den E-Hub zentral auf Basis der durch den Context Provider definierten Informations- und Geschäftsprozesse.

Versteht man einen E-Hub als Instrument zur Realisierung strategischer Zielsetzungen ist zunächst festzuhalten, dass die Implementierung des E-Hubs nur ein Teil der

Lösung ist. Der andere Teil liegt in der entsprechenden Anpassung der Geschäftsprozesse der beteiligten Partner. In einem Endzustand kann der E-Hub Informationen und Prozesse der gesamten Wertkette [24] der beteiligten Partner abbilden, die Entwicklung des E-Hubs wird gleichwohl schrittweise [25] erfolgen. Das ARIS House of Business Engineering (HoBE) stellt dabei einen Bezugsrahmen für die Gestaltung der unternehmensübergreifenden Geschäftsprozesse dar.[26]

Die Entwicklung von Services in E-Hubs wird als „explosionsartig" klassifiziert und gilt gemäß *Morgan Stanley Dean Witter* u.a. folgenden Services:[27]

Service	Kommentar
Order entry	Order capture with applicap le discounts and substitute products
Sourcing of products	Certifying suppliers and obtaining committed volumes and discounts
Order fulfillment	Transaction settlement, track and trace
Transportation management	Merge in transit; cross dorcking; consolidation and diversion. Shipping optimization via real-time integration with transportation exchanges
Purchase Profiles	Historical purchase data, convinient reorder
Distribution Services	International trade logistics, customs, duties, tariffs, compliance check, export document production
Contracts management	terms and conditions, renwals, volume aggreemants, compliance
Product life cycle collaboration	joint design processes, advanced part change notification, effectively dates, transition planning
Asset management	tracking, MRO
Meta catalog/ content management	multi vendor catalog rationalization
Electronic bill presentment and payment	
Community functions	news

Escrow warranties; risk management	
Reverse logistics	returns processing and rebates; exception handling and customer support; return authorization
Performance management	best and worst delivery records, quality
Complex pricing	negotiated rates; volume discounts; promotions; future pricing; ...
Clearing Services	
Inventory availibitity	

Tab. 1: Services in E-Hubs [27]

Die zitierten Services umfassen industrielle Dienstleistungen und sind dem Aufgabenfeld der Commerce Service Provider und Infrastructure Provider zuzuordnen. Die strategische Option der an einem B-Web beteiligten Content Provider (und Context Provider) liegt in der Auslagerung interner Dienstleistungen. Diese können in der Zukunft auch Aufgaben und Inhalte eines Controllings umfassen (man vgl. dazu das Beispiel eines Ford Händlers, der seinen Kunden u.a. für einen gewünschten Bedarf optimale Leasingpläne ausarbeitet oder für den Kunden die Werkstattermine auf die zeitlichen Terminnotwendigkeiten des Kunden plant [28]). Interne Dienstleistungen werden dann zum Element des Produktportfolios von Partnern eines E-Hubs.

Die in E-Hubs angebotenen Services bieten die neuen Märkte für traditionelle Unternehmen, welche nun als Commerce Service Provider agieren werden. Ausprägungen werden ASP Services im Softwarebereich sein als Service für jeden Partner des B-Webs und Finanzdienstleistungen, ohne die kein E-Hub funktionieren kann. Hier finden sich aufgrund der in einem E-Hub konzentrierten Informationen neue Produkt- und Aufgabenfelder der traditionellen Finanzinstitute, wie das Beispiel neuer Finanzkonzepte der *Deutschen Bank* [29] zeigt. Auch der traditionelle Distributor wird von Analysten als einer der Gewinner der E-Hubs festgestellt – wenn er denn stärker Services übernimmt [30] (also z.B. von der Logistik hin zur Übernahme von Wertketten wandelt).

4 Schlussbemerkungen

B-Webs in der speziellen Form von E-Hubs werden im Mittelpunkt der Diskussionen bzgl. E-Business in der näheren Zukunft stehen. Die Bedeutung der IT als strategisches Instrument wird ohne Zweifel anerkannt sein. Dies aber nicht aufgrund der

226

Höhe von Investitionen, sondern des Lösungspotenzials von B-Webs für die aus dem Wettbewerb resultierenden Anforderugen an die old economy.

Neben der reinen Einführung neuer Instrumente zur Gestaltung der Faktoren Kosten, Zeit und Qualität liegt die besondere strategische Bedeutung bei der Bildung von E-Hubs in der strategischen Neupositionierung von Unternehmen der old economy. Dabei werden traditionelle Branchenführer zu Content Providern in E-Hubs auf der Suche nach neuen Märkten (Bsp: Finanzdienstleister). Die Verlierer des Aufbaus von E-Hubs könnten die traditionellen Zulieferer der ersten Stufe sein. Analysten stellen eine Deintegration dieser Stufe durch E-Hubs fest.[31]

Erste Ausprägungen von E-Hubs (Ford, Cisco) haben deshalb funktioniert, weil „ein" Unternehmen den Context Provider bildet. Die Fähigkeit der Zusammenarbeit von Konkurrenten als Context Provider zum Aufbau eines E-Hubs (Bsp: NewCo für die chemische Industrie) muss noch bewiesen werden – begründbare Zweifel seien erlaubt.

Sicher erscheint *Scheer* folgend nur eins: Durch die Aufgabe einer unternehmensübergreifenden Gestaltung der Geschäftsprozesse „... wird bei den ERP-Systemen kein Stein auf dem anderen gelassen".[32] Es wird sich zeigen, inwiefern ein E-Hub als zentrales Netz die Aufgaben der dezentralen ERP Systeme der Mitglieder des Netzwerkes übernehmen kann und wird.

Literaturverzeichnis

[1]   Vgl. Clark, B.; Fujimoto, T.: Automobilentwicklung mit System: Strategie, Organisation und Management in Europa, Japan und USA, Frankfurt a. M., New York 1992, S. 30 ff.

[2]   Womack, J.P.; Jones, D.T.: Lean Thinking: banish waste and create wealth in your corporation, New York 1996.

[3]   O.V.: „Der Gewinn liegt im Einkauf", in: FAZ, 17.01.2000, S. 24.

[4]   Vgl. Evans, Ph.; Wurster, Th. S.: Blown to Bits: how the new economics of information transforms strategy, Boston 2000, S. 69 ff.

[5]   Gosh, Sh.: Making Business Sense of the Internet, in: HBR, 2, 1998, S. 126-135, hier S. 126.

[6]   Müller, E.: Die Seele suchen, in: manager magazin, 5/2000, S. 100-107, hier S. 102.

[7]   Vgl. Tapscott, D.; Ticoll, D.; Lowy, A.: Digital Capital. Harnessing the Power of Business Webs, Harvard Business School Press, Boston, Mass. 2000, S. 17 ff.

[8]   Vgl. Burt, T.: Ford chief takes a new direction, in: Financial Times, 15.11.1999, S. 24.

[9]   Vgl. Clark, B.; Fujimoto, T.: Automobilentwicklung mit System: Strategie, Organisation und Management in Europa, Japan und USA, Frankfurt a. M., New York 1992, S. 5 ff.

[10]   Wildemann, H.: Koordination von Unternehmensnetzwerken, in ZfB, 67. Jg. (1997), S. 417-439, hier S. 423.

[11] Vg. Kusterer, F.: Investionsmanagement, München 2000 (in Erscheinung), S. 66 ff.

[12] Vgl. Tapscott, D.; Ticoll, D.; Lowy, A.: Digital Capital. Harnessing the Power of Business Webs, Harvard Business School Press, Boston, Mass. 2000, S. 93 ff.

[13] Tapscott, D.; Ticoll, D.; Lowy, A.: Digital Capital. Harnessing the Power of Business Webs, Harvard Business School Press, Boston, Mass. 2000, S. 101.

[14] Tapscott, D.; Ticoll, D.; Lowy, A.: Digital Capital. Harnessing the Power of Business Webs, Harvard Business School Press, Boston, Mass. 2000, S. 27.

[15] Burt, T.; Nikki, Tait, N.; Griffiths, J.: Ford's full service, in: Financial Times, 09.08.1999, S. 11.

[16] Vgl.Burt, T.: Carmakers take two routes to global growth, in: Financial Times, 11.07.2000, S. 29.

[17] Vgl. Burt, T.: Ford chief takes a new direction, in: Financial Times, 15.11.1999, S. 24.

[18] Burt, T.; Nikki, Tait, N.; Griffiths, J.: Ford's full service, in: Financial Times, 09.08.1999, S. 11.

[19] Vgl. Burt, T.: Ford chief takes a new direction, in: Financial Times, 15.11.1999, S. 24.

[20] Burt, T.: Ford chief takes a new direction, in: Financial Times, 15.11.1999, S. 24.

[21] Tapscott, D.; Ticoll, D.; Lowy, A.: Digital Capital. Harnessing the Power of Business Webs, Harvard Business School Press, Boston, Mass. 2000, S. 103.

[22] Vgl. Girsky, St.: Internet Primer, Morgan Stanley Dean Witter Juli 2000, S. 526.

[23] Vgl. Tapscott, D.; Ticoll, D.; Lowy, A.: Digital Capital. Harnessing the Power of Business Webs, Harvard Business School Press, Boston, Mass. 2000, S. 19 f.

[24] Vgl. Sage, L.: Connected Suppliers: When your supply chain becomes a „value web“, URL: http://www.ey.com/global/gcr.nsf/US/Connected_Economy_-_Automotive_Insight-_Manufacturing_-_Automotive.html.

[25] Poirier, C.C.: Advanced Supply Chain Management, San Francisco 1999.

[26] Vgl. Scheer, A.-W.: ARIS – Vom Geschäftsprozeß zum Anwendungssystem, 3. Aufl., Berlin u.a. 1998.

[27] Entnommen aus: Phillips, Ch.; Meeker, M.: The B2B Internet Report. Collaborative Commerce, Morgan Stanley Dean Witter April 2000, S. 46.

[28] Vgl. Kropp, A.: Perfekte Integration von Geschäftsstrategie und Informationstechnologie. Die SG Holding AG rüstet sich für den Umbruch im Automobilvertrieb, URL: http://www.publications.oracle. de:80/orcl/dbssi/Business_Solutions.htm.

[29] Vgl. o.V.: Auf der Hochzeit von Hochtechnologie und Hochfinanz, in FAZ, 10.07.00, S.27.

[30] Vgl. Phillips, Ch.; Meeker, M.: The B2B Internet Report. Collaborative Commerce, Morgan Stanley Dean Witter April 2000, S. 69 ff.

[31] Phillips, Ch.: Internet Primer, Morgan Stanley Dean Witter Juli 2000, S. 119.

[32] Haug, Heidrun: Interview mit Prof. Dr. Dr. h.c. August-Wilhelm Scheer, in: Client/Server magazin, 10/99, S. 31-36, hier S. 31.

E-ServiceBank – eine E-Business Lösung für das Firmenkundengeschäft

Dr. Hans S. Kraus,
e-Financial Solutions GmbH, Saarbrücken

Inhalt

1 Einleitung

Der Sektor der Finanzdienstleister steht vor fundamentalen Herausforderungen. Triebkraft hierfür ist ein Wettbewerbsfaktor, der bis vor kurzem noch weitgehend vernachlässigt bzw. unterschätzt wurde: die Informationstechnologie (IT). Galt IT bis vor wenigen Jahren noch als mehr oder minder nachrangiges, wenn auch kostenintensives, operatives Unterstützungsvehikel zur Abwicklung vor allem unternehmensinterner Aufträge, so avanciert IT seit kurzem zu der strategischen Wettbewerbswaffe schlechthin.[1] Nicht zuletzt die rasante Entwicklung des Internets hat dazu geführt, dass Abläufe nicht mehr nur innerhalb der Institutsgrenzen reorganisiert werden müssen, vielmehr verändern sich insbesondere die Schnittstellen zum Kunden dramatisch. Der Kunde verfügt heute mehr denn je über das Wissen, die Technologie und vor allem über die Bereitschaft völlig neue Wege des Bankings zu beschreiten.

Getrieben durch den strategischen Wettbewerbsfaktor IT lässt sich freilich nicht nur ein verändertes Kundenverhalten konstatieren. In dem bisher so sorgsam aufgeteilten Markt der Banken – gemeint ist die für Deutschland typische Unterscheidung zwischen Privatbanken, Genossenschaftsbanken und Sparkassen bzw. Landesbanken – drängen mittlerweile Unternehmen, die als sogenannte Non- bzw. Near-Banks Furore machen. Begünstigt und gleichsam überlagert wird diese Entwicklung durch das unternehmens- wie länderübergreifende World Wide Web. International agierende Content Provider sind heute genauso selbstverständlich wie spezialisierte Anbieter zur Durchführung spezifischer Finanztransaktionen.

Insbesondere im Hinblick auf das Firmenkundengeschäft der Banken, also das Segment Business-To-Business, existieren vielversprechende Geschäftsmodelle. Die Möglichkeiten, die durch einen effizienten Einsatz moderner Informations- und Kommunikationstechnologien bestehen, stellen das traditionelle Corporate Banking in einen völlig neuen Kontext. Das Zauberwort zur Lösung der Probleme lautet E-Business. Gemeint sind damit innovative Geschäftsmodelle, deren Geschäftsprozesse unternehmensintern wie auch zu anderen Partnern mit Hilfe webbasierter Informations- und Kommunikationstechnologien (hierzu zählen sowohl Front-End-Technologien wie Web Software, Back-End-Technologien wie technische Plattformen und Datenbanken sowie natürlich auch die Netzinfrastruktur) schneller und effizienter ablaufen.

Vor diesem Hintergrund widmet sich der vorliegende Beitrag zunächst der Frage, welche Rahmenbedingungen und Ansatzpunkte E-Business für das Corporate Banking liefert und vor allem wie ein neues Geschäftsmodell hieraus gleichsam abgeleitet werden kann (vgl. Kapitel 2). Im Anschluss wird das Geschäftsmodell der e-Service Bank erläutert und mit Hilfe eines Beispiels näher detailliert (vgl. Kapitel 3). Den Abschluss dieses Beitrags bildet ein kurzer Ausblick (vgl. Kapitel 4).

2 Herleitung eines neuen Geschäftsmodells im Firmenkundengeschäft

Ausgangspunkt für die Entwicklung eines neuen Geschäftsmodells ist die Entwicklung einer E-Business-Strategie.[2] Eine solche E-Business-Strategie ist zumeist geprägt von einem tiefgreifenden Paradigmenwechsel in der Bank. Mit dem Entstehen des E-Business hat sich die Markt- und Wettbewerbssituation gravierend geändert. Markteintrittsbarrieren wie die Existenz eines flächendeckenden Filialnetzes können nahezu problemlos überwunden werden. Die Schnittstellen zum Kunden werden völlig neu definiert. Die Vertriebskanäle sind somit nicht mehr eindimensional. Multi-Channel-Vertrieb erscheint nicht mehr nur problemlos, sondern grundlegend für eine adäquate Kundenorientierung. Nachfolgend wird daher die aktuelle Wettbewerbssituation beschrieben (vgl. Kapitel 2.1), bevor dann aus der Perspektive des Geschäftsprozesses ein Bezugsrahmen zu Erklärung neuer Geschäftsmodelle skizziert wird (vgl. Kapitel 2.2).

2.1 Zur Wettbewerbssituation

Nicht erst seitdem einige große Banken wie die Deutsche Bank oder die Commerzbank Direktbanktöchter gegründet haben und Non-Banken wie VW oder BMW ebenfalls als Financial Service Provider auftreten, hat sich das Wettbewerbsumfeld im Bankensektor geändert. Bezogen auf das Firmenkundengeschäft drängen auch andere Anbieter auf den Markt, die nicht originär im Bankenumfeld bisher tätig waren. Zum anderen besteht nunmehr auch für ausländische bzw. stark international agierende Finanzdienstleister die Möglichkeit unmittelbar an Kunden heranzutreten.

So treten mittlerweile Teil- oder Spezialbanken in Erscheinung, die unterschiedliche Angebotsformen in ihrem Leistungsportfolio aufweisen. So gibt es beispielsweise Anbieter von Finanzportalen, die nachgelagert die Vermittlung von Kredit- oder Leasinggeschäften anbieten. Dabei sind diese Portale entweder einer klassischen Bank vorgeschaltet oder sie agieren als unabhängige Finanzvermittler. Im letzteren Fall erhalten Firmenkunden auf ihre Bedürfnisse und Anforderungen hin maßgeschneiderte Produkte unterschiedlicher nachgeschalteter Banken. Das Produkt wird dann für den Firmenkunden nicht sichtbar per Auktion oder Ausschreibung zwischen den nachgelagerten Banken ermittelt. Das gesamte Geschäft wird per Internet angebahnt und später auch abgewickelt.

Entscheidend hierfür ist die Tatsache, dass der Kunde zunächst nicht mehr auf eine klassische Bank zugeht, sondern die Dienste einer dazwischen geschalteten Institution in Anspruch nimmt. Ein flächendeckendes Filialnetz ist also nicht mehr erforderlich. Die entstehenden Kostenvorteile können an den Kunden weitergegeben werden. Der Finanzmakler etwa fungiert als Mittler zwischen dem Firmenkunden und der nachgelagerten Banken. Er hat zum einen die Aufgabe die Transaktionskosten [3] der

Anbahnung, Vereinbarung und Abwicklung zu senken und zum anderen die Aufgabe, den Kunden produktunabhängig zu beraten.

2.2 Ansatzpunkte eines veränderten Leistungsportfolios

Aufgrund der veränderten Vertriebsformen, die durch das Internet erwachsen, und die damit einhergehenden veränderte Wettbewerbssituation entstehen zwangsläufig auch völlig neue (Dienst-)Leistungsportfolios der Banken und Finanzdienstleister. An dieser Stelle soll freilich keine spezifische Charakterisierung der Leistungen erfolgen, vielmehr soll auf einer höheren Aggregationsebene das Leistungsportfolio auf zwei Weisen beschrieben werden. Als Erklärungsmerkmal fungiert zum einen die inhaltliche Durchführung eines Geschäftsprozesses und zum anderen die technische Verantwortlichkeit für die Durchführung dieses Geschäftsprozesses.[4]

- Durch E-Business ist es grundsätzlich möglich, Aufgaben bzw. Geschäftsprozesse, die bisher durch den Firmenkunden wahrgenommen werden, problemlos und unter Wahrung hoher Sicherheitsstandards durch Finanzdienstleister erbringen zu lassen. Die Geschäftsprozesse, die dafür in Frage kommen, sollten nicht die Kernkompetenz eines Firmenkunden betreffen. Nicht zur Kernkompetenz eines mittelständischen Unternehmens gehört z. B. das Anlagemanagement von liquiden Mitteln oder die Beschaffung eines Kredites. Derartige Prozesse sind zwar für das Unternehmen sehr wichtig, die Erfüllung der Aufgabe kann aber von externen Treasury- bzw. Finanzierungsexperten sicherlich weitaus effizienter wahrgenommen werden. Als Ergebnis würde z.B. der Geschäftsprozess „Liquiditätsmanagement durchführen" vom Firmenkunden in die Bank bzw. zum Finanzdienstleister ausgelagert werden. Dieses Process Service Providing (PSP) beschreibt beispielhaft eine Leistungsdimension, die es künftig in unterschiedlichen Ausprägungsformen geben wird. Denkbar ist es auch, andere Geschäftsprozesse wie „Mahnwesen" oder auch „Risiko Management" auf externe Experten auszulagern.

- Aus Sicht einer zweiten Dimension ist es auch denkbar, die Applikationen sowie die technische Infrastruktur nicht mehr im Hause des Firmenkunden vorzuhalten. Vielmehr liegt auch diese bei einem externen Dienstleister, der als Application Service Provider (ASP) fungiert. Dieser zeichnet u.a. für die technische Sicherheit, die Wartung und den Betrieb verantwortlich. Der Firmenkunde verfügt über einen permanenten Zugriff auf die Systeme. Der Vorteil für den Firmenkunden besteht darin, nicht mehr für eine aufwendige Einführung von Softwaresystemen und der Bereitstellung schnell veralternder Infrastruktur sorgen zu müssen. Auch Releasewechsel und Betriebsprobleme werden damit ausgelagert. Inwieweit die Bank bzw. der Finanzdienstleister hier als Garant für die Transaktionen oder in anderer Rolle auftritt, hängt nicht zuletzt von ihrer Kompetenz auf dem Feld der IT ab.

Vor diesem Hintergrund wird deutlich, dass sich im Wettbewerbsumfeld „Banking" folgende Entwicklung abzeichnet:

- Erstens erscheint es im Licht neuer webbasierter Informations- und Kommunikationstechnologien möglich, (Teil-)Aufgaben bzw. Geschäftsprozesse aus Sicht des Firmenkunden auf Finanzdienstleister auszulagern. Der Vorteil besteht darin, Transaktionskosten zu senken und Erträge, etwa durch professionelles Liquiditätsmanagement, zu erhöhen. Gleichzeitig entsteht für den Finanzdienstleister die Möglichkeit, sich einerseits als wirklicher „Berater" bzw. „Dienstleister" zu profilieren und andererseits bestehende Kundenkontakte aufrechtzuerhalten oder neue Kunden zu gewinnen. Als Player können hier die bestehenden Banken, aber auch Finanzmakler, Non-Bank usw. auftreten.

- Zweitens wird es neben der skizzierten inhaltlichen Dienstleister- bzw. Beraterrolle von Finanzdienstleistern, deren Ertrag immer weniger von Margen abhängt, auch eine Art „Produktionsbank" geben, die die technische Abwicklung der Geschäfte übernehmen wird. Hier können sowohl die bestehen Institutsformen (ggf. mit ihrem Rechenzentren) als auch Non-Banks mit hoher technischer Kompetenz auftreten.

3 Konzept der e-ServiceBank

Vor diesem Hintergrund wird deutlich, dass die Parameter des E-Business völlig neue Anforderungen an die Kundenorientierung von Finanzdienstleistern stellen. Die Kundenorientierung muss soweit gehen, den Kunden differenzierte und personalisierte, d.h. exakt für diesen Kunden generierte und mit Inhalt gefüllte Schnittstellen zur Verfügung zu stellen. Das Konzept der e-ServiceBank stellt ein Geschäftsmodell dar, das den veränderten Rahmenbedingungen des Internetzeitalters Rechnung trägt. Im Folgenden wird zunächst die Grundidee der e-ServiceBank skizziert (vgl. Kapitel 3.1), bevor im Anschluss anhand eines Beispielprozesses das Konzept konkretisiert wird (vgl. Kapitel 3.2).

3.1 Grundzüge der e-ServiceBank

Varian und Shapiro zeigen in ihrem Buch „Information Rules"[5], dass Informationsprodukte und damit auch Finanzdienstleistungen an die Bedürfnisse und Wünsche der Kunden anzupassen sind. Nur jene Unternehmen, die diesen kritischen Erfolgsfaktor explizit beachten, werden langfristig auch erfolgreich sein. Entscheidend ist es daher, sich von den anderen Anbietern zu differenzieren. Dies geschieht, indem sich der Finanzdienstleister nicht mehr an den Preisen bzw. Margen orientiert, sondern den Preis des Produktes bzw. seiner Dienstleistung über den Nutzen für den Kunden definiert. Dazu wird es auch immer wichtiger, vorliegende Informationen über den

234

Kunden auszuwerten und diese in das eigene Leistungsportfolio einfließen zu lassen. Dies führt zu einer Aufwertung der Kernleistungen durch Zusatzleitungen (value-added services). Die Erzeugung derartiger Zusatzleistungen für den Kunden ist auch das Ziel der e-ServiceBank.

Die e-ServiceBank ist eine modular-erweiterbares Software- und Beratungsprodukt. Ziel ist es, finanzdienstleistungsnahe Geschäftsprozesse der Firmenkunden an die e-ServiceBank auszulagern. Hierbei sollen in einem ersten Schritt inhaltliche Basisleistungen des Firmenkundengeschäfts wie individualisierte Marktinformationen, Liquiditätsmanagement oder Zahlungsverkehr zu einem Finanzmanagementpaket gebündelt und von der e-ServiceBank übernommen und bearbeitet werden. In weiteren Modulen werden dann die Serviceangebote um die Übernahme weiterer Dienstleistungen wie z. B. Kreditgeschäft sowie Währungs- und Zinsmanagement erweitert.

3.2 Beispielprozess „Liquiditätsmanagement"

Der Grundgedanke des Konzepts der e-ServiceBank ist es also, einen Mehrwert für den Firmenkunden zu erzeugen. Dieser Mehrwert des Kunden lässt sich in zwei Bereiche untergliedern. Erstens ergeben sich finanzielle Vorteile, die sich durch die Verbesserung der Finanzdienstleistungsangebote einstellen, und zweitens ergeben sich die Vorteile im Komfort der Kommunikation mit der e-ServiceBank. Am Beispiel des Prozesses „Durchführung des Liquiditätsmanagements" wird die Konzeption der e-ServiceBank illustriert.

- Der Kundenberater der e-ServiceBank beginnt seinen Arbeitstag indem er die aktuellen und verdichteten Finanzdaten seiner Kunden als Report aus deren ERP-System in sein Beratersystem über eine sichere Internetverbindung überträgt. Sein Beratersystem berechnet aus diesen Daten für seine Kunden jeweils eine kurz- und mittelfristige Liquiditätsanalyse, und generiert daraus personalisierte Angebote für das Liquiditätsmanagement (Geldmarktprodukte und/oder/versus kurzfristiger Kredit, Simulation alternativer Szenarien usw.). Da die Angebotsgenerierung durch Automatisierung der Systemschnittstellen und frühere Informationen der e-ServiceBank, sowohl eine Prozesserleichterung für die e-ServiceBank als auch die Kunden darstellt, können diese Angebote zu günstigeren Konditionen für den Kunden gehandelt werden. Somit erfüllt die e-ServiceBank die erste Mehrwertkategorie der finanziellen Vorteile.

- Die zweite Vorteilskategorie betrifft das Muti-Channeling in der Kundenbetreuung. Die so erarbeiteten Angebote können nun über eine Vielzahl an Kommunikationskanälen (Internet, SMS, Videokonferenzen, Telefon, usw.) an die Verantwortlichen des Unternehmens übertragen werden. Das Unternehmen kann umgekehrt die unterschiedlichen Kanäle wiederum benutzen, um das Angebot anzunehmen, abzulehnen oder eine weitere Beratung anzufordern. Diese Möglichkeiten der schnellen und vielfältigen Kommunikation erfüllen also den zweiten Anspruch an

Kundenmehrwert, die verbesserte Kommunikation. Dieses Feedback der Kunden wird dann automatisch im Kundensystem eingepflegt und für die Liquidationsanalyse der weiteren Tage angesetzt.

Die Technische Umsetzung der e-ServiceBank stellt eine individuelle Lösung dar, die für Finanzdienstleister entwickelt wird. Die technische Umsetzung erfolgt, wie schon angedeutet, zunächst auf einem ERP-System, etwa SAP R/3, und einem internetbasierten Analyse- und Beratungssystem, das die Liquiditätsanalysen und Angebotserstellungen aus den aggregierten ERP-Daten übernimmt.

4 Ausblick

Der Finanzdienstleistungssektor, wie auch die gesamte Wirtschaft und Gesellschaft stehen vor einer gewaltigen Umwälzung der bestehenden Paradigmen. Diese Veränderungen zu ignorieren wird nur kurzfristig toleriert. Mittel- und langfristig jedoch kann nur jene Unternehmensform am Markt bestehen, die schon frühzeitig diese Veränderungen in ihrer Unternehmensstrategie und damit auch in ihrer E-Business-Strategie berücksichtigt und so innovative Produkte und Dienstleistungen anbietet. Die e-ServiceBank bietet das Instrumentarium, um eine E-Business-Strategie erfolgreich umzusetzen und so Informations- und Kommunikationstechnologien von morgen zum Wettbewerbsvorteil von heute zu machen.

Literaturverzeichnis

[1]   Scheer, A.-W.: Electronic Business und Knowledge Management - Neue Dimensionen für den Unternehmungserfolg, in diesem Band.

[2]   Kraus, Hans S.: Ansatzpunkte bei der Entwicklung einer E-Business-Strategie – Vom Geschäftsmodell bis zur Implementierung, Arbeitspapier, Saarbrücken 2000.

[3]   Picot, A./ Reichwald, R./ Wigand, R.: Die grenzenlose Unternehmung, Wiesbaden 1999

[4]   Scheer, A.-W.: ARIS – Vom Geschäftsprozeß zum Anwendungssystem, 3. Auflage, Berlin u.a. 1998

[5]   Shapiro, C.; Varian H.: Information Rules : A Strategic Guide to the Network Economy; Oktober 1998; Harvard Business School Press.

Getting the Most Out of eB2B –
Bilateral e-Trade vs. e-Marketplaces

Henrik Kajüter, Ph. D.,
Dr. Dr. Detlev Ruland,
McKinsey&Company, Inc., Munich

Contents

1 Profound change in customer interaction: Bilateral e-trade versus e-marketplaces

Online trading volume is projected to grow significantly in the next few years. By 2004, about USD 5,700 billion, i.e., 17% of global trade, will be facilitated by digital data exchange, either through bilateral e-trade or e-marketplaces and e-distributors. *(figure 1 see end of chapter)*

E-business presents customers with an increasingly bipolar choice. In other words, they need to decide what share of their purchases they should make by linking up and working more closely with their suppliers in order to optimize performance, and what share they should buy through e-marketplaces in order to get the best prices. *(figure 2)*

E-business creates completely new opportunities in marketing and sales in terms of personalization, range of choice, and comprehensiveness of the offerings.

Instead of just an EDI connection for your business customers, you are now able to offer a personalized website tailored to the different users within the customer organization, thereby taking into account that a procurement manager has different information needs than someone from production or maintenance.

A few years ago, when you bought a PC, you could select from a limited number of models. Now with Dell, you can configure your own computer online and choose from more than 100,000 variants.

In the past, when farmers bought tractors, they received plenty of sales advice and support during the purchasing process. But, once the new tractor was delivered, there was hardly any relationship with the supplier over the next 10 to 15 years. Today, a company like Valtra offers farmers a website with their new tractors, where they can download software upgrades, order spares, schedule service work, obtain information about tractors and farming, exchange ideas with other farmers, and finally trade in their used tractors at the end of the ownership lifecycle. This way, lifecycle services are bundled with the original product to enhance the customer relationship significantly.

At the other end of the spectrum are marketplaces, which allow buyers to increasingly unbundle their purchases. For example, in the past, when you bought a product from a supplier, you had to take delivery from the supplier's designated logistics service provider. In the future, you will be able to select from many products offered by vertical marketplaces, and then go to a horizontal marketplace to choose from various logistics providers. *(figure 3)*

For suppliers, all these changes mean not only significant cost reductions but also huge growth opportunities. Weyerhaeuser, the forest products company, for example, has been able to double their market share, and a steel producer achieves regularly 8 to 15 percent higher prices through auctioning his surplus material online. *(figure 4)*

However, there is also a flip side of the coin. In most markets, as e-business increases efficiency, it will drive an overall decline in prices. Industries with efficiency gains in general are likely to show price reductions. This development is also driven by increased competition, for example, through global reach of the Internet and reverse auctions. For standardized product businesses customers will take advantage of transparent market prices. *(figure 5)*

Although the current hype focuses on cost reduction, this effect will spread so quickly throughout the economy that market participants will begin to realize that e-business is really about value creation and value capture. Value creation is mostly based on process optimization for buyers and sellers as well as disintermediation, the effects of which have to be weighed against the additional cost for the e-trade solution.

Value capture is determined by general market price decline, customer satisfaction increased scope or reach, and competition. The overall impact will be that customers will see their total cost of ownership reduced while the seller has the opportunity for margin and volume increase. The overall outcome of this game is determined by industry structure as well as sellers' e-marketing and sales skills. In buyer-centric markets, such as, for example, procurement marketplaces in the automotive industry, buyers will capture the major share of the value created, while in seller-centric markets sellers will get more of the surplus. This makes it crucial to develop an excellent understanding of how to choose and execute your e-channels. *(figure 6)*

Potential models for online trade span a continuous range from bilateral e-trade to e-marketplaces. By bilateral e-trade, we mean, for example, sales through company websites or extranets (e.g. Cisco). In these situations in which sellers try to enhance the customer relationship by offering superior value, often through customization features. E-marketplaces, by contrast, are characterised by matching the supply and demand of *many* suppliers and *many* customers. They are for more standardized offers and more price focused. In between are the e-distributors. These are online intermediaries that take title and decide on pricing (for example, the chemical exchange, Chemdex). In practice the transition is continuous. Dell, for example, expanded its bilateral e-trade solution towards e-distributors by offering complementary product. *(figure 7)*

In the following we would like to discuss our perspective on bilateral e-trade and e-marketplaces and share best practice approaches as well as hypotheses on the potential endgame.

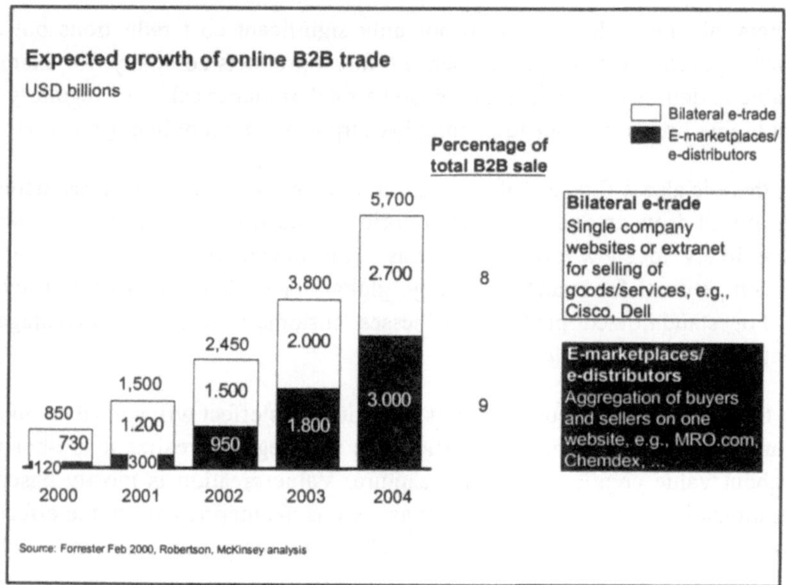

Expected growth of online B2B trade
USD billions
Bilateral e-trade
E-marketplaces/
e-distributors
Percentage of
total B2B sale
Bilateral e-trade
Single company
websites or extranet
for selling of
goods/services, e.g.,
Cisco, Dell
E-marketplaces/
e-distributors
Aggregation of buyers
and sellers on one
website, e.g., MRO.com,
Chemdex, ...
5,700
2.700
8
3,800
2.000
3.000
9
2,450
1.500
2.000
1,500
1.500
1.800
1.200
850
1.200
950
730
300
120
2000 2001 2002 2003 2004
Source: Forrester Feb 2000, Robertson, McKinsey analysis

Increasingly bipolar choice for customers
Bilateral e-trade
Performance
Time
Close interaction on
"mission critical tasks"
Driven by customized
solutions
Continuous optimization
of value/performance
More choice
More information
Marketplaces
Price
Time
Anonymous market
Standard products
Continuous matching
of supply and demand
Source: McKinsey

Fig. 1

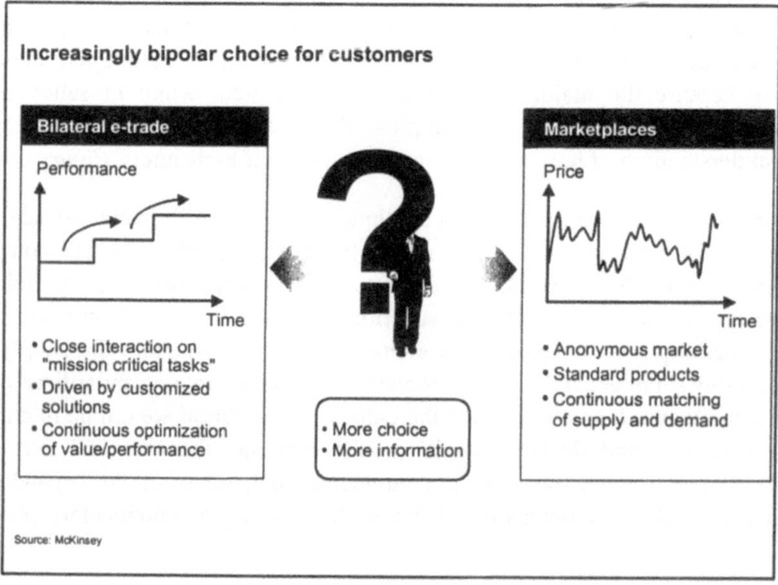

Fig. 2

Fig. 3

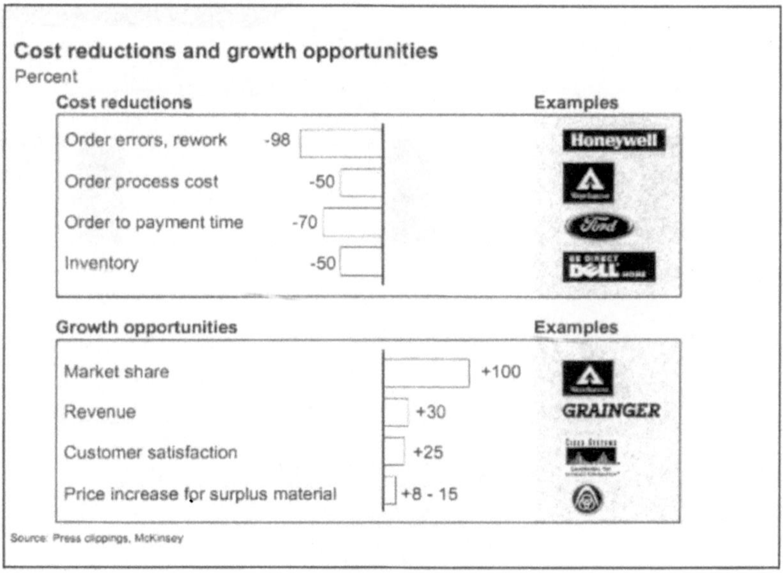

Cost reductions and growth opportunities
Percent

Cost reductions		Examples
Order errors, rework	-98	Honeywell
Order process cost	-50	
Order to payment time	-70	Ford
Inventory	-50	DELL HOME

Growth opportunities		Examples
Market share	+100	
Revenue	+30	GRAINGER
Customer satisfaction	+25	
Price increase for surplus material	+8 - 15	

Source: Press clippings, McKinsey

Fig. 4

Expected decline of market prices
Steel industry
Market price
2 - 3% p.a.
3 - 5% p.a.
1 - 2% p.a.
Time
2000
2005 - 2006
Period of
e-commerce
penetration
Key drivers
For all businesses
• Industries with efficiency gains in general likely to show price reductions
• Enhanced competition (e.g, through reverse auctions)
For product businesses in addition
• Strong position of customers through increased transparency on market prices
Source: McKinsey

Fig. 5

Overall impact of e-commerce*
Percent
Value creation
Value capture
Buyer
100
99
84
2
1
11
Cost of owner-ship
ΔCost of owner-ship
Seller
100
20
10
10
23
25
6
120
Volume
11
1
13
7
6
ΔVolume
Margin
ΔMargin
Process optimi-zation
Dis-inter-media-tion
Addi-tional cost for e-trade
Market price decline
Cus-tomer satis-faction
Reach
Com-petition/ channel conflicts
Increase in
* Magnitude of changes depends on type of e-solutions, additional value created through new e-businesses
Source: McKinsey

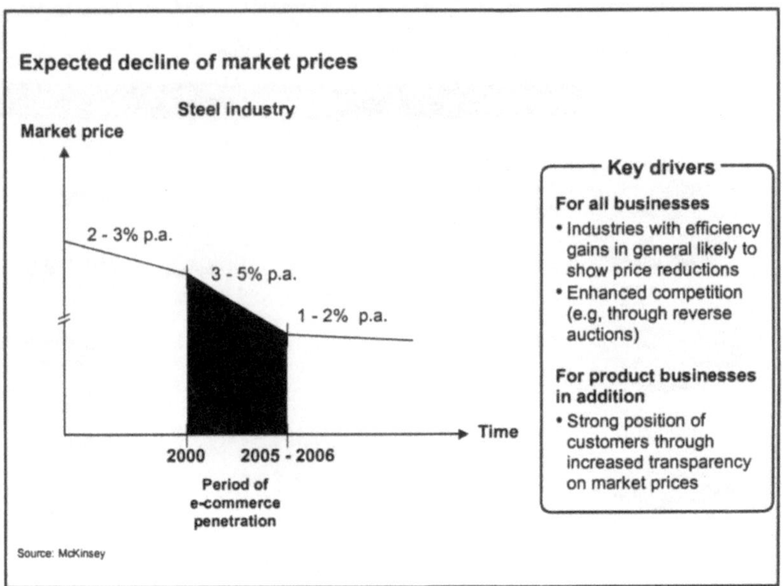

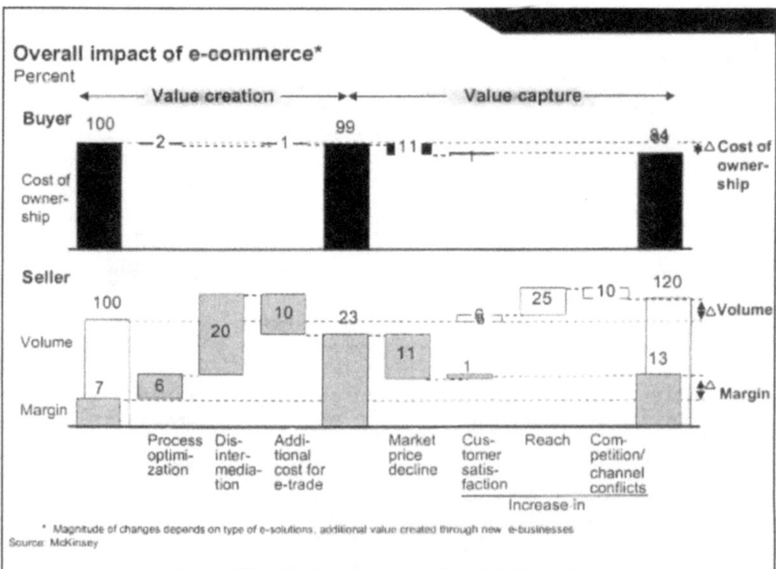

Fig. 6

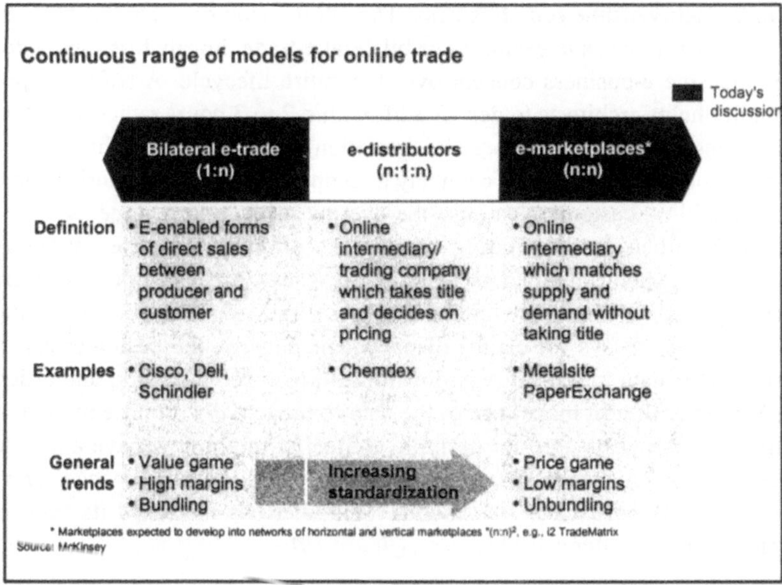

Fig. 7

2 Bilateral e-trade: Taking your customer relationship to a higher level

Bilateral e-trade solutions can be classified into three "horizons." Most companies are currently focusing on process automation (horizon 1). In many cases, they are using EDI-like applications, which can be implemented much more cost efficiently on the web. Best practice companies, however, go further. They fully exploit e-commerce opportunities to manage the customer relationship (horizon 2) or create new e-enabled services which are related to their core business but have not been offered before (horizon 3). *(figure 8)*

Horizon 1: Process automation. By automating transactional tasks, companies can typically reduce sales cost by 40 to 50%. Salespeople will spend much less time on administrative tasks such as filling in order forms. This efficiency gain can either be used for new customer acquisition or for headcount reduction. It is important, though, to realize that consultative tasks can hardly be automated. To make eB2B work, you will still need an offline sales force. But the role of your salespeople will become much more consultative. *(figure 9)*

Horizon 2: Reinventing your business. The US division of Schindler has developed one of the most impressive examples of bilateral e-trade. For its lifts, Schindler offers a comprehensive e-business concept over the entire lifecycle. A software developed by Schindler helps architects to design a lift within 2 to 3 hours rather than one to two days. As a result, the RFQ (request for quotation) is in line with Schindler specifications, which obviously gives the company a competitive advantage during the bidding phase. In addition, customers can use the data to get an online price estimate within minutes rather then weeks. During project execution, a Schindler website allows customers and general contractors to track the status of the work. The increase in transparency not only increases Schindler's on time reliability but also allows the company to track delays for claims management. Finally, the customer can monitor the performance data of the lift (e.g. downtimes), plan service work, and order spares online. Schindler in turn makes use of the data to proactively propose modernizations. For a lift sold five years ago, for example, Schindler might now have a new technology that saves the customer operating cost or improves lift performance. The overall effect of such an approach is tremendous. Schindler has increased its sales by 25% and even doubled its after sales business. *(figure 10)*

Horizon 3: Adding new e-enabled businesses. GE Medical is a great illustration of the way a company can successfully expand its e-business. In the case of GE Medical, by enhancing the service offered to hospitals. Starting from pure transactions, GE Medical implemented online lifecycle services and most recently introduced an ASP model where they store digital medical data for hospitals. The addition of new e-enabled businesses creatcs completely new roles within an existing industry. Companies who think out of the box will discover these opportunities and exploit them. *(figure 11)*

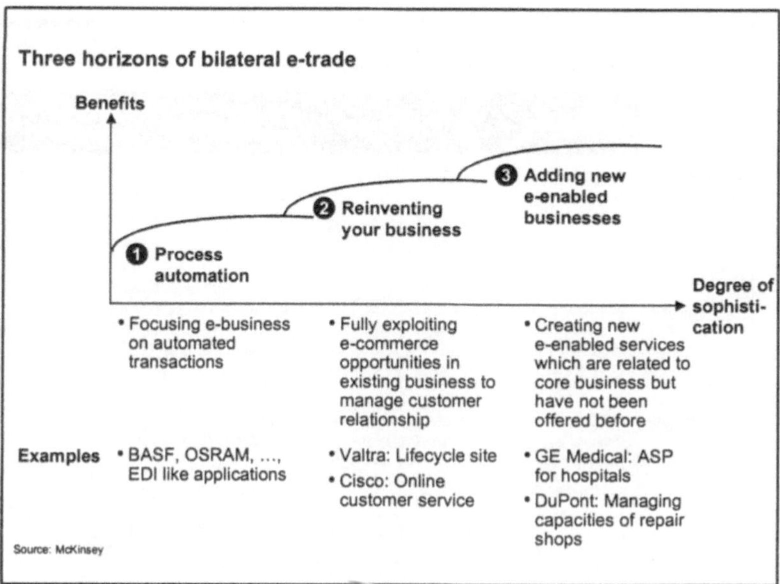

Three horizons of bilateral e-trade
Benefits
1 Process automation
2 Reinventing your business
3 Adding new e-enabled businesses
Degree of sophisti- cation
• Focusing e-business on automated transactions
• Fully exploiting e-commerce opportunities in existing business to manage customer relationship
• Creating new e-enabled services which are related to core business but have not been offered before
Examples
• BASF, OSRAM, ..., EDI like applications
• Valtra: Lifecycle site
• Cisco: Online customer service
• GE Medical: ASP for hospitals
• DuPont: Managing capacities of repair shops
Source: McKinsey

Fig. 8

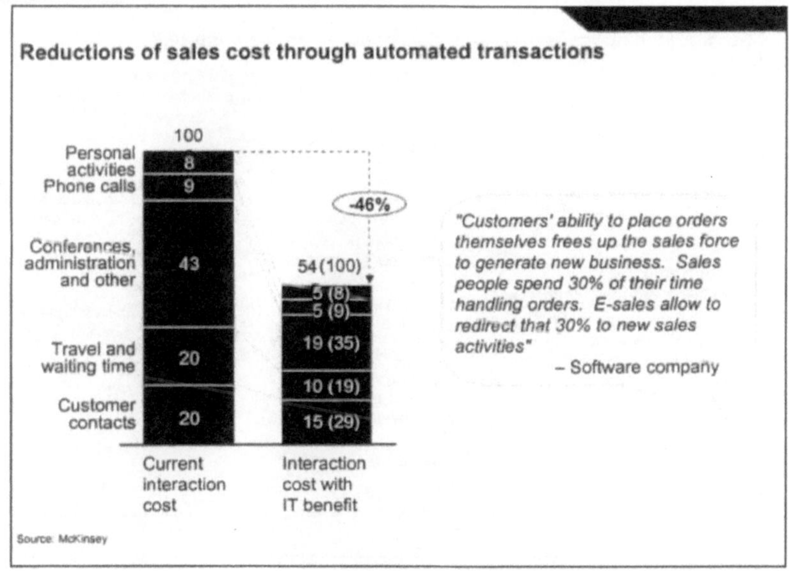

Reductions of sales cost through automated transactions
100
Personal activities 8
Phone calls 9
Conferences, administration and other 43
Travel and waiting time 20
Customer contacts 20
-46%
54 (100)
5 (8)
5 (9)
19 (35)
10 (19)
15 (29)
Current interaction cost
Interaction cost with IT benefit
"Customers' ability to place orders themselves frees up the sales force to generate new business. Sales people spend 30% of their time handling orders. E-sales allow to redirect that 30% to new sales activities"
– Software company
Source: McKinsey

Fig. 9

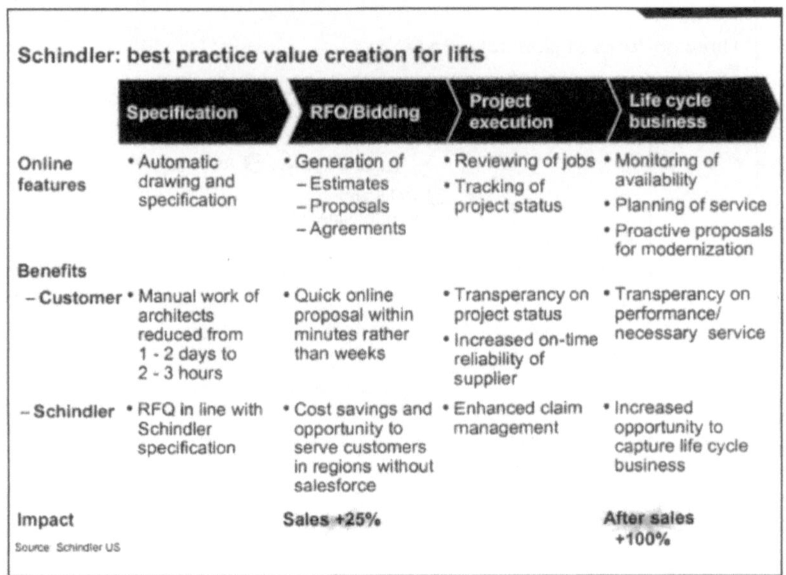

Schindler: best practice value creation for lifts
Specification
RFQ/Bidding
Project execution
Life cycle business
Online features
• Automatic drawing and specification
• Generation of
– Estimates
– Proposals
– Agreements
• Reviewing of jobs
• Tracking of project status
• Monitoring of availability
• Planning of service
• Proactive proposals for modernization
Benefits
– Customer
• Manual work of architects reduced from 1 - 2 days to 2 - 3 hours
• Quick online proposal within minutes rather than weeks
• Transperancy on project status
• Increased on-time reliability of supplier
• Transperancy on performance/ necessary service
– Schindler
• RFQ in line with Schindler specification
• Cost savings and opportunity to serve customers in regions without salesforce
• Enhanced claim management
• Increased opportunity to capture life cycle business
Impact
Sales +25%
After sales +100%
Source Schindler US

Fig. 10

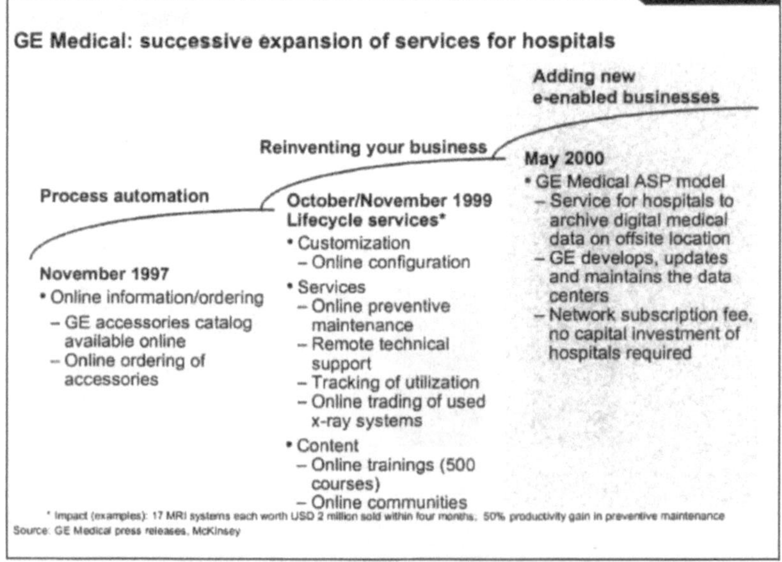

GE Medical: successive expansion of services for hospitals
Adding new e-enabled businesses
Reinventing your business
Process automation
May 2000
• GE Medical ASP model
– Service for hospitals to archive digital medical data on offsite location
– GE develops, updates and maintains the data centers
– Network subscription fee, no capital investment of hospitals required
October/November 1999
Lifecycle services*
• Customization
– Online configuration
• Services
– Online preventive maintenance
– Remote technical support
– Tracking of utilization
– Online trading of used x-ray systems
• Content
– Online trainings (500 courses)
– Online communities
November 1997
• Online information/ordering
– GE accessories catalog available online
– Online ordering of accessories
* Impact (examples): 17 MRI systems each worth USD 2 million sold within four months; 50% productivity gain in preventive maintenance
Source: GE Medical press releases, McKinsey

Fig. 11

3 Marketplaces:
Consolidation ahead – incumbent consortia will win

Marketplaces are currently receiving a lot of publicity. While the number of market-places is growing quickly – we estimate that right now (July 2000), three or four new marketplaces are announced every day – the capital markets have become very skeptical about the long-term prospects for the success of these businesses. Investors as well as sellers and buyers need to develop a perspective on the future of e-marketplaces.

We believe that marketplace development in any given industry will follow three phases: Most marketplaces start off as platform with transaction functionalities (Phase 1). To gain and retain customers, they soon realize that they have to increase their value proposition by adding services, backward integrating into ERP systems, etc. (Phase 2). At some point marketplaces will, however, commoditize and consolidate (Phase 3). *(figure 12)*

In theory, online transaction platforms offer unique benefits to their users. Joining a marketplace immediately increases your reach significantly. Moreover, most market-places promise their participants valuable data on market prices as well as supply and demand. Finally, reduced search cost and automated transactions significantly increase process efficiency. *(figure13)*

In practice, however, current reality looks much less promising. All marketplaces have only tiny market shares - well below 1% - and are far away from shaping the industry. In addition, their cost vastly exceeds their revenues. It is therefore fair to question the long-term chances for marketplace profitability. *(figure 14)*

The most important but also most challenging task for a marketplace turns out to be creating liquidity. If you don't have enough sellers, buyers will not come. If there are not enough buyers, sellers will not join and so on. In this situation, it is key for marketplaces to continually improve their value proposition. There is a trend towards smooth, integrated transactions through backend integration of IT systems (for example, CheMatch). In addition, most marketplaces try to offer a variety of services such as logistics, financing, insurance, and content. Recently several marketplaces started including planning functionalities that go beyond the pure transaction process. These collaborative tools might, for example, support the project management for large construction projects (EU-supply, Cephren) or allow companies exchange data on product development, production scheduling etc. (i2 HighTechMatrix). Moreover, marketplaces are increasingly linked with each other to allow for a one-stop shopping experience and create a choice for value added services (for example, the Global Trading Web created by CommerceOne). *(figure 15)*

Increasing standardization of technology however, is driving a development that will ultimately rob marketplaces of control of some of their functionalities. Linking various marketplaces as mentioned above implies that services like logistics, insurance, payments, and financing will migrate towards horizontal marketplaces. The development of interface standards like XML means that IT integrators will take over the backend integration into IT systems. On the other hand, the convergence of communication standards will make it likely that sellers post their own catalogues on the web so that buyers can download them directly. Also, collaborative tools will ultimately be owned by the leading project manager (for example, a general contractor in the construction industry). This implies that market makers will be able to retain control only of those functionalities that are proprietary to them, namely order matching as well as information services. *(figure 16)*

Drawing an analogy with classic stock exchanges, we believe that the revenue potential from these sources will be very limited. Transaction fees historically were not only low (below 1%) but have also decreased significantly with increasing technological development. Also, you don't earn much money from information. Last year Deutsche Börse AG made only 10% of its revenues with information products, which is less than 0.01% of the transaction volume. On the Internet information is basically for free. *(figure 17)*

The only plausible way for marketplaces to differentiate themselves in terms of their core functionalities will be via liquidity. If you want to continually match supply and demand, you need sufficient orders on both the buy side and the sell side. In order to produce meaningful data and perhaps set an industry standard (like the NASDAQ), you need to have a significant market share. *(figure 18)*

The sheer number of today's marketplaces makes it unlikely that the majority will succeed. As of June 2000, there were more than 1000 marketplaces in various industries. We expect this number to double within the next few months. Per industry there are currently already between 30 and 70 marketplaces. It is clear that there has to be a consolidation: only two to three marketplaces will survive per segment (one industry might however comprise several market segments). *(figure 19)*

Who will make the cut? In recent months, it has become increasingly apparent that start-ups are having a hard time achieving liquidity. By contrast, many established companies – the "incumbents" – have started to form market consortia. For example IBM, Hitachi, LG Electronics, Matsushita Electronic, Nortel Networks, Seagate Technology, Solectron and Toshiba just announced e2open, an electronics marketplace. In contrast to independent start-ups, incumbents can commit their own sales or purchasing volumes to the marketplace and thereby guarantee liquidity. Incumbents are not so much looking for profits from a potential IPO but for the benefits as marketplace participants. Although there are some concerns about antitrust issues as well as the challenges in project execution, incumbent consortia are likely to be the dominant models in seller or buyer centric industries. Most independent start-ups will have a chance only in fragmented industries. In the B2B context, e-business will prove to be a game of liquidity rather than speed. *(figure 20)*

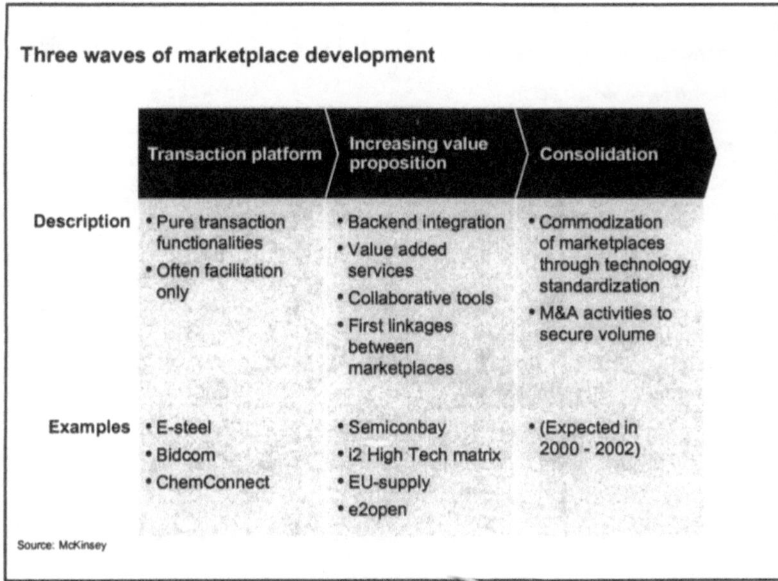

Three waves of marketplace development
Transaction platform
Increasing value proposition
Consolidation
Description
• Pure transaction functionalities
• Often facilitation only
• Backend integration
• Value added services
• Collaborative tools
• First linkages between marketplaces
• Commodization of marketplaces through technology standardization
• M&A activities to secure volume
Examples
• E-steel
• Bidcom
• ChemConnect
• Semiconbay
• i2 High Tech matrix
• EU-supply
• e2open
• (Expected in 2000 - 2002)
Source: McKinsey

Fig. 12

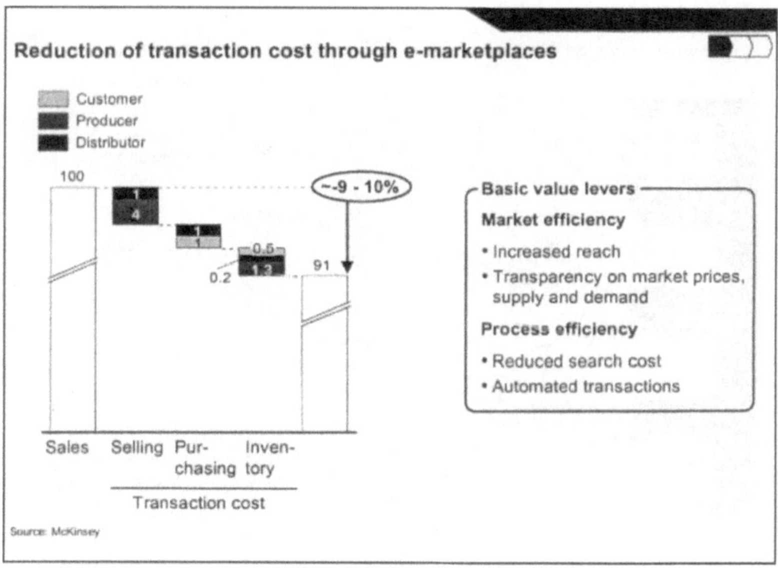

Reduction of transaction cost through e-marketplaces
Customer
Producer
Distributor
100
~-9 - 10%
91
1 4
1 1
0.5
0.2
Sales
Selling
Pur-chasing
Inven-tory
Transaction cost
Basic value levers
Market efficiency
• Increased reach
• Transparency on market prices, supply and demand
Process efficiency
• Reduced search cost
• Automated transactions
Source: McKinsey

Fig. 13

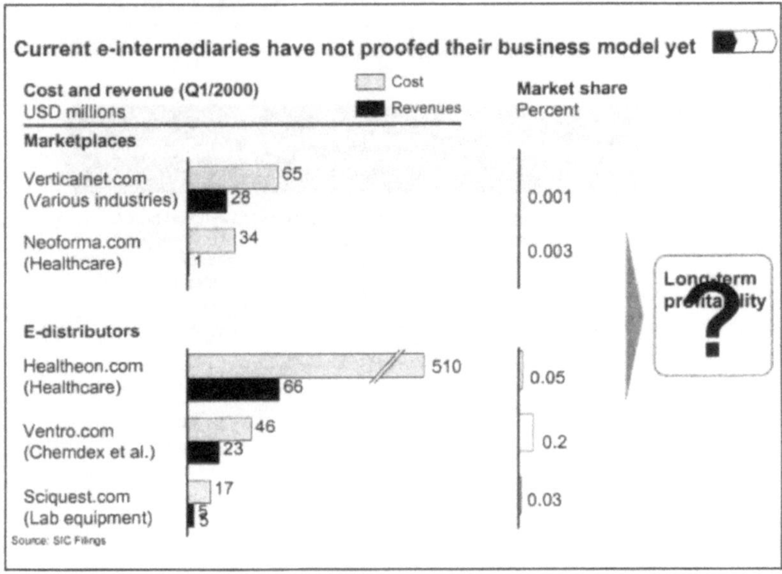

Current e-intermediaries have not proofed their business model yet
Cost and revenue (Q1/2000)
USD millions
Cost
Revenues
Market share
Percent
Marketplaces
Verticalnet.com
(Various industries)
65
28
0.001
Neoforma.com
(Healthcare)
34
1
0.003
E-distributors
Healtheon.com
(Healthcare)
510
66
0.05
Ventro.com
(Chemdex et al.)
46
23
0.2
Sciquest.com
(Lab equipment)
17
5
3
0.03
Long-term profitability
?
Source: SIC Filings

Fig. 14

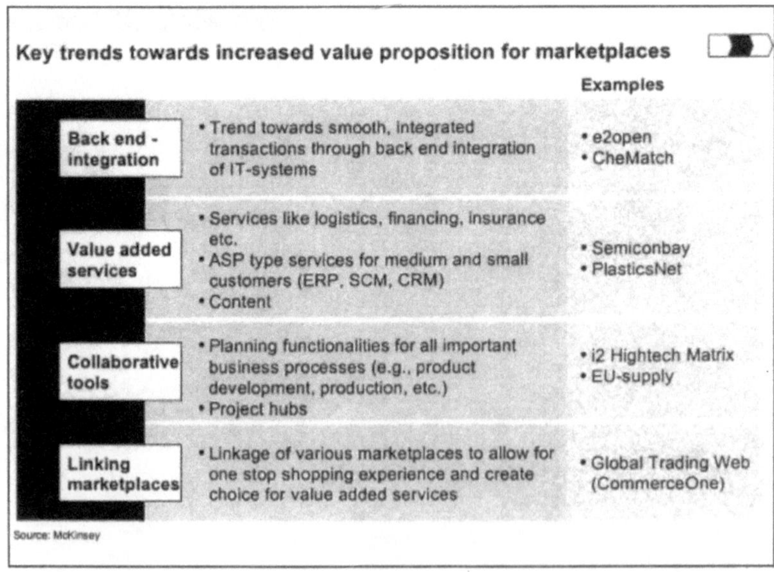

Key trends towards increased value proposition for marketplaces
Examples
Back end - integration
• Trend towards smooth, integrated transactions through back end integration of IT-systems
• e2open
• CheMatch
Value added services
• Services like logistics, financing, insurance etc.
• ASP type services for medium and small customers (ERP, SCM, CRM)
• Content
• Semiconbay
• PlasticsNet
Collaborative tools
• Planning functionalities for all important business processes (e.g., product development, production, etc.)
• Project hubs
• i2 Hightech Matrix
• EU-supply
Linking marketplaces
• Linkage of various marketplaces to allow for one stop shopping experience and create choice for value added services
• Global Trading Web (CommerceOne)
Source: McKinsey

Fig. 15

Migration of marketplace functionalities
Migration towards buyers and sellers
Proprietary to market maker
Migration towards horizontal marketplaces
Content management
• Catalog management
• Product information
Order matching
• Creating competition
• Matching of supply and demand (exchanges, dynamic pricing)
Fulfillment
• Inventory management
• Logistics
• Insurance
Demand and supply chain collaborations
• Collaborative planning
• Supply chain optimization
Information services
• Rating/preselection of sellers and buyers
• Information products
• Advertising
Settlement
• Payment
• Financing
IT-integration
• Backend integration into ERP systems
Migration towards IT-integrators
Driven by development of interface standards (XML)
Driven by linkage of various marketplaces (i2 TradeMatrix)
Source: McKinsey

Fig. 16

Limitations on revenue potential
Transaction fees from order matching very limited ...
... and revenues from market information unlikely
Historic development of equity trading fees*
0.3%
0.2%
0.1%
1990
1995
1999
Revenue split Deutsche Börse AG
Percent
100**
44
30
16
10
<0.01% of transaction volume
Trading (Xetra, Eurex)
Clearing
Systems (IT support)
Information products
• Development of real time electronic order systems
• Competition
• Market participants require free access to data
• Revenues of traditional exchange from data very limited
* At the same time increase of transaction volume by 66%
** EUR 643 million
Source: McKinsey

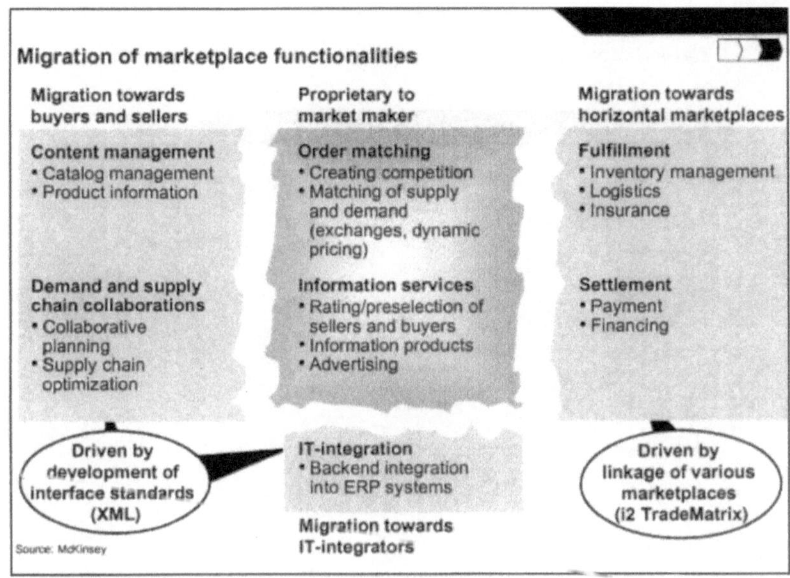

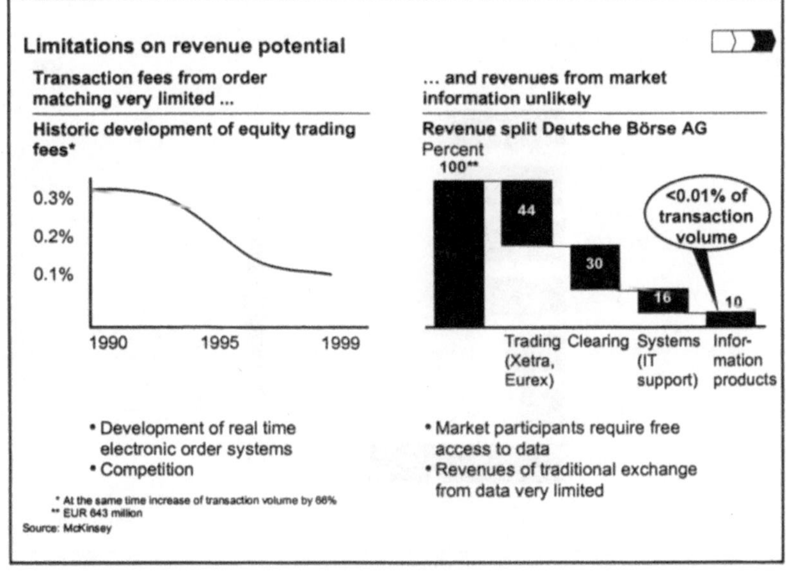

Fig. 17

Differentiation via core functionalities

Functionality
Possible differentiation

• Creating competition/ choice
• Large number of buyers/sellers

• Matching of supply and demand
• Advanced trading systems, sufficient orders on buy- and sell side

• Rating and preselection of sellers and buyers
• Sufficient experiences on individual buyers and sellers

• Providing information products
• Most meaningful data, industry standard

• Advertising
• Reach

Need for liquidity

Source: McKinsey

Fig. 18

Overview number of e-marketplaces by industry (examples)

US
Europe
Asia/RoW

Electronics   59   12 1   72
Agriculture   55   8 4   67
Healthcare   52   12 2   66
Transportation 37   26   63
Energy   28   1   31
Chemicals   23   5 2   30
Total   1,093

Consolidation expected
• Per market segment 2 - 3 marketplaces with high volume and low margin
• E-distributors where marketsize to small to support marketplaces

Source: Berlecon Research, June 2000

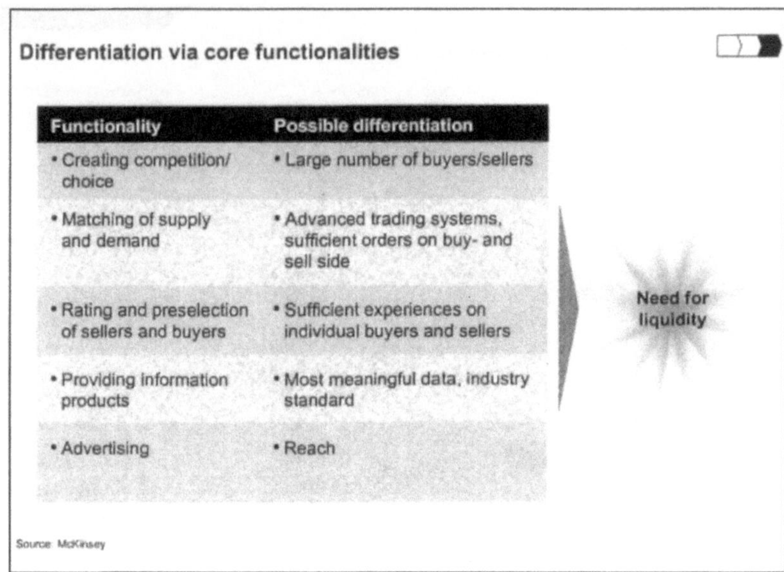

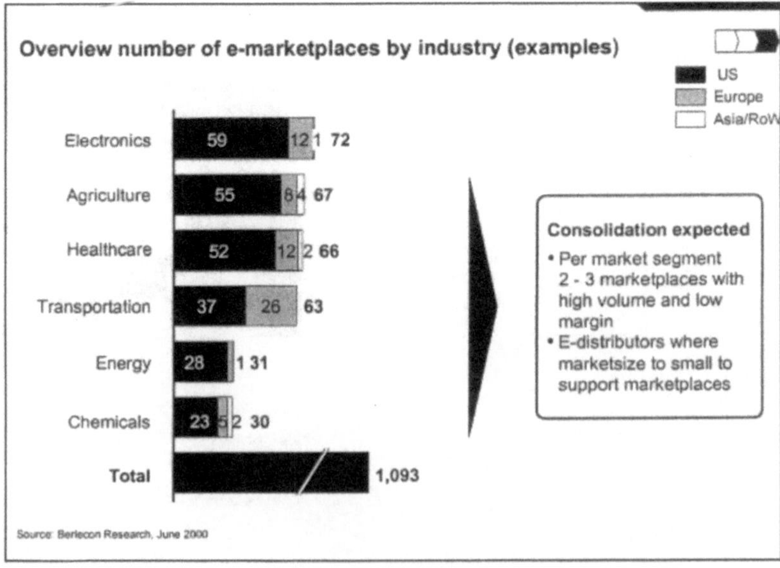

Fig. 19

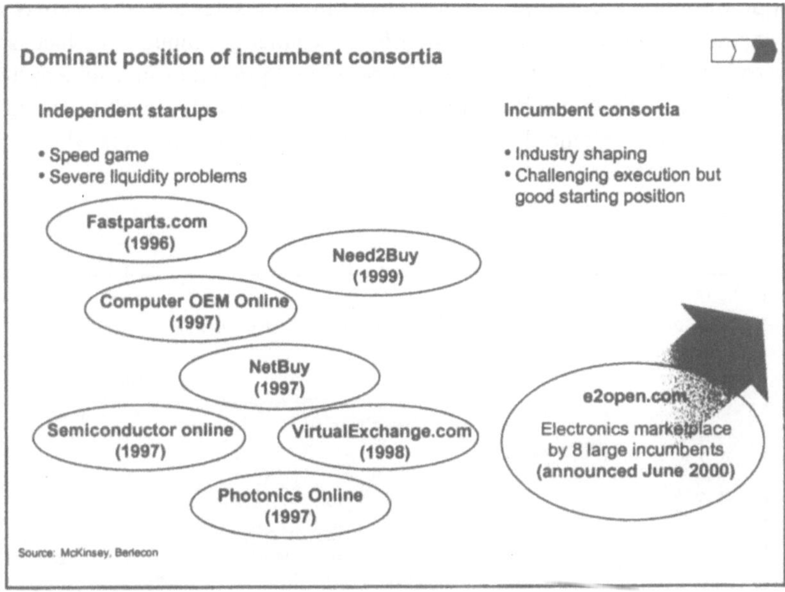

Fig. 20

4 The endgame: customer preferences and potential for standardization will be decisive

In the long run, the dominant e-business models will depend on both customer preferences and potential for product standardization. Complex project businesses such as power plants (Siemens KWU) will always require individual specifications and will never be traded on a marketplace. Instead, we will see an increasing (online) interaction with the customer over the ownership lifecycle. The same holds for more complicated systems businesses, which are likely to be dominated by bilateral sales solutions. On the other hand standardized products (such as chemicals and steel) are very suitable for marketplaces. Here, suppliers will have to distinguish between transaction-oriented customers who will choose to purchase from marketplaces for greater efficiency and relationship-minded customers who seek additional value from an ongoing supplier relationship. In particular, customers focusing on synchronized production and requiring just-in-time delivery will require a strategic supplier rather than shopping around on a marketplace. For niche markets and small purchases, there will be a role for e-distributors, like Chemdex for specialty chemicals and Grainger for MRO supplies. *(figure 21)*

One final remark: It is important to realize that in general you will need to serve your customers through various channels. GE Lighting, for example, sells its light bulbs to large OEMs via extranets while serving medium sized and small businesses through an online distributor (Grainger.com). In addition, best practice requires seamless integration of online and offline channels. Coordinating sales activities across various online and offline channels poses a significant challenge, though. In fact, some e-businesses have already failed because of inconsistent pricing or incentive systems for multiple channels. This is why companies need to not only carefully design their channel mix but also rethink their entire marketing and sales concepts when introducing their e-businesses.

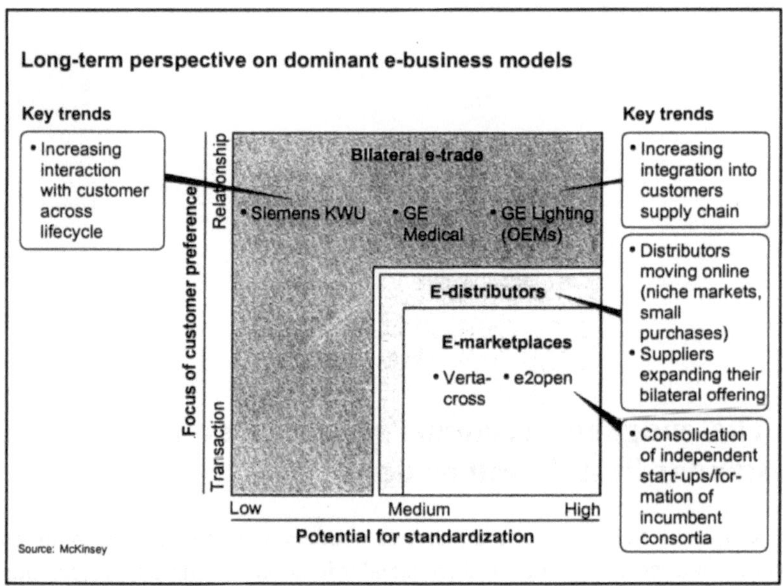

Fig. 21

III. Gesellschaftliche Auswirkungen von E-Business-Lösungen

Internet und Gesellschaft

Dr. Detlef Purschke,
Alexander Wurdack
EDS Informationstechnologie und Service GmbH, Rüsselsheim

Inhalt

1 Die digitale Revolution

1.1 Einführung und geschichtliche Entwicklung

Innovation und Fortschritt, das Streben nach Neuem, dem Unerreichbaren haben seit Jahrhunderten die Entwicklung der Menschheit bestimmt. Erfindungen Einzelner stellen dabei häufig den Beginn neuer Epochen dar. Dabei haben insbesondere technische und naturwissenschaftliche Entdeckungen nicht nur die Wirtschaft bestimmt, sondern auch eine Entwicklung von Gesellschaft, Politik und Kultur ausgelöst.

Die Grundlagen der modernen Wirtschaft und die Bedeutung der Innovation lassen sich bis in das Jahr 1769 zurückverfolgen. In diesem Jahr ließ James Watt die Dampfmaschine patentieren und löste damit die industrielle Revolution aus. Diese veränderte nicht nur das Wirtschaftsleben völlig, sondern hatte massive gesellschaftliche Auswirkungen. Karl Marx setzt sich zum Beispiel in seinen Werken intensiv mit den Schattenseiten des Kapitalismus und der Beziehung zwischen Wirtschaft und Gesellschaft auseinander. Seine Thesen sind in ihrer Radikalität nicht Realität geworden, was zumindest in Deutschland an der umsichtigen Politik und den starken Sozialgesetzen liegen mag. Sie illustrieren aber, dass eine isolierte Betrachtungsweise der wirtschaftlichen Entwicklung ihre wahren Dimensionen nicht berücksichtigen kann.

Technische Innovationen beeinflussen das Leben des Einzelnen sowie die Gesellschaft in einem immer stärkeren Ausmaß. Die Erfindung des Autos und seine Verfügbarkeit für fast alle Bevölkerungsschichten der westlichen Welt haben Mobilität zu einem Allgemeingut werden lassen. Sie geht längst weit über das hinaus, was Massentransportmittel bieten können. Auch Telefon, Radio und Fernseher haben die Menschen in kurzer Zeit akzeptiert, selbstverständlich genutzt und ihre Tagesabläufe entsprechend ausgerichtet. Massenproduktion unterstützte ihre nahezu flächendeckende Verbreitung: Die mit immer mehr technischen Möglichkeiten und Komfort ausgestatteten Geräte können dank hoher Stückzahlen zu niedrigen Preisen angeboten werden, was die Nachfrage nach ihnen zusätzlich verstärkt.

Immer kürzere Innovationszyklen sowie eine immer schnellere Adaption der Menschen an das Neue prägen die technische Entwicklung und treiben diese sowie die gesellschaftlich-kulturelle voran. Mit dem Siegeszug des Internet haben wir eine vollkommen neue Dimension erreicht: In nur einem Jahrhundert hat sich die Gesellschaft von der Agrargesellschaft über die Industriegesellschaft zur Informationsgesellschaft gewandelt. Nach neuesten Schätzungen werden bereits 2010 über 50 Prozent aller Erwerbstätigen in den Wachstumsbranchen „TIME" (Telekommunikation, Informationstechnologie, Medien und Entertainment) arbeiten. Diese Branchen bestimmen das Wirtschaftsleben der Zukunft. Die Geschichte zeigt, dass ihre Innovationen die Gesellschaft nachhaltig gestalten und verändern werden:

Der Personal Computer ist mittlerweile nahezu in jedem Privathaushalt anzutreffen. Sein Erfolg hat das Internet-Zeitalter zweifelsohne vorbereitet. Kommunikation und Informationstechnologie sind damit die Wachstumsmotoren des beginnenden 21. Jahrhunderts: Der Computer, der Neil Armstrong 1969 auf den Mond gebracht hat, hatte eine Speicherleistung von nur 32 Kilobyte. Heute reden wir über Giga-Hertz-Chips, Terra-Flop-Cluster und Data-Flow-Engines; in nur 30 Jahren hat sich eine atemberaubende Entwicklung vollzogen, die noch am Anfang steht.

1.2 Wertebildung und -bedeutung

Schnelligkeit, Flexibilität, Innovation und Kreativität sowie ständig verfügbares aktuelles Wissen kennzeichnen die Ökonomie des Electronic Business. Dabei verliert jedoch das reine Faktenwissen an Bedeutung. Denn das Internet stellt nahezu jede Information zu jeder Zeit an jedem Ort zur Verfügung. Wissen erlangt auf diese Weise eine neue Dimension: Es wird zum Wissen um Methoden, Ressourcen, Quellen und Konzepte. Diese neue Wissensdimension stellt auch neue Anforderungen an die Menschen. Denn sie verlangt von ihnen Offenheit und Flexibilität, die Bereitschaft, sich immer wieder neue Themen anzueignen, sowie veränderte Bedingungen, neue Arbeits- und Lebenskonzepte nicht nur zu akzeptieren, sondern kreativ mitzugestalten: lebenslanges Lernen.

Diese Anforderungen werden nicht nur an den Einzelnen herangetragen, sondern auch an die Gesellschaft. Die Diskussion der politischen Organe der EU über eine Gesetzgebung im Internet zeigt beispielsweise, dass diese selbst die neuen Anforderungen nicht reflektieren: Die Eigenschaften des Internet – es ist weltumspannend, schnell, offen, transparent und verändert sich permanent – lassen ja gar keine Reglementierungsdebatten zu. Denn Sprachen entscheiden über den Zugang zu Webseiten und die Teilnahme an virtuellen Gemeinschaften; Staatsgrenzen und Gesetzgebungen spielen keine Rolle mehr. Eine derartige Debatte ist daher schon im Ansatz falsch und überflüssig.

Es gilt also, die Möglichkeiten des Internet-Zeitalters individuell und gesellschaftlich sinnvoll zu nutzen. Dabei spielt das wirtschaftliche Handeln eine entscheidende Rolle: Individuum, Gesellschaft und Wirtschaft beeinflussen sich gegenseitig in einem unendlichen Kreislauf. Dieser dreht sich um die Werte, die das menschliche Handeln bestimmen. Sie bilden seinen Fixpunkt. Das persönliche soziale Umfeld, gesellschaftliche Institutionen und das Wirtschaftsleben sind die Orte, an denen sich die Werte manifestieren: zum Beispiel in der Familie und im Freundeskreis, in Kirchen und Verbänden, in Unternehmen. Akzeptiert man, dass sich Individuum, Wirtschaft und

Gesellschaft gegenseitig beeinflussen und bedingen, ja untrennbar sind, müssen die Werte, die sie transportieren, sinnvoll übertragen werden.

Technische Entwicklungen – wie eben das Auto – haben gezeigt, dass das Wertesystem der Wirtschaft die gesellschaftlichen Werte nachhaltig beeinflusst. So messen die Menschen in der westlichen Welt der individuellen Mobilität einen sehr hohen Wert bei, und das gesellschaftliche Leben ist entsprechend darauf eingestellt: Der ADAC ist mit seinen derzeit 14 Millionen Mitgliedern eine einflussreiche Größe bei Fragen der Verkehrspolitik.

Wirtschaftliche Entwicklungen bedingen also gesellschaftliche und individuelle Werte maßgeblich. Von einer reinen Übertragung kann dabei jedoch keine Rede sein, vielmehr passt das Individuum sich und seine Gewohnheiten, Bedürfnisse – ja sein Leben – an und nimmt so Einfluss auf die allgemeine, gesellschaftliche Akzeptanz der Innovation. Gleichzeitig reagieren gesellschaftliche Institutionen wie Parteien oder Verbände und wirken sich auf Wirtschaft und individuelle Lebenskonzepte aus – der Kreislauf schließt sich.

1.3 Einfluss der Werte des E-Commerce auf die Gesamtwirtschaft

Keine technische Innovation in der Menschheitsgeschichte hat sich so schnell verbreitet wie das Internet. Es ist das Tor zu einer neuen Dimension menschlichen Handelns. Seine Eigenschaften – Schnelligkeit, Transparenz und Verfügbarkeit – beeinflussen das Handeln seiner Nutzer immer stärker. Und die Zahl der Nutzer nimmt weiter zu. In Westeuropa wird sie bis zum Jahr 2003 etwa 215 Millionen erreichen, schätzt das IDC. Mit der ständig steigenden Zahl der Internet-Nutzer übertragen sich Eigenschaften und Vorteile des World Wide Web auf die sogenannte „Old Economy", also auf traditionelle Wirtschaftsformen und Unternehmen, sowie auf die Gesellschaft und ihre Institutionen wie etwa die Familie. Service, Transparenz und Schnelligkeit bestimmen den Handel im Internet, und sie setzen die Maßstäbe für neue Formen des Wirtschaftens auch außerhalb dieses neuen Forums.

Was bedeutet dies für die Wirtschaft in ihrer Gesamtheit und für einzelne Unternehmen, die sich in ihr bewegen? Sie stehen vor der Herausforderung, die Merkmale oder Dimensionen des Internet in ihre Geschäftsmodelle umzusetzen. Die Menschen haben das Internet akzeptiert und nutzen es immer stärker. Ihre Erwartungen hinsichtlich Schnelligkeit, Service und Transparenz haben sich entsprechend verändert, ihr Handeln ist entsprechend geprägt.

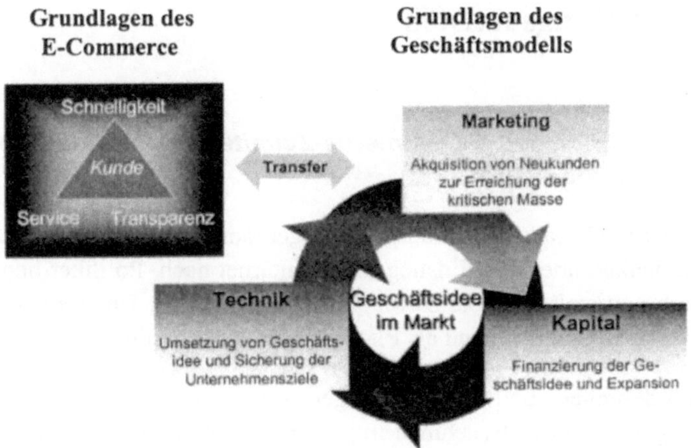

Abb. 1: Transfer der Werte des Internet auf das Modell des E-Commerce

Die Idee, mit der ein Unternehmen am Internet-Zeitalter teilhaben will, sowie ihre Umsetzung müssen die drei Grundwerte des Internet nicht nur abbilden. Vielmehr muss das Unternehmen diese für sich realisieren. Es muss den Kunden in das Zentrum aller Aktivitäten stellen.[1] Ein innovatives, kundenindividuelles Marketing-Konzept, ein solider Kapitalstock und die notwendige technische Infrastruktur sind die Komponenten, die notwendig sind, um die Internet-Werte in Wachstumsraten umzusetzen und das Unternehmen auch in der New Economy erfolgreich zu machen. Dieser Ansatz erfordert Mut. Denn gerade Unternehmen, die im alten Modell überaus erfolgreich sind, tun sich schwer, die neue Ausrichtung intern wie extern (etwa Aktionären oder Investoren gegenüber) als solche darzustellen. Eine Orientierung am Erfolg in der „Old Economy" und ihren Regeln erweist sich bei der Ausrichtung des Unternehmens auf Herausforderungen [2] und Aufgaben des Internet-Zeitalters häufig als Barriere.

Im folgenden möchte ich die neuesten Entwicklungen in der Wirtschaft aufzeigen und anhand der *Wertschöpfungsartisten* darlegen, wie stark sich die Wirtschaft und mit ihr die anderen Bereiche des öffentlichen und privaten Lebens verändern. Anschließend werde ich das „elektronische" Wertesystem kritisch analysieren und seine Folgen für Wirtschaft, Gesellschaft und das Individuum erläutern. Mit einem abschließenden Blick in die Zukunft möchte ich auf Perspektiven, Chancen und Risiken des Internet-Zeitalters hinweisen.

2 Wertschöpfungsartisten

2.1 Der Aufbruch in das E-Commerce-Zeitalter – Sprengung der Wertschöpfungskette

Das Gebot der Stunde lautet: „Herausforderungen annehmen und Chancen nutzen!" Unternehmen denken über den Einstieg in das Internet nach, Politiker bemühen sich, das Netz durch nationale Gesetze zu regeln, Internet-Nutzer, Unternehmen wie Verbraucher, entdecken es zunehmend als Plattform für wirtschaftliche Transaktionen.

Welche Anforderungen und Veränderungen die konsequente Umsetzung einer Internet-Strategie für ein Unternehmen impliziert, ist den meisten Entscheidern noch nicht bewusst. Denn bisher wird das Internet nur als Möglichkeit genutzt, Prozesse und Abläufe zu optimieren. Unternehmen etablieren es als zusätzlichen Vertriebskanal; sie entwickeln Internet-basierte Supply und Demand Chains, über die sie Lieferanten und Kunden optimal in den Wertschöpfungsprozess einbinden und ihr Customer Relationship Management entschieden ausbauen.

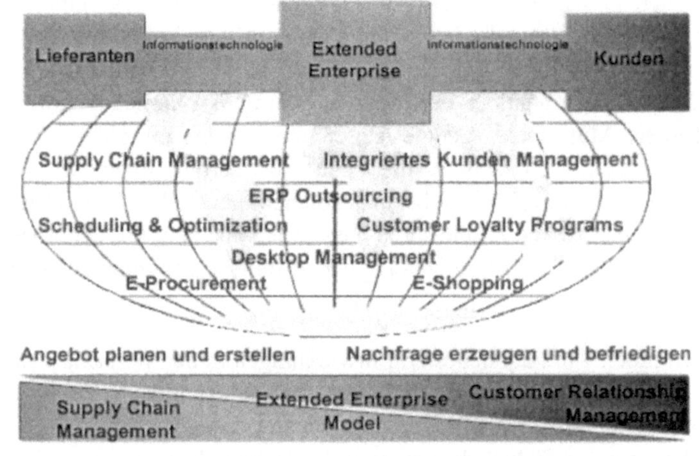

Abb. 2: IT als Enabler des Extended Enterprise Modells

Die Anbindung der Lieferanten und die Bindung der Kunden an das Unternehmen schaffen ein völlig neues Modell der Wertschöpfung. Das als *Extended Enterprise Modell* bezeichnete Konzept setzt sich aus einer Vielzahl einzelner IT-Projekte zusammen. Sie werden idealerweise alle unter einer Strategie geplant und durchgeführt werden. Die Informationstechnologie ist dabei nicht nur Bindeglied zwischen den Teilhabenden am Extended Enterprise; sie ermöglicht diese Konstruktion erst und wird so zum *Enabler* der neuen Ökonomie. Dabei muss sich die Informationstechnologie an Geschäftsprozessen, Kundenbedürfnissen und Unternehmenszielen orientieren.

Das schon in früheren Phasen der Entwicklung der Informationstechnologie beschriebene Modell der *„Elektrifizierung"* des Ist-Zustandes (etwa bei Einsatz von Computern und Netzwerken) schöpft das Potential der neuen Technologie nicht aus. Sie ist allerdings der erste Schritt auf dem Weg zur Nutzung der neuen Technologien. Um die Vorteile von Internet und E-Commerce optimal für das eigene Unternehmen zu erschließen, sind wesentlich weitergehende Schritte notwendig: Die New Economy erfordert die vollständige Auflösung der traditionellen Wertschöpfungskette. Denn das herstellende Unternehmen bildet nicht mehr allein die Wertschöpfung seines Produktes oder seiner Dienstleistung ab. Modernes Supply Chain Management erlaubt es, die einzelnen Glieder der Kette ständig zu optimieren und etwa auf veränderte Kundenbedürfnisse einzugehen. Es ergibt sich damit eine vollständig neue Wertschöpfungsarchitektur.

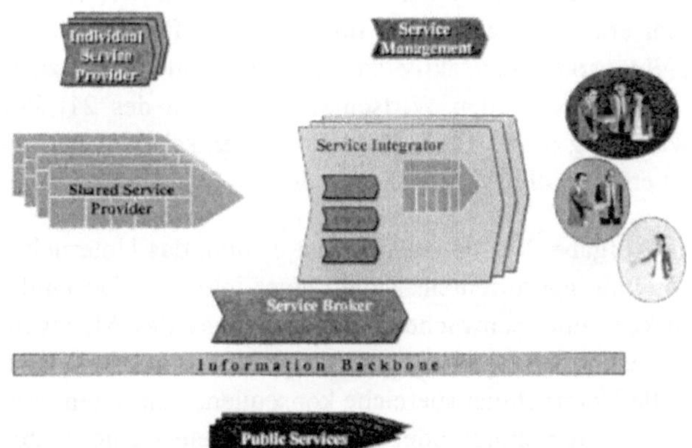

Abb. 3: Wertschöpfungsarchitektur der New Economy

Der Service Integrator ist der Bestimmungsfaktor in der New Economy. Er baut die Wertschöpfungskette nach Kundenbedürfnissen immer wieder neu zusammen. Dabei bedient er sich einer Vielzahl von Anbietern, die sich auf einzelne Teile der Wertschöpfungskette spezialisiert haben und hier die Referenz darstellen.

Der Service Integrator nutzt dabei alle Möglichkeiten, die das Internet heute bietet. Er informiert sich auf elektronischen Marktplätzen und schreibt Teile der Wertschöpfungskette mit Hilfe von umgekehrten Auktionen aus. Er nutzt Partnerschaften mit Anbietern, um sich strategisch zu positionieren. Die gesamte Abwicklung einschließlich des elektronischen Zahlungsverkehrs erfolgt über das Internet. Theoretisch lässt sich die Wertschöpfungskette bis in das kleinste Detail aufteilen. Eine intensive Kundenorientierung von der Produkt- oder Dienstleistungsgestaltung bis hin zum Endpreis (Target Costing) ist möglich. Und: Nur dieses Konzept erlaubt die Orientierung am einzelnen Kunden unter Beachtung der Grundwerte des Internet: Schnelligkeit, Transparenz und Service im Dienste des Kunden. Der Service Integrator balanciert auf dem schmalen Grad zwischen Kundenorientierung und Lösungsentwicklung. Sein Tanz auf dem Seil macht ihn zum Wertschöpfungsartisten. Denn das Internet verzeiht keine Fehler, der Wettbewerber ist immer nur den berühmten einen Mausklick entfernt. Es ist also ein Tanz ohne Netz – gefährlich, aber mit ungeahnten Möglichkeiten für alle Beteiligten.

2.2 *Business Engineering: Die neue Management-Aufgabe*

Die neue Ökonomie macht es erforderlich, das gesamte Unternehmen neu zu gestalten und auszurichten. Die Anforderungen an die Entscheider sind – wie die Werte und Dimensionen der neuen Ökonomie – völlig neu. Grundwerte des Internet werden Bestandteil der Arbeitswelt. Planung, Kundenorientierung und Serviceentwicklung bekommen einen noch höheren Stellenwert. Wandel wird zur Konstanten im Management. Trends zu erkennen, aus ihnen Implikationen für das eigene Unternehmen abzuleiten, Wandlungsprozesse aktiv zu gestalten und durchzusetzen sind die Management-Aufgaben der neuen Wirtschaft zu Beginn des 21. Jahrhunderts. Die erfolgreiche Bewältigung dieser Herausforderungen entscheidet über die Zukunft von Unternehmen und eröffnet alle Möglichkeiten der neuen Ökonomie.

Die vordringliche Aufgabe des Management ist es nun, das Unternehmen konsequent auf die neue Ökonomie auszurichten. Neben einer internen „Bestandsaufnahme" mit den üblichen Stärken- und Schwächen-Analysen muss das Management die Kernkompetenzen definieren. Sie legen die zukünftige Rolle im Marketspace des Internet fest, auf die sich alle Unternehmensbereiche konsequent ausrichten müssen. Hierdurch verschlankt sich das Unternehmen oder teilt sich in viele kleine unabhängige Einheiten auf. Die neue Herausforderung, vor der das Unternehmen nun steht, heißt, sich Märkte mit Zukunftsthemen zu öffnen.

Um diese neuen Herausforderungen zu meistern, fehlt vielen Managern in den Unternehmen das Rüstzeug. Neben sozialen Eigenschaften wie Teamfähigkeit, Kommunikations- und Verhandlungskompetenz kommen zum Beispiel neue Modelle der Personalführung hinzu. Service Design und Management, das Verständnis des Kunden und die Kenntnis seiner Anforderungen sowie ein Gespür für zukünftige Entwicklungen und Trends zeichnen den erfolgreichen Manager der neuen Ökonomie aus. Dabei verliert das Faktenwissen zunehmend an Bedeutung. Betriebswirtschaftliche Grundkenntnisse verbunden mit Know-how im Service Management bilden jetzt die Basis. Kreativität, Risikobereitschaft und Durchhaltevermögen kommen hinzu. Dabei bedeutet „Risikobereitschaft" nicht das Annehmen oder Reagieren auf ein Risiko, sondern den bewussten, kalkulierten Umgang mit Risiken und der gleichzeitigen Wahrnehmung und Nutzung von Chancen.

Partnerschaften spielen eine entscheidende Rolle in diesem Modell. Denn ein derartig enges Zusammenspiel aller Komponenten kann nur mit verlässlichen Partnern langfristig erfolgreich sein. Partnerschaften in der New Economy gehen aber weit über die klassische Lieferantenbeziehung hinaus. Finanzielle Beteiligungen an Erfolg oder Misserfolg der Leistungserbringung, Transparenz bei Leistungserstellung und -abrechnung sowie die Messung an partnerschaftlich festgelegten Key-Performance-Indikatoren sind nur einige Merkmale strategischer Partnerschaften.

Die reine Vertragserfüllung in einer Partnerschaft reicht nicht mehr aus, damit die Zusammenarbeit langfristig erfolgreich wird; erst eine proaktive strategische Gestaltung und gemeinsam entwickelte Innovationen machen aus der Geschäftsbeziehung eine wirkliche Partnerschaft und erschließen allen Beteiligten Wettbewerbsvorteile und neue Märkte.

2.3 *Praxisbeispiel Application Service Provisioning*

Die neue Ökonomie erfordert erhebliches Know-how im Bereich der Informationstechnologie; Know-how das den meisten Unternehmen nicht zur Verfügung steht. Doch gerade Kommunikation, Information und Transaktion in einer vernetzten Welt machen das technologische Know-how zum kritischen Erfolgsfaktor. Neue Geschäftsmodelle zur Überwindung dieser Herausforderung prägen deshalb die Zukunft des Internet-Geschäfts. Sie schaffen damit vollkommen neue Modelle der Zusammenarbeit zwischen Unternehmen. Das klassische Outsourcing wird ergänzt durch die strategische Partnerschaft zwischen einem Unternehmen und dem Dienstleister für IT.

Abb. 4: Vorteile generieren durch strategische Partnerschaften

Die Wertorientierung in einer Partnerschaft muss im Vordergrund stehen. Ist der IT-Partner eng an das Unternehmen angebunden und wird seine Leistung an seinem Beitrag zu den Unternehmenszielen gemessen, ist eine echte Mehrwertsituation erreicht. Flexible IT-Modelle auf das Geschäft auszurichten, ist die Hauptanforderung an den IT-Partner. Eines dieser neuen flexiblen Modelle stellt dabei das Application Service Provisioning (ASP) dar.

ASP bedeutet die Verwaltung einer Vielzahl von Anwendungen auf einem zentralen Server. Kunden wird dabei die Möglichkeit geboten, gegen Gebühren über das Internet oder über ein privates Netzwerk auf die gewünschten Anwendungen zuzugreifen.[3] Applikations-Hosting und -Management, Implementierung, Templates, Hardware, Software und Kommunikation werden modulweise zusammengestellt, und die Bezahlung erfolgt auf Basis einer verbrauchsgerechten Abrechnung (pay-per-use).

Der erste Schritt im Rahmen des ASP stellt dabei die Applikationsauswahl dar. Die Applikation muss zu den Anforderungen des Kunden passen, das heißt, nur geringfügige Prozessänderungen und geringe Komplexität dürfen Folge der Software-Auswahl sein. Die Standardisierung erreicht dabei eine neue Dimension. Eine kundenindividuelle Anpassung an die Applikation, wie dies noch bei ERP-Systemen (Enterprise Resource Planning) möglich und häufig nötig war, findet nicht mehr statt. Statt dessen prägen Internet-Fähigkeit und Mehrmandantenfähigkeit die Applikationen. Aus ihnen lassen sich insbesondere Leitungsverfügbarkeit, Sicherheit, Service Level Agreements mit dem IT-Partner und Datenspeicherung als kritische Erfolgsfaktoren ableiten.[4]

Die individuelle Serviceerbringung hat dabei insbesondere folgende Vorteile für den Endverbraucher:

1. Keine oder stark verringerte Investitionen oder Risiken

2. Kein Bedarf an Fachpersonal beim Kunden

3. Feste, vorhersagbare, kontrollierbare, verbrauchsabhängige Kosten

4. Schnelle Implementierung

5. Niedrigere Cost of Ownership & schnellerer RoI

6. Skalierbarkeit

Die Zusammenstellung aus den unterschiedlichen Servicebausteinen und die kundenorientierte Zusammenfassung garantieren dabei die deutliche Erhöhung der Servicequalität bei stark gesenkten Kosten. Der Kunde steht auch in diesem Fall im Mittelpunkt und bestimmt mit seinen Anforderungen die Ausgestaltung des Services.

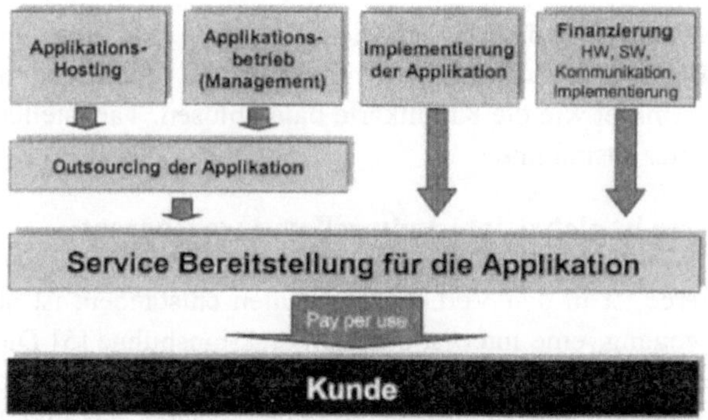

Abb. 5: Service Offering ASP

Eine derartige Serviceerbringung nutzt die Vorteile, die durch Skaleneffekte generiert werden können bei gleichzeitiger Maximierung der Individualität. ASP wird damit zum idealen Beispiel für die Nutzung der Vorteile des elektronischen Handels. Zudem eröffnet es etwa den Telekommunikationsunternehmen neue Möglichkeiten, Kunden langfristig zu binden und neue Premium-Services zu etablieren. Partnerschaften mit IT-Dienstleistern und gemeinsame Serviceportfolios schaffen völlig Märkte.

3 Welche Werte wirklich zählen

3.1 *Grundgesetz des E-Commerce*

Es ist ein der wichtigsten Management-Aufgaben in der neuen Ökonomie aus den vielen Trends und Modeerscheinungen, die jede Innovation umgeben, die zu erkennen, die dauerhaft unser ökonomisches Handeln bestimmen. Neben den eingangs aufgezeigten Grundwerten gilt es, die großen Internet-Strömungen zu wahrzunehmen. Sie bestimmen Wertebildung und Trends.

3.1.1 E-Commerce wird alles durchdringen

Electronic Commerce wird in einigen Jahren eine derartige Rolle in unserem Leben spielen, dass wir ihn kaum noch bewusst wahrnehmen. Heute selbstverständlich erscheinende Lösungen werden sich weiterentwickeln und eine erweiterte Funktionalität und höhere Nutzerfreundlichkeit bieten. Inwieweit Electronic Commerce akzeptiert wird, hängt dabei vom echten Mehrwert ab, den ein Nutzer durch ein bestimmtes Angebot erfährt. Einfache Nutzung oder eine sinnvolle Erweiterung der Funktionalität sind nur zwei Möglichkeiten für einen solchen Mehrwert.

Mobile Commerce ist ein Beispiel, das die Implikationen der New Economy illustriert: Entwickelt sich die Kommunikationstechnologie in den gleichen Riesenschritten wie in der Vergangenheit und setzt sich die Erledigung von Besorgungen oder das Ausführen von Bankgeschäften mit dem Mobiltelefon durch, könnte das Handy klassische Zahlungsmittel wie die Kreditkarte bald ablösen. Tankstellen etwa könnten dann ohne Mitarbeiter auskommen.

3.1.2 E-Commerce ist global, interkulturell und transparent

Electronic Commerce ist in den Vereinigten Staaten entstanden, ist aber längst eine internationale Bewegung, eine internationale Interaktionsbühne.[5] Die Einflüsse auf Problemstellungen wie Privatsphäre, Geldwäsche, Verschlüsselung, Besteuerung und Authentizität sind heute kaum abzusehen. Einzelne Staaten der OECD werden sich diesem Trend per Legislative nicht entziehen können (etwa Deutschland mit seinen Fernmelde-, Signatur- und Haftungs- und Patentgesetzen). Auch die US-amerikanische Gesetzgebung steht vor ähnlichen Problemen; so hat man E-Commerce in der Landesgesetzgebung von State Sales Tax freigestellt oder sich gerade zur 56-bit DES-Verschlüsselungs-Exportfreigabe durchgerungen, was allerdings im Internet längst gängige Praxis war.

Viele Kritiker sehen das Internet als Instrument der Gleichmacherei. Sie beklagen, dass nationale Unterschiede oder Traditionen im eher technisch orientierten Internet untergingen. Tatsächlich aber ist das Internet weltumspannend; es ermöglicht grenzenlosen Austausch. Somit kann das Internet etwa verstreute ethnische Gruppen unterstützen, in Kontakt zu bleiben und ihr Brauchtum zu pflegen. Kommunikation und Information sind die positivsten Eigenschaften des Netzes. Es ermöglicht Austausch in vielen Kontexten, die weit über das wirtschaftliche Handeln hinausgehen.

Auch Sprachenvielfalt, häufig als größter Hemmschuh kritisiert, leistet dazu einen wesentlichen Beitrag. Sie trägt zur kulturellen Differenzierung bei. Sprache als Identifikations- und als bewusst gewähltes Unterscheidungsmerkmal sorgt für Vielfalt im Internet. Es bildet Gesellschaften und Kulturen ab.

3.1.3 E-Commerce eliminiert die traditionelle Mittlerfunktion und führt zu Commoditization

E-Commerce zerstört traditionelle Mittlerfunktionen (Disintermediation), sorgt aber gleichzeitig wieder für den Aufbau neuer (Intermediation). Die Zerschlagung der traditionellen Wertschöpfungsketten, wie bereits zuvor dargestellt, schafft neue Aufgabenbereiche. Der Serviceintegrator wird zum neuen Mittler. Er löst alte Mittler wie den Handel in der traditionellen Wertschöpfungskette ab. Selbstverständlich wird ein solches Szenario nicht hundertprozentig Wirklichkeit werden. Händler werden sich in Nischen bewegen, in denen E-Commerce-Anbieter keine Chance haben. Denn entscheidend für die Ablösung der alten Mittler durch neue Organisationsformen ist die Mehrwertorientierung für den Kunden.

Mit der Internet-Buchhandlung Amazon haben traditionelle Mittler begonnen, sich aufzulösen (Disintermediation). Ein Beispiel für Intermediation ist das TC Trust Center in Hamburg – eine Gemeinschaftsgründung der deutschen Banken zur Vergabe von Zertifikaten im Zahlungsverkehr oder Business-to-Business-Bereich (wie Edifact R3 Interfaces). Die neue Ökonomie benötigt neue Institutionen (Mittler) für das elektronische Geschäft. Hier bietet sich die Chance für Unternehmen, sich auf Kernkompetenzen zu konzentrieren und neue Institutionen als Mittler zu schaffen.

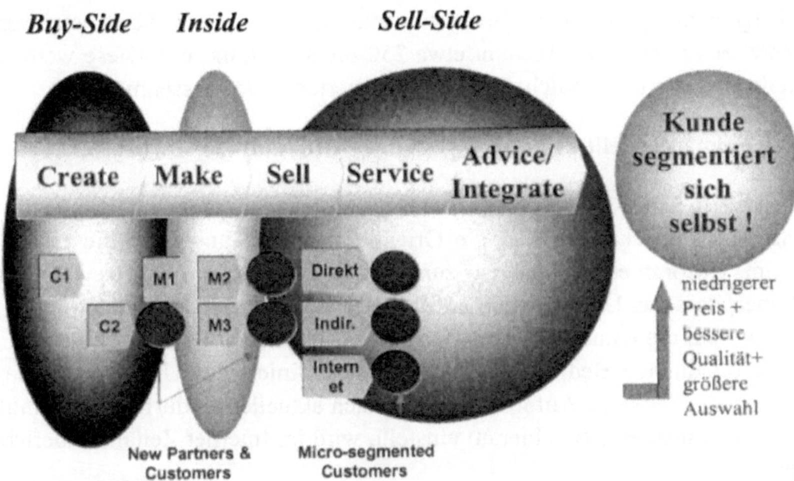

Abb. 6: Aufspaltung der Wertschöpfungskette und Segmentierung der Kunden

Der Aufspaltung der Wertschöpfungskette steht eine bisher unbekannte Kundensegmentierung gegenüber. Denn der Kunde bestimmt den Wertschöpfungsprozess; mit seinem Kaufverhalten legt er fest, was, wie, wo und in welcher Menge produziert wird. Die Anbieter erweitern die Wertschöpfungskette noch um weitere Elemente für den Kunden. Service, Beratung und letztendlich die Integration der Lösung in sein Umfeld stellen einen echten Mehrwert für ihn dar. Die Internet-Buchhandlung Amazon bietet den Nutzern ihrer Web Site zum Beispiel an, selbst Buchkritiken auf die Site zu stellen, die Kritiken anderer Leser zu lesen und durch die Angabe von E-Mail-Adressen miteinander in Kontakt zu treten. So ist Amazon kein reiner Buchverkäufer, sondern auch ein Forum, auf das alle Lesermeinungen Zutritt haben.

E-Commerce wird aufgrund seiner Massenwirkung zu einer Commoditization von Dienstleistungen führen. Die Angebote des Electronic Commerce steigen ständig, ihre Qualität verbessert sich und die Zahl der Nutzer nimmt quasi täglich zu. Auf den einzelnen Nutzer umgerechnet, sind die Anfangsinvestitionen gering. Wachstum und allgemeine Akzeptanz sind Grundbestandteile des Modells und werden als selbstverständlich angenommen. E-Commerce generiert Massenmärkte.

Ein Beispiel: Die klassische Abwicklung eines Brokerage-Geschäfts erzeugte im Jahr 1996 zum Beispiel bei Merrill Lynch mit über 14.000 Agenten Kosten von 90 Dollar je Geschäft als Flat Fee. Bereits 1999 sanken die Kosten je Transaktion beim Internet-Broker Charles Schwab oder bei eBay auf acht bis zwölf Dollar Flat Fee. Dies entspricht genau den Grenzkosten des elektronischen Retail Broker und führt damit zu keinem Profitbeitrag. Gleichzeitig sind hohe Investitionen notwendig, um Clearing und Settlement von Wertpapieren onlinefähig zu machen (250 bis 300 Millionen Dollar). Der Retail Broker verdient sein Geld mit den sogenannten Margin Lines (Zinsen auf Kredit-finanziertes Wertpapiergeschäft). Zusätzlich investiert er in Neukundengewinnung; er nutzt Investitionsmittel, um neue Kunden anzuwerben. Hierfür setzt er pro aktivem Account etwa 250 bis 300 Dollar ein. Diese werden aus IPO-Mitteln finanziert. Ein solches Vorgehen generiert neue Massenmärkte.

3.1.4   E-Commerce stellt den Kunden in den Mittelpunkt

E-Commerce ist eine Relationship und kein Transaktions-Geschäftsmodell. Die Loslösung von Transaktionen und die Orientierung auf Kunden ist die eigentliche Aufgabe im E-Commerce. Dies ist zunächst nichts Neues oder Revolutionäres, bedeutet aber, dass das Unternehmen auf den Kunden ausgerichtet werden muss, und zwar nicht nur auf die Kunden in ihrer Gesamtheit, sondern auf den einzelnen Kunden und seine individuellen Bedürfnisse. Der Kunde definiert das Unternehmen immer wieder neu, in dem er seine Anforderungen je nach aktuellen Bedürfnissen formuliert. Nur ein Unternehmen, das sich hierauf einstellt, wird im Internet-Zeitalter überlebensfähig sein.

Produktherstellung und -vertrieb fallen dabei in Zukunft auseinander. Die Aufspaltung der Wertschöpfungskette bedingt dies. Anforderungen von Kunden werden damit direkter an das Unternehmen herangetragen. Es wird überlebenswichtig, Markttrends zu erkennen und genau über Kundenwünsche informiert zu sein. Der Kunde hat die Möglichkeit, Einfluss auf den Prozess *Create*, *Make* und *Sell* zu nehmen und erteilt dem Unternehmen damit eine „Handlungsanweisung". Die Analyse der Kundenkommentare, ihre Hinweise und Beschwerden rücken nicht nur das aktuelle Produkt in den Vordergrund, sondern machen Potentiale für neue Angebote sichtbar. Diese Informationen erlauben effizientes Cross- und Theme-Selling. Individualisierte Marktplätze, Portale und Communities zeigen diesen Trend bereits heute.[6]

3.1.5   E-Commerce ist ein Kollisionsmodell

E-Commerce ist ein Kollisionsmodell, ein Paradigmenwechsel, der sich innerhalb einer bestehenden Technologie vollzieht und durch eine neuartige Anwendung von Informationstechnologie auf Geschäftseinheiten getrieben wird. Im Jahr 1998 erkannte Bill Gates bereits, dass man zwar auch in Zukunft noch Bankgeschäfte tätigen werde, ob hierzu aber noch Banken benötige, sei höchst fraglich. Kollisionsmodell heißt für uns vor allem, dass Electronic Commerce mit klassischen Aufbauorganisationen, klassischer Budgetierung und klassischer Setup-Zeit sowie Strategieplanung kollidiert. Deshalb sind heute sogenannte Green-Field-Ansätze bei Entwicklung und Realisierung einer E-Commerce-Strategie beliebt: Bei ihnen löst sich das Unternehmen von der eigenen Legacy-Umgebung (der vorhandenen Informationstechnologie) und beginnt mit dem Aufbau neuer Systeme von vorn, quasi auf der „grünen Wiese". Dieser Ansatz ist überaus erfolgreich und hat sogar ein neues Geschäftsmodell generiert: Das Modell des Discounted Cash Flow getriebenen IPOs zeigt, dass Time-to-Market und Speed die kritischen Erfolgsfaktoren sind. Die diskontierte Vision von zukünftigen Märkten belohnt denjenigen mit Venture Kapital, der als erster mit dieser Idee auf den Markt kommt.[7]

Es scheint fast so, als könnte die Old Economy mit der traditionellen Ausrichtung nicht gleichzeitig neben der New Economy existieren. Die Aufteilung an den Börsen mit Neuem Markt und DAX, Nasdaq und Dow Jones symbolisiert diese Zweiteilung. Je nach Anlegermotivation schlägt das Herz für die eine, mal für die andere Wirtschaftsform, wobei diese Schwankungen von Übertreibungen in jede Richtung geprägt sind. Mittelfristig wird ein Gleichgewicht entstehen, das beide Modelle in Koexistenz leben lässt. Ob es eine vollständige Auflösung der alten Wirtschaftsformen geben wird, ist fraglich. Entscheiden wird letztendlich der Kunde.

3.2 Fortschritt durch E-Commerce

Stellt das elektronische Geschäft einen wirklichen Fortschritt dar? Oder handelt es sich um eine Modeerscheinung, die wieder verschwindet? Festzuhalten bleibt, dass sich der elektronische Handel bisher noch nicht durchgesetzt hat. Die Umsätze halten sich in engen Grenzen und gerade erklärungsbedürftige Produkte oder Produkte, die einen hohen emotionalen Anspruch haben (wie Mode), lassen sich schwer über das Internet vertreiben.

Was sollte den Kunden dazu bewegen, Produkte über das Internet zu kaufen? Bisher, so müssen sich die meisten Online Händler eingestehen, können sie zumeist keinen Mehrwert in die Waagschale werfen, außer 24 Stunden erreichbar zu sein. Risiken bei der Datenübertragung, logistische Probleme, ein häufig unzureichendes Angebot verbunden mit unausgereifter Technik macht aus E-Commerce häufig ein Abenteuer und nicht gerade ein Vergnügen. Echte Mehrwertorientierung ist kaum anzutreffen, der „Me-Too"-Effekt beherrscht viele Web Sites. Deshalb zeichnet sich schon heute ab, dass es dem E-Commerce ergehen wird wie vielen traditionellen Händlern auch: Wer nur kopiert, ohne dabei etwas wirklich Neues zu bieten, hat bald verloren – und als erstes den Kunden.

Übrig werden die bleiben, die die Werte des Internet optimal in ihr Geschäftsmodell übertragen haben. Diese werden für einen zweiten Aufschwung sorgen, mit die New Economy die Old Economy wirklich unter Druck setzen wird. Diese Entwicklung rückt den Kunden, sein Verhalten und seine Bedürfnisse in den Mittelpunkt. Er hat mittelfristig die Wahl zwischen zwei gleich starken Modellen und wählt die für seine Zwecke am besten geeignete Wirtschaftsform aus.

Die zuvor beschriebene Marktbereinigung findet auf Händlerseite wie auf Kundenseite statt. Loyalität ist derzeit noch ein Fremdwort bei Käufen im Internet; die sogenannte „Zapping-Mentalität" herrscht vor. Handel bedeutet derzeit Ausprobieren, Testen. Eine Konsolidierung vor allen Dingen unter den regelmäßigen Käufern hat bisher nicht stattgefunden. Erst mit einem festen Kundenstamm wird sich der Markt bereinigen und Unternehmen werden Gewinne erzielen (eine entsprechende Logistik oder Serviceorganisation vorausgesetzt). Allerdings sind im E-Commerce mittelfristig keine wirklich hohen Profite zu erwarten. Das Marktgesetz der traditionellen Ökonomie, nach dem *supernormal profits* neue Wettbewerber anlocken und so für ein größeres Angebot bei sinkenden Preisen sorgen, gilt auch für die neue Ökonomie.

Die New Economy mag zwar kurzfristig Marktgesetze und Gegebenheiten außer Kraft setzen, dies wird allerdings nicht von langer Dauer sein. Letztendlich werden Übertreibungen sowohl zur einen als auch zur anderen Seite vom Markt und damit von den Konsumenten korrigiert.

4 Wie die virtuelle Realität zur realen Virtualität wird

E-Commerce auf Technik zu reduzieren würde den wesentlichen Aspekt des Nutzers/ Kunden vernachlässigen. Technology follows expectations, die Technik setzt die Ansprüche der Nutzer um. War das Internet zunächst nur ein Forschungsnetz und eine Spielwiese für einige wenige technikbegeisterte Freaks, erreichte es bald eine wachsende Akzeptanz bei anderen Benutzergruppen. Das Internet wandelte sich von einem Technologie geprägten Experimentierfeld in ein Informationsnetz. Die Nutzer begannen zu erkennen, welche Möglichkeiten das Netz für das traditionelle Geschäft bietet. Discounted Vision, der Vertrieb aller möglichen Produkte und Dienstleistungen über das Internet löste eine Flut von IPOs aus.[8] Durch die Begeisterung getragen wurden alle zum Erfolg und machten sowohl die Unternehmen als auch Anleger zumindest der ersten Stunde zu Millionären. First-Mover Advantage war das entscheidende Schlagwort. Doch mittlerweile ist Ernüchterung eingetreten. Discounted Vision muss mit einem soliden Geschäftsmodell einhergehen. Die Old Economy ist wie ein schlafender Riese geweckt worden und schlägt gnadenlos zurück. Kapitalstock, seit langem etablierte Prozesse und Systeme und lang gewachsene Kundenbeziehungen, die alle auch in der New Economy benötigt werden, bilden das Kapital dieser Unternehmen. Die klassischen Gesetze der Betriebs- und Volkswirtschaftslehre finden ihre Anwendung. Die Gesetze der Massenproduktion oder des Marktgleichgewichts sind nur zwei Beispiele. Die Prophezeiung, dass entweder die Old oder die New Economy gewinnt, scheint deshalb eine oberflächliche Schwarz-Weiß-Sicht zu sein. Es werden diejenigen Unternehmen im neuen Wettbewerb bestehen, die ihre

Kunden am besten kennen und diese an sich binden können. Dieses im E-Commerce bisher stark vernachlässigte Feld wird der einzige kritische Erfolgsfaktor der Zukunft sein. Die Verinnerlichung der zu Beginn dargestellten Werte im Internet mit einer strikten Kundenorientierung muss Bestandteil aller unternehmerischen Handlungen werden. Nur dann wird das Internet die nächste Entwicklungsstufe erreichen und sowohl Konsumenten als auch Unternehmen ein neues goldenes Zeitalter erleben.

Literaturverzeichnis

[1]   Vgl. Sterne, J.: Customer Service on the Internet, New York et al. 1996, S. 171 ff.

[2]   Vgl. Mougayar, W.:Opening Digital Markets, Second Edition, New York et al. 1998, S. 51 ff.

[3]   Def. nach Forit/Zona Research, Juni 2000

[4]   Zu Sicherheitsaspekten vgl. Ghosh, A. K.: E Commerce Security, New York et al. 1998, S. 21 ff.

[5]   Als Beispiel globales Marketing im Internet vgl. Zeff, R./Aronson, B.: Advertising on the internet, 2nd ed., New York et al. 1999, S. 281 ff.

[6]   Zur Bedeutung von Communities vgl. Hagel, J. III/Armstrong, A. G.: net gain: expanding markets through virtual communities , Boston 1997, S. 49.

[7]   Vgl. Peppers, D./ Rogers, M.: Enterpris One to One, New York 1999, S. 91 ff.

[8]   Vgl. Jolly, V. K.: Commerzializing New Technologies, Boston 1997.

E-Business: Neue Gemeinschaften – neue Kulturen

Prof. Dr. Jo Groebel
Europäisches Medieninstitut, Düsseldorf/Paris

Inhalt

E-Business heißt für die aktiven Teilnehmer am Markt mehr Optionen – als Konsumenten, als Unternehmer, als Arbeitnehmer. Dazu einige Aussagen.

1   Die Eigenschaften der Technik[1]

Das digitale Netz, heute als Internet, wird zu einer Infrastruktur wie die Elektrizität. Die Übertragungswege sind dabei eigentlich beliebig und ergeben sich aus regionalen, kapazitäts- und nutzungsbezogenen Konstellationen. Satellit und Breitband, UMTS und vielleicht sogar Stromkabel können die digitalen Signale verbreiten. Sofern die heute beiden größten Entwicklungsblockaden, einerseits der Mangel an Standardisierung, Systemkompatibilität und Bedienerfreundlichkeit durch die Industrie selbst, andererseits internationale, und besonders europäische Regulierungswidersprüche und -unsicherheiten durch die Politik überwunden werden, stehen dem Konsumenten jedwede Angebotsstruktur und Nutzungssituation offen. Die Nutzungssituation bestimmt dann auch, welche Hardware die geeignetste ist: Zum Beispiel der (Net-)PC für interaktive Arbeit, der (Plasma-)Großbildschirm für passives Fernsehen, das Mobiltelephon für E-Mails und Internetgeschäfte unterwegs, ja sogar die Mikrowelle für ferngesteuerte Speisenzubereitung.

Es entstehen, das ist für das Marktverhalten entscheidend, unendliche Kombinationen aus Arbeits-, Konsum-, Informations- und Kommunikationsangeboten.

2   Die Konsequenzen für den Einzelnen

Der Mensch erhält so immer mehr Verhaltensoptionen und Entscheidungsmöglichkeiten. Mit den rein statistisch "unzähligen" technischen Auswahlkombinationen lösen sich für den einzelnen Information, Transaktion, Arbeit und Kommunikation potenziell von Ort und Zeit. Internet-TV, Replay oder Tivo in den USA lassen Hunderte von Fernsehprogrammstunden speichern und jederzeit abrufbar machen. Damit geraten die herkömmlichen Finanzierungsmodelle wie Werbung und Copyrights unter Druck, Zeitgrenzen spielen keine Rolle mehr, so dass zum Beispiel der Jugendschutz neue Instrumente entwickeln muss.

Für den Arbeitsmarkt nimmt die Korrelation vieler Fähigkeiten mit Raum und Zeit ab und öffnet damit Gruppen, die lange von der Erwerbstätigkeit ausgeschlossen waren, wieder neue Möglichkeiten: Wer sich nicht mehr zum Arbeitsplatz bewegen muss, sondern einen Auftrag an beliebigem Ort erledigen kann, ist in höherem Alter noch

---

[1] Der Text basiert auf den Statements des Autors zur "Future Digital Society", die er auf Einladung der Bundesregierung während der Regierungskonferenz in Berlin am 2. Juni 2000 vor 14 Regierungs- und Staatschefs (u.a. Clinton, Jospin, Schroeder und Mbeki) vorgestellt hat.

oder sogar erst recht für viele Aufgaben geeignet, für die eine lange Erfahrung erforderlich ist. Zugleich kann der angespannte Markt für zum Beispiel IT-Jobs entlastet werden, die durchaus nicht nur von Jüngeren erledigt werden können. Voraussetzung ist dabei allerdings ein radikales Umdenken der Politik, der Sozialpartner und des Bildungssystems und das teilweise Aufgeben des Denkens in statischen Lebensaltersphasen. Dieses Denken stammt noch aus der Zeit, als Arbeit vor allem mit körperlichen Zyklen gleichgesetzt wurden: Das Kind war *noch*, der ältere Mensch *schon* zu schwach für Arbeit, und auch Frauen wurden lange mit physischen Argumenten von vielen Tätigkeiten ausgeschlossen. In dem Maße, in dem Arbeit nicht mit *Belastung* gleichgesetzt wird, sondern *Spaß* machen kann, *freiwillig* ist und gleichzeitig ökonomische Lücken füllen kann, wie den jetzigen Mangel an IT-Qualifizierten, müssen wir die rechtlichen Strukturen schaffen, dies auch zu ermöglichen.

3 Die Merkmale der Gemeinschaft

Das Internet zeichnet sich unter anderem durch neue virtuelle Gruppierungen aus. Menschen treffen sich weltweit in "Newsgroups" und "Chatrooms", diskutieren miteinander, tauschen auch viel Belangloses aus, aber haben jedenfalls eine in dieser Form bislang nicht bestehende Art der herkömmliche Grenzen und Gruppen überschreitenden Gemeinschafts- und Teambildung entwickelt. Auch hier spielen feststehende demographische Merkmale wie Alter, Geschlecht und Herkunft keine Rolle mehr. Man ist für die Gruppe genau soviel wert, wie man inhaltlich beitragen kann. Auch für globale virtuelle Arbeit heißt dies, dass potenziell beliebig zusammengestellte Teams kooperieren und eine ganz neue Arbeitsstruktur entsteht.

Im E-Business hat dies bereits zu entsprechenden Handelsformen geführt: Käufer schließen sich zu sogenannten "Communities" zusammen und erreichen – ähnlich den früheren Kooperativen – bessere Kaufbedingungen. Auch die Kreativen machen gerade einen Umschwung von Anzeigen- ("Banner"-)orientierter Web-Werbung zur Bildung von markendefinierten Gruppen mit. Das Produkt schafft Gemeinsamkeit.

Während sich also allmählich eine Freizeit-, Interessen- und Konsumbezogene Gemeinschaft herausentwickelt, steht die traditionelle Politik vor der Herausforderung, im virtuellen Zusammenleben noch eine strukturierende Rolle zu spielen. Zwar hat sich soeben eine Vereinigung zum repräsentativen "Regieren" des Netzes gebildet (ICANN), aber deren Struktur erinnert eher an die Compagnien des 17.Jahrhunderts, die auf der Basis sehr kleiner Gruppen die Welt in wirtschaftlich interessante Territorien aufteilten. Die demokratisch gewählten Regierungen sind aber immer noch – gerade im internationalen Verbund – die besten Garanten für eine gerechte Strukturierung auch des weltweiten Netzes. Sie müssten hier informiert und präsent sein und aktiv werden!

4 Gesellschaft und Kultur

Die USA haben es den Europäern vorgemacht. Sie sind nicht etwa nur durch wirtschaftliche Macht global erfolgreich geworden, sondern auch durch die Tatsache, dass sie durch Verschmelzung vieler ethnischer Einflüsse einen kulturell gemeinsamen Ton getroffen haben. Er mag manchen trivial und oberflächlich vorkommen, aber hat ein hohes Bindungs- und Identifikationspotenzial. Derzeit werden für das künftige kulturelle Klima in der Welt die Karten wieder neu gemischt. Die Technik ist nicht kontinental gebunden, und so kann Europa – das im Mobilsektor sowieso führt – wieder zu einem wichtigen Teilnehmer an der Weltkultur/Weltpolitik werden, bzw. es bleiben. Die digitale Ökonomie hat bereits eine so hohe globale Verzahnung geschaffen, man denke nur an die Sicherheitsprobleme (Virus; Privacy), dass der Wettbewerb langfristig nicht mehr primär entlang geographischer Standorte und kontinentaler Grenzen verlaufen wird. Die globalen Meinungsführer und *political Leaders* müssen bei gesundem Wettbewerb jedenfalls auch zusammenarbeiten, um durch Vernetzung nicht zuletzt ihrer Bildungssysteme zu der sich ökonomisch und kulturell ergänzenden Welt beizutragen.

5 Bildung und Sozialvertrag

Die Ausbildung in unserer Gesellschaft schafft zwar berufliche Qualifikation, aber sie dient ebenso der Gemeinschaftsbildung. Bei aller Virtualität: Menschen wachsen zunächst in physischem Kontakt miteinander auf und lernen so, sich auf andere einzustellen und deren Erfahrungen mitzubekommen. Dies kann wohl in absehbarer Zeit noch kein System des Abstandslernen vermitteln. "Echte" Schulen werden soziale Foren bleiben.

Für die beruflichen Grundlagen allerdings ist das heute vorherrschende Bildungssystem nicht mehr optimal gestaltet. Zusammen mit der demographischen Entzerrung des Arbeitsmarktes, Stichworte jugendliche Unternehmer, Renaissance der Wertschätzung von Lebenserfahrung, müsste nach dem Aufbau eines Basiswissenskanons und der Vermittlung prozeduraler Fähigkeiten ein Parallelsystem aus ständiger Weiterbildung und Arbeit erfolgen, dass durchaus auch Rhythmen mit über das Leben verteilten Bildungs- und Arbeitsakzenten kennen könnte. Jedenfalls würde sich so ein älter werdender Arbeitnehmer nicht automatisch immer weiter von der aktuell nötigen Qualifikation entfernen. Gerontologisch gesehen gibt es nur wenige Funktionen, bei denen ein älterer Mensch immer schwächer wird (sofern keine Pathologie vorliegt), dafür genauso viele, bei denen durch Lebenserfahrung eher noch wertvollere Beiträge zu erwarten sind. Die aktuellen Ergebnisse aus den USA belegen es: Ältere sind exakt so internetfähig wie jüngere. Ihnen fehlte nur der kontinuierliche Anschluss an das zunehmende Wissen.

Umgekehrt ist die unangenehme Assoziation mit dem Wort Kinderarbeit dann nicht mehr gerechtfertigt, wenn sich ein Dreizehnjähriger spielerisch den Umgang mit dem E-Business erschließt. In beiden Fällen müsste die *gewünschte* Bildung möglich gemacht werden und nicht an statischen und formalen Kriterien scheitern.

Dies geht nicht ohne den Umbau des Bildungssystems und unserer Sozialvereinbarungen. Die erreichte soziale Sicherheit müsste natürlich gewährleistet bleiben. Aber das Problem der sogenannten Überalterung, die Neuordnung der globalen Ökonomie und unser gleichzeitiger Mangel an IT-Qualifizierten stellt *nahezu alle* Staaten sowieso vor große soziale und wirtschaftliche Probleme. Sie werden in amerikanischer Terminologie dann zu Herausforderungen im Sinne von Chancen, wenn uns die demographische, geographische und kommunikative Öffnung unseres Systems gelingt. Dabei hat jede Kultur etwas beizutragen, die USA ihren Entrepreneursgeist, Europa seine traditionelle Tiefe, Asien, Afrika, Lateinamerika, Australien...you name it. Unser Ziel sollte jedenfalls eine globale *Soziale Digitalökonomie* sei: Ein Wirtschaftssystem, in dem Arbeitsmarkt, Bildung und Sozialstruktur so offen gehalten sind, dass dynamisch mit der Technologie und dem Markt umgegangen werden kann. Zugleich muss ein solches System immer noch sozial und wirtschaftlich Schwache aufzufangen in der Lage sein – was umso einfacher ist, je mehr die Dynamik gemeinsame Prosperität erzeugt.

Appendix: Clickin' for Chicken

If today's TV commercials motivate audiences at all, they're likely to motivate them to change channels. But i-TV could change that. Viewers of the U.K.'s first-ever interactive TV commercial - aired in March on BSkyB's Open service - had plenty to keep them busy. While watching Unilever's Chicken Tonight's Stir It Up instant soup ad, consumers used the remote control to visit the company's Creative Kitchen site, apply for cash-back vouchers and, in some areas, order the soup online by accessing the TV-sites of nearby grocery stores which also offer their services on Open. Feedback has been positive, and similar projects are in the works with other advertisers.

At present, the number of interactive ads is still low, even in countries where i-TV has been available for several years. French broadcasters TPS and CanalSatellite, for example, have so far run only about two dozen interactive TV spots since 1997. As a result, t-commerce (electronic transactions conducted via television) sales figures are low, too. "It's a chicken and egg conundrum," says PricewaterhouseCoopers media analyst Joerg Bartussek in Düsseldorf. "As long as there are few subscribers, you won't find content - and vice versa."

But as i-TV is rolled out across Europe, t-commerce is finally expected to hatch. Therese Torris, director of European e-commerce at Forrester Research in Amsterdam, even predicts that i-TV will "surpass the Internet as Europe's primary e-commerce platform by 2005," perhaps because security fears about Web shopping could abate in the safer, more familiar television environment. Anecdotal evidence supports this view. Tropical Places, the first company to sell holidays on British i-TV, announced in January that it had taken more bookings through t-commerce than through its website.

T-banking is expected to take off, too. According to a 1999 Datamonitor survey of 35 leading financial service institutions in the U.K., almost 75% of retail banks either offer t-banking already or are negotiating with broadcasters to develop such a service. Within two years, viewers will not only be able to check their accounts and pay bills but also arrange mortgages, life insurance and personal loans.

T-commerce is a marketeer's dream. When anyone subscribes to an i-TV service, her address, phone number and other personal details are registered on a smart card in the set-top box. This data becomes accessible to every firm from which she requests information or buys a product, giving "marketeers the knowledge of exactly who it is they are dealing with," says Alain Staron of TPS. This means companies can target her with customized ads.

Advertisers will also learn more about "consumption clusters," groups who tend to purchase a set of related goods, like those Web bookseller Amazon.com targets with its "Customers who bought this title also bought..." category. "We will no longer define consumer groups according to ...age, gender or income," says Jo Groebel, Director of the European Institute for the Media (EIM) in Düsseldorf, "but will start thinking much more functionally and situation-oriented." Spots targeted at consumption clusters get their message across quickly and so are cheaper to air - an advantage for television ads in which time is money.

By Ursula Sautter, Bonn. With reporting by Bruce Crumley, Paris and Hugh Porter, London

TIME Magazine, 19.06.2000

Großfusionen ohne wettbewerbsrechtliche Kontrolle?

Prof. Dr. Dr. h.c. Ulrich Immenga
Georg-August-Universität, Göttingen

Inhalt

1 Die Fusionswelle als Konsequenz der Globalisierung

"Die tägliche Fusion" lautete die Überschrift eines Zeitschriftenartikels. Das damit bezeichnete Phänomen der Wirtschaftswelt bedarf keines tatsächlichen Nachweises. Beim Verfassen dieses Beitrages genannte Beispiele wären im Zeitpunkt der Publikation bereits in den Hintergrund getreten. Die Welle der Fusionen erscheint, zumindest auf absehbare Zeit, unaufhaltbar. Sie erfasst alle bedeutsamen Wirtschaftszweige und erscheint besonders auffällig im Bereich neuer Technologien und Medien; in gleicher Weise sind jedoch traditionelle Industrie- und Dienstleistungssektoren Gegenstand von Strukturveränderungen auf den Märkten.

Zu unterstreichen ist zunächst, dass es sich bei derartigen Unternehmensverbindungen um Vorgänge am Markt für Unternehmen oder Unternehmenskontrolle handelt. Denn Unternehmen und die mit ihnen verbundenen Ressourcen sind ihrerseits Gegenstand von Austauschgeschäften zur Schaffung von neuen wirtschaftlichen Einheiten.[1, 2] Derartige Austauschvorgänge sind in mehreren Formen denkbar. Im Vordergrund steht der Beteiligungserwerb, der sich über die Börse, über den Kauf von Aktienpaketen, die bereits die Unternehmenskontrolle verkörpern können, oder über öffentliche Übernahmeangebote vollziehen kann. In Betracht kommen ferner die vom Gesellschaftsrecht bzw. Vertragsrecht ermöglichten Verschmelzungen (Fusionen im engeren Sinn) sowie zum Konzern führende Beherrschungs- und Pachtverträge.

Von diesen Marktvorgängen können positive Wirkungen ausgehen. Das gilt zumindest dann, wenn sich Unternehmen an veränderte Marktbedingungen anpassen. Mit entstehenden Größenvorteilen werden die Ressourcen innerhalb der Industrie oder des Marktes optimal eingesetzt. Es geht um eine allokative Effizienz. Auch die Frage nach der fortschrittsoptimalen Größe und der Notwendigkeit technologischer Systemführerschaft durch Großunternehmen hat einen Bezug zum Markt für Unternehmen.

Die gegenwärtige große Zahl von Fusionen ist zumindest auch mit diesen Zielsetzungen verbunden. Sie berücksichtigt die in den letzten Jahren sich schnell verändernden Rahmenbedingungen, die mit dem Stichwort Globalisierung bezeichnet werden. Diese geht insbesondere auf die Liberalisierung internationaler Güter- und Dienstleistungsströme im Rahmen der WTO wie auch auf die in ihrer Schnelligkeit kaum noch übersehbare Entwicklung der Informationstechnologie zurück. Diese Anpassung, wenn gelungen, ist notwendig für Unternehmen und funktionsfähige Märkte. Sie ist ihrem Wesen nach positiv für die Entwicklung der Weltwirtschaft. Im übrigen geht von einem funktionsfähigen Markt für Unternehmen auch eine disziplinierende Wirkung auf Unternehmensleitungen aus. Jedes Management ist am Erhalt seiner Position interessiert.

2 Ordnungspolitische Implikationen

Die bisherige Diskussion um "Megafusionen" geht, u.a. mit dem Hinweis auf Synergieeffekte, auf diese Zusammenhänge ein, bedenkt Auswirkungen auf Arbeitsmärkte oder hinterfragt, durchaus auf empirischer Basis [3], die betriebswirtschaftliche ratio der Verbindungen. Es findet sich in der öffentlichen Diskussion jedoch kaum ein Ansatz für eine ordnungspolitische Fragestellung. Sie ist allerdings auch mit Blick auf eine positive Wirkung von Unternehmensmärkten zu stellen. Diese Wirkungen werden durch Unternehmenskonzentration und nachlassenden Wettbewerb beeinträchtigt. Sie erübrigen auch nicht die Frage nach entstehender wirtschaftlicher Macht. Die ordnungspolitische Zurückhaltung kann allerdings insoweit nicht verwundern, als die Konzentrationsvorgänge in nahezu allen Fällen von den Wettbewerbsbehörden nicht behelligt werden. Grund ist der eindeutige Sachverhalt, dass Märkte sich zunehmend nicht mehr als regional oder national, sondern bis hin zur Globalität beschreiben lassen. Wettbewerbspolitisch bedenkliche Marktmacht entsteht unter diesen Bedingungen nicht ohne weiteres, solange noch hinreichend Konkurrenz, aktuell oder potenziell, im internationalen Feld auszumachen ist. Maßgebliche Kriterien für die Begrenzung externen Unternehmenswachstums sind etwa die Entstehung oder Verstärkung einer marktbeherrschenden Stellung [4] oder die wesentliche Beschränkung des Wettbewerbs.[5] Diese werden im internationalen Wettbewerb immer weniger erfüllt. Auf großen Märkten ist eine Vermachtung weniger wahrscheinlich. Also keine wettbewerbspolitischen Bedenken?

Ein weiterer ordnungspolitisch erheblicher Gesichtspunkt findet kaum Beachtung. Die entstehenden Unternehmensgrößen bisher nicht bekannten Ausmaßes führen nicht nur zu wirtschaftlichem, sondern auch zu gesellschaftspolitischem Einfluss. Im System nationaler Staaten entwickeln sich Dimensionen unternehmerischer Einheiten, die Umsatzzahlen aufweisen können, die an den Umfang staatlicher Haushalte heranreichen. Das Wettbewerbsrecht kann auch insoweit keine Grenze mehr bilden. Die mit ihm verbundene Entmachtungsfunktion, die Begrenzung wirtschaftlicher Macht, wird in dem Maße aufgehoben, in dem die nationale Wettbewerbskontrolle nicht mehr greift, da mit der Internationalisierung der Märkte wettbewerbspolitische Bedenken zurücktreten. Der nicht auf Märkte bezogene Einfluss von Großunternehmen wird nicht mehr berührt. Auf die hierdurch entstehenden Gefahren wurde bereits in der Begründung der Bundesregierung zur Einführung der Fusionskontrolle hingewiesen: "In gesellschaftspolitischer Sicht zerstören übermäßige Ballungen wirtschaftspolitischer Macht die Grundlage unserer freiheitlichen Ordnung. Politische Demokratie und Marktwirtschaft sind ohne Dezentralisierung der Macht nicht denkbar."[6]

Es wird allerdings wahrgenommen, dass das Verhältnis von Staat und Wirtschaft unter den Bedingungen der Globalisierung von der Entwicklung großer wirtschaftlicher Einheiten berührt werden kann, die die Gestaltung nationaler Ordnungsrahmen in ihrem Sinne beeinflussen können.[7, 8] Grenzen werden erreicht, wenn wirtschaftliche Handlungsfreiheiten in Herrschaftsmöglichkeiten verkehrt werden. Das folgt bereits aus der Existenz wirtschaftlicher Größe. Es kommt nicht auf einen moralisch vorwerfbaren, missbräuchlichen Gehalt von Handlungsmöglichkeiten an. Deren Inanspruchnahme kann bereits ein ordnungspolitischer Störfaktor sein. Das wird augenfällig, wenn sich ein Unternehmen faktisch als konkursunfähig darstellt, sich als Verkörperung des technischen Fortschritts begreift oder als wesentliches Element der internationalen Wettbewerbsfähigkeit nationaler Wirtschaft verstanden wird. Es darf auch nicht verkannt werden, dass unternehmerische Fehlentscheidungen von großen wirtschaftlichen Einheiten aufgrund ihres wirtschaftlichen Gewichts Auswirkungen auf ganze Regionen haben können.

Die Frage nach einer Begrenzung von Großfusionen allein unter dem Gesichtspunkt entstehender Größe von Unternehmen soll hier nicht weiter verfolgt werden. Der Bereich der Wettbewerbspolitik würde damit verlassen. Es ist allerdings darauf hinzuweisen, dass in der öffentlichen Meinung in der Vergangenheit häufig ernsthafte Bedenken formuliert wurden. Sie haben zu Gesetzesvorschlägen seitens der Monopolkommission und auch in den USA geführt, die auf eine Begrenzung des Größenwachstums zielten.[9]

Nach dem Kennedy-Entwurf eines "Small Business Protection Act of 1979" sollte ein Zusammenschlussverbot statuiert werden, wenn die Beteiligten eine gewisse Größenschwelle überschreiten. Der Zusammenschluss sollte jedoch zulässig sein, wenn die beteiligten Unternehmen innerhalb einer bestimmten Frist einen oder mehrere existenzfähige Unternehmensteile veräußern, die an Größe etwa der des am Zusammenschluss beteiligten kleineren Partners entsprechen ("cap and spin-off"-Lösung). Die Monopolkommission hatte ihrerseits vorgeschlagen, die Eingriffsschwelle vom Tatbestand der Marktbeherrschung abzukoppeln. Großzusammenschlüsse sollten untersagt werden, wenn entweder keine Verbesserungen der Wettbewerbsbedingungen zu erwarten sind oder zu erwartende Verbesserungen nicht ausreichen, um die zu erwartenden Verschlechterungen der Wettbewerbsbedingungen zu überwiegen. Hiermit wird unterstellt, dass Großfusionen immer erhebliche Verschlechterungen der Wettbewerbsbedingungen bewirken. Es ist bemerkenswert, dass der gegenwärtige Bundeswirtschaftsminister Müller auf einer internationalen Kartellrechtskonferenz transnationale Fusionen ausdrücklich auch als Ausdruck wirtschaftlicher Macht bezeichnete.[10] Wer international tätig sei, habe wesentlich bessere Möglichkeiten, seine wirtschaftlichen Interessen in den politischen Willensbildungsprozess einzubringen. Darin stecke ein gesellschaftspolitisches Risiko. Dieses dürfe jedoch in einer funktionierenden Demokratie nicht überbewertet werden. Denn in einer Gesellschaft, in der die Pluralität der Meinungen, der Einflüsse und das Spiel der unterschiedlichen politischen Kräfte gewährleistet sei, könne es eine Erpressbarkeit der Politik eigentlich nicht geben.

3 Auswirkungen auf den Wettbewerb

Über die gesellschaftspolitischen Bedenken hinaus ist jedoch zu erkennen, dass von den Großfusionen dieser Jahre durchaus Wettbewerbswirkungen ausgehen können, die nicht hinreichend gewürdigt werden oder die zum Teil hohen Anforderungen der nationalen Wettbewerbsgesetze nicht erreichen. Bemerkenswert ist allerdings, dass die Fusionskontrolle europäischen Rechts ausdrücklich wirtschaftliche Macht als Kriterium der Marktbeherrschung und damit als Grenze des externen Unternehmenswachstums benennt.[11] Nach dem Text sind weitere Kriterien heranzuziehen wie Marktanteile, Unternehmensverflechtungen oder Finanzkraft. Der Bezug auf wirtschaftliche Macht kann in diesem Kontext nur bedeuten, dass auch hierdurch, unabhängig von weiteren Kriterien, der Wettbewerb auf Märkten beeinträchtigt werden kann. Wirtschaftliche Macht kann daher nur auf die Größe der beteiligten Unternehmen bezogen sein. Damit wird der allgemeine, von der Unternehmensgröße ausgehende Wettbewerbsbezug erfasst. Dieser Wettbewerbsbezug kann unter verschiedenen Gesichtspunkten gegeben sein.

Großunternehmen sind häufig auf verschiedenen räumlichen oder sachlichen Märkten tätig. Sie können in Einzelmärkte eindringen und sich eine überragende Marktstellung verschaffen, soweit sie keinem gleichstarken Konkurrenten begegnen. Ist das allerdings der Fall, so ist eine Politik des Interessenausgleichs zu erwarten. Die Folge ist jeweils eine Schwächung des marktwirtschaftlichen Steuerungsmechanismus. Diese Wirkung tritt auch ein, wenn Gemeinwohlinteressen mit Großunternehmen verbunden werden. Sie können konkretisiert werden etwa durch Forschungs- und Beschäftigungspotenzial oder durch mit dem Unternehmen verbundene internationale Wirtschaftsbeziehungen. Folge ist eine im Wettbewerb nicht unerhebliche faktische Bestandsgarantie. Nationale Subventionspolitik gerade gegenüber Großunternehmen in wirtschaftlichen Schwierigkeiten belegt diesen Zustand erschreckend deutlich.

Ferner hat die Monopolkommission bereits in einem früheren Gutachten nachdrücklich die in den Wettbewerbsgesetzen herrschende Einzelmarktbetrachtung in Frage gestellt.[12] Hiernach werden Fusionen anhand ihrer Machtstellungen auf abgrenzbaren Märkten beurteilt. Demgegenüber wird für Großfusionen eine übergreifende Gesamtschau gefordert. Anderenfalls würden die Probleme verkannt, die durch die Interdependenz von Märkten entstehen. Denn Zusammenschlüsse von Großunternehmen wirken sich regelmäßig auf einer Vielzahl von Märkten aus.

Werden Unternehmenszusammenschlüsse mit der Anpassung an veränderte internationalisierte Wettbewerbsbedingungen begründet, so drücken damit die Beteiligten ihre Vorstellung von einer angemessenen Unternehmensgröße auf den betreffenden Märkten aus. Sie setzen Daten, an denen sich konkurrierende Unternehmen in ihren Planungen orientieren müssen. Die Wirkungen sind zweierlei. Es entstehen Maßstäbe für Unternehmensgrößen, deren Erfüllung nicht notwendig wirtschaftlich gerechtfertigt sein muss, sondern im Prestige- und Machtdenken begründet sein kann.[13] Der

Konzentrationsgrad auf den Märkten steigt. Die Vorgänge im Banken- und Mineralölsektor könnten auf diese Weise gedeutet werden. Für Unternehmen, die sich nicht an diesen Vorgängen am Markt für Unternehmen beteiligen, kann eine Zurückhaltung im Wettbewerb mit Rücksicht auf Unternehmensgrößen und damit verbundene Finanzkraft entstehen. Diese Sicht der Wettbewerber wirkt dämpfend auf die Konkurrenzbeziehungen.[14]

Ein wesentlicher Gesichtspunkt ist auch der Zusammenhang von den auf Märkten bestehenden Unternehmensgrößen und Marktzutrittsschranken. Potenzieller Wettbewerb von Newcomern wird unter diesen Bedingungen entmutigt. So wird ein Eintritt in die Märkte des Mineralölbereichs faktisch nur möglich, wenn Unternehmensstrukturen verwirklicht werden können, die eine hinreichende vertikale Integration zulassen. Kfz-Produzenten müssen bestimmte Größenordnungen erreichen, um eine auf dem Baukastenprinzip beruhende Modellpolitik zu verwirklichen. Es entsteht ein grundsätzlicher Konflikt zwischen Anforderungen an unternehmerische Effizienz und wettbewerbsfähige Märkte. Letztere sind allerdings Bedingung für längerfristig effizientes unternehmerisches Verhalten und Innovationen.

In der Diskussion der Öffentlichkeit werden diese zu einer kritischen Betrachtung führenden Zusammenhänge faktisch nicht erörtert. Gesehen wird eine mögliche Beherrschung der Schlüsseltechnologien und die Gefahr einer Oligopolisierung auf europäischen oder weltweiten Märkten als Folge des steigenden Konzentrationsgrades. Die europäische Fusionskontrolle hat sich mit diesem Phänomen häufig auseinander zusetzen.[15, 16] Diese Möglichkeit erscheint gerade mit Blick auf den Charakter des seit Jahren andauernden Konzentrationstrends nicht als irreal. In den siebziger Jahren waren Konzentrationsvorgänge bestimmt durch die Idee risikomindernder Diversifizierung. Der Erfolg wurde auf mehreren, zum Teil kaum miteinander verbundenen Märkten gesucht. Dagegen geht es gegenwärtig regelmäßig um die Zusammenführung sog. Kerngeschäfte, häufig verbunden mit betrieblichen Abspaltungen. Diese Konzentration von Unternehmenszusammenschlüssen auf bestimmten Märkten kann in der Tat dazu führen, dass nur wenige Unternehmen verbleiben, so dass eine Abstimmung des Marktverhaltens zwischen den Beteiligten nahe liegt.

4   Ansätze zu einer effektiven nationalen und internationalen Kontrolle

Es bleibt die Frage nach einer effektiven Kontrolle von Fusionen, die aufgrund der zusammengeführten Umsätze und internationalen Marktbedeutung zu wettbewerbspolitischen Bedenken führen können. Zunächst liegt es auf der Hand, die hier skizzierten Wettbewerbswirkungen im Zusammenhang mit den klassischen Merkmalen, insbesondere unter Berücksichtigung der Marktanteile, sorgfältig zu ermitteln und in die Beurteilung einzubeziehen.[17] Von besonderer Bedeutung wird die Frage nach

Kriterien sein, die sich unmittelbar auf Unternehmen beziehen, jedoch von markterheblicher Bedeutung sind. Neben der bereits erwähnten wirtschaftlichen Macht als ausdrücklich zu berücksichtigendem Gesichtspunkt der europäischen Fusionskontrolle kommt der Aspekt der Finanzkraft in Betracht. Gerade diese weist einen deutlichen Bezug zu dem durch den Zusammenschluss erfolgten Zuwachs von unternehmerischen Ressourcen auf. Insoweit wird auch die Größe der beteiligten Unternehmen berücksichtigt. Unternehmensbezogen ist ferner die Verflechtung mit anderen Unternehmen, ein ausdrückliches Merkmal im deutschen Recht [18], das mit dem des Zugangs zu den Absatz- und Beschaffungsmärkten in engem Zusammenhang steht. Insbesondere die vertikale Konzentration wird mit diesen Kriterien erfasst.

Von besonderer Bedeutung ist darüber hinaus die Berücksichtigung von Marktzutrittsschranken.[19] Sie sind wesentliches Element der Marktstruktur und können über die Wettbewerbsverhältnisse entscheiden. Durch Fusionen entstehende Märkte mit vornehmlich Großunternehmen können, wie bereits erwähnt, Marktzutritten entgegenstehen. Märkte hören auf, "contestable" zu sein.

Diese Ansätze können vom Fusionskontrollrecht verfolgt werden, unabhängig von der Ausgestaltung im einzelnen. Denn letztlich wird in den Wettbewerbsgesetzen immer im Rahmen der wettbewerblichen Beurteilung auf Marktmacht oder eine wesentliche Beschränkung des Wettbewerbs abgestellt.

Nach geltendem Recht ist es Aufgabe von nationalen Wettbewerbsbehörden bzw. der Europäischen Kommission für die europäische Gemeinschaft, die hier skizzierten Gesichtspunkte in die wettbewerbsrechtliche Beurteilung einzubeziehen. Eine derartige nationale Kontrolle kann internationalen Vorgängen jedoch nicht hinreichend folgen. Das gilt einmal für die Berücksichtigung des Wettbewerbsbezugs der beteiligten Unternehmensgrößen. Aber auch darüber hinaus stellt sich die Frage nach der Notwendigkeit internationaler Zuständigkeiten gerade im Bereich der Fusionskontrolle, wie allerdings auch generell im Wettbewerbsrecht.

Ein gewisser Konsens besteht über die dringende Notwendigkeit, zunächst zumindest Verfahrensvorschriften zu vereinheitlichen.[20] Das gilt für die präventive oder nachträgliche Kontrolle, für Notifizierungsvorschriften, Fristen und die von den Unternehmen beizubringenden Informationen. Hierin liegt zugleich eine Grundlage für eine enge Kooperation für die jeweils an einem Zusammenschlussverfahren beteiligten nationalen Wettbewerbsbehörden. Ansätze in dieser Richtung sind erkennbar. Das EG-Recht hat seit März 1998 die Schwellenwerte zur Erfassung von Zusammenschlüssen herabgesetzt, soweit diese wirtschaftliche Bedeutung – ausgedrückt durch Umsätze – in verschiedenen Mitgliedstaaten haben.[21] Die Wettbewerbsbehörden Deutschlands, Großbritanniens und Frankreichs haben darüber hinaus für den Fall von notwendigen Mehrfachnotifizierungen in diesen Ländern ein gemeinsames Formblatt entwickelt, das von den Wettbewerbsbehörden anerkannt wird.

Ferner führt eine bereits größere Zahl bilateraler Verträge zwischen mehreren Ländern zum Informationsaustausch und zur Kooperation der Aufsichtsbehörden. Sie sind eine erste, wenn auch nicht hinreichende Antwort auf das das internationale Kartellrecht beherrschende Auswirkungsprinzip.[22, 23] Es geht von dem nationalen Anspruch aus, Wettbewerbsbeschränkungen mit Inlandsauswirkung auch dann entgegenzutreten, wenn sie vom Ausland ausgehen. Kartellrechtsanwendung wird damit extraterritorial. Kooperationsabkommen wurden insbesondere von den USA abgeschlossen. Das bestätigt den allgemeinen Eindruck, dass die USA die weitere Entwicklung einer internationalen Wettbewerbsordnung eher zurückhaltend beurteilen und eine Lösung von Rechtskonflikten durch Anwendung des Auswirkungsprinzips im Bilateralismus suchen. Die Wirkungsgrenzen bilateraler Verträge hat der Fall Boeing/McDonnell/ Douglas deutlich gemacht. Unterschiedliche wettbewerbsrechtliche Beurteilungen auf Seiten der USA und der EG führten fast zu einem Handelskrieg, obgleich zwischen beiden ein im internationalen Vergleich weit entwickelter Kooperationsvertrag abgeschlossen worden war. Dieser beschränkt sich nicht nur auf die Zusammenarbeit, sondern statuiert darüber hinaus Regeln, wann das eigene Recht gegenüber dem Ausland nicht angewandt werden soll (negative comity). Ferner kann ein Vertragspartner aufgefordert werden, sein eigenes Recht auf von seinem Territorium ausgehende Wettbewerbsbeschränkungen mit Auswirkungen im Inland des anderen Vertragspartners anzuwenden (positive comity).[24]

5 Der Diskussionsstand auf internationaler Ebene

Die Forderung nach einer internationalen Kontrolle von Unternehmenszusammenschlüssen mit deutlicher übernationaler Bedeutung liegt daher nahe.[25] Sie könnte nach dem Vorbild der EG an der Verteilung von Umsätzen gemessen werden. Die erwähnten verfahrensmäßigen Vorteile sind offensichtlich. Die Gefahr widersprechender Entscheidungen wird vermieden. Die Beurteilungskriterien werden vereinheitlicht. Das gilt insbesondere auch für die schwierigen ökonomisch determinierten Fragen der Abgrenzung und Beherrschung von Märkten. Eine internationale Fusionskontrolle kann auch durchgesetzt werden, wenn der wirtschaftliche Schwerpunkt eines Zusammenschlusses in einem Land liegt, das eine wirksame Kontrolle nicht kennt. Nicht zu unterschätzen ist ferner die Chance einer Entpolitisierung von Entscheidungen. Die Identität nationaler Entscheidungen und nationaler nichtwettbewerblicher Interessen wird aufgehoben.

Diese Vorteile lassen sich leicht bezeichnen. Die Schwierigkeiten ihrer Realisierung stehen jedoch deutlich vor Augen. Drei Probleme stehen im Vordergrund. Erstens, Zusammenschlusskontrolle ist ein Instrument der Wettbewerbspolitik, das in engem sachlichen Zusammenhang mit nationaler Industriepolitik steht.[26] Dieser Befund äußert sich deutlich in der abweichenden Ausgestaltung der Fusionskontrolle in nationalen Kartellgesetzen. Es bestehen unterschiedliche Grade zwischen vorwiegend wettbewerbspolitischer Ausrichtung bis hin zur Zuordnung der Fusionskontrolle zur allgemeinen Wirtschaftspolitik. Auf dieser Grundlage lassen sich einheitliche Kriterien nur schwierig entwickeln.

Zweitens geht es um die Schaffung eines angemessenen institutionellen Rahmens. Es liegt nahe und entspricht im wesentlichen allen bisherigen Vorschlägen für eine internationale Wettbewerbsordnung, insoweit an die WTO zu denken.[27] Das gilt aufgrund des bestehenden Streitschlichtungssystems, das fortzuentwickeln wäre. Interesse und Bedeutung der WTO im Bereich der Wettbewerbspolitik werden durch die Ende 1996 eingesetzte Arbeitsgruppe "Handel und Wettbewerb" belegt, die inzwischen zwei weiterführende Berichte vorgelegt hat.[28] Diese Initiative geht auf die Europäische Gemeinschaft zurück. Sie hatte eine Expertengruppe eingesetzt, die Grundsätze für eine internationale Wettbewerbsordnung formulierte.[29]

Schließlich ist drittens die Frage effizienter Durchsetzung zu beantworten. Sie stellt sich unabweislich, solange eine internationale Zuständigkeit nicht mit eigenen Kompetenzen ausgestattet ist und mit nationalen Rechtsinstitutionen kollidiert. Hierzu hat bereits 1993 eine Gruppe unabhängiger Wissenschaftler, international zusammengesetzt, einen bemerkenswerten Vorschlag zur Diskussion gestellt.[30] Er geht zunächst davon aus, dass einige Staaten ein völkerrechtliches Abkommen über Mindestregeln einer internationalen Wettbewerbsordnung abschließen. Dieses Abkommen wird in plurilateraler Form institutionell der WTO zugeordnet. Pluralität verpflichtet nur die am Abkommen beteiligten Staaten und nicht alle Mitglieder der WTO. Dieses Abkommen enthält die Verpflichtung, die einzelnen Regeln in nationales Recht zu transponieren. Die internationale Wettbewerbsordnung wird auf diese Weise durch nationale Behörden und Gerichte durchgesetzt. Eine zu schaffende internationale Behörde (IAA) erhält die Aufgabe, soweit es als notwendig erscheint, Verfahren gegen wettbewerbsbeschränkendes Verhalten von Unternehmen vor nationalen Gerichten einzu- klagen, oder auch gegenüber behördlichen oder gerichtlichen Entscheidungen die nächste Instanz anzurufen. Werden die internationalen Wettbewerbsregeln nur mangelhaft in nationales Recht umgesetzt oder nicht entsprechend durchgesetzt, kann die Behörde die Verletzung von Völkerrecht in einem Verfahren vor einem Panel (IAP) geltend machen. Es handelt sich bei einer derartigen Behörde daher nicht um ein "Weltkartellamt", sondern lediglich um eine Institution mit internationaler Verfahrensinitiative. Nationale Souveränität ist weitgehend gewahrt.

Die ernstzunehmenden Probleme für die Schaffung einer internationalen Fusionskontrolle sollten jedoch nicht dazu führen, dass auf die notwendige Diskussion der hier aufgeworfenen Fragen von vornherein verzichtet wird. Es muss vielmehr eine sachliche Auseinandersetzung aller berührten Interessen erfolgen, um zu einer angemessenen Beurteilung zu gelangen. Es bestehen Anzeichen, dass die bisherige US-amerikanische Zurückhaltung gegenüber einer multilateral entwickelten internationalen Wettbewerbsordnung zumindest abgeschwächt wird. Im November 1998 hat sich in Washington das International Competition Policy Advisory Committee auch mit einer "Multijurisdictional Merger Review" befasst. Die im akademischen Raum geführte Diskussion [31] dürfte damit die politische Ebene erreicht haben.

Literaturverzeichnis

[1]   Manne, Mergers and the Market for Corporate Control, Journal of Political Economy 73 (1965), S. 110 ff.

[2]   Hopt/Wymeersch (Hrsg.), European Takeovers - Law and Practice, London 1992.

[3]   "Bei drei von vier Fusionen sinkt der Börsenwert" (Frankfurter Allgemeine Zeitung, 14.5.2000, S. 15).

[4]   Art. 2 Abs. 3 Fusionskontrollverordnung (FKVO); vgl. Immenga, in: Immenga/Mestmäcker, EG-Wettbewerbsrecht, S. 826 ff.

[5]   Sec. 7 Clayton Act; vgl. Blechmann, in: Frankfurter Kommentar zum GWB, Ausland-USA, Tz. 77 f.

[6]   Bundestagsdrucksache VI/2520, S. 16.

[7]   Immenga, Zusammenschlüsse zwischen Großunternehmen als Gegenstand des Rechts der Wettbewerbsbeschränkungen, in: Helmrich (Hrsg.), Wettbewerbspolitik und Wettbewerbsrecht, 1987, S. 185, 187 ff.

[8]   Monopolkommission, Hauptgutachten VI 1984/85: Gesamtwirtschaftliche Chancen und Risiken wachsender Unternehmensgrößen, Tz. 470.

[9]   Monopolkommission, Hauptgutachten VI 1984/85: Gesamtwirtschaftliche Chancen und Risiken wachsender Unternehmensgrößen, Tz. 475, 478.

[10]   Bundeskartellamt, Megafusionen – eine neue Herausforderung für das Kartellrecht?, Dokumentation der Internationalen Kartellkonferenz Berlin 1999, S. 32.

[11]   Art. 2 Abs. 1 b) FKVO.

[12]   Monopolkommission, Hauptgutachten VI 1984/85: Gesamtwirtschaftliche Chancen und Risiken wachsender Unternehmensgrößen, Tz. 470.

[13]   Scherer/Ross, Industrial Market Structure and Economic Performance, 3rd edition, 1990, S. 159 ff.

[14]   Mestmäcker in Immenga/Mestmäcker, GWB Kommentar, 2. Aufl., § 24 Rdnr. 140 ff.

[15]   Kantzenbach/Kottmann/Krüger, Kollektive Marktbeherrschung: Neue Industrieökonomik und Erfahrungen aus der Europäischen Fusionskontrolle, 1996

[16]   Karel van Miert, in: Bundeskartellamt, Megafusionen (Fn. 8), S. 44.

[17]   Art 2 Abs. 1 der europäischen Fusionskontrolle nennt u.a. folgende Kriterien: Marktstellung, wirtschaftliche Macht und Finanzkraft der beteiligten Unternehmen, Wahlmöglichkeiten der Lieferanten und Abnehmer, ihren Zugang zu den Beschaffungs- und Absatzmärkten sowie rechtliche und tatsächliche Marktzutrittsschranken.

[18]   § 19 Abs. 2 Ziff. 2 GWB

[19]   Jickeli, Marktzutrittsschranken im Recht der Wettbewerbsbeschränkungen, 1990.

[20]   Basedow, Weltkartellrecht, 1998, S. 98 ff.

[21]   Verordnung (EG) Nr. 1310/97 vom 30.6.1997 (Abl. Nr. L vom 9.7.1997) zur Änderung der Verordnung (EWG) Nr. 4064/89 über die Kontrolle von Unternehmenszusammenschlüssen.

[22]   Ausdrücklich normiert in § 130 Abs. 2 GWB und in internationaler Staatenpraxis anerkannt; vgl. Meessen, Kollisionsrecht der Zusammenschlußkontrolle, 1984, S. 23 f.

[23]   Rehbinder in Immenga/Mestmäcker, GWB-Kommentar, 2.Auflage; § 98 Abs. 2 Rdnr. 16 ff.

[24]   Campbell/Grundmann in Immenga/Mestmäcker, EG-Wettbewerbsrecht, Kommentar, Band II, S. 1963 ff.

[25]   Wolf, Globalisierung und internationale Wettbewerbspolitik, Zeitschrift für Rechtspolitik 1998, S. 465.

[26]   Scherer, Competition Policies for an Integrated World Economy, 1994, S. 63 ff.

[27]   Immenga, Rechtsregeln für eine internationale Wettbewerbsordnung, in: Festschrift Mestmäcker, 1996, S. 593, 599 m.w.Nachw.

[28]   http://www.wto.org./; Dokumentsymbol: wt/wgtcp/2 sowie wt/wgtcp/3.

[29]   Europäische Kommission (Hrsg.), Competition Policy in the New Trade Order: Strengthening International Cooperation and Rules KOM (95) endg.

[30]   Fikentscher/Immenga (Hrsg.), Draft International Antitrust Code, 1995; im Internet zu finden unter: http://www.jura.uni-goettingen.de/privat/u.immenga/draft.

[31]   Zäch (Hrsg.), Towards WTO Competition Rules, Bern 1999.

Ganzheitliche Gestaltung der Verwaltungsarbeit als Schlüssel zu Electronic Government

Prof. Klaus Lenk
Universität Oldenburg

Inhalt

1 Einleitung

Die Informationstechnik ist der Schlüssel zur Verwaltungsmodernisierung, formulierte 1995 der Technologierat der Bundesregierung. Um die Informationstechnik richtig einzusetzen ist es erforderlich, Verwaltungsarbeit bewusst zu planen, mag man dies nun mit August-Wilhelm Scheer als Verwaltungs-Engineering bezeichnen oder nicht. Diese bewusste Planung der Verwaltungsarbeit hat mit vielen Hindernissen zu kämpfen, in denen sich wichtige Umfeld-Bedingungen ausdrücken, unter denen das Handeln der öffentlichen Verwaltung steht. Verwaltung hat nicht nur die Aufgabe, Gesetze getreulich auszuführen. Sie ist auch Gehilfe bei der Politikvorbereitung. Sie wirkt in den Prozessen des Policy-Making mit, in denen Gesetze überhaupt erst zustande kommen. Das Scharnier für diese Doppelfunktion der Verwaltung ist der Umgang mit Informationen. Vielfach muss sie Informationen auf Vorrat sammeln, sich ein erhebliches Hintergrundwissen aneignen, welches allzu einfach gedachten Verwaltungsvereinfachungen im Sinne des New Public Management Grenzen auferlegt. Das Dienstwissen der Verwaltung, dies wusste schon Max Weber, ist ihr entscheidender Vermögensgegenstand. Heute wird er entweder gar nicht oder zu den Inputkosten bewertet, die qualifiziertes Personal verursacht.

Hinzu kommt die Schwierigkeit der Aufspaltung der Planung von Verwaltungsarbeit auf den Gesetzgeber und die Exekutive. In den Niederlanden überlegt man schon seit geraumer Zeit, wie Gesetzgebungsprozesse und der Entwurf der für die Ausführung erforderlichen Informationssysteme verknüpft werden können.[1] Dabei stoßen Denkwelten aufeinander.

Solche Ansätze gilt es jedoch weiter zu verfolgen, denn beim Eintritt in die Informationsgesellschaft geht es für Electronic Government darum, Grundlagen zu schaffen für eine zu verantwortende, zukunftstaugliche Gestaltung von Entscheidungsprozessen bzw. Prozessen der Leistungserstellung in Politik und Verwaltung. Electronic Government darf nicht auf neue Bürgerdienste oder bloß die Verbesserung der Bürgerschnittstelle der Verwaltung reduziert werden. Es muss die gesamte Maschinerie des Regierens und Verwaltens ergreifen, wenn das Potential der Informationstechnik richtig eingesetzt werden soll.[2]

2 Produktionsprozesse und Entscheidungsprozesse

Man kann einen gut Teil davon, was die Verwaltung tut, in einem Modell industrieller Geschäftsprozesse erfassen. Eine darauf ausgerichtete Vorgehensweise, welche die Einführung elektronischer Vorgangsbearbeitung mit einer Reorganisation der Geschäftsprozesse verbindet, kann daher in vielen Bereichen der öffentlichen Verwaltung große Erfolge erzielen. Beispiele hierfür bieten das Beschaffungswesen, ganz allgemein Hilfsprozesse im Bereich der Verwaltung der Ressourcen der öffentlichen Verwaltung, ferner aber auch Standardprozesse im Bereich der eigentlichen, nach außen wirkenden Leistungserstellung. Die Übertragung eines Modells industrieller Geschäftsprozesse kann daher in vielen Fällen zu ganz erheblichen Verbesserungen der Verwaltungsarbeit führen.[3]

Dennoch hat dieses Vorgehen seine Grenzen. Es greift in mancher Hinsicht zu kurz. Die Geschäftsvorfälle der öffentlichen Verwaltung, die Verwaltungsprozesse bestehen oftmals in sehr komplexen Entscheidungsprozessen. Nicht nur ihr Ausgang ist unsicher, sondern zur Zeit ihrer Einleitung stehen noch nicht einmal die einzelnen Schritte fest, ebenso wenig die Bearbeiter und die IT-Leistungen, welche in die Bearbeitung eingehen. Der Extremfall des völlig unstrukturierten Entscheidungsprozesses findet sich vor allem im Bereich der ministeriellen Arbeit, also des Policy-Making, sowie der strategischen Entscheidungen, die auch in der öffentlichen Verwaltung zu treffen sind.

Zum anderen läuft das Vorgehen einer Übertragung industrieller Produktionsprozesse Gefahr, dass die ganzheitlich zu verstehende Arbeitssituation in der Verwaltung zu sehr vom Aspekt der Informationstechnik her wahrgenommen wird. Die entscheidende Ressource der öffentlichen Verwaltung sind ihre Mitarbeiter und deren Wissen. Gerade in komplexen Entscheidungsprozessen ist dies von großer Bedeutung. Das Wissen kann nur in Ausnahmefällen in anderer Weise als durch die Köpfe von Menschen zum Tragen kommen: Als explizites Wissen kann es Gespeichert werden, es kann ferner in Standardprozeduren und Organisationsmustern aufgehoben sein, schließlich kann es auch in Artefakten verkörpert sein. Die Erarbeitung und Aufbewahrung von Wissen außerhalb des menschlichen Verstandes birgt jedoch die Gefahr, dass die jeweiligen, in unterschiedlichen Formen verkörperten Wissensbestände nicht so leicht an veränderte Umstände anzupassen sind. Und politisches Handeln, durch das die Verwaltung vor allem in ihren höheren Funktionen ganz wesentlich geprägt ist, erfordert eine ständige Anpassung an veränderte Umweltbedingungen. Unmerkliche Veränderungen in der Interpretation von Rechtsnormen sind ein bewährtes Mittel, um mit derartigen Umweltänderungen fertig zu werden, ihre Komplexität im Verwaltungssystem aufzufangen.

Einem Extrem wohlstrukturierter, nach industriellem Vorbild konzipierter Produktionsprozesse stellen wir also ein anderes Extrem unstrukturierter Entscheidungsprozesse gegenüber. Die große Mehrzahl der Verwaltungsprozesse liegt zwischen diesen beiden Extremen. Der Produktionsprozess kann angestoßen werden und läuft dann selbsttätig ab. Es fällt keine Entscheidung. Diese Aussage ist etwas verwirrend, denn der Begriff der Verwaltungsentscheidung ist anders geprägt als der gängige Entscheidungsbegriff; er hat andere Funktionen. Sehr wohl kann am Ende eines nach dem Muster industrieller Produktion abbildbaren Prozesses eine Verwaltungsentscheidung im Rechtssinne stehen, die der Umwelt kundgetan wird oder die dazu führt, dass personenbezogene Dienstleistungen erbracht oder finanzielle Transfers vorgenommen werden. Zwischen diesen wohlstrukturierten Prozessen und den völlig unstrukturierten Prozessen im Bereich des Policy-Making liegen verschiedene Prozesstypen. Vielleicht am wichtigsten ist unter ihnen die individualisierte Fallbearbeitung. Oft geschieht sie standardmäßig, oft enthält sie aber auch eine Auswahl zwischen Alternativen, selbst in solchen Fällen, in denen juristisch nicht unbedingt von Ermessen gesprochen wird. Von vornherein sieht man es einem Vorgang oftmals nicht an, ob das eine oder das andere der Fall ist. Versucht man ihn zu automatisieren oder ihn ex ante einer starren Workflow-Steuerung zu unterwerfen, so kann es geschehen, dass er inhaltlich nicht optimal abläuft; mit anderen Worten, dass seine Qualität leidet. Unter den weniger gut strukturierten Prozessen sind dann wieder solche Prozesse zu unterscheiden, in denen die eigentliche Entscheidung in einem Auswahlakt zwischen vorgedachten Alternativen besteht, und solchen in denen diese Entscheidung sich lediglich an Kriterien halten kann, also im Ergebnis völlig offen ist.[4] Niklas Luhmann unterschied die beiden Extreme mit dem Gegensatzpaar Konditionalprogramm und Zweckprogramm.[5] Die Verwaltungswissenschaft hat inzwischen erkannt, dass die eigentlichen Schwierigkeiten bei den Zwischenformen liegen. So wird etwa zwischen Arbeitsprogrammen, Auswahlprogrammen und Suchprogrammen unterschieden, soweit in diesen Programmen überhaupt eine Strukturierung vorzufinden ist.[6]

Die Frage, die sich einer informationsorientierten Verwaltungswissenschaft stellt, lautet, ob es möglich ist, auch jene Prozesse, die im Modell des industriellen Produktionsprozesses schlecht zu erfassen sind, einer bewussten Gestaltung der Verwaltungsarbeit zu unterwerfen. Dem Nachweis dieser Möglichkeit dienen die folgenden Ausführungen.

Ausgegangen wird davon, das mengenmäßig gesehen sicher mehr als zwei Drittel der heutigen Verwaltungsvorgänge dem Modell industrieller Produktionsprozesse entsprechen, in dem Ereignisse einzelne Ketten auslösen, welche dann z. B. in der in ARIS entwickelten Weise abgearbeitet werden können. Typenmäßig dürften es aber höchstens ein Drittel aller Geschäftsprozesse in der öffentlichen Verwaltung sein, bei denen dies der Fall ist. Ihre informationstechnische Unterstützung ist für die Verwaltungswissenschaft die eigentliche Herausforderung.

3 Referenzmodelle für die Gestaltung von Verwaltungsprozessen

Die Vielgestaltigkeit der Aufgaben der öffentlichen Verwaltung führt notwendig dazu, dass mehrere grundlegende Referenzmodelle entwickelt werden müssen. Das soll mit einem Blick auf unterschiedliche Produkttypen und Prozesstypen der öffentlichen Verwaltung verdeutlicht werden.

Klammert man Hilfsprozesse und ihre Ergebnisse aus, so bestehen die nach außen wirkenden Produkte der öffentlichen Verwaltung, also der unmittelbare Output ihres Handelns, in mehrerlei. In der öffentlichen Diskussion stehen immer Dienstleistungen im Vordergrund. Diese sind aber für das Verwaltungshandeln nicht charakteristisch. Zwar hat die Verwaltung auch personenbezogene und sachbezogene Dienstleistungen zu erbringen, bei denen Individuen als Kunden auszumachen sind. Sie erbringt diese oftmals aber nur deswegen, weil neben der Zufriedenstellung der Kunden auch andere gesellschaftliche Effekte damit erreicht werden. So schützen etwa Impfungen nicht nur den Betroffenen, sondern auch die restliche Bevölkerung. Und die staatliche Produktion von Bildungsleistungen zum Nulltarif hat gesellschaftliche Auswirkungen, sie schafft nicht nur ein Wissens- und Verhaltenskapital beim unmittelbaren Adressaten, sondern z.B. darüber hinaus Vertrauen in Professionen (Ärzte, Juristen etc.).

Eine sehr wichtige Rolle im Spektrum der Verwaltungsprodukte nehmen solche Dienstleistungen ein, die auf die Allgemeinheit bezogen sind, beispielweise Bau und Unterhaltung einer Straße. Solche Allgemeinheitsleistungen entsprechen oft dem Typus des reinen öffentlichen Gutes, bei dem Niemand vom Genuss desselben ausgeschlossen werden kann und andererseits auch die Nutzung des Gutes durch eine große Zahl von Begünstigten keinem anderen etwas wegnimmt (Nicht-Rivalität im Konsum).

Daneben spielen noch finanzielle Transfers als Verwaltungsleistungen eine bedeutende Rolle. Demgegenüber tritt die Produktion von Sachgütern fast völlig zurück.

Die für öffentliche Verwaltungen charakteristische Leistung liegt aber nicht in den bislang genannten Produkttypen. Sie besteht darin, dass in Entscheidungsprozessen die Vorgaben von Gesetzen konkretisiert werden und dass das Ergebnis dieser Konkretisierungsarbeit, also die Verwaltungsentscheidung, der Verwaltungsakt, den Adressaten mitgeteilt wird. Diese haben daraufhin ihr Verhalten anzupassen, was im Weigerungsfalle wiederum zu weiteren Verwaltungsprozessen (Sanktionen oder Ersatzvornahme) führt. Diese Prozesse haben nicht nur einzelne Kunden. Im Regelfall sind sie mehrpolig: einer wird begünstigt, der andere oder die Allgemeinheit benachteiligt. Ihre Erstellung kann oft äußerst komplex sein, man denke etwa an die Genehmigung einer großen Industrieanlage. Dieser Typus des Verwaltungsprodukts hat also zur Folge, das in der Gesellschaft Rechte und Pflichten konkretisiert oder neu verteilt werden, im Rahmen der Gesetze und zur Durchsetzung von Aussagen, die in Gesetzen stehen. Die Effektivität unserer Rechtsordnung hängt ganz wesentlich von diesem Typus von Verwaltungsleistungen ab. Daher ist er auch im Kernbereich der Gefahrenabwehr und des Schutzes der Gesellschaft vor Rechtsbrüchen besonders häufig vorzufinden. Wegen dieser komplexen Lage greifen Überlegungen, die durch einfache Analogien zur Erstellung von Dienstleistungen mit identifizierbaren Kunden die Verwaltung neu strukturieren wollen, zu kurz. Allerdings ist das Wissen, welches die Dienstleistungsökonomie in den letzten Jahren angesammelt hat,[7] auch für andere Produkttypen in der öffentlichen Verwaltung von großer Bedeutung, denn die Art und Weise, in der diese Produkte erstellt werden, hat ganz wesentliche Serviceaspekte.

Dies gilt selbst bei belastenden Verwaltungsakten wie der Auferlegung einer Geldbuße oder der Einweisung in eine Justizvollzugsanstalt.

4 Prozesstypen

Noch wichtiger als die oben getroffene Einteilung in Produkttypen der öffentlichen Verwaltung ist eine Einteilung in Prozesstypen. Diese kann nach einer britischen Arbeit zur Leistungsmessung [8] wie folgt vorgenommen werden:

- Routinemäßige Massenverarbeitung

- Individuelle Fallbearbeitung: Komplexe Einzelfallbearbeitung mit oder ohne Kundenkontakt

- Projektarbeit

- "Feuerwehrarbeiten" als unvorhergesehene Tätigkeiten, die von außen veranlasst werden, aber nicht standardisierbar sind

- Wartung, Instandhaltung, Datenpflege als intern veranlasste Routinearbeiten

- Handeln auf Eigeninitiative

Das Arbeitsprogramm der informationsorientierten Verwaltungswissenschaft [9] richtet sich nun darauf, für diese Prozesstypen brauchbare Referenzmodelle zu entwickeln. Dabei ist es an vielen Stellen erforderlich, nicht nur von der Verwaltung her zu denken. Auch ein bloßes Ausrollen ihrer Geschäftsprozesse hin zu Lieferanten und zu Kunden reicht oftmals nicht aus. Der Einbezug anderer Akteure ist für viele Aspekte des Verwaltungshandelns konstitutiv. Insbesondere wird dies deutlich, wenn in komplexen Prozessen Aushandlungsvorgänge vorzufinden sind, bei denen eine ganze Reihe von Akteuren beteiligt sind. Dabei entstehen häufig die sogenannten Policy-Networks.[10] Ein Vorgehen, das die Prozesse der Verwaltung allein modelliert, hat von daher seine Grenzen. Öffentliche Verwaltung ist vor allem in ihren politiknahen Bereichen stark durch Verhandlungen geprägt; aber auch in einfachen Situationen des Bürgerservices kommen diese vor. Das geht über Vorstellungen in der Dienstleistungsökonomie hinaus, die den Kunden in der Rolle des Koproduzenten einbeziehen wollen. Dies mag in manchen Fällen ausreichen, greift jedoch dort zu kurz, wo die Kunden versuchen, auf das Ergebnis Einfluss zu nehmen.[11]

5 Ganzheitliche Gestaltung der Arbeitssituation

Aus der angesprochenen Bedeutung des Dienstwissens in der Verwaltung und der Rolle der Menschen [12] folgt, dass der Entwicklung der Humanressourcen eine mindestens genauso große Bedeutung wie dem intelligenten Einsatz von Informationstechnik zukommt. Das bedeutet nun aber, dass die gesamte Arbeitssituation von beiden Seiten her zu gestalten ist, und nicht allein durch Vorgabe informationstechnischer Lösungen, denen sich die Menschen anzupassen haben.

Das Modell, das einer derartigen ganzheitlichen Gestaltung zugrunde liegen kann, ist das von Heiner Müller-Merbach entwickelte Mensch-Maschine-Tandem. Hier soll jeder das tun, was er besser kann. Mensch und Informationstechnik; die Informationstechnik ist aber dem Menschen, der das Tandem lenkt, eindeutig untergeordnet.[13] Die IT-Unterstützung liegt primär in der Regie von arbeitenden Menschen, anstatt diese in eine ausführende Rolle zu bringen, welche vorstrukturiert ist. Das lässt sich sicher nicht immer einrichten, dennoch ist in vielen Fällen in der öffentlichen Verwaltung eine freie Teamarbeit von großer Bedeutung. Forschungen in der Ministerialverwaltung im Rahmen der POLIKOM-Projekte haben erbracht, dass der typische Arbeitsprozess hier in einer sequenziellen Bearbeitung besteht, die von Besprechungen gleichsam durchschossen ist.[14] Besonders in politiknahen Verwaltungsbereichen ist daher darauf zu achten, dass die Gestaltungsfreiheit der Akteure nicht eingeengt wird. Derartige Überlegungen sind auch schon bestimmend geworden für die Weiterentwicklung von Workflow-Systemen und für das von einem Unterausschuss des Kooperationsausschusses ADV Bund/ Länder/ Kommunaler Bereich entwickelte Vorgangsmodell IT-gestützte Vorgangsbearbeitung.[15]

Dieser Umstand muss deutlich hervorgehoben werden, denn auch in der öffentlichen Verwaltung sind bereits Tendenzen zu beobachten, Prozesswissen in Strukturen und Abläufe zu verlegen und damit das erforderliche Qualifikationsniveau vieler Beschäftigter abzusenken. Eine Rückkehr des Taylorismus durch die Hintertür ist damit nicht auszuschließen. Sie hätte in der Verwaltung nicht nur schädlichen Einfluss auf die Motivation der Beteiligten, sondern auch auf die Flexibilität und Anpassungsfähigkeit an veränderte Bedingungen. Schon die Vielfalt typischer Bürgerfragen, die an Mitarbeiter der Verwaltung immer wieder gerichtet werden, führt dazu, dass angelernte Kräfte in Callcentern selbst bei noch so guter Unterstützung durch Datenbanken nur qualitativ schlechte Auskunftsleistungen erbringen können.

Vor allem die Möglichkeiten der Telekooperation sind in der öffentlichen Verwaltung noch bei weitem nicht ausgeschöpft.[16] Es gibt genügend Grund zur Annahme, dass sie wesentlich weiter führen als in der Wirtschaft. Denn gerade politische Debatten können unterstützt werden; dies führt von Strategieklausuren über Ausschussarbeit bis hin zu Erörterungen, Konfliktmittlung und Konsenssuche in demokratischen Entscheidungsprozessen. Auf diese Zusammenhänge kann jedoch im vorliegenden Rahmen nicht näher eingegangen werden.[17]

6 Zwischenbilanz

Die bis hierher angestellten Überlegungen bieten Erklärungen dafür, dass die öffentliche Verwaltung in der Vergangenheit viele Chancen nicht genutzt hat, die ihr von außen nahegelegt worden sind. Die Reorganisation der Geschäftsprozesse bietet in vielen Bereichen ein ganz erhebliches Potential, jedoch stand dem oftmals eine diffuse Vorstellung gegenüber, dass eine stromlinienförmigere Gestaltung auch dazu führen könnte, dass viele Qualitätsaspekte des Verwaltungshandelns darunter zu leiden hätten. Die hiermit zusammenhängende Probleme haben mit dreierlei zu tun:

- Die große qualitative (nicht so sehr zahlenmäßige) Bedeutung von schwach strukturierten Prozessen.

- Die Rolle des Rechts und seiner Interpretation bei der Feinabstimmung der Prozesse der Leistungserstellung in der Verwaltung.

- Die überragende Bedeutung des Wissens, welches eine Art Querverbund über die unterschiedlichen Branchen der öffentlichen Verwaltung hinweg bildet und über die genannten Aspekte hinaus noch weitere Funktionen hat.[18]

Will man Electronic Government dauerhaft zum Erfolg verhelfen, so führt kein Weg daran vorbei, die hier ausgebreitete Vielfalt von Produkten und Prozessen wirklich ernst zu nehmen und nach den Chancen ihrer technischen Unterstützung und organisatorischen Gestaltung zu fragen. Dagegen steht gewiss das Interesse, einmal gefundene Lösungen für den Bereich der Wirtschaft auch in die öffentliche Verwaltung zu tragen, ohne sich großen Anstrengungen unterziehen zu müssen. Nach wie vor gilt, was Burkhard Lutz schon 1968 in einem Gutachten für die Gewerkschaft ÖTV feststellte.[19] Modernisierungsmodelle werden aus der Privatwirtschaft übernommen und mit hohem Verkaufsdruck in den öffentlichen Dienst eingeschleust. Auf neue technische Möglichkeiten reagiert der größte Teil der öffentlichen Verwaltung bloß kurzfristig und partiell in dem Bestreben, sich durch kurzfristig wirksame Maßnahmen Luft zu verschaffen. Diese Aussage trifft auf das Aufgreifen der Möglichkeiten des Internet heute noch zu. Die Art und Weise, wie im öffentlichen Sektor Modernisierungsentscheidungen fallen, hat sich kaum geändert: wenig übergreifende Konzepte, wenig systematische Analyse der Notwendigkeiten und der Möglichkeiten im Sinne einer Politik oder auch nur Strategie. Und weiterhin gilt auch, dass nach wie vor die Modernisierungsmaßnahmen von zu wenig Personen in der Verwaltung getragen werden, mit unzureichenden Einflussmöglichkeiten.

Diese über dreißig Jahre alte Feststellung sollte zu denken geben. Wir müssen nunmehr zu einer großen Allianz der Aufgeklärten und Veränderungsbereiten in der Verwaltung mit Herstellern und mit der Wissenschaft gelangen. Leider hat aber die Verwaltungswissenschaft in den letzten Jahren ihre Kenntnisse über den Ablauf von Verwaltungstätigkeit weitgehend zurückgedrängt zugunsten der Übernahme von Managementkonzepten, die oftmals nicht mehr ganz jungen Datums waren. Die Verwaltungswissenschaft geriet ins Hintertreffen und hatte Mühe, sich mit mehr oder weniger kritischen Kommentierungen der Welle des New Public Management in der Praxis Gehör zu verschaffen. Auf das angesammelte Wissen über die Arbeitsweise der Verwaltung, wie es insbesondere in der Forschungsgruppe Verwaltungsautomation in Kassel gepflegt wurde, ist nunmehr zurückzugreifen.[20]

Die Chancen stehen im Moment gut, dass der Durchbruch zu einer sich nicht in neuen Managementtechniken erschöpfenden Verwaltungsmodernisierung endlich gelingt. Electronic Government wird das New Public Management als Triebkraft der Verwaltungsmodernisierung im angehenden Jahrzehnt ablösen. Die im internationalen Vergleich oft verkannte Stärke des deutschen Wegs zum Electronic Government beruht darauf, dass über einzelne spektakuläre und politisch gut vorzeigbare Pilotprojekte hinaus durch unsere wissenschaftlichen Traditionen ein systematisches Vorgehen nahegelegt ist. Dieses liegt bereits den Versuchen der Übertragung industrieller Produktionsprozesse auf die öffentliche Verwaltung zugrunde. Hinzu kommen muss jedoch eine stärkere Besinnung auf die Eigenarten der öffentlichen Verwaltung, welche damit die Verwaltung nicht von entsprechenden Übernahmen isoliert, sondern im Gegenteil darauf achtet, das Impulse von außen aufgegriffen, den besonderen Bedingungen aber so angepasst werden, das Qualität und Effizienz der Leistung insgesamt gesteigert werden.

Ein wesentlicher Ansatzpunkt ist die bessere Unterstützung von Entscheidungsprozessen, die von ihren Trägern selbst organisiert werden, sei es sequenziell, sei es kooperativ.[21] Eingeschlossen hierin muss sein die Bereitstellung von Informationen zu Fachfragen und zur Rechtslage im Rahmen eines an die Bedürfnisse der Verwaltung angepassten Wissensmanagements.

Wir werden jedoch im folgenden nicht diesen Strang verfolgen, der in dem genannten Referenzmodell des Kooperationsausschusses ADV im Mittelpunkt steht. Vielmehr soll im folgenden an anderer Stelle angesetzt und ein Referenzmodell für Bürgerdienste exemplarisch geschildert werden, um die Vorgehensweise zu verdeutlichen. Die Arbeiten an diesem Referenzmodell sind noch nicht abgeschlossen.

7 Vorüberlegungen zu einem Referenzmodell Elektronische Bürgerdienste

In einem derartigen Referenzmodell muss man von zwei Richtungen her denken: den Anliegen der Bürger und den Leistungserstellungsprozessen der Verwaltung. Letztere spielen die ausschlaggebende Rolle, sobald der Blick sich auf das Arbeiten der Verwaltung verengt. Sie sind jedoch in dem größeren Zusammenhang zu sehen, wobei Bürger nicht nur als Koproduzenten auftreten.

Um dies zu realisieren, kann als Grundmodell von der Vorstellung elektronischer Märkte ausgegangen werden, wie sie exemplarisch in St. Gallen entwickelt wurde.[22] Nach einer neueren Arbeit [23] kann von der folgenden Abfolge ausgegangen werden:

- Wissens- und Informationsphase auf beiden Seiten,
- Bildung der Absicht
- Vereinbarungsphase
- Abwicklung.

Aus Bürgersicht lässt sich das bei der Verfolgung typischer Leistungs- oder Abwehranliegen gegenüber der öffentlichen Verwaltung gut nachvollziehen.[24] Typischerweise durchlaufen Bürger zwei Informationsphasen vor Aufnahme des Verwaltungskontakts. Die erste Phase liegt vor der Absichtsbildung. Hier muss überhaupt die Erkenntnis reifen, dass es eine Möglichkeit gibt, sich gegen Belästigungen zu wehren oder bestimmte Leistungen zu erlangen. Die erforderlichen Informationen sind sehr schwer beizubringen, weswegen in den Niederlanden heute von Seiten der Verwaltung versucht wird, proaktive Informationsstrategien einzuschlagen. Hat man den Entschluss gefasst, so muss der Verwaltungskontakt vorbereitet werden. Hier sind typische Wegweiserinformationen erforderlich, wie sie bereits in Bürgerinformationssystemen zur Verfügung gestellt werden. Es ist oft auch sinnvoll zu erfahren, was man in etwa erwarten kann. Ferner können Formulare schon vorausgefüllt werden, wenn man sie leicht erreichen kann. Als nächste Phase kommt die Phase der Vereinbarung. Hier kann man Kontakt und Kontrakt unterscheiden. Zunächst muss das sogenannte Intake stattfinden; der Kontakt muss gestiftet werden. Überlegungen zur Schaffung von Verwaltungsportalen konzentrieren sich heute einseitig auf diese Intake-Funktionen. Die dahinter liegenden Funktionen des Kontraktes sind jedoch wesentlich schwieriger zu erfüllen. Hier muss eine Übereinstimmung zwischen Anliegen und verfügbarem Leistungsangebot hergestellt werden. Dies ist ein Matching-Prozess, der diffizile Entscheidungen auf Seiten der Verwaltung erfordert, gleichwohl diese Entscheidungen oft auf Bürger verlagert mit der Folge, das diese von Pontius zu Pilatus geschickt werden, bis sie eine Stelle finden, die sich für zuständig erklärt. Zum Kontrakt gehören aber auch Nebenabreden betreffend der Leistungsgüte. Hier ist der Vorschlag erwähnenswert [3], die Verwaltung zu veranlassen, eine Art Auftragsbestätigung zu erteilen mit Ankündigung des voraussichtlichen Termins der Erstellung der Leistung. In diesen Zusammenhang gehören auch die sogenannten Citizen Charters als einseitige Leistungsversprechungen von Seiten der Verwaltung.

Hierauf folgt dann die eigentliche Abwicklung des Vorgangs. Diesen sieht man primär als sequenziellen Geschäftsprozess innerhalb der Verwaltung, jedoch muss der Interaktionsaspekt mit hinzugedacht werden. Bürger können, wenn die entsprechenden Möglichkeiten geschaffen sind, jederzeit erfahren, wie es mit ihrem Vorgang steht, sie können sich selbst zu Wort melden. Gedanklich kann man sich das als Zugangsrechte zu einem Workflow im Sinne gesteigerter Verwaltungstransparenz vorstellen. Man könnte aber auch das Bild wechseln und von einer kooperativen

Arbeitssituation ausgehen, in der Bürger und Verwaltung zusammen die Leistung erstellen. Letztere Vorstellung ist noch sehr ungewohnt.

Danach erfolgt die Kundgabe des Ergebnisses, im Regelfall also seine Kommunikation an die Adressaten. Verbunden sein kann damit auch die Erbringung einer personenbezogenen Dienstleistung oder ein Geldtransfer, je nach Produkttyp.

Zum Schluss folgt eine Phase der Nachsorge, welche aus Bürgersicht die Möglichkeit umfassen muss, sich zum Ergebnis zu äußern, seine Zufriedenheit oder Unzufriedenheit auszudrücken, über die bislang schon gegebenen Möglichkeiten der Einlegung von Rechtsbehelfen und des Erhebens von Beschwerden hinaus. Auf Seiten der Verwaltung muss dem ein funktionierendes Beschwerdemanagement entsprechen.

Aus dieser primär in Bürgersicht geschilderten Abfolge ergibt sich nun die Möglichkeit, ein allgemeines Referenzmodell zu bilden. Ergänzend muss zunächst jedoch noch auf die Verwaltungsseite hingewiesen werden. Hier sind die Schritte, die mit der eigentlichen Vorgangsbearbeitung zu tun haben, in der Regel voll im Bewusstsein. Weniger deutlich wird gesehen, dass eine ganze Reihe von Tätigkeiten der eigentlichen Leistungserbringung vorgelagert sind, die strategische Überlegungen erfordern. So gilt es nicht nur Leistungsbereitschaft zu erzeugen und Dispositionen zu treffen. Vielmehr muss zuallererst dafür gesorgt werden, dass die zu erwartenden Leistungen geplant werden. Dies überschneidet sich mit der Definition der Leistungen durch den Gesetzgeber, so dass hier neue Formen der Abstimmung zu entwickeln sind. Auch muss im Vorfeld auf die Informationsprobleme der Bürger schon Rücksicht genommen werden, was nicht nur zur Bereitstellung von Bürgerinformation in verschiedenen Formen führt, sondern auch Marketingüberlegungen herausfordern muss, die die Positionierung des Verwaltungsangebots zum Inhalt haben. Ein ganz wesentlicher Zusammenhang ist hier die Bündelung von Vertriebswegen im Sinne eines "one face to the customer".

Am anderen Ende des Prozesses hat die Verwaltung sich im Hinblick auf die Nachsorge, also Beschwerdemanagement, Messung der Kundenzufriedenheit u.a.m., gründlichere Gedanken zu machen als dies heute gemeinhin geschieht.

Ist dies alles zusammengestellt, so kann daran gedacht werden, einzelne Module in einem Referenzmodell elektronische Bürgerdienste herauszuarbeiten. Diese Module können dann arbeitsteilig in Angriff genommen werden. Wir sehen diese Module in der folgenden Struktur

1. Bürgerinformationssystem

2. Formularserver

3. Kontaktaufnahme und Vereinbarung des Leistungskontrakts (Intake und Matching)

4. Interaktive Vorgangsbearbeitung (Interaktion und Transaktion)

5. Nachsorge: Beschwerden, aber auch Abfrage der Zufriedenheit.

Näher ausgearbeitet ist dieses Modell in einem in Erscheinung befindlichen Forschungsbericht.[25]

Hinzuweisen ist darauf, dass in diesem Referenzmodell einerseits – was für die Konzipierung von Bürgerdiensten neu ist – das Grundmodell elektronischer Märkte eingesetzt wird, welches dem Electronic Commerce zugrunde liegt. Andererseits wird aber auf die Besonderheiten der Produkttypen und Prozesstypen in der Verwaltung Rücksicht genommen. Das Modell trifft noch keine Aussage darüber, wie stark die auf Verwaltungsseite ablaufenden Prozesse sich wohlstrukturierten Produktionsprozessen nähern oder im Gegenteil komplexe Entscheidungsprozesse beinhalten. Hier sind dann Verzweigungen vorzusehen, welche auch darauf Einfluss haben, in welchem Maße die entsprechende Verwaltungsleistung im Hintergrund automatisiert erfüllt werden kann, während im Front Office je nach Wunsch der Bürger entweder persönliche Bedienung stattfinden kann oder ein virtueller Schalter in unterschiedlichen Ausgestaltungen benutzt wird.

8 Ausblick

Electronic Government erfordert einen neuen Schub der Bildung von an die Verwaltung angepassten Referenzmodellen. Diese Aktivitäten dürfen sich nicht erschöpfen in einer voreiligen Übernahme von anderswo bewährten Referenzmodellen, die dann unter der Behauptung angeblicher Nachzügelei derer, die damit Schwierigkeiten haben, in die Verwaltung hineingedrückt werden. Umgekehrt dürfen die Besonderheiten der Verwaltung nicht überbetont werden. Gar vieles ist aus anderen Bereichen übernehmbar, wenn man sich nur die Mühe macht, die Leistungserstellungsprozesse in der Verwaltung genügend detailliert zu analysieren. Teilweise kann dies auch dazu führen, dass Teilaspekte dieser Prozesse technisch unterstützt werden, während andere Teilaspekte wie bisher durchgeführt werden.

Dadurch wird auch ein Beitrag dazu geleistet, dass Electronic Government sich nicht in eine einseitige Richtung entwickelt, in der neotayloristische Arbeitszusammenhänge und Bürokratieüberwälzung auf den Bürger zusammenwirken. Vielmehr kann der von John Naisbitt [26] beschriebene Megatrend des „High tech - High touch" zur Grundlage genommen werden. Will man das, dann ist aber bewusste Gestaltungsarbeit erforderlich, nicht blinde Übernahme der jeweils letzten technischen Errungenschaften. Um diese bewusste Gestaltungsarbeit sollte es im Electronic Government gehen. Die Verwaltungswissenschaft ist bereit, ihren Teil hierzu zu leisten.

Literaturverzeichnis

[1]   Vgl. Ministerie van Binnenlandse Zaken (Hrsg.), Wetgeving en Informatievoorziening. Langs verschillende wegen naar een gezamenlijk doel, Den Haag 1995.

[2]   Vgl. Klaus Lenk und Roland Traunmüller, Perspectives on Electronic Government. In: Fernando Galindo, Gerald Quirchmayr (Hrsg.), Advances in Electronic Government. Proceedings of the Working Conference of IFIP WG 8.5, Zaragoza 2000, S. 11-26.

[3]   Wolfgang Kraemer, Alexander Köppen, August-Wilhelm Scheer, Industrielles Produkt- und Prozeßdesign für Verwaltungs-Dienstleistungen, in: Dietrich Budäus, Peter Conrad, Georg Schreyögg, (Hrsg.), New Public Management, Berlin 1998 (Managementforschung 8), S. 217-253.

[4]   Angelika Menne-Haritz, Prozessgedächtnis und Überlieferungsbildung, in: Andreas Metzing (Hrsg.), Digitale Archive - ein neues Paradigma? Beiträge des vierten Archivwissenschaftlichen Kolloquiums der Archivschule Marburg, Marburg 1999, S. 283-308.

[5]   Niklas Luhmann, Recht und Automation, 2. Auflage 1990 (1. Auflage 1966).

[6]   Bernd Becker, Lehrbuch der Verwaltung, Percha 1989.

[7]   Manfred Bruhn und Bernd Strauss, Dienstleistungsqualität, 3. Aufl. Wiesbaden 2000.

[8]   Sue Lewis und Jeff Jones, The use of output and performance measures in government departments. in: Martin Cave, Morris Kogan und Robert Smith (Hrsg)., Output and performance measurement in government. The state of the art. London 1990, S. 39-55.

[9]   Klaus Lenk und Roland Traunmüller (Hrsg.), Öffentliche Verwaltung und Informationstechnik, Heidelberg 1999 (= Schriftenreihe Verwaltungsinformatik 20).

[10]   Hubert Treiber, Von der Programmentwicklungsforschung zur Netzwerkanalyse. Ein Literaturbericht. In: Wolfgang Hoffmann-Riem und Eberhard Schmidt-Assmann (Hrsg.), Innovation und Flexibilität des Verwaltungshandelns, Baden-Baden 1994, S. 371-406.

[11]   Helge Rossen, Vollzug und Verhandlung, Tübingen 1999.

[12]   Siegfried Mauch, Szenario: Verwaltung 2010, Ein Brief zurück aus der Verwaltungszukunft - Schilderungen eines Landesbeamten in: Verwaltungsmodernisierung als Prozess, Projekt- und Personalorientiertes Änderungsmanagement, herausgegeben von der AWV – Arbeitsgemeinschaft für wirtschaftliche Verwaltung e.V., Eschborn 1999, S. 7-12.

[13]   Klaus Lenk, Zur Bedeutung von Information und Kommunikation in der Verwaltung. Außerrechtliche Grundlagen für das Verwaltungshandeln in der Informationsgesellschaft. In: Wolfgang Hoffmann-Riem und Eberhard Schmidt-Assmann (Hrsg.), Verwaltungsrecht in der Informationsgesellschaft, Baden-Baden 2000, S. 59-99.

[14]   Andreas Engel, IT-gestützte Vorgangsbearbeitung. Erfahrungen aus dem Informationsverbund Berlin/Bonn. In: ÖVD/Online, 1997, Heft 4, S. 62-67; ders., IT-gestützte Vorgangsbearbeitung in der öffentlichen Verwaltung, in: Klaus Lenk und Roland Traunmüller (Hrsg.), Öffentliche Verwaltung und Informationstechnik, Heidelberg 1999, S. 143-176.

[15]   Arbeitsgruppe IT-gestützte Vorgangsbearbeitung, Handlungsleitfaden IT-gestützte Vorgangsbearbeitung, Bonn 1997 (= Schriftenreihe der KBSt Bd. 35)

[16]   mehrere Beiträge in H. Krcmar, H. Lewe und G. Schwab (Hrsg.), Herausforderung Telekooperation (DCSCW´96), Berlin u.a. 1996.

[17]   Klaus Lenk, Electronic Democracy - Beteiligung an der kommunalen Willensbildung, in: Herbert Kubicek u.a. (Hrsg.), Multimedia@Verwaltung. Jahrbuch Telekommunikation und Gesellschaft, Heidelberg 1999, S. 248-256.

[18]   Klaus Lenk, Electronic Government und Transparenz. Die Öffnung der Verwaltung als Konsequenz der neuen Informations- und Kommunikationstechniken. In: Angelika Menne-Haritz (Hrsg.), Der Zugang zu Verwaltungsinformationen. Transparenz als archivische Dienst-

306

leistung. 5. Archivwissenschaftliches Kolloquium der Archivschule Marburg, Marburg 2000 [im Erscheinen].

[19]   Rationalisierung und Mechanisierung im Öffentlichen Dienst. Ein Gutachten des Instituts für Sozialwissenschaftliche Forschung e.V. für die Gewerkschaft ÖTV, Stuttgart 1968, S. 43ff.

[20]   Klaus Lenk, Fast ein Vierteljahrhundert Forschungsgruppe Verwaltungsautomation. Ein Außenseiter rückt ins Zentrum. In: Werner Kilian und Thomas Kneissler (Hrsg.), Demokratische und Partizipative Verwaltung. Festschrift für Hans Brinckmann und Klaus Grimmer, Baden-Baden 1999, S. 21-34.

[21]   Angelika Menne-Haritz, Steuerungsinstrumente in der Verwaltungsarbeit. In: Die Verwaltung 33 (2000), S. 1-28.

[22]   Beat Schmid. Elektronische Märkte. In: Wirtschaftsinformatik 35 (1993), S. 465-480.

[23]   Michael Gisler, Vertragsrechtliche Aspekte elektronischer Märkte nach schweizerischem Obligationenrecht, Dissertation Nr. 2281, St. Gallen 1999.

[24]   Klaus Lenk u.a., Bürgerinformationssysteme. Strategien zur Steigerung der Verwaltungstransparenz und der Partizipationschancen der Bürger, Opladen 1990, S. 28ff.

[25]   Klaus Lenk und Gudrun Klee-Kruse, Multifunktionale Serviceläden, Endbericht zu einem von der Hans Böckler Stiftung geförderten Forschungsprojekt, Mai 2000, www.uni-oldenburg.de/fb3/lehre/lenk [Buchveröffentlichung geplant]

[26]   John Naisbitt, Megatrends, Bayreuth 1994.

From Hypertext to Hyperknowledge –
Konzepte zum interaktiven Wissensmanagement

Dipl.-Kfm. Malte Beinhauer,
Dipl.-Kff., USA, Ursula Markus
Institut für Wirtschaftsinformatik,
Universität des Saarlandes, Saarbrücken

Inhalt

1 Einleitung

Wissensmanagement zählt mittlerweile zu den Konzepten, die strategische Überlegungen innerhalb von Unternehmungen leiten. Auch organisationsübergreifend werden Wissensmanagementkonzepte instrumentalisiert. Das Internet spielt dabei die entscheidende Rolle, wenn es darum geht, Informationen weltweit zur Verfügung zu stellen. Durch die außerordentlich hohe Anzahl von Websites und den darin enthaltenen Informationen sind Strukturierungsmaßnahmen in Form von Suchmaschinen, Portalen und virtuellen Communities entstanden, die Teil eines Wissensmanagement-Konzepts für das Internet sein können.

Ziel dieses Beitrags ist die Bestätigung der Hypothese, dass die bisherigen Konzepte noch keine Endlösungen für ein integriertes Wissensmanagement darstellen, da bisher eine vollständige Integration von Personalisierung, Interaktivität und Didaktik fehlt. Dazu wird zunächst die Entwicklung im Bereich der Informationsverwaltung im Internet, insbesondere das Konzept des Hypertext dargestellt. Anschließend werden die aktuellen Konzepte zum Informationshandling auf die drei oben genannten Dimensionen hin untersucht. Abschnitt 3 gibt einen Ausblick auf die Potenziale von Knowledge Objects zur Realisierung eines Systems, welches Möglichkeiten zur Interaktion bietet und Informationen sowohl personalisiert als auch in ihrer Präsentation didaktisch aufbereitet. Der Beitrag endet mit einem Ausblick auf zukünftige Projektrealisierungen.

2 Die Evolution der Informationsverwaltung und -präsentation im Internet

2.1 Einordnende Kriterien

Die Quantität des Informationsangebots hat zu Beginn der Internetentwicklung den Reichtum von unternehmensinternen und unternehmensexternen Webangeboten determiniert. Das Finden von möglichst vielen Antworten auf eine Frage bzw. einen Suchbegriff hat den Erfolg von Suchmaschinen bestimmt. Mit der explosionsartigen Zunahme des Informationsangebots im Internet haben sich jedoch die Bewertungsmaßstäbe für Informationsreichtum geändert. Die zum gegenwärtigen Zeitpunkt existierende Informationsvielfalt macht eine nach Zielvorgaben orientierte Strukturierung notwendig.

Strukturierungsmaßnahmen bestehen in der Weiterentwicklung von statischen Web-Sites zu Suchmaschinen, von Suchmaschinen zu themenspezifischen Portalen, von Portalen, die als Sprungbrett zu anderen Web-Sites dienen, hin zu virtuellen Communities, die das Mitglied zum Verweilen und Agieren innerhalb des Community-Bereichs einladen.

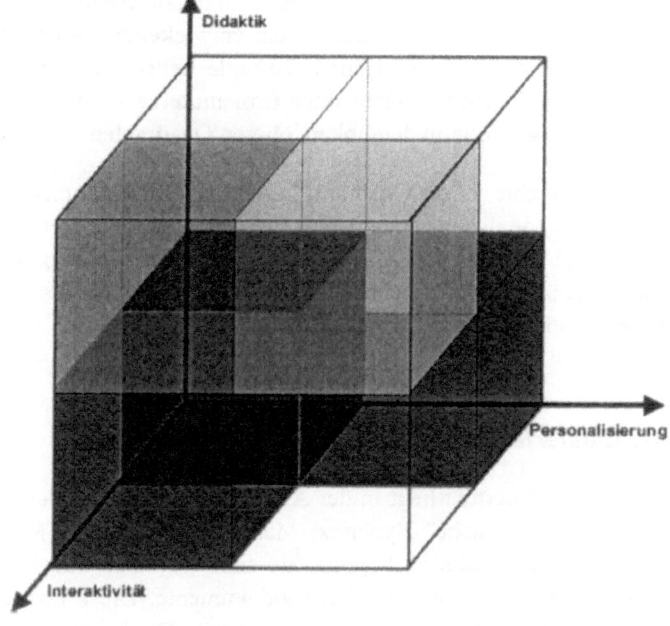

Abb. 1: Dimensionen der Informationspräsentation

Abb. 1 ordnet die genannten Web-Site-Typen entsprechend der Kriterien Personalisierung, Interaktivität und Didaktik ein. Der Grad der Personalisierung bezieht sich auf die Möglichkeit des Site-Nutzers, diese an seine Präferenzen anzupassen. Interaktivität bezeichnet die Möglichkeit des Nutzers zur bilateralen Kommunikation mit anderen Nutzern der Site oder dem Site-Anbieter. Das dritte Kriterium, die didaktische Dimension, beschreibt eine Informationspräsentation, die sich durch eine vordefinierte Reihenfolge ergibt. Aus einer an den Nutzer angepassten Gliederung der Informationen würden sich die Informationspartikel als Wissensobjekte entlang eines dynamischen Lernpfades aneinander anschließen bzw. als Lerneinheit verlinkt werden.

Klassische Web-Sites besitzen statischen Inhalt und lassen sich daher in den linken, hinteren Quadranten einordnen bedingt durch fehlende Personalisierung, Interaktivität und Didaktik. Für Suchmaschinen ist die Interaktivität ein charakteristisches Merkmal. Sie präsentieren ihre Suchabfragen nach interaktiver Anfrage seitens des Benutzers. Individualität und Didaktik sind vernachlässigbare Kriterien. Daher erfolgt die Einordnung in den linken, vorderen Quadranten. Im gleichen Quadranten, jedoch mit einem weit höheren Interaktivitätswert, werden virtuelle Communities eingeordnet, die von der Interaktion der Mitglieder untereinander leben. Auch in diesem Fall ist der Personalisierungswert zu vernachlässigen, da eine Community allen Mitgliedern weitestgehend das selbe „Gesicht" zeigen sollte, um das Zugehörigkeitsgefühl zu stärken. Portale zeichnen sich eher durch eine starke Personalisierung aus, Interaktivität und Didaktik sind nur bedingt vorhanden. Sie finden sich daher im hinteren, rechten Quadranten wieder. Der Versuch, Informationen didaktisch aufzubereiten, so dass ein Nutzer neue Informationen anhand eines pädagogisch entwickelten Lernpfads erarbeiten und in Wissen umwandeln kann, wird durch virtuelle Lehr- und Lernangebote, wie bspw. öffentliche virtuelle Universitäten oder firmeninterne Corporate Universities verfolgt. Ihre Einordnung erfolgt in den linken, oberen Quadranten.

Leer bleibt bisher der rechte, obere Quadrant, in dem das Informationsangebot im Internet sowohl durch personalisierte Inhalte und Interaktionsmöglichkeiten als auch ein dahinter stehendes didaktisches Konzept gekennzeichnet ist, was Voraussetzung für ein echtes Wissensmanagement im Internet wäre. Zunächst werden die bereits existierenden Komponenten eines solchen Konzepts diskutiert.

2.2 Hypertextbasiertes Informationsmanagement

Die Ursprungsidee für Hypertext liegt in der Art des menschlichen Denkens. Die vor der Existenz der „Internetsprache" Hypertext Markup Language (HTML) verwandte Methode der Wissensdokumentation beschränkte sich vor allem auf Textdokumente wie Handbücher, Berichte, Statistiken oder Tondokumente. Diese Formen der Wissensablage basierten somit auf streng linearen Strukturen. Der Mensch jedoch tendiert eher zu assoziativem Denken: ein Gedanke bezieht sich schnell auf andere, zum Ursprungsgedanken im Kontext stehende Informationen. Der Sprung von einer Information zur nächsten wandelt diese Informationen zu Wissen um.[1] Das Paradigma des „Hypertexts" entstand genau durch dieses Konzept, nicht-lineare Assoziationen zwischen Informationen eines Repositories abzubilden.[2]

Hypertext ermöglicht, zwischen Wissensobjekten, die in der Logik des entsprechenden Anwendungsfeldes flexibel verknüpft sind, zu navigieren, diese zu aktivieren und zu manipulieren.[3] Durch das Hypermedia-Konzept wird der rein textuelle Zusammenhang um multimediale Elemente erweitert. Hypermedia ist ein Akronym aus Hypertext und Multimedia.[4] So werden die zu verknüpfenden Wissensobjekte nicht allein auf Textdokumente beschränkt, sondern um Multimediaobjekte, wie z. B. Bilder, Tonaufzeichnungen und Videos, erweitert.[5]

Die Flexibilität der als „Hyperlinks" bezeichneten Verknüpfungen bezieht sich jedoch nicht nur auf die Multimedialität der eingebundenen Wissensobjekte, sondern insbesondere auf die Multidimensionalität der abgebildeten semantischen Zusammenhänge.[6] Die Wissensobjekte stehen in keinem hierarchischen, sondern in einem netzwerkartigen Zusammenhang. Jedes Wissensobjekt bildet einen Knoten des Wissensnetzes; potenziell können alle Knoten miteinander verknüpft sein.[7] Aufgrund dieser strukturgebenden Merkmale eignen sich Hypermedia-Lösungen als Mittel der Wissensintegration.[8]

Statische Webseiten, aus denen das Internet in den ersten Jahren seiner Existenz fast ausschließlich bestanden hat, und die immer noch häufig zu finden sind, bieten Informationen an, die sich durch den Nutzer nicht verändern oder anpassen lassen. Eine Bewertung hinsichtlich des Informationswertes muss individuell durch den Nutzer erfolgen. Interaktivität wird nur dadurch erreicht, dass die einzelnen Webseiten durch Hyperlinks verbunden sind und so der Informationsfluss durch die Auswahl der Links beeinflussbar ist.

Unbestritten eignet sich das Hypermedia-Konzept in seiner strengen Auslegung auf statischen Webseiten zur Speicherung und Verteilung von Wissen. Aufgrund der Vielzahl der existierenden Webseiten ist jedoch inzwischen eine Situation erreicht worden, in der die Masse der Informationen automatisch zu einem Information Overload führt. Alleine durch die Verlinkung zwischen den einzelnen Informationen ist ein Navigieren in der Informationsflut unmöglich geworden. Nach Erhebungen der Netcraft Web Server Survey sind im Juni 2000 über 17 Millionen Web-Sites unter einem eigenen Domain-Namen erreichbar. [9]

Dieser Information Overload hat die Entwicklung von Suchmaschinen (z. B. www.altavista.com, www.google.com) beeinflusst. Suchmaschinen bieten dem Anwender die Möglichkeit, indicierte Seiten im World Wide Web (WWW) zu durchsuchen. Dadurch entsteht eine nach individuellen Kriterien gebildete Auswahl von Webseiten für den Moment der Suche, die danach nicht mehr zur Verfügung steht. Die effiziente Suche nach Informationen mit Hilfe von Suchmaschinen erfordert jedoch eine genaue Kenntnis des Wissensgebiets, zu dem relevante Informationen benötigt werden. Nur durch exakte Angabe von Schlagworten wird ein einigermaßen annehmbares Resultat erzielt. Die alleinige Eingabe des Suchbegriffs „Knowledge Management" bspw. liefert derzeit bei der Suchmaschine „altavista.com" 401.419 Treffer (siehe Abb. 2).

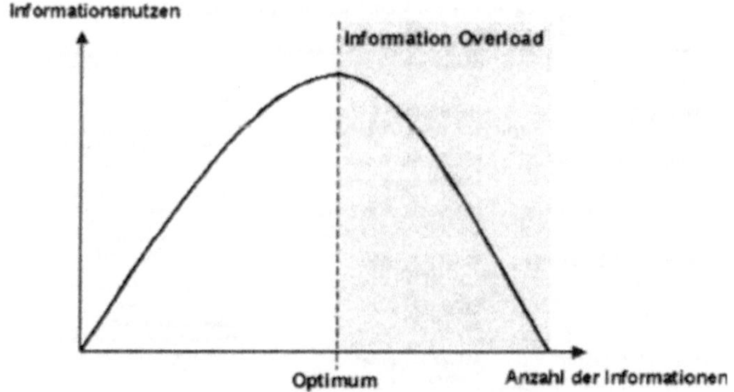

Abb. 2: Information Overload

312

2.3 Personalisierungskonzept zum Informationshandling

Da auch Suchmaschinen mittlerweile in ihren Ergebnissen unzureichend das Interesse und den Problembereich eines Netzsuchenden treffen, ist eine neue Form der Informationsstrukturierung entstanden: Portale. Portale orientieren sich an speziellen Themengebieten und filtern dafür interessante Web-Sites aus dem WWW heraus. Diese Site-Auswahl ist allerdings Sache des Portalanbieters, so dass einerseits die Portalinformationen auf das Interesse eines Nutzers zugeschnitten sind, aber andererseits keine Interaktion zwischen Anbieter und Nutzer vorgesehen ist. Ursprünglich aus Bookmarksammlungen entstanden, bildeten die Portale Sprungbretter zu Informationen und Sites rund um ein bestimmtes Thema. Mittlerweile sind Portale auch auf individuelle Bedürfnisse hin konfigurierbar. Prominentes Beispiel hierfür ist das Yahoo-Portal (www.my.yahoo.com), das von einer einfachen Suchmaschine zum Portal für viele verschiedene Themen wurde und daneben auch zahlreiche Services, wie Touristik- und Börseninformationen und Emailserververwaltung, anbietet.

Das Beispiel Yahoo zeigt, dass sich eine Verschmelzung von Suchmaschinen und Portalen abzeichnet. Suchmaschinen beschränken sich nicht mehr auf die reine Indexierung von Webseiten, sondern stellen zusätzlich noch Metainformationen über das abgelegte Wissen bereit, indem sie ihre Informationen thematischen Bereichen zuordnen. So wird neben der reinen Suchanfrage eine Portalsicht für den Benutzer geschaffen (vgl. Abb. 3).

Abb. 3: Suchmaschine mit Portalfunktionalitäten

Auch im unternehmensinternen Bereich wurde das Bedürfnis nach intelligenter Strukturierung von Informationen im Intranet erkannt und umgesetzt. Auch hier hat sich der

Portalgedanke durchgesetzt. Dies bedeutet die Möglichkeit einer Informationsstrukturierung nach unterschiedlichen Rollen, je nachdem welche Position ein Mitarbeiter im Unternehmen einnimmt, in welchem Projekt er arbeitet oder welches Expertenwissen er mitbringt. Aus diesen Merkmalen ergeben sich die dazugehörigen Unternehmensprozesse, welche seine Beteiligung fordern.

Ein Beispiel für ein solches Enterprise Portal bildet der Business Knowledge Manager der IDS Scheer AG. Mit seiner Hilfe können Inhalte des Intranets, wie Webseiten, Dokumente, Anwendungen usw. den Geschäftsprozessen und Funktionen des Unternehmens zugeordnet werden. Damit ist es z. B. möglich, ohne weiteren Suchaufwand alle für einen bestimmten Geschäftsprozess oder eine bestimmte Produktgruppe relevanten Informationen aufzufinden. Aufgrund der ihm zugeordneten Rollen und Aufgaben erhält jeder Mitarbeiter eine auf ihn individuell angepasste Navigationsstruktur mit relevanten Kategorien und Links.[10]

Portallösungen bieten also in erster Linie eine Navigationshilfe in thematisch aufbereiteten Informationen. Die Möglichkeiten zur Interaktion beschränken sich im Allgemeinen auf die benutzerspezifische Konfigurierbarkeit der Benutzungsoberfläche. Eine tatsächliche Interaktivität, die eine Erweiterung der Wissensbasis seitens der Benutzer ermöglicht, wird nicht abgedeckt.

2.4 Interaktive Wissensaufbereitung durch virtuelle Communities

Das Konzept der Nutzerinteraktion ist virtuellen Communities inhärent. Sie stellen einen weiteren Schritt in der Entwicklung der Informationsverwaltung und -präsentation dar. Virtuelle Communities sind Kommunikations- und Interaktionsplätze im Internet, auf denen Menschen, die gleiche Interessen teilen oder sich durch gleiche Merkmale auszeichnen, zusammenkommen, um eine mittel- bis langfristige Beziehung und eine gemeinsame Geschichte aufzubauen. Sie haben ihren Ursprung in der Wissenschaftskommunikation der 80er Jahre, bei der über Internet-Dienste, vor allem über Newsgroups, Themen und Probleme verschiedener Forschungsgebiete diskutiert wurde. Als themenbezogene Wissensbasen stoßen Newsgroups mit zunehmender Nutzungsintensität und Beitragsfülle allerdings schnell an ihre Grenzen. Die rein textuelle Darstellungsweise in Form von Listen, die mangelnde Transparenz der Beitragsaktualität und die nicht kontrollierte Qualität der Beiträge sind die Hauptkritikpunkte an diesem unmoderierten Kommunikationsforum.[11,12]

In ihrer thematischen Fokussierung gleichen sich virtuelle Communities und Portale, sie unterscheiden sich aber grundsätzlich in ihrer Funktionsweise und ihrer Bedeutung für den Nutzer. Bei der virtuellen Community hat nur ein Mitglied durch Authentifizierung unbeschränkten Zugriff auf alle in der Community liegenden Inhalte. Je erfolgreicher die Community desto länger die Aufenthaltszeit der Mitglieder. Die Community selbst fungiert als Content-Anbieter, während Portale – wie oben beschrieben

– eher als Wegweiser zu weiteren Informationsangeboten dienen, selbst also nicht zur Content-Generierung beitragen.

Der wesentliche Unterschied zwischen diesen beiden Internetkonzepten zur Informationsstrukturierung liegt in den folgenden Merkmalen einer virtuellen Community:[13]

- Klar abgegrenzte und definierte Benutzergruppe durch Authentifizierung mit dem Ziel, eine beständige Gruppenbeziehung der Mitglieder aufzubauen.

- Wissensbereitstellung durch Kombination von Informationen und Beiträgen entstanden durch Interaktion von Mitgliedern und Community-Anbietern.

- Individuelles Zuschneiden von Communityangeboten durch Kenntnis von Mitgliederpräferenzen.

Virtuelle Communities können als Werkzeuge für das Wissensmanagement eingesetzt werden.[14] Insbesondere dienen sie dazu, Wissen, das ansonsten nur schwer zugänglich und strukturierbar ist, zu erfassen und zu verwalten. [15] Sie bieten die Möglichkeit, das Management von explizitem Wissen (Dokumente, Formulare, Berichte usw.) und implizitem Wissen durch die Etablierung eines Expertennetzwerks zu verbinden und die Integration auch zu unternehmensexternen Wissensquellen zu realisieren. Communities haben das Potenzial, die Arbeit von standortübergreifenden Projektgruppen ebenso zu unterstützen, wie den Erfahrungsaustausch von Mitarbeitern und die Zusammenarbeit mit Partnern und Lieferanten. Zu diesem Zweck werden die unterschiedlichen Hypertext-Instrumente des Internets miteinander kombiniert, z. B. persönliche Seiten zur Präsentation der Interessen eines Mitglieds, Foren zur themenbezogenen Kommunikation oder moderierte und unmoderierte Chats zum Austausch von Informationen.[16] Synchrone und asynchrone, passive und aktive sowie formelle und informelle Kommunikationswege werden themenbezogen miteinander verknüpft und unterstützen so die Interaktion in der Wissensgemeinschaft.[17]

Die zuvor beschriebenen Potenziale virtueller Communities für ein interaktives Wissensmanagement wird im Folgenden am Beispiel der Community „Processworld" des Instituts für Wirtschaftsinformatik verdeutlicht. Processworld gehört zur Gruppe der „Communities of Interest". Die Mitglieder von Processworld vereint das Interesse am Geschäftsprozessmanagement. In der Gemeinschaft diskutierte Unterthemen sind z. B. Performance Management, Knowledge Management oder Supply Chain Management. Die Zielgruppe umfasst Organisatoren, IT-Verantwortliche, Berater, Wissenschaftler und andere an der Thematik interessierte Personenkreise. Processworld will internationale Erfahrungen, Konzepte und Trends zum genannten Thema sammeln, die Mitglieder auf den neuesten Wissensstand bringen und Quelle für Innovationen sein.[18]

Nach der Authentifizierung als Mitglied erfolgt der Eintritt in die Community unter der Adresse www.processworld.com. Es wird zwischen zwei wesentlichen Informationsbereichen unterschieden: Im Content-Bereich werden Textdokumente und Präsentationen entsprechend der Unterthemen gesammelt und den Mitgliedern angeboten. Im Diskussionsforum werden zu jedem Inhaltsbereich – dem gleichen logischen Aufbau folgend – Möglichkeiten für Fragen, Kommentare, Hilfestellungen usw. zur Verfügung gestellt. Daneben bietet Processworld eine Reihe weiterer Hypermedia-Instrumente, die das virtuelle Leben einer aktiven Gemeinschaft fördern sollen. Dies sind z. B. eine Search Engine, um community-übergreifend eine Volltextsuche bzw. eine Suche nach anderen Mitgliedern durchzuführen, Chaträume zur synchronen Kommunikation, ein schwarzes Brett zur täglichen Bekanntgabe von Informationen, Business Cards, auf denen sich jedes Mitglied vorstellt ergänzt um ein individuelles schwarzes Brett – das mitgliedseigene Gästebuch – und ein Event-Kalendar für anstehende Tagungen und Konferenzen. Abb. 4 zeigt einen Ausschnitt aus dem Content-Bereich mit Verlinkung zu dem Informationsanbieter, dem Textautor, der Bewertung nebst Kommentar durch andere Mitglieder und dem Textbeitrag selbst. Anstatt des normalerweise nur auf die reine Textinformation beschränkten Inhalts entsteht eine Art Wissensknoten von miteinander verknüpften Informationen.

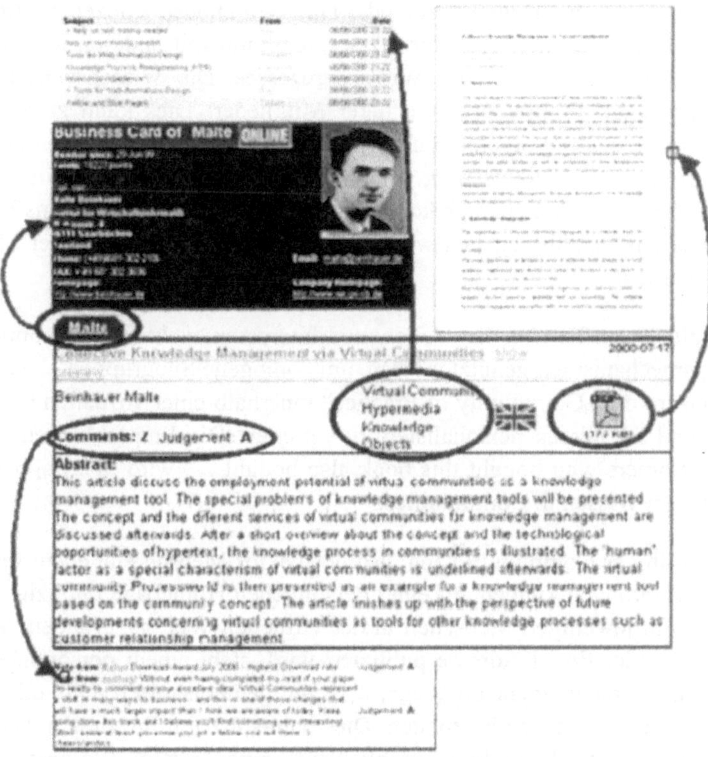

Abb. 4: Wissensknoten in Processworld

Wie zuvor beschrieben zielt Processworld auf die Verfügbarmachung des gesamten, für die Community relevanten Wissens. Damit ist allerdings nicht nur die Sammlung und Speicherung von Wissen gemeint. Eine reine Informationssammlung, wie sie in den meisten Wissensmanagementsystemen vorliegt, bringt ohne direkte Kommunikation – per Email, Chat, Diskussionsforen, Telefon oder persönlichem Gespräch, um bspw. Rückfragen zu stellen – im Allgemeinen wenig Einblicke in Hintergründe und Anwendbarkeit neuer Informationen.[19]

Processworld bietet deshalb zahlreiche Funktionalitäten zur Interaktion mit den Mitgliedern an. Statische Texte bzw. Informationen erhalten durch die Verlinkung mit Kommentaren oder Personen einen Mehrwert. Die reine Information wird zu Wissen. Dadurch entsteht eine sog. Wissensspirale, die sich durch eine ständige Anreicherung einer Information durch eine Expertenbeurteilung oder einer neuen Information ergibt, und eine Art dynamischen Fluss vom individuellen, impliziten zum kollektiven, expliziten Wissen darstellt.

Der Hauptvorteil von virtuellen Communities im Vergleich zu anderen Wissensmanagementtools liegt also in der Tatsache, dass es sich nicht um eine reine Anwender-Maschine handelt, wie bei Datenbanken oder Data-Warehouse-Konzepten. Im Gegenteil, Communities stellen eine Plattform zur Interaktion mit anderen Menschen dar. Dies umfasst jeden Teilbereich des Wissensprozesses. Die Wissensverteilung wird beeinflusst durch die Empfehlungen anderer Mitglieder. Dies kann zum einen die Möglichkeit, jeden Beitrag innerhalb der Community mit Noten bewerten zu können, umfassen, um so eine Strukturierung des Wissens nach der Nützlichkeit für andere Anwender zu erhalten. Zum anderen können auch in Chat- und Diskussionsforen nützliche Verweise auf Inhalte gegeben werden und so direkt Fragen anderer Mitglieder beantwortet werden.

Werden Mitgliederprofile über Know-how und Interessen exakt erfasst, können Übereinstimmungsmechanismen genutzt werden, um homogene Subgruppen – vergleichbar mit dem Konzept der „Community of Practice" innerhalb einer virtuellen Community – zu bilden und so Wissen personalisiert zu verteilen. Die Empfehlungen von amazon.com „Customers who bought this book also bought ..." wird übertragbar auf das Management von Wissen in Communities.

In jede Aktion in der Community kann also der Faktor Mensch eingehen. Interessengebiete und Erfahrungen können auf einer persönlichen Homepage publiziert werden, um das Bild vom jeweiligen Menschen in der virtuellen Welt abzurunden. Wenn die Telefonnummer oder Email-Adresse publiziert wird, steht einem persönlichem Kontakt in „Real Life" nichts mehr im Wege, z. B. um gemeinsam Projekte oder wissenschaftliche Fragestellungen zu bearbeiten. Dies unterstützt im Speziellen das Networking und damit die Verlinkung der menschlichen Komponente im Wissensprozess.

Auch im beschriebenen Beispiel Processworld wird jede Aktion mit dem Benutzer, der sie durchführt, verknüpft. Sei es das Einstellen von Inhalt oder ein Diskussionsbeitrag, jedes Mitglied kann über eine Verknüpfung zur elektronischen Visitenkarte nachvollziehen, wer diese Information der Allgemeinheit zur Verfügung gestellt hat.

Das traditionelle Wissensmanagement hat zum Ziel, das vorhandene Potenzial an Wissen im Unternehmen so aufeinander abzustimmen, „dass ein integriertes unternehmensweites Wissenssystem entsteht, welches eine effiziente gesamtunternehmerische Wissensverarbeitung im Sinne der Unternehmensziele gewährleistet".[20] Das Konzept der Nutzung von virtuellen Communities zum Wissensmanagement geht einen entscheidenden Schritt weiter. Hier wird ein unternehmensübergreifendes Wissenssystem geschaffen, welches sowohl für den Community-Betreiber als auch die Mitglieder eine durch die Interaktionskomponente hervorgerufene wertvolle Wissensbasis darstellt.

2.5 Das didaktische Konzept der virtuellen Universität

Die bisher vorgestellten Konzepte eignen sich zur Navigation, Akquisition und der Weiterentwicklung von Informationen und Wissen. Ihr Nachteil ist jedoch, dass der Benutzer das in ihnen gespeicherte Wissen explorativ und eigenständig erarbeiten muss. Auf eine didaktische Führung zum Zwecke eines vorgegebenen Lernprozesses seitens des Systems wird verzichtet.

Ein Lernprozess besteht aus den fünf Phasen: Lernmotivation, Wissensakquisition, Retention bzw. Verständnis und Reproduktion des Wissens.[21] Während der Reproduktionsphase können Fragestellungen auftreten, die eine zusätzliche Wissensakquisition auslösen. Die Wissens-Supply-Chain stellt somit einen permanenten Zyklus dar. Der erfolgreiche Durchlauf eines Lernprozesses führt zum Lernerfolg. Abb. 5 stellt die Wissens-Supply-Chain in virtuellen Bildungsangeboten dar.

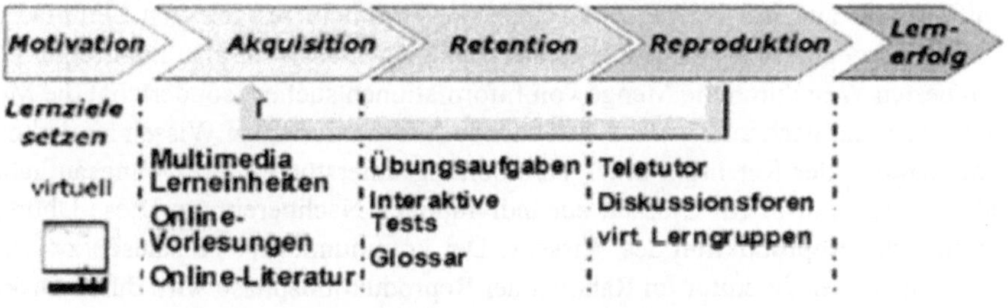

Abb. 5: Wissens-Supply-Chain in virtuellen Bildungsangeboten

Lernprozesse können durch das Internet unterstützt werden. Universitäten und Weiterbildungsinstitutionen forcieren derzeit die Entwicklung und den Einsatz von multimedialen Bildungsangeboten für das World Wide Web. Wie Untersuchungen zum Entwicklungsstand des multimedialen Lehren und Lernens belegen gibt es heute kaum noch eine Bildungsinstitution, die sich nicht mit der Fragestellung beschäftigt, wie sie eine stabile Wettbewerbsposition im Bildungsmarkt der Zukunft erreichen kann.[22]

Aber auch Unternehmen setzen verstärkt auf Web-basierte Weiterbildung mit der Möglichkeit, den Forderungen nach Effektivität und Effizienz einer Bildungsmaßnahme nachzukommen. Durch den Einsatz der Neuen Medien ist es möglich, die bisherige Trennung zwischen Arbeiten und Lernen zu überwinden. Im Gegensatz zu konventionellen betrieblichen Aus- und Weiterbildungsmaßnahmen wird das Wissen direkt in die individuelle Arbeitsplatzumgebung integriert.[23] Zu diesem Zweck gründen Unternehmen sogenannte Corporate Universities. Die Corporate Universities von Microsoft, Bertelsmann, Lufthansa etc. stellen hier namhafte Beispiele dar. Durch die Möglichkeit, ein erstelltes Bildungsprodukt für beliebig viele Fortbildungsmaßnahmen zu nutzen, sinken die Grenzkosten pro absolvierter Schulungsmaßnahme stark.

Die Möglichkeiten des Internets zur didaktischen Vermittlung von Wissen werden im Folgenden am virtuellen Studiengang Wirtschaftsinformatik Online („*WINFOLine*") [24] exemplarisch erläutert. WINFO*Line* wird als Forschungsprojekt seit 1997 in einer interuniversitären Bildungskooperation der Universitäten Saarbrücken, Leipzig, Kassel und Göttingen entwickelt. Das Projekt wird von der Bertelsmann Stiftung und der Heinz-Nixdorf Stiftung im Rahmen der Initiative "Bildungswege in die Informationsgesellschaft (B.I.G.)" gefördert. Bereits im Sommersemester 1998 wurde eine internetbasierte Lernumgebung bereitgestellt und in den Lehrbetrieb integriert. Acht verschiedene Bildungsprodukte werden seitdem von jährlich ca. 1000 Studenten genutzt.

Die Wissensakquisition wird durch die Bereitstellung von Informationen ermöglicht. Diese umfassen Hypertextdokumente, multimediale Lerneinheiten und Videos. Im Unterschied zur Informationsbereitstellung der oben beschrieben Konzepte wird hier jedoch eine didaktische Struktur vorgegeben. Die einzelnen Lernkapitel bauen inhaltlich aufeinander auf und verfolgen so einen im Vorhinein festgelegten Lernpfad anhand eines vorgegebenen Curriculums. Der Benutzer muss sich also nicht eigenständig den besten Weg durch die Menge von Informationen suchen, sondern hat die Möglichkeit, nach und nach aufeinander aufbauende Informationen zu Wissen zu verknüpfen. Im Rahmen der Retention bzw. Verarbeitung unterstützen ihn Übungsaufgaben, interaktive Tests sowie ein Glossar, zur individuellen Nachbereitung. Diese Übungen helfen auch zur Reproduktion des Wissens. Der kommunikative Austausch zwischen Kommilitonen oder Teletutor im Rahmen der Reproduktionsphase wird durch Diskussionsforen, Email und Chaträume unterstützt. Abb. 6 gibt einen Überblick über die webbasierte Unterstützung des Lernprozesses am Beispiel *WINFOLine*.

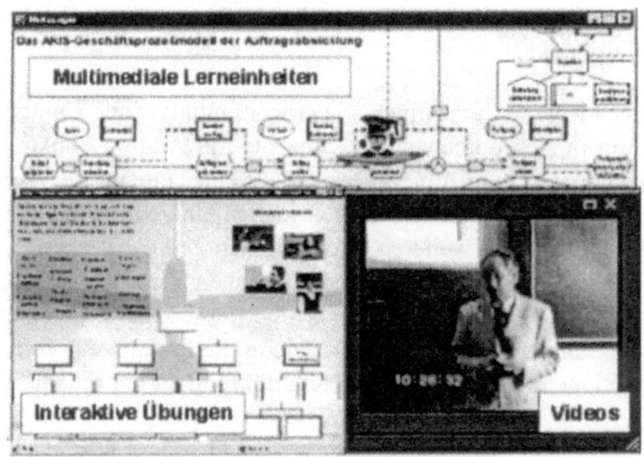

Abb. 6: Multimediale Unterstützung des Lernprozesses in WINFO*Line*

Allgemeine Zielsetzung der Konzepts der virtuellen Universität ist demnach die Bereitstellung von Informationen nach didaktischen Vorgaben zur Erzeugung von neuem Wissen beim Lernenden. Die angewandte Didaktik ist dabei statisch, eine durch Interaktion des Lernenden mit dem System mögliche Anpassung des Lernpfads ist nicht vorgesehen, da eine Bindung an ein festes Curriculum vorgegeben ist. Selbst externe Links auf vertiefende Informationsquellen im WWW, um das Konzept des Portalansatzes zu integrieren, bringen die Gefahr mit sich, dass der vorgegebene Lernpfad und die didaktisch vorgegebene Struktur verlassen wird. Diese fehlende Interaktion und Personalisierung kann als Hauptkritikpunkt an den bestehenden Lernplattformen gesehen werden.

3 Hyperknowledge – Der Weg zum integrierten, interaktiven Wissensmanagement

3.1 Problemstellung

Alle bisher beschriebenen Konzepte unterstützen in der Regel nur bis zu zwei der drei Dimensionen Interaktivität, Personalisierung und Didaktik. Man erkennt zunehmend eine Verknüpfung der einzelnen Konzepte, ein stimmiges Gesamtkonzept bleibt jedoch aus. Suchmaschinen erweitern ihre Dienste um Portalleistungen. Portale wie auch virtuelle Universitäten integrieren Community-Features (Chat, Diskusssionsforen), um einen kommunikativen Austausch zwischen den einzelnen Mitarbeitern, Benutzern bzw. Lernenden zu erreichen. Auch virtuelle Communities werden um Bildungsprodukte erweitert oder bieten ihren Mitgliedern die Möglichkeit, auf Seminaren, seien sie nun real oder virtuell, ihr Wissen zum Interessensschwerpunkt der Community zu vertiefen.

Bei den so entstandenen Mischformen – Lerncommunity oder Communityportal – handelt es sich um in sich durchgängige Konzepte mit Add-on-Funktionalitäten; die neuen Komponenten sind jedoch nicht Bestandteil einer integrierte Wissensverarbeitung. So können bspw. Lerneinheiten einer virtuellen Universität nicht durch Mitglieder weiter bearbeitet oder mit weiteren Informationen verknüpft werden. Der „Faktor Mensch" wird ebenfalls vernachlässigt: Verknüpfungen, die dazu führen, dass Experten für bestimmte Themen und Inhalte unter den Lernenden identifiziert und direkt kontaktiert werden können, fehlen. Auf der anderen Seite sammeln virtuelle Communities nur Informationen, eine didaktische Heranführung an die Inhalte ist nicht gegeben.

Aufgrund der inhomogenen Zusammensetzung von Systemnutzern werden an internetgestützte Wissensmanagementkonzepte unterschiedliche Anforderungen gestellt. Während ein Student ein virtuelles Bildungsangebot nutzt, um sich ganze Wissensbereiche neu zu erschließen, interessieren den Manager in seinem täglichen Geschäft eher kurze, aussagekräftige Informationen, die ihn aufbauend auf bestehendem Hintergrundwissen bei der Problemlösung unterstützen. Auch die Analyse des Mitgliederstamms der Processworld-Community unterstützt die Existenz von verschiedenen Benutzergruppen, die unterschiedliche Darstellungsformen der in der Wissensbasis vorhanden Informationen benötigen:

- Der Repäsentator, der sein Wissen anderen Mitgliedern zur Verfügung stellt, um so aktiv Trends zu setzen und zu informieren.

- Der Kommunikator, der sich für bestehendes Wissen in der Community interessiert, dieses im Kontakt mit anderen Mitgliedern diskutiert und durch Feedback weiterentwickelt. Die Kommunikation mit anderen Mitgliedern ist ein wichtiges Element seiner Mitgliedschaft.

- Der Konsumierer interessiert sich in erster Linie für die Inhalte und nutzt die Community rein zur Wissensakquise.

Betrachtet man die Mitgliederstruktur nach ihrem Vorwissen, so zeigt sich auch hier, dass sie inhomogen ist. Die Mitglieder in Processworld setzen sich zur Zeit aus 56 % Managern und Consultants, 28 % Professoren und Wissenschaftlern und 16 % Studenten und Privatpersonen zusammen. Diese Mitgliedergruppen unterscheiden sich in ihrer Vorgehensweise zur Informationsverarbeitung in der Reihenfolge der Verarbeitung, der Verarbeitungsgeschwindigkeit, dem gewünschten Detaillierungsgrad der präsentierten Informationen und der Art der für sie interessanten Informationsquellen (z. B. Tagespresse, wissenschaftliche Publikationen).

Eine integrierte Verarbeitung aller Elemente der Wissensbasis muss Ziel eines Wissensmanagement-Systems sein, das alle drei Dimensionen – Personalisierung, Interaktivität und Didaktik – miteinander verknüpft. Ein solches System muss in der Lage sein, Informationen verschiedenster Repräsentationsformen zu akquirieren und anschließend zur dynamischen, benutzerangepassten Verteilung bereitzustellen.

3.2 Hyperknowledge als Lösungsansatz

Um diese Problemstellung zu lösen, bedarf es eines Konzepts, dass in der Lage ist, die drei oben genannten Dimensionen zu integrieren und dennoch die Flexibilität aufweist, um sich an die unterschiedlichen, oben genannten Anforderungen anzupassen.

Das Konzept des Hyperknowledge ist angelehnt an das Hypertextprinzip. Es geht davon aus, dass sich Informationen, wenn sie in einen richtigen kausalen Zusammenhang gestellt werden, aus individueller Benutzersicht zu Wissen transformieren. Dabei ist die Reihenfolge, in der Informationsobjekte kombiniert werden können nicht starr, sondern durch Kombination der einzelnen Objekte lässt sich flexibel Wissen unterschiedlichster Form für unterschiedliche Anwendungszusammenhänge generieren. Bringt man bspw. eine Studie über die Benutzerzahlen des Internets mit einem Bericht über Potenziale im Bereich E-Commerce in Zusammenhang, so erhält das Marketing Wissen über die potenzielle Marktgröße dieses Marktes für die eigenen Produkte. Die selbe Studie – kombiniert mit einem Bericht über Kostenenstehung durch die Bandbelastung des Internets – kann einem IT-Verantwortlichen bei der Planung von Netzwerken und Serverkapazitäten anderes Wissen vermitteln.

Insofern ist es erklärtes Ziel, einzelne Informationen zu Wissensobjekten zusammenzufassen und diese flexibel je nach Anwendungszusammenhang miteinander zu verknüpfen. Die Flexibilität der Verknüpfungen bezieht sich insbesondere auf die Multidimensionalität der abgebildeten semantischen Zusammenhänge. Die Wissensobjekte stehen in keinem hierarchischen, sondern in einem netzwerkartigen Zusammenhang. Jedes Wissensobjekt bildet einen Knoten des Wissensnetzes; potenziell können alle Knoten miteinander verknüpft werden.

Der Unterschied zum Hypertext-Konzept ist jedoch, dass nicht von Anfang an sämtliche Wissensobjekte vorgegeben sind. Die didaktisch vorgegebene Struktur einer virtuellen Universität würde durch das Hinzufügen neuer Wissensobjekte durcheinandergeraten. Wohingegen das Einstellen neuer Informationen Kernaktivität in einer virtuellen Community ist. Hier fehlt allerdings die Einordnung in den richtigen Kontext. Es findet einerseits eine Themen- und Rubrikzuordung statt, aber andererseits wird es in der Regel nicht in Zusammenhang mit bestehendem Wissen gebracht, bspw. mit anderen Dokumente oder Diskussionsbeiträgen, deren Verknüpfung einen unbedingten Mehrwert darstellen würde.

3.3 Beschreibung von Knowledge Objects

Damit eine automatische, flexible Strukturierung der einzelnen Knowledge Objects überhaupt möglich wird, müssen die einzelnen Objekte standardisiert werden. Aufgrund der Unterschiedlichkeit der einzelnen Medien, die Wissen repräsentieren können, bedarf es einer konsistenten Beschreibung der Informationen, die ein Wissensobjekt ausmachen.

Das Wissensobjekt selbst besteht aus einen Contentkern. Da die Speicherung des gesamten Inhalts zur Analyse zu umfangreich ist, wird er inhaltlich verdichtet. Dazu werden z. B. Indices mit sämtlichen Schlüsselbegriffen erzeugt, die Ansatzpunkt für die Suche des Systemnutzers sind. Diese können in einer Datenbank abgelegt werden. Dieser inhaltliche Kern muss um Metainformationen erweitert werden, die das Informationsobjekt näher spezifizieren. Dazu gehört die Klassifizierung z. B. wissenschaftlicher Beitrag oder Kurzartikel aus einer Tageszeitung, welche einerseits durch das Medium der Veröffentlichung determiniert wird oder durch den Autor und seinen beruflichen Hintergrund. Das Datum der Informationserstellung, insbesondere wenn es sich um Informationen zum Stand der Technik handelt, beschreibt eine zeitliche Dimension zur Strukturierung. Auch eine Eingrenzung nach der Form der Information – Fließtext, Vorhandensein von Abbildungen, statistische Analysen, Case Studies – erhöht den Deckungsgrad von Nutzererwartung und Suchergebnis.

Weiterhin wird zur didaktischen Strukturbeschreibung der Gesamtinformation die Art der Information bestimmt. Hierbei muss es sich um eindeutige Merkmale handeln, die aussagen, ob die vorliegende Information eine Grundlage darstellt bzw. Vorwissen voraussetzt. Wichtig ist an dieser Stelle zu erwähnen, dass eine Zerlegung des Informations-Contentkern, wie es z. B. das XML-Konzept vorsieht, nicht empfohlen wird. Jedes Knowledge Object wird als unveränderbare Einheit gesehen, weil sonst keine Garantie für die Richtigkeit eines Informationsbruchstücks in neuem Kontext gegeben werden kann.

Das so beschriebene Knowledge Object weist eine Schnittstelle zum Systemnutzer auf, um die Beschreibung dieser beiden Einheiten bestmöglich zu matchen. Dabei wird der Systemnutzer durch klare Merkmale beschrieben, um genau die für ihn passenden Knowledge Objects zu identifizieren.

Auch für die Nutzermerkmale muss eine Standardbeschreibung vorgegeben sein. Der Nutzer lässt sich einerseits durch seine Stammdaten beschreiben, wie Beruf, Alter, Expertengrad, Interessen. Diese Informationen werden direkt vom Benutzer in ein Profil eingegeben. Hier ergibt sich auch die Möglichkeit, eigene Präferenzen zu äußern. Zum anderen werden automatisch vom System Bewegungsdaten mit Hilfe eines Benutzertrackings analysiert. So kann sein tatsächliches Verhalten beim Umgang mit Informationen innerhalb eines Systems ausgewertet werden. Eine Informationspräsentation kann somit diesem üblichen Verhalten adaptiv angepasst werden. Informationen, die grundsätzlich ausgelassen werden, sollten auch bei einer Suchanfrage nicht erscheinen.

Die Interaktion des Benutzers mit Wissensobjekten erfolgt über einen Informationsraum, in dem alle Objekte gespeichert sind. Konkret kann es sich dabei z. B. um eine virtuelle Community oder Universität handeln. Innerhalb dieses Informationsraumes interagieren auch andere Benutzer mit der Wissensbasis. Das führt dazu, dass den Knowledge Objects auch Informationen über andere User mitgegeben werden können, die deren Profil oder deren bisherige Interaktion mit diesem Knowledge Object betreffen. Eine merkmalsbedingte Ähnlichkeit zweier Nutzer könnte so ebenfalls Einfluss auf die Objektauswahl ausüben. Doch nicht nur die Relevanz einer Information anhand der Einstufung durch einen anderen Nutzer bietet Potenzial, auch der von einem „ähnlichen" Nutzer durchlaufene Lernpfad stellt ein geeignetes Vorbild dar.

Die vierte Komponente beschreibt die Adaption der Lernpfade bzw. der Informationspräsentation und ist die Fortsetzung des Gedankens des Nutzertrackings. Nicht nur sein Verhalten im jeweiligen Informationsraum gibt Aufschluss über seine Anforderungen und besonderen Interessen, sondern auch sein Umgang mit einem durch das System angebotenen Lernpfad. Notwendig ist die Implementierung eines lernenden Systems, das seine Didaktik immer wieder an das Nutzerverhalten beim Begehen eines Lernpfades anpasst. Durch das Überspringen einzelner Knowledge Objects auf dem präsentierten Lernpfad, wird der didaktische Aufbau bei der folgenden Suchanfrage oder Informationsaufbereitung entsprechend verändert.

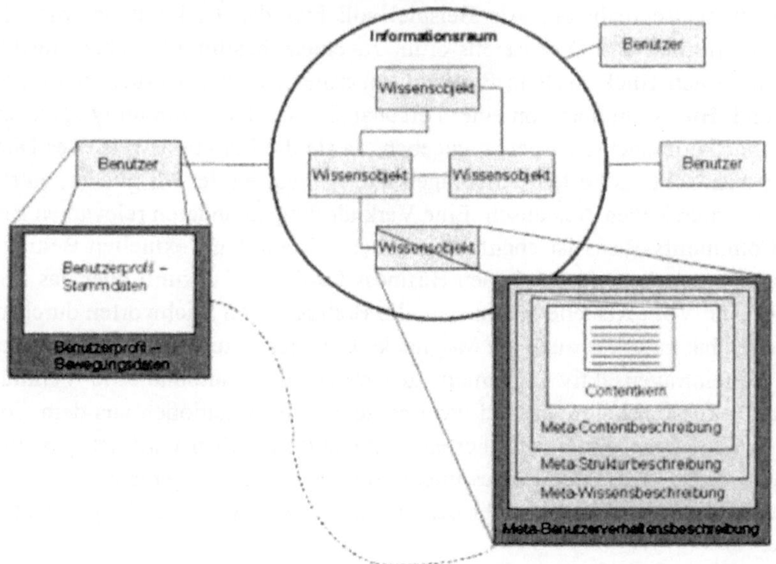

Abb. 7: Beschreibung von Knowledge Objects

Folgendes Szenario soll das Zusammenspiel von Knowledge Objects, Systemnutzer, Informationsraum und adaptivem Lernpfad verdeutlichen: Ein Professor ist Mitglied einer virtuellen Community zum Thema Wissensmanagement. Als aktives Mitglied sind seine Interessenschwerpunkte zu diesem Thema bekannt. Die Inhalte des Diskussionsforums haben für ihn keine Bedeutung, alleine veröffentlichte Beiträge in Fachzeitschriften und Fachliteratur finden sein Interesse. Bei der Suche nach Informationen zu „Communities of Practice" werden ihm ausschließlich solche Textbeiträge präsentiert, die dazu verlinkten Diskussionsbeiträge entsprechend seiner Präferenz ausgeblendet. Darüber hinaus erhält er Dokumente, die nicht unter dem Stichwort „Community of Practice" aufzufinden sind, aber von anderen Community-Mitgliedern, die sich für das gleiche Thema interessieren, aufgerufen werden. Zu den Dokumenten werden ihm auch die Community-Experten innerhalb dieses Wissensgebiets aufgelistet und eine Kontaktmöglichkeit vermittelt. Die Reihenfolge der Suchergebnisse erfolgt nun nicht zufällig, sondern wird entsprechend der oben beschriebenen vier Komponenten zu einem für das Mitglied optimalen Lernpfad entwickelt, so dass der Professor schnellstmöglich die ihm präsentierten Informationen in Wissen umwandeln kann.

4 Ausblick

Das Konzept des Hyperknowledge ist in der vorgestellten Community Processworld bereits ansatzweise realisiert. Als Beispiel soll hier das Diskussionsforum dienen: Betritt ein Mitglied das Diskussionsforum zu einem bestimmten Themengebiet, so sieht es auf einen Blick, welche Beiträge seit seinem letzten Besuch neu eingestellt worden sind. Hier kann man von einer Personalisierung der Community sprechen. Die Interaktivitätskomponente ist per se gegeben, da sie die Funktionsweise des Diskussionsforum ausmacht: es besteht aus Fragen und Antworten der Mitglieder, entstanden durch deren interaktiven Austausch. Eine Verknüpfung zu anderen relevanten Elementen der Community-Basis ist ebenfalls gegeben: Neben dem textuellen Beitrag eines Mitglieds hat man Zugriff auf dessen Business Card, die Auskunft über das Mitglied gibt. Über eine Volltextsuche lassen sich alle Beiträge nach Stichworten durchsuchen. Das Mitglied hat natürlich auch die Möglichkeit, interessante Diskussionen zu mappen und bei Neueinträgen aktiv informiert zu werden. Eine automatische Verknüpfung zwischen Diskussionsbeiträgen und dazu passenden Informationen aus dem Content-Bereich, die auf einer systemgesteuerten Textanalyse beruhen wird, ist geplant. Dies sind erste Schritte in Richtung eines integrierten Wissensmanagement. Da die technische Machbarkeit gegeben ist, steht dem Konzept des Hyperknowledge nichts mehr im Wege.

Literaturverzeichnis

[1]   Vgl. Maurer, H. et al.: From Databases to Hypermedia, Berlin et al. 1998.

[2]   Vgl. Conklin, J.: Hypertext: An Introduction and Survey, IEEE Computer Magazine 20(1987)9, S. 17-41.

[3]   Vgl. Kuhlen, R.: Hypertext: Ein nicht-lineares Medium zwischen Buch und Wissensbank, Berlin et al. 1991.

[4]   Vgl. Gloor, P.; Streitz, N.: Hypertext und Hypermedia: Von theoretischen Konzepten zur praktischen Anwendung, Berlin et al. 1990.

[5]   Vgl. Habermann, F.: Organisational-Memory-Systeme für das Management von Geschäftsprozesswissen, Dissertation an der Universität des Saarlandes, Unveröffentlichtes Manuskript, Saarbrücken 2000.

[6]   Vgl. Nielsen, J.: Hypertext and hypermedia, New York 1990.

[7]   Vgl. Koch, S.; Mandl, H.: Wissensmanagement – Anwendungsfelder und Instrumente für die Praxis, Forschungsbericht Nr. 103 des Lehrstuhls für Empirische Pädagogik und Pädagogische Psychologie, Ludwig-Maximilians-Universität, München 1999.

[8]   Vgl. Horn, R.: Mapping Hypertext: Analysis, Linkage, and Display of Knowledge for the Next Generation of On-Line Text and Graphics, Waltham MA 1990.

[9]   Vgl. http://www.netcraft.co.uk/survey/, online 10.08.2000.

[10]   Vgl. Jost, W.; Allweyer, T.: Geschäftsprozessmanagement und Knowledgemanagement – Ein integrierter Lösungsansatz, in: Scheer, A.-W. (Hrsg.): Neue Märkte, neue Medien, neue Methoden – Roadmap zur agilen Organisation, 19. Saarbrücker Arbeitstagung 1998 für Industrie, Dienstleistung und Verwaltung, Heidelberg 1998, S. 469-490.

[11]   Vgl. Mynatt, E. et al.: Network Communities: Something Old, Something New, Something Borrowed ..., Computer Supported Cooperative Work 7(1998)1-2, S. 123-156.

[12]   Vgl. Habermann, F.: Organisational-Memory-Systeme für das Management von Geschäftsprozesswissen, Dissertation an der Universität des Saarlandes, Unveröffentlichtes Manuskript, Saarbrücken 2000.

[13]   Vgl. Beinhauer, M. et al.: Virtual Community – Kollektives Wissensmanagement im Internet, in: Scheer, A.-W.: Electronic Business und Knowledge Management: Neue Dimensionen für den Unternehmungserfolg, 20. Saarbrücker Arbeitstagung 1999 für Industrie, Dienstleistung und Verwaltung, Heidelberg 1999, S. 403-431.

[14]   Vgl. ebenda.

[15]   Vgl. Radding, A.: Knowldge Management: Succeeding in the Information-based Global Economy, Charleston SC 1998.

[16]   Vgl. Habermann, F.: Organisational-Memory-Systeme für das Management von Geschäftsprozesswissen, Dissertation an der Universität des Saarlandes, Unveröffentlichtes Manuskript, Saarbrücken 2000.

[17]   Vgl. Kollock, P.: Design Principles for Internet Communities, PC Update 15(1998)5, S. 58-60.

[18]   Vgl. Beinhauer, M. et al.: Virtual Community – Kollektives Wissensmanagement im Internet, in: Scheer, A.-W.: Electronic Business und Knowledge Management: Neue Dimensionen für den Unternehmungserfolg, 20. Saarbrücker Arbeitstagung 1999 für Industrie, Dienstleistung und Verwaltung, Heidelberg 1999, S. 403-431.

[19]   Vgl. Neumann, S. et al.: Knowledge Management Systems – optimaler Einsatz des "Produktionsfaktors Wissen", in: Scheer, A.-W. (Hrsg.): Neue Märkte, neue Medien, neue Methoden – Roadmap zur agilen Organisation, 19. Saarbrücker Arbeitstagung 1998 für Industrie, Dienstleistung und Verwaltung, Heidelberg 1998, S. 193-224.

[20]   Albrecht, F.: Strategisches Management der Unternehmensressource Wissen. Inhaltliche Ansatzpunkte und Überlegungen zu einem konzeptionellen Gestaltungsrahmen, Frankfurt am Main et al. 1993, S. 97.

[21]   Vgl. Geller, B: Individuelle, institutionelle und metaorganisatorische Lernprozesse als konstituierende Elemente des ganzheitlichen organisatorischen Lernens, Linz 1996.

[22]   Vgl. Kraemer, W.; Milius, F.; Scheer, A.-W.: Virtuelles Lehren und Lehren an deutschen Universitäten - Eine Dokumentation, in: Bertelsmann Stiftung/Heinz Nixdorf Stiftung (Hrsg.), Gütersloh 1997.

[23]   Vgl. Sander, J.: Mediengestütztes Bildungsmanagement, Veröffentlichung des Instituts für Wirtschaftsinformatik Heft 153, Saarbrücken 1999.

[24]   Der virtuelle Studiengang Wirtschaftsinformatik online findet sich unter der Adresse: http://www.winfoline.de.

Vom Knowledge Management zum Learning Service Providing –
Leitfaden zur Einführung von E-Learning

Dr. Wolfgang Kraemer,
imc information multimedia communication GmbH,
Saarbrücken

Inhalt

1 Veränderung der Wissensvermittlung

Unternehmen schließen sich zu Weltkonzernen zusammen und müssen deshalb sehr schnell ihre Mitarbeiter global mit aktuellem Wissen versorgen, um die weltweite Implementierung der Konzernstrategie sicherzustellen. Nur ein gezielter Informations- und Wissenstransfer, der sehr individuell auf die Bedürfnisse der Mitarbeiter zugeschnitten sein muss, kann Innovation, Geschwindigkeit und Profitabilität gewährleisten.[1]

Zielsetzung von Knowledge Management Konzepten ist es, das vorhandene Wissen in den Unternehmen systematisch zu erschließen und zielgruppenspezifisch verfügbar zu machen. Dieser in den letzten Jahren viel propagierte Lösungsansatz hat zu einem besseren Problembewusstsein im Umgang mit der Ressource Wissen geführt. Mit der Einführung von eigenen Knowledge Management-Verantwortungsbereichen in Unternehmen wie zum Beispiel des Chief Knowledge Officers und der Entwicklung von Knowledge Management-spezifischen Informationssystemen scheint die dauerhafte Etablierung dieses Themas erreicht.

Darüber hinaus stellt sich aber auch die Frage, welches Wissen in den Unternehmen nicht vorhanden ist, aber zukünftig benötigt wird und wie diese Wissensdefizite beseitigt werden können. In diesem Fall handelt es sich um eine klassische Aufgabe der Weiterbildung beziehungsweise Personalentwicklung in Unternehmen. Vor diesem Hintergrund gehen immer mehr Unternehmen dazu über, für ihre Führungskräfte und Mitarbeiter eigene (virtuelle) Corporate Universities und Online-Akademien aufzubauen. In Deutschland sind dies beispielsweise Firmen wie DaimlerChrysler, Deutsche Lufthansa, Bertelsmann, Deutsche Bank, Metallgesellschaft, Merck und SAP. Sie bilden Lernallianzen mit Business Schools wie Harvard, Insead oder IMD auf der Basis von langfristigen Lernallianzen.[2] Die deutschen Universitäten sind im Rahmen dieser Aktivitäten nur am Rande beteiligt.

Aber auch mittelständische Unternehmen investieren zunehmend in E-Learning. Unternehmen wie zum Beispiel Festo oder Kaeser Kompressoren zählen zu den Vorreitern im Einsatz von E-Learning. Generell zeichnen sich für den Mittelstand Internet-basierte E-Learning-Verbundlösungen ab, in dem die Aktivitäten unter einem gemeinsamen Dach koordiniert werden, um die Investitionsaufwendungen für die einzelnen KMUs zu reduzieren.

Auch das im Rahmen der Aus- und Weiterbildung in Hochschulen und Unternehmen vermittelte Wissen unterliegt immer schneller werdenden Veränderungen. In vielen Bereichen wird davon ausgegangen, dass sich das Fachwissen in sechs bis zehn Jahren vollständig erneuert, wobei sich eine Tendenz zu kürzeren Innovationszyklen abzeichnet. Damit wird es immer schwieriger, auf einem aktuellen Wissensstand zu sein. Die Innovationszyklen sind in einigen Bereichen bereits so kurz, dass eine Vermittlung des notwendigen Wissens mit herkömmlichen Bildungsmaßnahmen nicht geeignet ist, da die Dauer der Bildungsmaßnahme den Innovationszyklus übersteigen würde. Es reicht nicht mehr aus, eine Ausbildung zu absolvieren und für den Rest des Berufslebens von dieser Ausbildung zu zehren. Das Lernen auf Vorrat wandelt sich somit vom Lernen auf Vorrat zum Lernen auf Abruf (Life Long Learning). Jürgen Weber, Vorstandvorsitzender der Deutschen Lufthansa AG kommentiert diese Entwicklung: „unter allen Investitionsvorhaben zähle ich den Faktor Bildung mit zu den wichtigsten".[3]

Durch den Einsatz der Neuen Medien unter Nutzung der Informations- und Kommunikationstechnologien kann es nun gelingen, die bisherige Trennung zwischen Arbeiten und Lernen zu überwinden. „Künftig werden wir nicht mehr so stark trennen können, was tägliche Arbeit und was abgekoppeltes Lernen ist. Es findet eine Vermischung statt. Wissensvermittlung wird mittels Internet-Technologien in die tägliche Arbeit eingebunden. Damit erhalten wir die Chance, wirklich von einer lernenden Organisation zu sprechen".[4]

Die verschiedenen Formen der medienbasierten Aus- und Weiterbildung werden maßgeblich durch die verwendeten Lerntechnologien bestimmt. Multimediale Telematikdienste, häufig mit Telelearning, Teleteaching, Teletutoring, Distance Learning, Virtual Classroom oder Learning on demand bezeichnet, können als Chance betrachtet werden, die Bildungs- und Qualifizierungsprobleme zu lösen. Die Bundesbildungsministerin stellt hierzu fest „..netzbasiertes Lernen ist zentrales Thema der Zukunft".[5]

Institutionell handelt es sich in Abhängigkeit von den Zielgruppen, den Lernangeboten und dem Geschäftsmodell dann um eine virtuelle Universität, Online Akademie oder virtuelle Corporate University. Dabei hat sich der Begriff „virtuelle Lern- und Wissenswelt" als Überbegriff für diese einzelnen Ausprägungen etabliert. Die Nutzung der neuen Medien eröffnet, wie in Abb. 1 dargestellt, neue Möglichkeiten für die Wissensvermittlung in Hochschulen und Unternehmen.

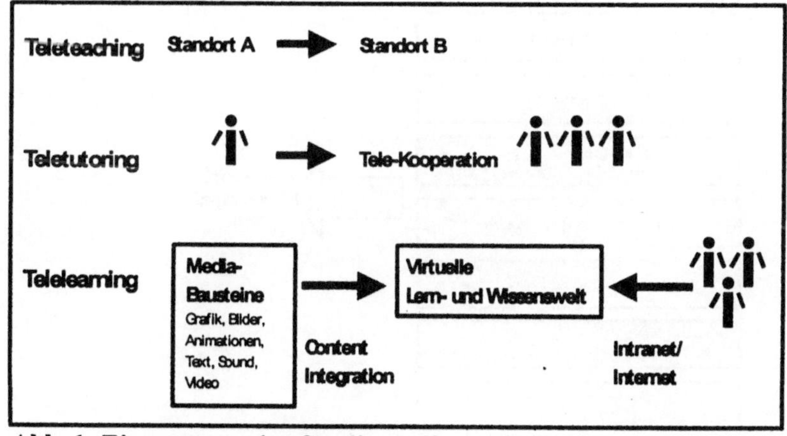

Abb. 1: Einsatzszenarien für die medienbasierte Wissensvermittlung

- **Teleteaching** fokussiert auf die traditionelle „Klassenzimmersituation", die durch ein virtuelles Klassenzimmer ersetzt wird. Wie im Klassenzimmer auch, steht hier ein dozentenzentriertes Vorgehen bei gleichzeitig rezipierenden Lernenden im Vordergrund. Lern- und Wissensinhalte die bisher auf der Basis von Vorlesungen, Übungen, Seminaren oder Veranstaltungen vermittelt wurden werden synchron via Videokonferenz oder asynchron durch Abrufen von Veranstaltungsvideos von Standort A zu Standort B übertragen.

- **Teletutoring:** Einzelpersonen oder Gruppen arbeiten auf Basis von elektronischen Kommunikationsmedien zusammen, wobei Teletutoring-Konzepte sowohl in Teleteaching- als auch in Telelearning-Anwendungen integraler Bestandteil sind .

- Lern- und Wissensinhalte werden als interaktive Web-based Trainings aufbereitet, in die virtuelle Lern- und Wissenswelt integriert und den Lernenden orts- und zeitunabhängig über das Intranet oder Internet zur Nutzung zur Verfügung gestellt. Collis definiert **Telelearning** als „making connections among persons and resources through communication technologies for learning-related purposes "[6]. "Telelearning can take place in different ways, in different settings, with or without a teacher being involved, within different sorts of instructional organization, including within a course or without a course being involved at all among different levels and types of learners via a variety of technologies, and through a variety of pedagogies and learning approaches and for a variety of philosphical and strategic motivations.[7]

Unter dem Begriff **E-Learning** werden die skizzierten Lerntechnologien zu einem Lösungsansatz integriert. Die Vorteile von E-Learning und Web-based Training können, wie auch in Abb. 2 veranschaulicht, wie folgt zusammenfassend charakterisiert werden:

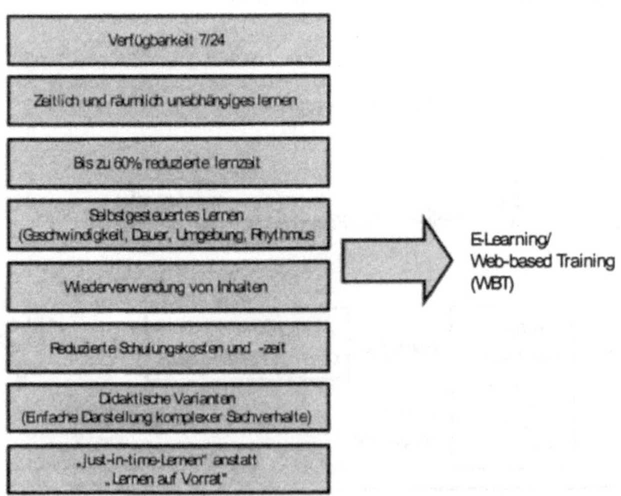

Abb. 2: Vorteile von E-Learning und Web-based Training

- Die neuen Medien erweitern nicht nur die klassische Wissensvermittlung um zusätzliche multimediale Elemente. Sie ermöglichen vor allem den zeit- und ortsungebundenen Zugriff auf Wissen. Die Lernenden können so flexibel und bei Bedarf die multimedialen Bildungsangebote unabhängig von tradierten Zeitrastern kosteneffizient nutzen, ohne auf Kommunikation und Interaktion verzichten zu müssen. Unternehmen können dadurch eine homogene und schnelle Distribution von Wissen realisieren. Learning Communities ermöglichen den Wissenstransfer zwischen allen relevanten Akteuren.

- Lernen wandelt sich vom meist passiven und anonymen Konsum in Präsenzveranstaltungen hin zum individuellen Lernprozess, bei dem die Lernenden ihre Lernumgebung, die Lernschritte und Lernzeiten und das Lerntempo individuell und autonom gestalten können. Dies fördert die Entwicklung einer Lern- und Arbeitskultur, die von den Lernenden selbst getragen und weiterentwickelt wird.

- Über die räumliche und zeitliche Entkopplung der Wissensvermittlung hinaus, eröffnen die Imaginations- oder Cyberpotentiale interaktiver Multimediasysteme vielfältige Chancen zur didaktisch-pädagogischen Anreicherung, Belebung und Neugestaltung von Lern- und Wissensinhalten. Gegenüber den konventionellen Unterrichtsformen, wie zum Beispiel Vorlesungen oder Seminare, können durch die multimediale Darstellung komplexe Sachverhalte verständlich gemacht werden.

- Weiterhin eröffnen solche Lernsysteme den Lernenden eine effiziente Lernerfolgskontrolle. Teletutoren, die mittels Email oder Videokonferenz für Rückfragen zur Verfügung stehen, gewährleisten eine individuelle Betreuung der Lernenden.

E-Learning zählt zu den wichtigsten Anwendungsdomänen im E-Business und die Marktprognosen sind wie in Abb. 3 und in den nachfolgenden Kommentaren dargestellt entsprechend optimistisch:

- "...education is a prime candidate for becoming the ultimate electronic commerce application".[8]

- „Bill Gates, Jeff Bezos and Scott McNealy, to name just a few hightec bigwigs, have all said that distance learning will be the next big thing online".[9]

- „Bis zu 20% Marktanteil wird das Lernen mit neuen Medien in den kommenden vier Jahren erreichen".[10]

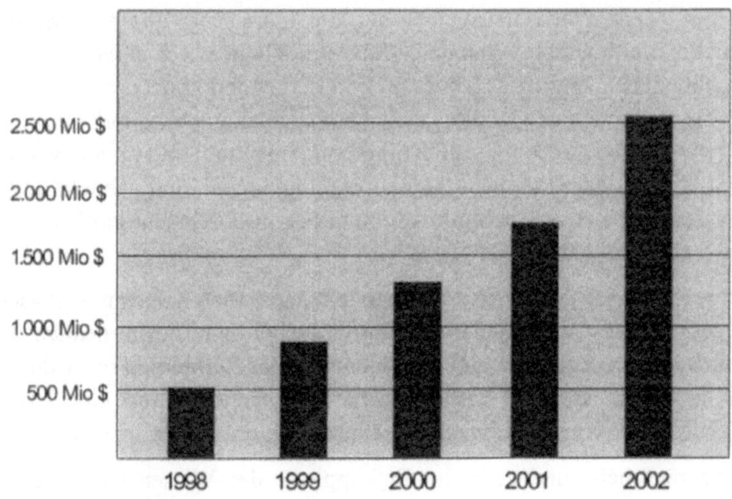

Abb. 3: Marktentwicklung für E-Learning in Europa [11]

Die vorherigen Ausführungen haben gezeigt, dass durch den Einsatz von E-Learning neue Wege in der Aus- und Weiterbildung sowie Personalentwicklung in Unternehmen beschritten werden können. Die Umsetzung kann durch die Nutzung von Web-basierten E-Learning-Lösungen erfolgen, in dem die Mitarbeiter über das Internet auf Lernangebote von privatwirtschaftlichen Content-Anbietern oder auf frei verfügbare Lernressourcen zum Beispiel aus dem Hochschulumfeld zugreifen. Alternativ oder ergänzend werden in Unternehmen Intranet-basierte E-Learning-Lösungen aufgebaut, die den Lerninhaltezugriff auf ein vom Bildungsmanagement definiertes Content-Angebot ermöglichen.

2 Unternehmensübergreifende Lernportale

Content-Anbieter sind Eigentümer und teilweise auch Produzenten von Inhalten und zertifizieren die Lernenden. Hier handelt es sich im wesentlichen um Hochschulen, Business Schools und weitere Bildungseinrichtungen, die bereits über Web-basierte Inhalte verfügen. Die Vermarktung ist eng mit dem Brand der jeweiligen Bildungsinstitution verbunden. Der Einsatz von E-Learning in Unternehmen vollzieht sich in unterschiedlichen Ausbaustufen und Ausprägungen. Content Anbieter und -Händler vermarkten ihre Dienstleistungen und Produkte über das Internet. Lernende in Unternehmen, Hochschulen oder Privathaushalten nutzen selbstgesteuert und bedarfsorientiert diese standardisierten Angebote. Die Inhalte erhalten somit den Charakter von Bildungs- bzw. Wissensprodukten. In diesem Zusammenhang wird auch von Contentware gesprochen.[12]

Content-Händler übernehmen lediglich die Vermarktung von Inhalten und partizipieren an der Transaktion zwischen Anbieter und Nachfrager. In diesem Fall wird einer Vielzahl von Inhalteanbietern die Möglichkeit geboten, ihre Content-Angebote in einen Bildungs-Marktplatz (Learning Portal) einzustellen. Die Content-Anbieter erreichen über diese Lernportale einen höhere Anzahl potenzieller Kunden. Content-Händler wie zum Beispiel unext.com, knowledgeplanet.com, headlight.com, oder hungryminds.com bieten Contentware über das Internet an. Diese E-Learning-Angebote fokussieren auf Ad hoc-Qualifizierungsbedarfe und ermöglichen die Nutzung von granularen Lerneinheiten mit Lernzeiten von 15 bis 60 Minuten. Die Nutzung dieser E-Learning-Angebote ist mit E-Commerce-Funktionalitäten wie Produktkatalog, Warenkorb, Registrierung, Abrechnung und Auftragsabwicklung verbunden. Bei den Angeboten von E-Learning Content-Anbietern und Händlern handelt es sich zum Beispiel um Managementthemen oder um anwendungsspezifische Schulungsinhalte, wobei ein Trend zur Marktsegmentierung in spezifische Themen- und Zielgruppenangebote erkennbar ist.

Umfassendere E-Learning Bildungsangebote werden häufig in Kooperation zwischen Content-Anbietern und –Händlern im Rahmen von Content-Allianzen angeboten. So kann zum Beispiel in der privaten Internet-Uni imc university das IHK-Zertifikat „Business Engineer/Wirtschaftsinformatik" erworben werden. In über 70 Online-Lernstunden wird Wissen zu Themen der Unternehmensgestaltung, des Geschäftsprozessmanagements, der Informationssystemgestaltung und -entwicklung, der Standardsoftwareeinführung wie z.B. SAP R/3, der Konzeption von Internet/Intranet-Systemen sowie des Aufbaus von E-Commerce-Anwendungen bereitgestellt. Begleitet wird das Online-Lernen durch Präsenzveranstaltungen, die das online-vermittelte Wissen ergänzen. Auch werden die Teilnehmer von einem Teletutor unterstützt. Dieser organisiert gemeinsame virtuelle Veranstaltungen zwischen den Teilnehmern. Beispielsweise werden moderierte Fachgespräche virtuell durchgeführt, virtuelle Gruppenarbeiten organisiert und die entsprechenden Testergebnisse überprüft. Das Online-Zertifikat „Business Engineer" wird von der IHK Industrie- und Handelskammer im Saarland bundesweit vergeben. Inhaltliche Grundlage der imc unversity stellen die in den Fächern Informationsmanagement, Organisation und Wirtschaftsinformatik an Hochschulen gelehrten Inhalte dar, wobei dieses Wissen in multimediale Lerneinheiten umgesetzt wurde. Die Autoren sind Professoren aus verschiedenen Universitäten und Fachhochschulen Deutschlands, die sich auf die jeweiligen Themen spezialisiert haben. Die Teilnehmer kommen vorwiegend aus Beratung, IT-Dienstleistung und IT-Fachabteilungen. Den Teilnehmern wird die Möglichkeit geboten, neben ihrer Berufstätigkeit umfassende E-Learning-Angebote in Anspruch zu nehmen. Beruflichen Quereinsteigern beispielsweise aus der Physik oder der Mathematik, die aufgrund neuer Aufgabenstellungen zum Beispiel in Einführungsprojekten von Standardsoftware eingesetzt werden, wird die Möglichkeit geboten, erforderliches Wissen „on demand" zu erwerben. Erfahrenen Beratern gibt die Internet-Uni die Chance, neues Methoden- und Vorgehenswissen gezielt auszubauen.

Textbasiertes Lernen

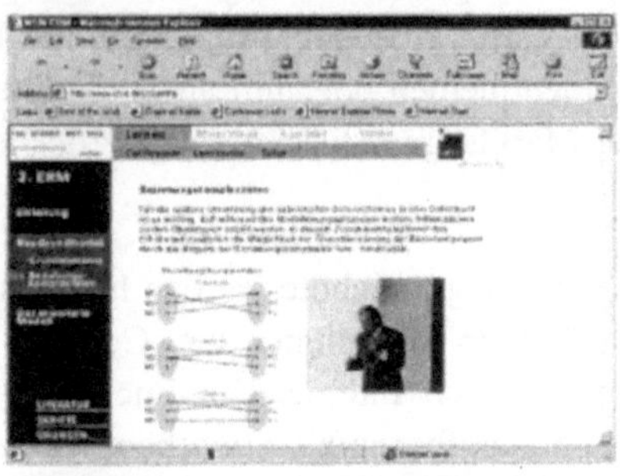

Animationen zum einfachen Verstehen komplexer Vorgänge

Das Lernkonto gibt einen Überblick über den Lernfortschritt und -erfolg

Abb. 4: Multimediales Lernen in der Online-Akademie

3 E-Learning in Unternehmen: Das E-Business der Personalentwicklung

Verbunden mit dem Einsatz neuer Verfahren in der Wissensvermittlung ist eine Aufbruchstimmung in der Personalentwicklung in Unternehmen feststellbar. Aus der Übernahme der Koordination der Wissenslogistik im Unternehmen resultieren nicht nur neue Aufgabengebiete für die Personalentwicklung, sondern auch eine veränderte Wahrnehmung dieser Funktion im Unternehmen durch die Mitarbeiter.[13]

Mit dem Einsatz von Internet- und Intranet-basierten E-Learning-Anwendungen und dem damit verbundenen Aufbau von virtuellen Lern- und Wissenswelten organisieren Unternehmen in Ergänzung zu der etablierten Präsenz-basierten Lernorganisation die Bereitstellung von multimedialen Lern- und Wissensinhalten. Daraus resultieren neue Aufgaben für die Personalentwicklung. Dies wird deutlich aus einem Vergleich der Leistungsprozesse einer Universität mit einer (virtuellen) Corporate University.

3.1 Leistungsprozesse und -beziehungen in virtuellen Lern- und Wissenswelten

Die am Lehr- und Lernprozess involvierten Akteure einer staatlichen Universität lassen sich in die Gruppen Lieferanten und Kunden einteilen. Professoren und Assistenten entwickeln im Rahmen ihrer Forschungs- und Lehrtätigkeit Lerninhalte, adaptieren Lerninhalte von anderen Universitäten und Unternehmen stellen ihre Praxiserfahrungen als Lehrbeispiele zur Verfügung. Aufgabe der Lehrenden ist die Curricula-Entwicklung. Curricula übernehmen nicht nur die Funktion von Lehrplänen, die angeben, welche Lerninhalte erarbeitet werden sollen, sondern sie determinieren auf der Grundlage von konkreten Lernzielen die inhaltliche Struktur und den zeitlichen Ablauf eines Bildungsangebotes. Außerdem umfassen sie didaktisch aufbereitete Unterrichtsmaterialien und legen auch die einzusetzenden Unterrichtsmethoden und Lernzielkontrollen fest. Die Lehrenden fungieren somit nicht nur als Curricula-Entwickler, sondern vermitteln die Lerninhalte, betreuen und prüfen die Studierenden. Im Rahmen der Evaluation wird das Curriculum überprüft.

Bei den Nachfragern von Lerninhalten handelt es sich um die Studierenden, Verlage, betriebliche und privatwirtschaftliche Bildungseinrichtungen sowie Hochschulen, die fremdbezogene Bildungsbausteine in ihr Lehrangebot mit aufnehmen und Berufstätige in Unternehmen, die durch die Möglichkeiten der Informations- und Kommunikationstechnik auf die Leistungsangebote virtuell verfügbarer Lerninhalte einzelner Lehrstühle zugreifen können.

Ergebnis dieser Lehr- und Lernprozesse, wie in Abb. 5 dargestellt, ist nicht nur die Erstellung und der Transfer von Lerninhalten sondern auch die Schaffung von Sekundärwerten wie zum Beispiel die Markenbildung (Branding) von Lerninhalten und der

Lehrenden und damit verbunden die Reputation einer Universität und deren Absolventen. Darüber hinaus setzt der Betrieb einer öffentlichen Universität eine entsprechende Infrastruktur voraus.

Abb. 5: Leistungsprozesse und -beziehungen einer staatlichen Universität

Die Analyse der Leistungsprozesse einer Corporate University, wie in Abb. 6 dargestellt, zeigt, dass von der Corporate University weder die Generierung, Aufbereitung und Vermittlung der Lerninhalte noch die Betreuung und Zertifizierung der Lernenden vorgenommen wird. Fokus ist vielmehr die Festlegung, Auswahl, Beschaffung und Vermarktung der Lernangebote an die entsprechenden Zielgruppen im Unternehmen sowie die permanente Überprüfung der Übereinstimmung des Lernangebotes mit den Zielen des Unternehmens.

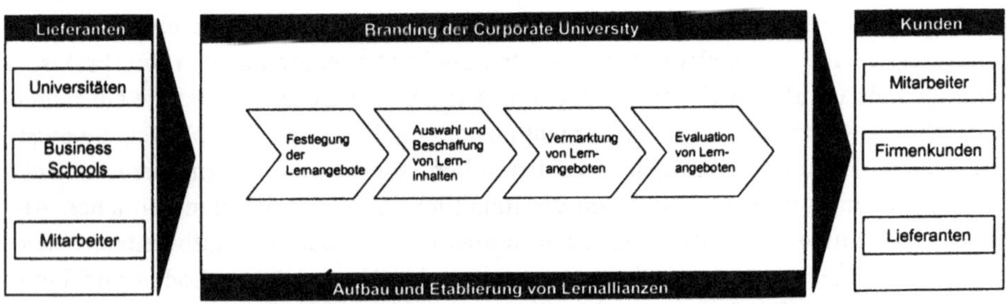

**Abb. 6: Leistungsprozesse und -beziehungen einer
(virtuellen) Corporate University**

Die Lerninhalte-Generierung im Sinne von Forschung, Aufbereitung und Kombination zu einem Curriculum findet in der Corporate University nicht statt. Vielmehr erfolgt eine Definition von strategisch relevanten Themen, die eine Operationalisierung in konkrete Lernangebote impliziert. Dies führt zu einer Auswahl- und Beschaffungsentscheidung von Lerninhalten und dem Aufbau von Lernallianzen mit den jeweiligen Lieferanten dieser Lerninhalte. Dabei können Lerninhalte unternehmensintern oder auch -extern beschafft werden.

Ein wichtiges Merkmal von Corporate Universities ist die partnerschaftliche Zusammenarbeit mit internationalen Business Schools und „Ivy League" Universitäten. Mit der klaren Fokussierung auf unternehmensrelevante Business-Themen und Executive Education profitieren diese Institutionen von der zunehmenden Verbreitung von Corporate Universities. Das Geschäftsmodell zwischen Corporate Universities und diesen „Inhaltelieferanten" ist von einer klaren Rollenverteilung geprägt. Die Planung des Curriculum wird von der Corporate University koordiniert, ohne dabei einen umfassenden Universitätsbetrieb mit Lehrkörper und Campus zu institutionalisieren. Die konkrete Ausarbeitung der Inhalte – zum Beispiel auf der Basis von Fallstudien – sowie die Durchführung der Programme und Betreuung der Teilnehmer erfolgt durch die Business Schools.

3.2 Content Redaktion

Der oben explizierte Vergleich veranschaulicht die hohe Relevanz der Lerninhalte beim Aufbau von virtuellen Lern- und Wissenwelten. Die zielgruppenspezifische Bereitstellung von Lern- und Wissensinhalten erfordert den Aufbau einer Content-Redaktion in der Personalentwicklung mit folgenden Aufgaben:

- Auswahl und Beschaffung von geeigneten medienbasierten Lern- und Wissensinhalten (Beschaffungslogistik),

- Transformation von „Papier-basierten" Inhalten in multimediale Vorstellungswelten (Produktionslogistik),

- Ermöglichung der Nutzung dieser Inhalte durch Mitarbeiter in konkreten Lernkontexten und Aufbau eines interaktiven Lerncoaching auf der Basis von Teletutoring-Konzepten (Wissensdistribution),

- Abrechnung, Budgetierung, Koordination der Lernprozesse und Evaluation des Lernerfolgs (Wissensnutzung),

- Planung und Steuerung der gesamten Wissenslogistik.

Ein möglicher Redaktionsprozess ist in Abb. 7 dargestellt. Daraus wird ersichtlich, welche Schritte erforderlich sind um von den ersten Vorstellungen eines Lernangebotes bis zur konkreten Nutzung dieser Lerninhalte durch die Mitarbeiter zu gelangen.

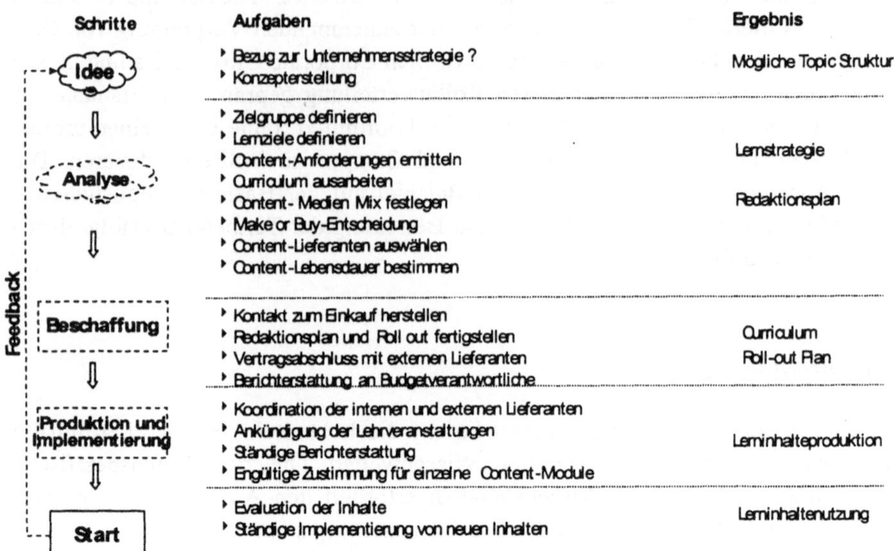

Abb. 7: Beispiel eines Redaktionsprozesses

Im ersten Schritt erfolgt die Festlegung der möglichen Themenkonzeption (Topics) für die virtuelle Lern- und Wissenswelt. Dabei wird von der Fragestellung ausgegangen, welche Lerninhalte im Rahmen der Personalentwicklung von hoher Relevanz sein könnten. Die Definition der Topic Struktur bildet die Grundlage für die weitere Analysephase. Aus Abb. 8 geht hervor, wie die Lernangebote inhaltlich strukturiert werden. In diesem Zusammenhang sind auch Zielgruppen und Lernziele zu definieren, d.h. es wird bestimmt, welche Inhalte für welche Zielgruppe bereitzustellen sind. Die Anforderungsanalyse kann wie folgt untergliedert werden:

Analyse von Lerninhalteangeboten: Der Markt wird nach Anbietern von medienbasierten Inhalten sondiert. Dabei kann es sich um externe Anbieter von Lerninhalten handeln, zu denen Business Schools, Universitäten und die im vorherigen Abschnitt vorgestellten unternehmensübergreifenden Lernportale-Betreiber zählen. Außerdem gehören hierzu die Unternehmen selbst, die ihr „Best-Practise"-Wissen anderen Unternehmensbereichen in Form von Lehrbeispielen zugänglich machen.[14]

Analyse von Lerninhaltebedarfen: Neben den am Markt verfügbaren Inhalten sind die Interessen und Lernbedarfe der potenziellen Nutzer zu berücksichtigen.

Mit dieser Vorgehensweise werden die Fragen beantwort, welche medienbasierten Lerninhalte grundsätzlich verfügbar sind und ob diese Angebote den derzeitigen Lernbedarfen der Mitarbeiter entsprechen. Dies hat aber zur Konsequenz, dass die Personalentwicklung auf Lernbedarfe nur mit entsprechendem Zeitverzug reagieren kann. Von besonderem Interesse ist es deshalb, inhaltliche Trends mit hoher Relevanz für das Unternehmen frühzeitig zu erkennen, um bereits im Anfangsstadium eines Themas entsprechende Lernangebote zur Verfügung stellen zu können. Nachdem alle Punkte der Anforderunganalyse abgearbeitet sind, ergibt sich daraus unter Berücksichtigung der definierten Topics der Redaktionsplan. Abb. 9 zeigt die Notwendigkeit einer differenzierten zeitlichen Redaktionsplanung für die verschiedenen Content Typen. So ist zum Beispiel für die Entwicklung von unternehmensspezifischen Lerninhalten (individueller Content) eine entsprechend längere Vorlaufzeit bis zur Lerninhalte-Bereitstellung einzuplanen, als für die Integration von bereits produzierten Lerninhalten mit niedrigem Multimedialitäts- und Interaktionsgrad.

Die beschriebene Bereitstellung von Lerninhalten ist kein einmaliger Prozess, da das Lernangebot ständig aktualisiert und erweitert werden muss.

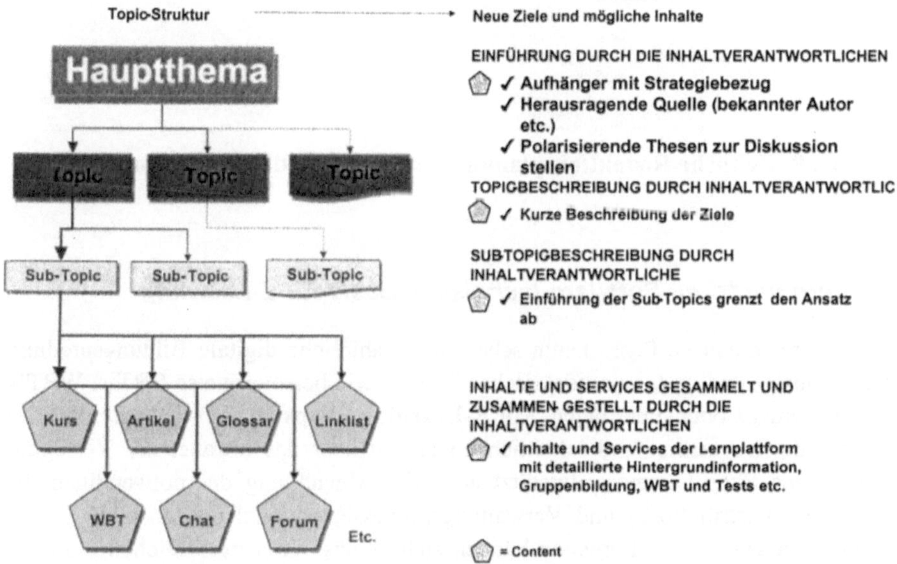

Abb. 8: Topic Struktur einer virtuellen Lern- und Wissenswelt

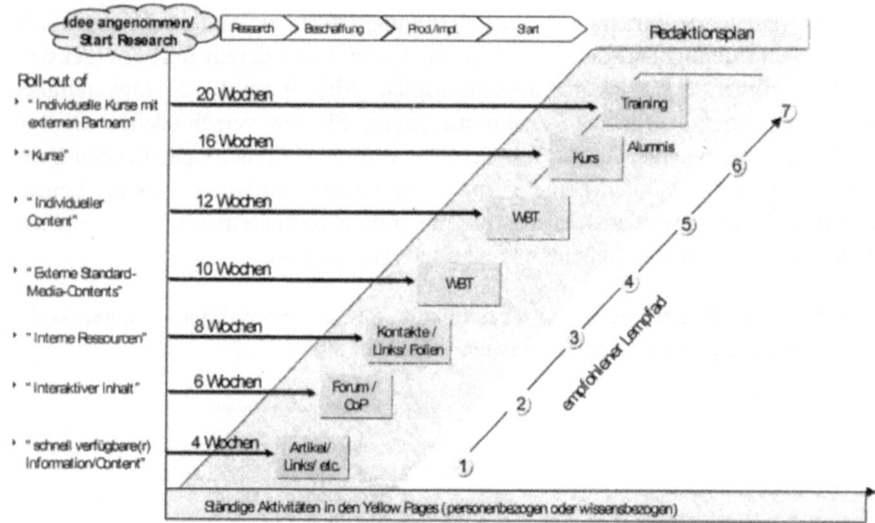

Abb. 9: Zeitliche Redaktionsplanung für unterschiedliche Content Typen

3.3 Lernplattform: Software-technische Basis für E-Learning

Viele Unternehmen verfügen heute schon über zahlreiche digitale Bildungsprodukte für ein selbstgesteuertes, autodidaktisches Lernen, wie beispielsweise CBT's, WBT's, Schulungsvideos oder -unterlagen. Mit **E-Learning Shops** werden diese Lernmedien den Mitarbeitern zentral und inhaltlich konsistent über das Intranet zur Verfügung gestellt. Eine Shop-Lösung unterstützt auch die Abwicklung der notwendigen Beschaffungs-, Distributions- und Verwaltungsprozesse, optional bis hin zum Finanz- und Kostenmanagement. Lernende können sich gemäss ihrer persönlichen Präferenzen eine individuelle Lernumgebung konfigurieren.

Durch die Kombination von Präsenz- und virtuellen Lernphasen kann die Qualität ebenso wie die Effizienz einer Aus- und Weiterbildungsmaßnahme erheblich gesteigert werden. Wissenserwerb endet nicht mehr mit der Übergabe einer Teilnahmebescheinigung an einem Seminar. Mit einer **E-Learning Community-Lösung** werden Lernprozesse in die tägliche Arbeit der Mitarbeiter integriert. In virtuellen Klassenzimmern oder Projekträumen, die von Teletutoren gecoacht und individuell gestaltet werden, treffen sich Kursteilnehmer unabhängig von Zeit und Raum, diskutieren gemeinsam Problemstellungen, erarbeiten und dokumentieren Lösungsvorschläge, tauschen Erfahrungen und Expertenwissen aus.

Mit der dritten Ausbaustufe werden alle relevanten Geschäftsprozesse im Rahmen eines umfassenden, integrierten Bildungs- und Wissensmanagements unterstützt. Im Mittelpunkt stehen dabei nicht nur die persönlichen Interessen, Skills und Karrierepläne der Mitarbeiter. Ebenso wichtig sind auch Steuerungsinstrumente, mittels derer die Effizienz und Qualität Ihrer Bildungsangebote objektiv gemessen aber auch subjektiv beurteilt werden kann. Eine **E-Learning Enterprise-Lösung** bietet Redaktionswerkzeuge an, mit deren Hilfe Content-Experten, wie beispielsweise die Mitarbeiter und Partner von Business Schools, Lern- und Wissensinhalte in einer virtuellen Corporate University einfach und schnell publizieren können.

Die Anwendungsarchitektur für die Lernplattform CLIX® (Corporate Learning and Information eXchange) der imc GmbH ist in Abb. 10 dargestellt. Die aufeinander aufbauenden Plattformvarianten stehen für typische Ausbaustufen von Bildungs- und Wissensarchitekturen, wie sie in der Praxis am häufigsten anzutreffen sind.

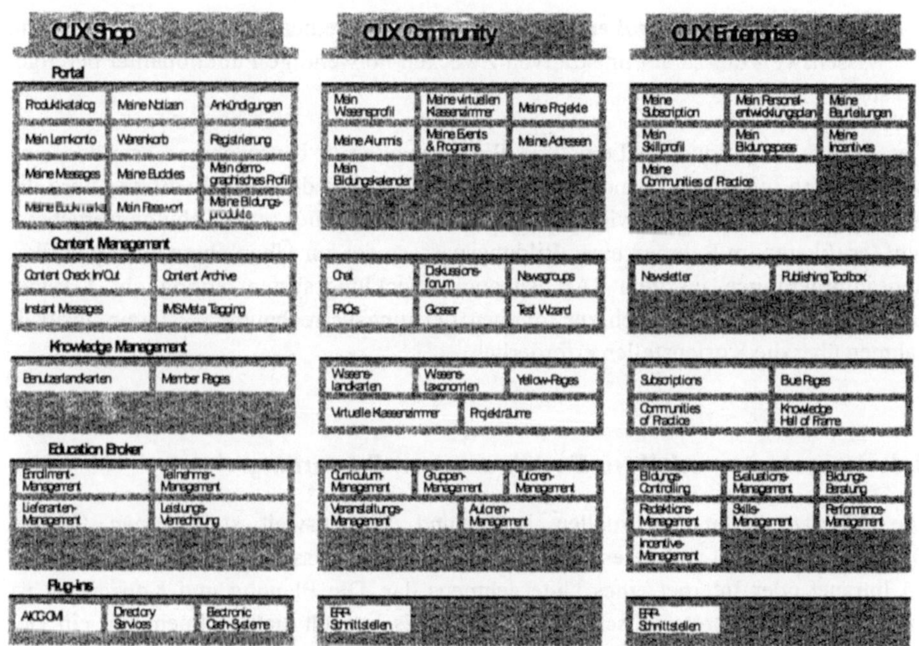

Abb. 10: Anwendungsarchitektur der Lernplattform CLIX [15]

Innerhalb dieser Produktvarianten können vier Prozessebenen unterschieden werden, so dass die Geschäftsprozesse der relevanten Stakeholder unterstützt werden können.

- Die **Portalebene** umfasst alle Komponenten, über die der Nutzer auf die Lern- und Wissensinhalte zugreifen kann. Sie ermöglichen dem Nutzer nicht nur ein selbstgesteuertes Lernen. Vielmehr kann der Nutzer seine persönlichen Weiterbildungsziele aktiv mitgestalten und damit auch seine Bildungsplanung. Nach dem Zugang in die Lernwelt kommt der Nutzer auf die Einstiegsseite und zur Registrierungsmöglichkeit. Registrierte Nutzer gelangen auf ihre persönlich konfigurierte Portalseite. Die Portalseite bietet dem Nutzer den Zugriff auf seine persönlichen

Bildungsdienste. Sie wird je nach Rolle und Qualifikation eines Nutzers auf einen Studenten/Teilnehmer, einen Tutor, einen Vorgesetzten usw. voreingestellt.

- Die **Content-Management-Ebene** stellt Komponenten zur Verfügung, mit deren Hilfe multimediale Inhalte sowohl kursbezogen bzw. kursübergreifend integriert, mehrsprachig verwaltet, als auch erstellt werden können. Teilnehmer und Trainer können Inhalte wie z. B. Fallbeispiele anfertigen und in den Bildungsproduktkatalog integrieren. Inhalte können auf diese Weise ergänzt und in die Plattform eingestellt werden.

- Die Komponenten der **Knowledge Management Ebene** fördern den Wissensaustausch über Lerninhalte hinaus und die Dokumentation des Mitarbeiter-Expertenwissens.

- Auf der **Education-Broker-Ebene** wird dem Betreiber der virtuellen Lern- und Wissenswelt die zu administrativen Zwecken notwendige Funktionalität bereitgestellt:

Der Aufbau von virtuellen Lern- und Wissenswelten in Unternehmen erfordert eine Verknüpfung mit den vorhandenen ERP-Systemen. Auf der **Plug-In-Ebene** wird die Anbindung an Systeme wie SAP HR zur Übergabe von Schulungsergebnissen/Zertifikaten im Rahmen eines Bildungspasses oder zur Übernahme von Qualifikationsanforderaten aus dem SAP Personalentwicklungssystem ermöglicht. Darüber hinaus ist ein Datenaustausch zur internen Leistungsverrechnung von Trainingsmaßnahmen über die Kostenstellen erforderlich.

3.4 Vorgehensmodell zur Einführung von E-Learning

Die Umsetzung einer virtuellen Lern- und Wissenswelt stellt einen Online-Bildungsdienst für Qualifizierungsangebote und den Wissenserwerb und -austausch im Intranet oder Internet eines Unternehmens dar. Die Planung und Konzeption ist mehr als die softwaretechnische Realisierung. Es handelt sich vielmehr um ein Gesamtkonzept aus organisatorischen, mediendidaktischen, personal- und betriebswirtschaftlichen sowie informationstechnischen Fragestellungen. Die Konzeption und Einführung dieser virtuellen Lern- und Wissenswelt erfolgt in den in Abb. 11 dargestellten Phasen.

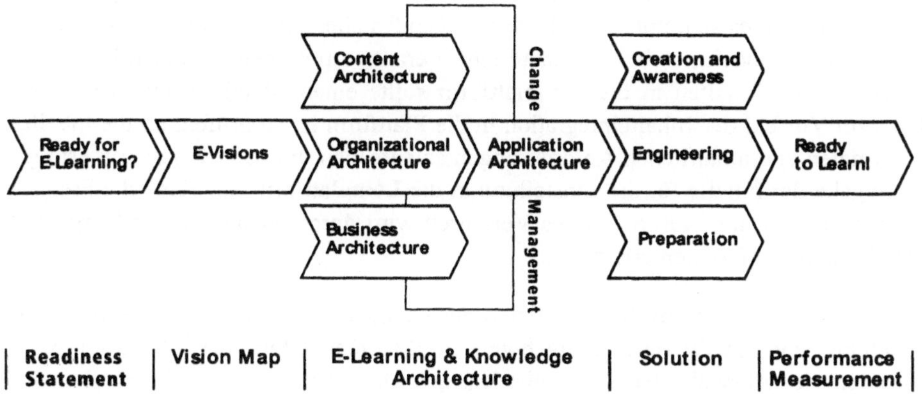

Abb. 11: Phasen der Einführung einer virtuellen Lern- und Wissenswelt

Diese Phasen setzen logisch aufeinander auf. Die optimale Abstimmung dieser Phasen und Arbeitspakete ermöglicht die erfolgreiche und wirtschaftliche Nutzung des Gesamtsystems und die Integration in die Unternehmensstrategie für Qualifizierung, Wissensmanagement und Personalentwicklung.

Die imc GmbH hat die in den Realisierungsprojekten gemachten Erfahrungen sowie das Know how beim Betrieb von Virtuellen Akademien (imc university) in ein eigenes Vorgehensverfahren kondensiert. Es handelt sich um den imc Learnway. Die einzelnen Phasen clustern logisch die zu realisierenden Arbeitspakete.

3.4.1 Content Architektur

Im Rahmen der Content Architektur wird festgelegt, welche Inhalte für welche Zielgruppen relevant und anzubieten sind und in welcher Lernsituation welche Lernformen geeignet sind. Dabei werden auch die pädagogisch-didaktischen Anforderungen berücksichtigt:

Content Struktur/Produktkatalog: Ziel der virtuellen Lern- und Wissenswelt ist die Bereitstellung von medienbasierten Inhalten (Bildungsprodukten) über die Lernplattform im Intranet. Der Produkt-/Medienkatalog ermöglicht die Kategorisierung von Inhalten nach Themen, Aufgabenbereichen/Funktion und Wissensniveau (z.B. Einsteiger, Fortgeschrittene, Auffrischung). Zielsetzung dieses Arbeitsschrittes ist die Erhebung dieser Kategorien beim Kunden, deren Abstimmung und die Abbildung des Produkt-/Medienkataloges in der Lernplattform. Ergebnis dieses Abschnitts ist die Abbildung des strukturellen Aufbaus der Bildungsangebote des Kunden.

Content Check In/Content Vorgaben: Existierende Inhalte sind gemäß der oben erarbeiteten Struktur in den Medienkatalog einzustellen, so dass über die Lernplattform ein Zugriff auf die Inhalte ermöglicht wird. Erfahrungsgemäß werden Inhalte für virtuelle Lernwelten von unterschiedlichen Content Lieferanten zur Verfügung gestellt. Dabei kann es sich um Fachinhalte des Kunden aber auch um Inhalte von externen Anbietern handeln, wobei die inhaltliche Verantwortung beim Kunden liegt. Die Einstellung von Inhalten in die Lernplattform sollte einem standardisierten Prozess folgen. Im Vorfeld der Inhalteintegration in die Plattform ist zu prüfen, ob die Inhalte den formalen und inhaltlichen Anforderungen entsprechen. Im nächsten Schritt erfolgt die Freigabe der Inhalte für die Einstellung in die Lernplattform und dann die Freigabe der Inhalte für die Nutzer. Dieses Verfahren wird durch entsprechende Vorgaben an die Content Lieferanten erleichtert.

Curriculum-Management für Qualifizierungsmaßnahmen: Durch eine Selektion und Darstellung von Qualifizierungsangeboten im Medienkatalog, der Definition von Lernzielen, der Auswahl der Lehrmethoden, des Medienmixes sowie der Festlegung der Lernzielkontrollen wird das Curriculum bzw. mehrere Curricula bestimmt. Im Rahmen des Curriculum Management erfolgt die Festlegung, welche Inhalte für welche Mitarbeitergruppen anzubieten sind. Dies beinhaltet auch eine zeitliche Planung sowie die Festlegung der Bearbeitungsreihenfolge der einzelnen Bildungsprodukte.

3.4.2 Organisationsarchitektur

Der Aufbau einer virtuellen Lernwelt in Unternehmen führt zu einer veränderten Lernorganisation. Mit der Etablierung von medienbasierten Wissensdiensten entstehen neue Aufgaben, zum Beispiel durch die Content-Redaktion und -Betreuung als auch durch den Betrieb des Online-Bildungsdienstes an sich. In der Phase Organisationsarchitektur werden die Zugangs-, Nutzungs- und Lernszenarien sowie die Lernorganisation festgelegt und in der Lernplattform abgebildet:

Zugangsszenarien: Es werden die Abläufe unterschiedlicher Zugangsszenarien zur virtuellen Lernwelt definiert. Dies betrifft beispielsweise die Prozesse der Auswahl von Bildungsprodukten (Warenkorb), der Festlegung von Zugangsrestriktionen (so können beispielsweise Bildungsangebote frei verfügbar sein oder bestimmten Zielgruppen vorbehalten sein), die Zugangsform und -abwicklung (Enrollment Management) zu den Bildungsprodukten (Selbstanmeldung, Fremdanmeldung, Vorgesetztenanmeldung) sowie die Festlegung der Registrierungskritierien. Mit dem Zugang von Teilnehmern zu der virtuellen Lernwelt ist nachvollziehbar, welche Teilnehmer in der Lernplattform zeitgleich aktiv sind und welche Teilnehmer grundsätzlich registriert sind. Die Visualisierung der örtlichen Teilnehmerverteilung erfolgt über Benutzerlandkarten. Ergebnis der Spezifikation der Zugangsszenarien ist die personalisierte Homepage für die Nutzer, die den Zugang zu den Bildungsprodukten ermöglicht und weitere Lerndienste wie mein Lernkonto, meine Messages, meine Bookmarks, meine Notizen und mein Passwort individuell bereitstellt.

Nutzungs- und Lernszenarien: Beim Aufbau einer virtuellen Lernwelt können verschiedene Nutzungs- und Lernszenarien realisiert werden. So kann beispielsweise unterschieden werden, ob alleine oder alleine mit tutorieller Unterstützung, in Lerngruppen ohne tutorielle Unterstützung – hier unterstützen sich die Lernenden gegenseitig – oder in tutoriell betreuten Lerngruppen gelernt wird. In dem Anwendungsfall des Marktplatzes besteht darüber hinaus noch die Möglichkeit, dass Inhalte durch die beteiligten Akteure selbst generiert und in die Lernplattform integriert werden.

Die Abbildung dieser Nutzungs- und Lernszenarien erfolgt durch die Komposition der Bildungsprodukte mit den interaktiven Bildungsdienstleistungen wie Chat, Diskussionsforum, Newsgroups, FAQ's, Glossaren und Werkzeugen zur Erstellung von Lernerfolgskontrollen (Tests) sowie den interaktiven Wissensdiensten wie Wissenslandkarten und Yellow Pages. Die Abbildung einer Wissensstruktur in der Begriffswelt des Kunden erfolgt durch die Spezifikation der Wissenstaxonomie. Der Wissensaustausch innerhalb einer Lerngruppe wird durch die Projekträume unterstützt. Durch diese Spezifikation dieser Lernarrangements ist sichergestellt, dass die relevanten Lernformen und Qualifizierungswege abgedeckt sind.

Der Einsatz von E-Learning in Unternehmen ist dann vorteilhaft, wenn eine große Zahl von Personen, die über mehrere Standorte verteilt sind in einer kurzen Zeitspanne auf ein einheitliches Wissensniveau gebracht werden müssen. In einer weiteren Ausbauphase können Qualifizierungsmaßnahmen, wie in Abb. 12 dargestellt, mit der Bereitstellung von medienbasierten Lerninhalten über eine Lernplattform ablaufen. Die Teilnehmer bestimmen selbst den Ort, die Zeit und die Intensität der Nutzung und können bei Bedarf Teletutoren konsultieren oder andere Teilnehmer um Unterstützung bitten. Nach Abschluss dieses Lernabschnittes sind dann alle Teilnehmer auf einem homogenen Wissensniveau. Danach wird die Wissensvermittlung in Kleingruppen durch Präsenzveranstaltungen fortgesetzt. Dies fördert die Gruppenbildung und den Erfahrungsaustausch zwischen den Lernenden. Die weitere Wissensvertiefung kann dann zum Beispiel auf der Basis einer verteilten Fallstudienbearbeitung erfolgen, die wieder von einem Teletutor unterstützt wird. Die Musterlösung des Dozenten sowie die Fallstudien-Lösungsansätze der einzelnen Teilnehmer werden über die Lernplattform der gesamten Lerngruppe zur Verfügung gestellt.

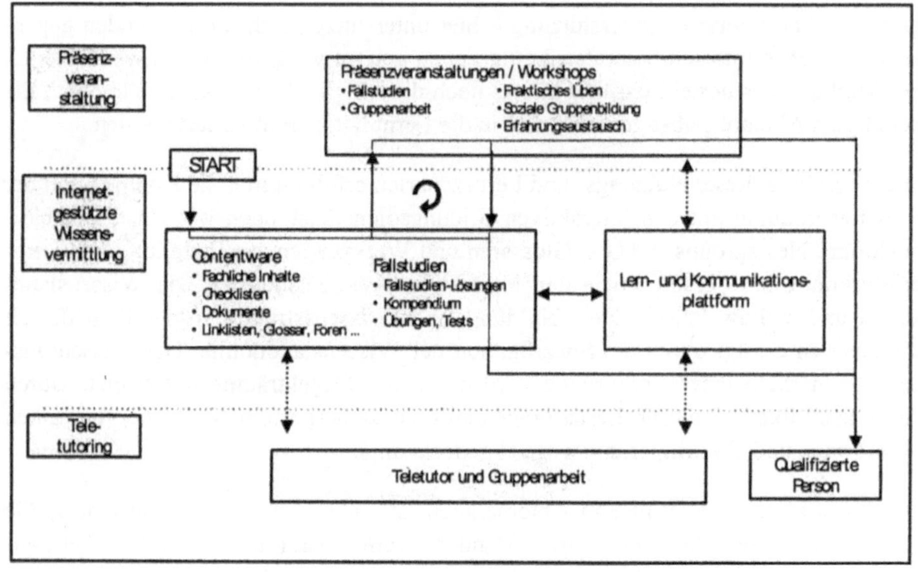

Abb. 12: Koexistenz von E-Learning und Präsenzlernen

Zur Realisierung des Koexistenzszenarios, wie in Abb. 12 beispielhaft, beschrieben ist es erforderlich, präsenzbasierte und netzbasierte Lernformen miteinander zu kombinieren. Dies bedeutet, dass präsenzbasierte Veranstaltungsangebote/Seminarprogramme ebenfalls über die Lernplattform angekündigt werden und die Buchung dieser Veranstaltungen über die Lernplattform abgewickelt werden (Veranstaltungsmanagement). Durch die Kombination alternativer Lernformen ist das Management von umfassenden Bildungsprogrammen für Gruppen oder Einzelpersonen möglich.

Lernorganisation: Ergebnis dieses Arbeitsschrittes ist die Festlegung der Verantwortlichkeiten für die Betreuung von Inhalten und Teilnehmern sowie deren Abbildung in der virtuellen Lernwelt. Damit einhergehend erfolgt die Erarbeitung von Aufgabenprofilen der Lernplattformbetreiber, die Einbeziehung und Information der Fachabteilungen in die Prozessdefinition sowie die Ableitung von Ressourcenbedarfe für den Betrieb der Lernplattform.

3.4.3 Business Architektur

Die Einführung einer virtuellen Lernplattform führt nicht nur zu einer Veränderung der organisatorischen Prozesse sondern erfordert auch die Erarbeitung eines geeigneten Betreibermodells sowie die Rollout Planung für den Online Bildungsdienst. Im Rahmen der Business Architektur werden folgende Arbeitspakete bearbeitet:

Betreibermodell/Education Broker: Beim Aufbau einer virtuellen Lernwelt wird im wesentlichen zwischen der Bereitstellung von digitalen Bildungsprodukten und deren

Nutzung unterschieden. Die Nutzungsaspekte werden in der Content- und Organisationsarchitektur spezifiziert. Das Betreibermodell der virtuellen Lernwelt basiert auf den Ergebnissen der Lernorganisation, in der definiert wird, wer und mit welchem Aufwand die Aufgaben eines Education Brokers übernimmt. Im nächsten Schritt ist festzulegen, welche konkreten Aktivitäten und Leistungen vom Betreiber der Lernplattform angeboten werden. Neue Qualifizierungsmaßnahmen werden auf der Portal-Ebene angekündigt. Die Administration der Teilnehmer durch den Betreiber erfolgt durch das Teilnehmer- und Gruppenmanagement. Hier werden die verschiedenen Serviceleistungen definiert. So sind zum Beispiel im Rahmen von Veranstaltungen, die über die Lernplattform gebucht werden können, unterschiedliche Teilnehmerstati zu unterscheiden (Teilnehmerliste, Warteliste, Stornoliste). Nach der Veranstaltungsbuchung durch einen Teilnehmer erwartet dieser in der Regel eine Buchungsbestätigung sowie weiterführende Informationen. Zur Reduktion des Verwaltungsaufwandes für den Betreiber ist es sinnvoll, für diese Prozesse Automatismen auf der Basis standardisierter Antworten zu hinterlegen. Diese Automatismen sind entsprechend zu definieren. Darüber hinaus sind insbesondere in der Startphase der virtuellen Lernwelt nicht nur inhaltliche sondern auch technische Anfragen von Seiten der Teilnehmer zu beantworten. Hierfür ist die Erarbeitung eines Steuerungskonzeptes zur zielgerichteten Navigation einer Teilnehmeranfrage an den entsprechenden Kompetenzträger erforderlich.

Rollout-Planung und Rollout-Unterstützung: Durchführung von begleitenden Informationsveranstaltungen für Multiplikatoren und Unterstützung bei der Arbeit mit dem Betriebsrat durch Verfahrensvorschläge.

3.4.4 Applikationsarchitektur

Auf Basis der Ergebnisse der Content-, Organisations- und Business Architektur erfolgt die Planung der Applikationsarchitektur:

Entwicklungsfeinplanung: Zeitliche Feinabstimmung der Arbeitspakete mit dem Einführungszeitplan des Kunden und der Entwicklung; Koordination sowie Steuerung der Entwicklung.

Die Feinspezifikation der Applikationsarchitektur im Pflichtenheft: Planung der Funktionalität, der Datenstrukturen und Reports, der Profile, der Rollenträger, Beschreibungsformate von Inhalten sowie der softwaretechnisch zu realisierenden Zugangs-, Nutzungs- und Lernprozesse der einzelnen Rollenträger in Abstimmung mit dem Organisations- und Lernkonzept des Kunden. Die Feinspezifikation wird in einem Pflichtenheft dokumentiert sowie mit dem Auftraggeber abgestimmt. Die Realisierung der virtuellen Lernwelt erfolgt in den in folgenden Phasen.

3.4.5 Creation

In dieser Phase wird das Design der Lernwelt entworfen und abgestimmt. Grundsätzlich besteht die Möglichkeit das Intranet/Internet-„Look and Feel" auf die Lernplattform zu übertragen. Alternativ kann auch ein Customizing der Colour Styles der CLIX®-Lernplattform sowie eine Logo-Integration des Auftraggebers erfolgen.

3.4.6 Engineering und Customizing

Im nächsten Schritt erfolgt das Engineering und Customizing der virtuellen Lernwelt, so dass die Anwendung in den Produktivbetrieb überführt werden kann. Hierbei erfolgt die Anpassung und Konfiguration, Montage und Integration zu einer Gesamtlösung entsprechend des Pflichtenheftes. Im einzelnen werden folgende Schritte ausgeführt:

Systeminfrastruktur: Einrichtung der Systeminfrastruktur, Test- und Produktivsystem.

Customizing: Programmierung der Seiten entsprechend der definierten Prozesse und Datenstrukturen. Abstimmung der Begriffe und Texte auf den Seiten. Anbindung der Programmfunktionen der Lernplattform an die programmierten Front End-Seiten und Montage der Komponenten zu einer Gesamtlösung.

3.4.7 Preparation

In der Phase Preparation erfolgt der Test und die Evaluation der Lernplattform. Die folgenden Arbeitspakete fallen an:

Tests: Erarbeitung von Testszenarien; Funktionstests je Komponente, Durchführung von Plattform-Integrationstests, Performance-Tests und Usability-Tests sowie Roll out-Unterstützung während der Pilotphase.

Evaluation: Durchführung eines Usability- und Akzeptanztests mit ausgewählten Testzielgruppen und Dokumentation der Evaluationsergebnisse; Fortschreibung des Pflichtenheftes und Anpassung des Benutzerhandbuches.

3.5 Learning Service Providing

Die vorangegangenen Ausführungen haben gezeigt, dass für die Realisierung einer virtuellen Lern- und Wissenswelt der Aufbau einer Content Redaktion sowie die Einführung und Betrieb einer Lernplattform erforderlich sind. Unter Learning Service Providing kann die Übertragung dieser Aufgaben an einen spezialisierten Dienstleister verstanden werden. Demzufolge ist die Aufteilung der entsprechenden Geschäftsprozesse zwischen dem Learning Service Provider und der Personalentwicklung zu definieren. Das Unternehmen kann durch diese Aufteilung vom inhaltlichen und technischen Betrieb ihrer virtuellen Lern- und Wissenswelt entlastet werden. Eine mögliches Geschäftsmodell ist die Übernahme der Content Redaktion bis zur Anforderungsanalyse durch die Personalentwicklung im Unternehmen und die Übertragung aller weiteren Aufgaben auf den Learning Service Provider. Dies verdeutlicht, dass das Learning Service Providing einen starken inhaltlichen Bezug aufweist und in Abgrenzung zum Application Service Providing nicht nur auf die Software-Vermietung und das Application Hosting reduziert ist.

Literaturverzeichnis

[1]   Vgl. Müller, M.: „Virtual Corporate University – DaimlerChrysler geht neue Wege in Executive Education und Knowledge Management", in: IM Information Management & Consulting, 14(1999)3, S. 94-96.

[2]   Kraemer, W.; Müller, M.: Virtuelle Corporate University - Executive Education Architecture und Knowledge Management, in: Scheer, A.-W. (Hrsg.): Electronic Business und Knowledge Management - Neue Dimensionen für den Unternehmungserfolg, Heidelberg 1999, S. 491-525.

[3]   Weber, J.: Plattform für strategischen und kulturellen Wandel, in: http://www.lhsb.de/seiten/start_set.htm.

[4]   Vgl. Scheer, A.-W.: Noch ist der Kuchen nicht verteilt, in: Information Management & Consulting 14(1999)1, S. 111.

[5]   Vgl. Bulmahn, E.: Masterplan Internet 2005 unterstützt netzbasiertes Lernen, in: Information Management & Consulting 14(1999)3, S. 98.

[6]   Vgl. Collis, B.: Tele-learning in a digital world: The future of distance learning, London 1996, S. 9.

[7]   Ebenda, S. 11.

[8]   Vgl. Hämäläinen, M., Whinston, A.B., Vishik, S.: Electronic Markets for Learning: Education Brokerakes on the Internet, in: Communications of the ACM 39(1996)6, S. 58.

[9]   Vgl. Vesely, R.: Market Gap and Grown, in: Business 2.0 4(1999)7, S. 28-31.

[10]   Vgl. Zinow, R.: Wir investieren ein mittleres Vermögen, in: Information Management & Consulting 14(1999)1, S. 118.

[11]   Vgl. hierzu Umfrage von Datamonitor: Europäer entdecken das Online-Training, in: Computer-Zeitung o.Jg.(1998)1/2, S. 1.

[12]   Kraemer, W.; Scheer, A.-W.: Erschließung neuer Märkte für deutsche Hochschulen durch die Entwicklung medienbasierter Contentware, in: Küting, K; Langenbucher, G. (Hrsg.): Internationale Rechnungslegung, Festschrift für Prof. Dr. Claus-Peter Weber zum 60. Geburtstag, Stuttgart 1999, S. 13-36.

[13]   Vgl. hierzu auch Ulrich, D.: Human Resource Champions: the next agenda for adding value and delivering results, Boston 1997, S. 1ff.

[14]   Vgl. Kraemer, W.: Education Brokerage - Wissensallianzen zwischen Hochschulen und Unternehmen, in: Information Management & Consulting 14 (1999) 1, S.18-26.

[15]   Eine vorhergehende Version dieser Abbildung ist detailliert beschrieben in Milius, F.: E-Learning Framework, in: Information Management & Consulting 14(1999)1, S. 35-43. Weitere Details finden sich unter http://www.im-c.de/clix.htm.